SV

Steven Vertovec

SUPERDIVERSITÄT

Migration und soziale Komplexität

Aus dem Englischen
von Alexandra Berlina

Suhrkamp

Die Originalausgabe erschien 2023 unter dem Titel *Superdiversity. Migration and Social Complexity* bei Routledge.

Erste Auflage 2024
Deutsche Erstausgabe

Umschlaggestaltung: Anzinger und Rasp, München
Umschlagabbildung: Kunstwerk und Foto von Chris Yates
Satz: Dörlemann Satz, Lemförde
Druck: GGP Media GmbH, Pößneck
Printed in Germany
ISBN 978-3-518-58815-4

www.suhrkamp.de

Für Lia

INHALT

DANKSAGUNG

Dieses Buch ist längst überfällig, im wörtlichen wie im übertragenen Sinne. Ursprünglich sollte ich das Manuskript 2015 bei Routledge abliefern, konnte mein Versprechen aber aufgrund einer Familientragödie, die mich für eine lange Zeit aus dem Tritt brachte, nicht halten. Als ich das Buchprojekt wieder in Angriff nehmen konnte, hielten Managementaufgaben und eine Flut anderer Verpflichtungen mich immer wieder vom Recherchieren und Schreiben ab. Erst mit der Covid-Pandemie tat sich etwas Raum / Zeit auf und so machte ich mich wieder an die Arbeit. In der Zwischenzeit hatten sich meine Gedanken zu Superdiversität, Migration und sozialer Komplexität weiterentwickelt – nicht zuletzt angeregt durch die Diskussionen und Arbeiten an unserem Max-Planck-Institut zur Erforschung multireligiöser und multiethnischer Gesellschaften. Neben der Entwicklung meiner Ideen zu diesem Thema dokumentiert dieses Buch so auch die Rezeption des Konzepts in der Öffentlichkeit und in der Wissenschaft, wo es sich inzwischen verselbständigt hat.

In den über fünfzehn Jahren, die zwischen meiner ersten Ahnung des Konzepts und seiner jetzigen Ausgestaltung liegen, habe ich Hilfe, Rückmeldungen, Kritik und Ratschläge von vielen Menschen erhalten. Für den ursprünglich 2007 in *Ethnic and Racial Studies* erschienenen Artikel, der das Konzept in die akademische Sphäre einführte, kam diese Unterstützung vor allem von Robin Cohen, Alisdair Rogers, Susanne Wessendorf, Andreas Wimmer, Gerd Baumann, Danny Sriskandarajah, Sarah Kyambi, Dan Hiebert, David Ley sowie von den Mitarbeiter:innen und Studierenden des ESRC Centre on Migration, Policy and Society (COMPAS) an der Universität Oxford. Bei der Datenverarbeitung half mir dort Alessio Cangiano. Ein gemeinsames Stipendium des Economic and Social Research Council (UK) und des Social Science Research Council (USA) hat meine Arbeit ebenfalls maßgeblich unterstützt. Auch die Diskussionen mit Teilnehmenden an Seminaren an der Harvard University und der University of British Columbia sowie an Konferenzen der Swedish Anthropological Association und der European Association of Social Anthropologists waren für mich von großem Nutzen.

Seitdem wurde die Arbeit an diesem Buch durch hervorragende Forschungsassistent:innen am Max-Planck-Institut unterstützt, insbesondere Wiebke Unger, Margherita Cusmano, Zeynep Bozkurt und Carolina Reiners. Wie bei praktisch allem rund um meine Arbeit als Gründungsdirektor eines Max-Planck-Instituts war Jutta Esser die Kraft, die alles stets zusammenhielt. Chris Kofri übernahm für die Veröffentlichung unentbehrliche Aufgaben. Auch Simone Dietrich, Renate Hägele, Ulrike Koecher, Norbert Winnige, Birgitt Sippel, Rami Higazi und Alexei Matveev aus dem Institut unterstützten mich bei der Forschung. Ein wechselndes, aber stets intellektuell dynamisches und äußerst interessantes Team von Doktorand:innen und Postdocs – die sich nie scheuten, ihren Chef zu kritisieren! – hielt mich kognitiv und argumentativ auf Trab.

Obwohl ich natürlich allein für die Ideen, Analysen, Interpretationen und ihre möglichen Schwachstellen in diesem Buch verantwortlich bin, wurde mein Denken zu meinem großen Glück von vielen herausragenden Köpfen geprägt. Bereits während meiner Studienzeit wurde ich von den wunderbaren Mentoren David Carrasco, Ninian Smart und J. Clyde Mitchell inspiriert und angeleitet. Seit meinen frühen Jahren als Wissenschaftler und bis heute schätze ich ganz besonders das Feedback, die Ideen und Ansichten meines Freundes und gelegentlichen Co-Autors Robin Cohen. Während meiner Jahre in Oxford, als das Konzept der Superdiversität Gestalt annahm, war ich von äußerst sachkundigen Expert:innen umgeben, die mein Denken stark beeinflussten, insbesondere Stephen Castles,

Bridget Anderson, Nick Van Hear und Sarah Spencer. Seit ich meine Stelle am Max-Planck-Institut angetreten habe, durfte ich enorm von einer Gruppe befreundeter Wissenschaftler:innen profitieren, deren Ansichten ich regelmäßig und mit Freude bei idyllischen Zusammenkünften im Harnack-Haus in Berlin und auf Schloss Ringberg in Bayern einhole. Dazu gehören Ralph Grillo, Mary Waters, Phil Kasinitz, Nancy Foner, Dan Hiebert, Brenda Yeoh, Karen Schönwälder, Loren Landau, Thomas Hylland Eriksen, Marco Martiniello und der kürzlich verstorbene große Soziolinguist und Anthropologe Jan Blommaert. Auch Nando Sigona, Jenny Phillimore, Peter Scholten, Miles Hewstone, Ewa Morawska, Douglas Massey, Rogers Brubaker, Andreas Wimmer, Michèle Lamont, Paul Spoonley, Boris Nieswand, Matthias Koenig, Rainer Bauböck, Thomas Faist, Virginie Guiraudon, Ajay Gandhi, Phil Gorski, John Solomos, Jeremy Walton, Lucas Drouhot, Maria Schiller, Georg Diez und Van Tran halfen mir, meine Ideen zu entwickeln. Ebenso halfen mir die kontinuierliche Arbeit und die Ideen hervorragender ehemaliger Studierender, insbesondere Fran Meissner, Alan Gamlen, Susanne Wessendorf, Tilmann Heil und Sakura Yamamura. Bei Routledge trugen Chris Parry, Rebecca Brennan, Mihaela Diana Ciobotea und Alyson Claffey wesentlich dazu bei, dass diese Veröffentlichung zustande kam.

Neben meiner Anerkennung für die Arbeit der Übersetzerin Alexandra Berlina gilt mein besonderer Dank Ulrike Bialas, die viel Zeit und Mühe auf die Übersetzung von Begriffen, Konzepten und Argumenten verwandt hat. Mein Dank gilt auch Susanne Wessendorf, Fran Meissner und Paladia Ziss für die sorgfältige Lektüre und Bearbeitung des übersetzten Manuskripts sowie Renata Chabert Bravo, Tanita Engel und Joelle Arnoldi – und noch einmal ganz besonders Chris Kofri –, die fleißig dazu beigetragen haben, die Übersetzung für die Produktion vorzubereiten.

Ein Teil der Arbeit an diesem Buch wurde durch einen Advanced Grant (269784) des Europäischen Forschungsrats gefördert. Stimulierende Arbeitsumgebungen und anregende Diskussionen mit Studierenden und Kolleg:innen genoss ich in Seminaren am Max-Planck-Institut, an der Autonomen Universität Barcelona, der

Universität Tübingen, der Universität Göttingen und während meiner Gastprofessuren an der Erasmus-Universität Rotterdam und der Monash University in Australien.

Einige Materialien wurden aus meinen früheren Veröffentlichungen übernommen, insbesondere: Kapitel 2 – Vertovec 2007a; Kapitel 3 – Vertovec 2019; Kapitel 4 – Vertovec 2012; Vertovec 2017, Vertovec 2018, Vertovec 2020a; Kapitel 5 – Vertovec 2019; Kapitel 6 – Vertovec 2021; und Kapitel 7 – Vertovec 2020b,c.

NOTIZ ZUR ÜBERSETZUNG

Wenn eine Übersetzerin in einem soziologischen Text ein Wort wie *race* oder einen Ausdruck wie *mixed marriage* antrifft, liegt die Herausforderung nicht nur in politischer Sensibilität, sondern vor allem in wissenschaftlicher Genauigkeit. Nicht nur würde ich auf Deutsch auf keinen Fall von *Rasse* oder *Mischehe* reden wollen – diese Begriffe bedeuten auch etwas ganz anderes als die englischen. Wie die Social-Justice-Trainerin Anna von Rath und die Kulturwissenschaftlerin Lucy Gasser in einem gemeinsamen Essay schreiben, wird im Deutschen »der Begriff *Rasse* nach wie vor mit etwas Biologischem verbunden, als würde es ›echte‹ Menschenrassen geben. Die gibt es natürlich nicht, und dennoch können wir nicht ganz auf ein Wort verzichten, das gelebte Realitäten abbildet, die durch Rassismus strukturiert sind. Menschen, die sich mit den englischsprachigen Diskursen zu *race*, *racism* und *critical whiteness* auseinandergesetzt haben, wissen, dass diese auf soziale Konstruktionen verweisen sollen.« (Gasser und Rath 2020)

Der Autor dieses Buches und ich hielten es daher für die beste Lösung, solche Begriffe auf Englisch beizubehalten. Das Wort »Rassifizierung« hingegen verweist auch im Deutschen auf die Konstruiertheit der Kategorie. Auch einige Schlüsseltermini aus anderen thematischen Feldern bleiben Englisch: So hat *right-wing* in Bezug auf die USA etwas andere politische Konnotationen als »rechts«, die auch mit Varianten wie »rechtskonservativ« nicht genau zu treffen sind.

Es ist vielleicht erwähnenswert, dass diese Strategie nicht auf grundsätzlicher Vorliebe für Anglizismen beruht, sondern auf einer

Präferenz für Originalausdrücke in wissenschaftlicher Literatur, wenn es für sie kein genaues Äquivalent gibt. So behalte ich oft *Bewusstsein* und *Umwelt,* wenn ich ins Englische übersetze – sowie eben *multiracial* und *Third Space* in meinen Übersetzungen ins Deutsche.

»Weiß« und »Schwarz« als Beschreibungen von *race* werden großgeschrieben, außer in Zitaten mit Kleinschreibung. Alle angeführten Zitate wurden von mir übersetzt. Es wird mit Doppelpunkt gegendert, wobei »:« für alle Möglichkeiten zwischen und jenseits von männlich und weiblich stehen soll.

Alexandra Berlina

1 EINLEITUNG

1985 hielt der einflussreiche amerikanische Anthropologe Clifford Geertz eine der angesehenen Tanner Lectures über menschliche Werte. In seiner Vorlesung mit dem Titel *The Uses of Diversity* ging es nicht nur um bestimmte empirische Bedingungen, die sich weltweit veränderten, sondern auch darum, wie diese Bedingungen aufgefasst werden. Laut Geertz wurde die Welt immer vernetzter und mobiler (in den 1980er Jahren noch eine recht neue Idee), so dass »Kulturen« nicht mehr an bestimmten Orten verankert werden konnten (wenn dies denn überhaupt jemals möglich gewesen war). In diesem Zusammenhang sei jegliche Vorstellung von sozialen Unterschieden überholt, wenn sie auf festen und begrenzten Identitätskategorien beruhte. Geertz betonte dabei, dass diese Trends die Menschen nicht davon abhielten, andere aufgrund von Ethnozentrismus und groben Stereotypen zu diskriminieren. Angesichts dieser Tatsachen sei eine konzeptionelle Neuorientierung in Bezug auf soziale Unterschiede erforderlich, die unser Denken gründlich verändern könne, so Geertz. »Indem wir unsere Vorstellungskraft stärken und das erfassen, was vor uns liegt, können wir die Vielfalt und ihre Erforschung nutzen« (1986, S. 274).

Die globalen Trends, von denen Geertz in den 1980er Jahren sprach, haben sich bis heute fortgesetzt, wobei sich die Geschwindigkeiten, Formen, Faktoren und Ergebnisse lokal unterscheiden. Weltweit diversifizieren sich Gesellschaften tiefgreifend. Diese Diversifizierung ist in sich äußerst divers – ja, man könnte von vielen verflochtenen, sich überschneidenden und gegenseitig bedingenden Diversifizierungen sprechen: angefangen mit der verzerrten Globalisierung neoliberaler Praktiken und der Verbreitung von Konsumgütern, populären Medien und Kommunikationsformen über die Übertragung von Ideen, Politiken und sozialen Bewegungen bis hin zur Vervielfältigung von Lebensstilen, Familienstrukturen, Identitäten, Moralvorstellungen und sozialen Praktiken. Die globale Migration ist eine Schlüsselkomponente der Diversifizierungsprozesse. Das liegt vor allem daran, dass Migrant:innen in der Regel Neues in die Gesellschaft ihrer Ankunftsländer bringen. Dabei beeinflussen sie soziale Kategorien wie *race*, Ethnizität und Nationalität, tragen neue stilistische, kulinarische und künstlerische Ausdrucksformen zum kulturellen Korpus bei, erweitern sprachliche und semiotische Praktiken, vergrößern das Spektrum sowie die Ausprägungen religiöser Traditionen und erweitern oder initiieren soziale und politische Initiativen. Diversifizierung ist zudem naturgemäß mit vielen Arten von Ungleichheit verbunden. Wer oder was sich durch Diversifizierung verändert, wird durch die Muster der sozialen Schichtung bestimmt – und bestimmt diese seinerseits gleichzeitig mit. Die Diversifizierung ist somit einer der wichtigsten sozialen Prozesse unserer Zeit. Wenn wir die Zukunft betrachten, die durch den Klimawandel stark beeinflusst werden wird, so ist klar, dass Diversifizierung Gesellschaften weltweit weiterhin prägen wird – und zwar wiederum auf ungleiche und ungerechte Weise, da einige Menschen, je nach Kombination ihrer Merkmale, weitaus stärker unter den Klimafolgen leiden werden als andere.

Der Begriff »Superdiversität« wurde entwickelt, um den multidimensionalen Charakter von Diversifizierungsprozessen zu beschreiben und um zu verdeutlichen, wie diese Prozesse soziale Muster und Schichtungen bedingen. Er wurde von mir als Mittel konzipiert, um über Forschung zu modernen Migrationsprozessen und -folgen nachzudenken, und wird auch noch immer von anderen weitgehend so verwendet. Zudem bietet er die Möglichkeit, weitere parallele Formen der Diversifizierung zu berücksichtigen. Es handelt sich bei Superdiversität und Diversifizierung um Konzepte, die auf die fortlaufende Entstehung von immer komplexeren Gesellschaften hinweisen. Was verbirgt sich hinter der Idee der Superdiversität? Was bringen Diversifizierungsprozesse mit sich? Und wie können wir die Zunahme neuer Formen sozialer Komplexität verstehen? Dies sind einige der Kernfragen, denen sich das vorliegende Buch widmet.

Was steht auf dem Spiel?

Diversifizierung bringt eine grundlegende Form des sozialen Wandels mit sich. Mit dieser Aussage stütze ich mich auf wichtige akademische Arbeiten zur Idee der sozialen Transformation – einer Umgestaltung, die sich über wirtschaftliche, politische, soziale und kulturelle Bereiche sowie über Makro- und Mikroskalen erstreckt (siehe Smelser 1998, Wiltshire 2001, Rosenau 2003, Castles 2001, 2010). Wenn wir von sozialem Wandel sprechen, meinen wir weitreichende Veränderungen darin, wie Gesellschaften organisiert sind und wie wir über sie denken. Mit der Diversifizierung der Gesellschaft auf verschiedenen Ebenen – von Nationalstaat, Stadt und Stadtteil bis hin zum Klassenzimmer, dem Arbeitsplatz und dem Park – unterliegen inhärente Merkmale des Sozialen einem Wandel. Dazu gehören die Art und Weise, wie wir einander begrifflich kategorisieren, unsere Einstellungen gegenüber den »Anderen«, die Interaktionen und Praktiken, die durch Begegnungen mit Anderen entstehen oder reproduziert werden, und die gesellschaftlichen Positionen, die sowohl all diese Faktoren untermauern als auch sich aus ihnen entwickeln. Die Diversifizierung und die Dynamik der Vielfalt bewirken Veränderungen im Kern der sozialen Strukturen und Beziehungen. Aus diesen Gründen müssen wir Geertz folgen und die Untersuchung von Diversifizierung und Diversität als einen der grundlegendsten Bereiche der sozialwissenschaftlichen Forschung betrachten. Es geht hier darum, wie wir als intrinsisch verschiedenartige Menschen zusammenleben, leben können und leben werden.

Die Erforschung von Diversifizierung und Vielfalt ist sicherlich nicht neu, ebenso wenig wie das Phänomen höchst diverser Gesellschaften. Seit der Antike waren die meisten Gesellschaften, vor allem

Imperien, in der Vergangenheit äußerst divers – sprachlich, religiös und in Bezug auf das, was wir heute als Ethnizität bezeichnen (siehe unter anderem Grillo 1998, Greatrex und Mitchell 2000, Hoerder 2002, Heather 2010, McInerney 2014, Blanton 2015, Vertovec 2015b). 1986 erklärte der renommierte Historiker William McNeill, »Polyethnizität« kennzeichne fast alle Gesellschaften der Geschichte. Ferner schrieb er, die Vorstellung von Gesellschaften als tatsächlich oder idealerweise »homogen« (sei es in Bezug auf Ethnie, *race*, Sprache oder Religion) sei als eine Art historische Anomalie entstanden, und zwar aufgrund der modernistischen Bestrebungen zur Nationenbildung, insbesondere in Westeuropa seit etwa 1750. Dennoch hat solch eine Annahme von Homogenität als Norm und Diversität als Ausnahme lange Zeit nicht nur nationale Narrative und Politiken geprägt, sondern auch sozialwissenschaftliche Paradigmen (zusammen mit dem »Containermodell« von Nationalstaaten, auf dem der »methodologische Nationalismus« basiert; vgl. Beck 2000, 2002, 2004, Wimmer und Glick Schiller 2002). Dementsprechend gibt es zahlreiche soziologische Studien darüber, was Diversität, also eine Abweichung von einem Idealzustand, mit Gesellschaften »anstellt«. Dazu gehören bekannte (und kritisierte) Studien, die Diversität als Bedrohung für den sozialen Zusammenhalt (Putnam 2007), als Hindernis für politische und wirtschaftliche Entwicklung (Alesina und Ferrara 2005) oder als bedeutenden, wenn nicht gar problematischen Faktor bei der Umverteilung von öffentlichen Gütern (Singh und vom Hau 2016) betrachten. Dem stehen positivere Ansichten gegenüber, die aber ebenfalls auf einer Diversität-als-Ausnahme-Prämisse beruhen, wie etwa, dass mehr Diversität zu Kreativität und Innovation in städtischer Umgebung anrege (Florida 2002) und Managementteams effektiver, problemlösungsorientierter mache (Page 2007). Zudem liegt die Überzeugung, Diversifizierung sei eine Bedrohung für homogene Nationalstaaten, auch einem Großteil des rechten Nationalismus zugrunde – seit langem schon, aber in jüngster Zeit scheinbar immer mehr.

Obwohl nur wenige Gesellschaften jemals wirklich »homogen« gewesen sind, hat die Idee der homogenen Nation zweifellos eine zentrale Rolle bei der Schaffung von hierarchischen sozialen Strukturen und Systemen der Ungleichheit gespielt und Menschen, die als außerhalb der homogenen Norm kategorisiert wurden, erheblich beeinträchtigt. Daher bildet sie auch die Grundlage der meisten nationalen Diskurse und Politiken zur sozialen »Integration« (Favell 2022). Dies ist ein wesentlicher Grund dafür, warum die Dynamik der sozialen Kategorisierung berücksichtigt werden muss, wenn man verstehen will, wie Gesellschaften (wiederum bis auf die Mikroebene) organisiert und reproduziert werden. Dies ist besonders wichtig in Zeiten wie heute, wenn viele Arten der Diversifizierung in raschem Tempo fortschreiten oder sich sogar intensivieren.

Einige Jahre lang leitete ich an der Universität Oxford einen Graduiertenkurs über die Anthropologie der kulturellen Komplexität. Dazu gehörte eine kritische Bestandsaufnahme des Denkens über historische und kulturübergreifende Formen der sozialen Organisation sowie Überlegungen zu den Phänomenen und Prozessen, die in sogenannten pluralen Gesellschaften, Grenzkulturen, Synkretismus und Kreolisierung, global-lokalen Beziehungen, Diaspora und Transnationalismus eine Rolle spielen. Während meine Studierenden und ich ein breites Spektrum an einschlägiger Literatur untersuchten, wurde mit jedem Semester deutlicher: Was wir als gesellschaftliche und kulturelle Komplexität bezeichnen, umfasst nicht nur Machtstrukturen und soziale Beziehungen, sondern auch Vorstellungen, die Menschen über das Wesen von Gruppen und Identitäten konstruieren und umsetzen. Es sind sowohl die Gesellschaftsordnung als auch die sozialen Kategorien, die zusammen eine immer komplexere soziale Dynamik sowie Formen der Stratifizierung hervorbringen. Diese Sichtweise zieht sich durch das gesamte Buch und wird vor allem in den letzten Kapiteln theoretisch weiterentwickelt.

Noch einmal: Gerade heute ist es besonders wichtig, Diversifizierung und Formen der Vielfalt zu untersuchen. Im 21. Jahrhundert ist »die Welt in mehreren Dimensionen und auf vielen Ebenen sehr viel diverser, geprägt von der Salienz der Unterschiede und ihrer dynamischen Überschneidungen« (Jones und Dovidio 2018, S. 45). Die Gründe dafür sind zahlreich, darunter:

- Weltweit diversifizieren sich Gesellschaften – in Bezug auf Ethnie / *race*, Sprache, Religion und zahlreiche andere Merkmale, und zwar nicht zuletzt durch Migration;
- In vielen Ländern diversifiziert sich die Bevölkerung auch unabhängig von Migration, und zwar durch natürliches demografisches Wachstum im Rahmen der bestehenden Kategorien und durch einen deutlichen Zuwachs an Menschen, die sich mit einem *mixed background* identifizieren;
- Es gibt mehr Beweise für und öffentliche Besorgnis über wachsende soziale und wirtschaftliche Ungleichheiten in Bezug auf Ressourcen, Chancen, Finanzen, Repräsentation und relativen sozialen Status – und darüber, wie unverhältnismäßig diese in Bezug auf Kategorien sozialer Unterschiede verteilt sind;
- Rasche Diversifizierung fördert bekanntermaßen die Unterstützung für rechte Parteien, wobei gleichzeitig (laut akademischen Studien und öffentlichen Meinungsumfragen) diversitätsfreundliche Einstellungen stabil auf hohem Niveau bleiben. Solche widersprüchlichen Trends und Einstellungsmuster tragen zu einer zunehmenden sozialen und politischen Fragmentierung von Gesellschaften bei;
- Während in immer mehr Städten auf der ganzen Welt eine landesweite Minderheit zu einer lokalen Mehrheit wird (von manchen, ob richtig oder falsch, sei dahingestellt, als Majority-Minority-Phänomen bezeichnet), wird der städtische Alltag mit komplexen Formen von Diversität heute oft als gewöhnlich und »normal« empfunden.

Das Konzept der Superdiversität soll die Überschneidungen der verschiedenen Merkmale verstehen helfen, die die heutigen Diversifizierungsprozesse kennzeichnen. Angesichts der neuen Modalitäten, Varianten und Auswirkungen der Diversifizierung können Forschende, politische Entscheidungsträger:innen, Fachleute und die breite Öffentlichkeit mithilfe neuer Begrifflichkeiten besser begreifen, was um sie herum geschieht. Damit ist das Konzept als ein Korrektiv zu den bestehenden Ansätzen entstanden, das besser zu einer sich verändernden Realität passt.

Das Konzept der Superdiversität

Multikulturalismus, Interkulturalität und Diversität selbst, als normatives Konzept und Politikbegriff, sind als Ideen seit vielen Jahren in der Öffentlichkeit präsent. Sie haben viel bewirkt, nicht zuletzt indem sie einen Blick auf die Darstellung von Unterschieden in der Gesellschaft ermöglichten. Auch in sozialpolitischen Maßnahmen und institutionellen Praktiken wurden diese Konzepte (mehr oder weniger wirksam) eingesetzt. Jedem davon – oder zumindest ihren prominenten Interpretationen – liegt die Prämisse zugrunde, dass man soziale Unterschiede »managen« kann oder sollte, in der Regel von oben nach unten (also seitens einer staatlichen Behörde oder öffentlichen Organisation). Oft wurde kritisiert, dass jeder dieser Begriffe auf einer eher flachen, homogenisierenden oder eindimensionalen Sichtweise von Unterschied basiert oder diese zumindest repliziert. Es wird also suggeriert, dass jede Person zu einer bestimmten Gruppe gehört und ganz allein diese Gruppe in einer Organisation oder Tätigkeit repräsentieren kann. Ein britischer Beamter hat diese Einstellung mit treffender Ironie zusammengefasst, als er sagte: »Wenn Sie glauben, dass ich in Ihrem Vorstand für Diversität sorge, liegen Sie falsch. Ich bin mittleren Alters, arbeite im höheren Management und habe einen Oxbridge-Abschluss. Die Tatsache, dass ich Asiate bin, macht keinen Unterschied. Im Vorstand einer Wohltätigkeitsorganisation bin ich nur einer mehr von der üblichen Sorte« (in Fanshawe und Sriskandarajah 2010, S. 25). Was hier kritisiert wird, ist die Gleichsetzung von Kategorien: Ethnie wird als gleichwertig mit Gender behandelt, Gender wiederum als gleichwertig mit Sexualität oder Behinderung usw. Auch Fragen unterschiedlicher sozialer Positionen und Machtverhältnisse werden bei diesen Herangehensweisen an Unterschiedlichkeit oft ausgeklammert. Die Debatten über das Für und Wider von Multikulturalismus, Interkulturalität und Diversität gehen sowohl im akademischen als auch im institutionellen

Bereich weiter (siehe zum Beispiel Vertovec 2012; Meer et al. 2016; Grillo 2018; Carlsson und Pijpers 2021; Loh 2022).

Das Konzept der Superdiversität ist im Wesentlichen als Kritik an der britischen Vorstellung des Multikulturalismus entstanden. Schon viele Jahre bevor ich diesen Begriff entwickelte, hatte ich über eine Reihe von Problemen geschrieben, die mit der Idee des Multikulturalismus verbunden sind (darunter Vertovec 1996b, 1998). Wie auch viele Kolleg:innen fand ich, dass multikulturelle Rahmenkonzepte recht behäbige, essenzialistische und begrenzte Vorstellungen von ethnischen Gruppen und Kulturen förderten, eine Art internen Kolonialismus – wenn nicht gar einen Wettbewerb zwischen den Ethnien – schafften und Ungleichheit nicht angemessen berücksichtigten. Darüber hinaus ignorierten multikulturalistische Sichtweisen auf die britische Gesellschaft die realen Veränderungen, die sich in Bezug auf neue, nichtbritische Bevölkerungsgruppen vollzogen. Die öffentliche Diskussion über Multikulturalismus konzentrierte sich fast ausschließlich auf asiatische (hier: indische, pakistanische und bangladeschische) sowie *West Indian* (vor allem jamaikanische, aber auch trinidadische, barbadische, guyanische und andere karibische) Kategorien. Jahrzehntelang hatten diese Gruppen tatsächlich die größten Teile der Post-Migrations-Bevölkerung gebildet. In den frühen 2000ern waren jedoch erhebliche Veränderungen in Bezug auf Migration und Bevölkerung im Gange.

Ein wichtiger Anstoß für die Entwicklung des Konzepts der Superdiversität kam, als ich Anfang der 2000er eine kleine Grafik in *The Economist* sah. Darin wurde der Zustrom von Migrant:innen in das Vereinigte Königreich zwischen 1993 und 2002 nach den folgenden Herkunftsländern sortiert: Vereinigtes Königreich (für zurückkehrende Migrant:innen), EU (hier ging es vor allem um Arbeitnehmerfreizügigkeit), Altes Commonwealth (insbesondere Kanada, Australien und Neuseeland), Neues Commonwealth (Länder, die nach dem Zweiten Weltkrieg unabhängig wurden, insbesondere Indien, Pakistan und mehrere karibische Staaten) sowie »Sonstige« (also der Rest der Welt). Von den 1950ern bis in die 1970er waren es vor allem Menschen aus den neuen Commonwealth-Staaten, die nach Großbritannien kamen; danach erfolgte die Zuwanderung in dieser Kategorie hauptsächlich über den Weg der Familienzusammenführung. Die Grafik in *The Economist* zeigte relativ stabile und gleichmäßige Zahlen für Anfang bis Mitte der 1990er Jahre, und zwar 20- bis 30 000 Zuwanderungen pro Jahr in jeder Kategorie. Doch ab etwa 1997 wuchs die Kategorie »Sonstige« massiv an und belief sich 2002 auf etwa 200 000 Einwander:innen. Mir war klar, dass man das Verständnis der Diversität in der britischen Gesellschaft umdenken musste. Ich war neugierig und wollte folgende Fragen untersuchen: Wer sind diese »Sonstigen«, was prägt ihre Migration, was sind ihre Merkmale, welche Auswirkungen hat diese Migrationsverschiebung auf die britische Gesellschaft, und wie könnte sie das Verständnis von Migrant:innen und Ethnizität verändern? Die Erforschung dieser Themen mündete in einem Working Paper (Vertovec 2006), das schließlich zu einem Zeitschriftenartikel heranreifte (Vertovec 2007a, hier als Kapitel 2 wiedergegeben).

In erster Linie bietet das Konzept der Superdiversität also eine Möglichkeit, Multidimensionalität und Intersektionalität im Hinblick auf neue Migrationsmuster zu überdenken. Dabei möchte ich erstens auf die zunehmende Mobilität von Menschen mit unterschiedlichem Hintergrund hinweisen, die durch differenziertere Kategorien repräsentiert werden. Es gibt nicht nur mehr kleinere Kohorten aus einer größeren Anzahl von Herkunftsländern, sondern auch sich verändernde Ströme von Menschen, die ein breites Spektrum an Nationalitäten, Ethnien, Sprachen, Religionen, Genderidentitäten, Altersverhältnissen, Humankapital, transnationalen Praktiken sowie, was besonders wichtig ist, Migrationskanälen und Rechtsstatus aufweisen. Zweitens will ich die wechselnden Kombinationen dieser Hintergründe und Kategorien betonen, wodurch ganze Kohorten von Migrant:innen durch bestimmte Überschneidungen charakterisiert werden. Zum Beispiel waren 2007 (zum Zeitpunkt der Verfassung meines Originalartikels) 71 % der Philippiner:innen im Vereinigten Königreich junge Frauen mit einem Arbeitsvisum im Gesundheitswesen, während es sich bei 71 % der Menschen aus Algerien um ältere Männer handelte, zumeist Asylbewerber mit Arbeitsverbot.

Multikulturalismus und Diversität nur unter dem Gesichtspunkt ethnischer Gruppen zu betrachten, schien in diesem Kontext unangemessen. Einer der Hauptgründe, einen multidimensionalen Ansatz zu betonen, besteht in der Notwendigkeit, Unterschiede und Diversität als »ein dynamisches Zusammenspiel von Variablen unter einer zunehmenden Zahl neuer, kleiner, verstreuter, transnational vernetzter, sozioökonomisch differenzierter und rechtlich stratifizierter Einwander:innen« zu sehen (Vertovec 2007a, S. 1024).

Das Konzept der Superdiversität wurde erschaffen, um diese wichtigen Verschiebungen in den Migrationsmustern und ihre sozialen Ergebnisse zu beschreiben. An sich erklärt es noch nicht, warum diese Veränderungen eingetreten sind, sondern regt vielmehr zur Suche nach Erklärungen an (siehe Kapitel 3). Wie ich bereits an anderer Stelle geschrieben habe:

> Zunächst muss ich betonen, dass Superdiversität keine Theorie ist. Unter einer Theorie verstehe ich eine Erklärung dafür, wie etwas funktioniert (inhärente Beziehungen oder Kausalitäten). Es handelt sich auch nicht um eine Hypothese (also eine zu prüfende Theorie). Als Urheber des Begriffs (Vertovec 2007a) habe ich Superdiversität immer in erster Linie als ein beschreibendes Konzept verstanden, das für den speziellen Zweck geschaffen wurde, eine Reihe von beobachteten Phänomenen miteinander zu verknüpfen, die gemeinsam in Erscheinung treten und frühere Phänomene ablösen (*supersede*, daher die Vorsilbe »super-«). Der Begriff Superdiversität wurde also entwickelt, um die Aufmerksamkeit auf komplexe – und eventuell neue – Muster bei Migrationsphänomenen der letzten drei Jahrzehnte zu lenken. (Vertovec 2017, S. 1575)

Der mehrdimensionale Aspekt ist hier entscheidend, nicht zuletzt um einem häufigen Missverständnis entgegenzuwirken, und zwar, dass Superdiversität eine Art Schwelle suggeriere. Ich bin oft gefragt worden: »Wann genau wird Diversität zu Superdiversität?« Wie ich in Kapitel 3 beschreibe, wird häufig angenommen, Superdiversität würde lediglich mehr ethnische Pluralität innerhalb eines Staats oder einer Stadt bedeuten. Dieses Missverständnis wird von Ralph Grillo (2015) als *Superdiversity Lite* bezeichnet. Im Gegensatz dazu steht *Superdiversity Heavy*, die von mir ursprünglich intendierte Bedeutung, die sich auf neue, komplexe Konfigurationen mehrerer Kategorien der Migrant:innen bezieht. Der Unterschied zwischen Diversität und Superdiversität ist also keine Frage der Quantität, sondern des gemeinsamen Auftretens und der gegenseitigen Beeinflussung vieler Kategorien.

Im Zuge des wachsenden Interesses an Superdiversität haben Forschende auch einen ähnlichen Begriff vorgeschlagen, nämlich den der »Hyperdiversität«. Dies war das zentrale Konzept des EU-finanzierten DiverCities-Projekts. Vom inzwieschen verstorbenen Ronald van Kempen initiiert, untersuchte es den Beitrag urbaner Diversität zur Förderung des sozialen Zusammenhalts und der wirtschaftlichen Entwicklung. Das Projektteam griff das Konzept der Superdiversität auf und nutzte es als Sprungbrett für seine Arbeit (Oosterlynck et al. 2019). Den Begriff »Hyper-Diversität« schlugen sie vor, um den Akzent etwas anders zu setzen: Bei der Beschreibung städtischer Pluralität sollten nicht nur die (migrationsbedingten) Ethnizitäten, sondern auch andere Aspekte der Lebensstile, Einstellungen und Aktivitäten analysiert werden (Taşan-Kok 2017). Das Projekt war durchaus spannend und brachte viele wertvolle Erkenntnisse hervor. Und doch bleibe ich gegenüber seinem zentralen Konzept skeptisch. Diese Skepsis (nicht nur in Bezug auf das DiverCities-Projekt, sondern auch auf andere Verwendungen des Begriffs »Hyperdiversität«) wurde von Fran Meissner und mir wie folgt erklärt:

> In einigen Bereichen wird von zunehmender »Hyperdiversität« gesprochen (oder dieser Begriff synonym mit Superdiversität verwendet). Wir finden dies nicht hilfreich, und zwar aus zwei Gründen. Erstens vermittelt das Wort Hyperdiversität die Vorstellung, es gehe lediglich um »mehr Diversität« in Bezug auf die Ethnizität. Dies ist ein eindimensionales Modell, das am Hauptargument der Superdiversität vorbeigeht (und zwar, dass sich mehrere Dimen-

> sionen der Migrationsströme gleichzeitig verändern). Zweitens kann die Vorsilbe »Hyper-« ein Zuviel suggerieren, einen Mangel an Kontrolle, etwas Negatives und Unerwünschtes (wie »Hyperaktivität« oder »Hyperinflation«). Auch in dieser Hinsicht bevorzugen wir den Modifikator »Super-«, und zwar in Anlehnung an *supersede* – ablösen. Es geht hier um etwas Neues, das jenseits dessen liegt, was sie ablöst. (Meissner und Vertovec 2015, S. 5)

Während ich mich weiterhin vom Begriff »Hyperdiversität« distanziere und an der Superdiversität als Kernkonzept und -ansatz festhalte, teile ich mit dem DiverCities-Team doch ein gemeinsames Anliegen. Und zwar müssen wir erkennen, dass jeder Mensch nicht nur *eine* Identität hat, sondern diversen Kategorien angehört – in Bezug auf Gender, Ethnizität, soziale Klasse, sexuelle Orientierung, eventuelle Behinderung(en) und andere Identitätsdimensionen. All diese Achsen überschneiden sich und interagieren auf vielfältige Weise und mit unterschiedlichen Auswirkungen. Diese Perspektive bildet sozusagen den »langen Arm des Anti-Essenzialismus«.

Rückblickend wird mir dies besonders klar: Als Postdoc und junger Wissenschaftler im Vereinigten Königreich der 1990er und der frühen 2000er gehörte ich zu einem intellektuellen Umfeld, dessen Konzepte und Ansätze zu Migration und sozialem Unterschied eine antiessenzialistische Methodik gemeinsam hatten. Der Begriff Essenzialismus (der manchmal auch zu einer Art Schimpfwort oder Anschuldigung wurde: siehe Grillo 1998, S. 195-200) wurde für die Darstellung einer sozialen Kategorie mit harten Grenzen und einer unveränderlichen, ontologischen Qualität verwandt – einer Essenz –, die alle Vertreter:innen dieser Kategorie teilen sollten (siehe Sayer 1997). Die Kritik an essenzialistischen (insbesondere genderspezifischen) Vorstellungen war zu dieser Zeit zentral für viele feministische Theorien (z.B. Witt 1995, Grillo 1995; siehe auch Mikkola 2017). Der Antiessenzialismus als Haltung gegen vereinfachende und eindimensionale soziale Kategorisierung ist auch Teil zahlreicher anderer Schlüsselkonzepte, die seit den 1990er Jahren entwickelt wurden, wie zum Beispiel: Intersektionalität (Crenshaw 1991); *segmented assimila-*

tion (Portes und Zhou 1993); *ethnic options* (Waters 1990); Postethnizität (Hollinger 1995); Bindestrich-Identität (zum Beispiel Verkuyten 2004); Kreolisierung (zum Beispiel Hannerz 1987); Hybridität (zum Beispiel Werbner und Modood 1997); *Third Space* (Bhabha 1994); *between two cultures* (zum Beispiel Watson 1997); Bikulturalismus, duale Identität (zum Beispiel Yamada and Singelis 1999); *multiculture* (zum Beispiel Gilroy 1993); *bright* vs. *blurred social boundaries* (Alba 2005); Transnationalismus (zum Beispiel Glick Schilller et al. 1992); Diaspora (zum Beispiel Cohen 1997) und Kosmopolitismus (zum Beispiel Vertovec und Cohen 2002). All dies sind wichtige Vorläufer, wenn nicht gar direkte Anregungen für die Idee der Superdiversität. Wie auch diese Konzepte basiert das der Superdiversität auf der Sicht, dass keine einzelne Kategorie strikt begrenzt und ontologisch essenziell ist, dass nicht *eine* Kategorie das Leben der Menschen, ihre soziale Position und die gesellschaftlichen Strukturen um sie herum bestimmt, sondern ein Zusammenwirken mehrerer offener Kategorien in ständigem Wandel.

Diese früheren antiessenzialistischen Konzepte halfen mir, die hier beschriebenen Veränderungen der globalen Migrationsströme zu durchdenken. Doch keines schien genau das zu beschreiben, was ich fassen wollte. Ich wollte ihre Erkenntnisse würdigen, aber auch klar auf die Veränderungen hinweisen, die ich in den britischen Migrationsdaten beobachten konnte. Vor allem wollte ich die Intersektionalität erfassen (speziell im Hinblick auf Migration, nicht nur auf Kategorien wie Gender, Ethnie und Klasse, denen sich die Literatur bis dahin vorzugsweise widmete) – und auch neue Konfigurationen von Merkmalen rund um Migration untersuchen. Der Begriff Superdiversität wurde entwickelt, um diese Prozesse und Phänomene zu erfassen und einen Beitrag zum Korpus der soziologischen Konzepte und Publikationen zu leisten.

Das beträchtliche Interesse der Gesellschaftswissenschaften an diesem Begriff war nicht völlig überraschend (auch wenn einige Interpretationen recht unerwartet ausfielen; siehe Kapitel 3). Je weiter wir ins 21. Jahrhundert vordringen, umso öfter haben Forschende immer komplexere Trends beobachtet und nach Wegen gesucht, sie zu beschreiben und zu theoretisieren. Der prominente, inzwischen verstorbene deutsche Soziologe Ulrich Beck sprach von der »Superdiversität der Städte und Gesellschaften des 21. Jahrhunderts« und wies darauf hin, dass ihr Anstieg »sowohl unvermeidlich (aufgrund globaler Migrations-, Informations-, Kapital- und Risikoströme) als auch politisch herausfordernd« sei (2011, S. 53). Er fügte jedoch hinzu:

> In diesem Sinne haben sich die kulturellen, sozialen und politischen Landschaften der Diversität in den letzten Jahrzehnten radikal verändert, aber wir nutzen immer noch alte Landkarten um uns zu orientieren. In anderen Worten lautet meine These: *Wir haben nicht einmal eine Sprache, um die heutige Superdiversität in der Welt zu beschreiben, zu konzeptualisieren, zu begreifen, zu erklären und zu erforschen.* [Ibid., Hervorhebung im Original]

So war Superdiversität ein generatives Konzept und hat Arbeiten in den unterschiedlichsten Bereichen angeregt. Bis Juni 2022 wurde laut Google Scholar der ursprüngliche Artikel in der Zeitschrift *Ethnic and Racial Studies* (Vertovec 2007a) über 7200 Mal zitiert; das COMPAS-*Working Paper* zur Superdiversität (Vertovec 2006), auf dem dieser Artikel basiert, wurde über 850 Mal zitiert. Diese Zitate finden sich in Fachzeitschriften verschiedener Disziplinen, darunter Soziologie, Anthropologie, Geografie, Politikwissenschaft, Soziolinguistik und Geschichte, insbesondere in den Forschungsbereichen Migrationsstudien und Sozialpolitik. Neben Artikeln wurde auch mindestens ein Dutzend Bücher über Superdiversität veröffentlicht, unter anderem *On Superdiversity* (Ramadan 2011), *Superdiversity in the Heart of Europe* (Geldof 2016), *Diversity and Super-diversity* (de Fina et al. 2017) und *The Routledge Handbook of Language and Superdiversity* (Creese und Blackledge 2018a).

Wie Beck richtigerweise anmerkt, liegt das Interesse am Konzept der Superdiversität vor allem daran, dass Wissenschaftler:innen nach einer Sprache und nach Denkansätzen suchen, um die aktuellen und emergenten Arten und Formen sozialer Komplexität in all ihrer Verwobenheit besser zu beschreiben. Wie Angela Creese und Adrian

Blackledge (2018b, S. xxiii) feststellen: »[Der Begriff der] Superdiversität beschreibt nicht nur die Diversifizierung der Diversität als Ergebnis der jüngsten Migration, sondern hat das Potenzial, eine interdisziplinäre Perspektive auf die Komplexität sozialer und kultureller Welten im Wandel zu bieten.« Um den Ansatz und die Einsichten des Konzepts weiterzuentwickeln, setzt dieses Buch bei der Diskussion des Begriffs und seiner Verwendung an und geht dann zu verwandten Formen der Diversifizierung über. Es befasst sich mit Reaktionen auf Diversifizierungs- und Superdiversitätsprozesse sowie mit emergenten Merkmalen sozialer Komplexität im weiteren Sinne. Durch all diese Themen ziehen sich Fragen zur Diversifizierung, Kategorisierung und Gestaltung multipler Kategorien, zu sich gegenseitig bedingenden Prozessen, sozialer Schichtung und Ungleichheit. So soll jedes Kapitel etwas zu unserem umfassenderen Verständnis jener Prozesse beitragen, die die voneinander abhängigen Bereiche der sozialen Kategorisierungen und sozialen Formationen immer komplexer machen.

Kapitelzusammenfassungen

Das für dieses Buch zusammengestellte Material ist vielseitig und ist mit dem Vorhaben verbunden, viele Ansätze und Disziplinen zu vereinigen. Diese Art der Synthese greift auf langjährige Erfahrung zurück, zunächst durch ein frühes Studium der Anthropologie und des multidisziplinären Bereichs der Religionswissenschaft. Darauf folgten mehrere Postdoc-Stipendien und Stellen an Universitätsinstituten für Anthropologie, Geographie sowie Soziologie – und zwar in amerikanischen, britischen und deutschen intellektuellen Umgebungen. Schließlich durfte ich als Gründungsdirektor dreier großer interdisziplinärer Einrichtungen einiges über die gegenseitige Befruchtung von Disziplinen lernen. Zu diesen Einrichtungen gehören das Transnational Communities Programme des britischen Economic and Social Research Council (ESRC), das ESRC Centre on Migration, Policy and Society (COMPAS) sowie das Max-Planck-Institut zur Erforschung multireligiöser und multiethnischer Gesellschaften.

Obwohl es sicherlich keinen Königsweg zur Interdisziplinarität gibt, haben diese Erfahrungen mir doch geholfen, Verbindungen herzustellen, zwischen den Bereichen zu »übersetzen« und gemeinsame konzeptionelle Rahmen für mehrere sozialwissenschaftliche Felder zu entwickeln. Puristisch Gesinnte mögen wenig damit anfangen können, dass ich unterschiedliche Methoden, Terminologien und Theorien vermische, aber ich bin überzeugt: Nur so können wir den aktuellen komplexen gesellschaftlichen Prozessen, Formen und Dynamiken gerecht werden.

Obwohl ich auch Forschung in Ländern wie Trinidad, Singapur und Südafrika betrieben habe, bin ich mir durchaus bewusst, dass die meisten Beispiele in diesem Buch aus europäischen und nordamerikanischen Kontexten stammen. Dieser Fokus auf den globalen Norden bringt sicherlich Einschränkungen mit sich, wenn nicht gar Nachteile. Ich kann jedoch nur mit Zuversicht über Kontexte schreiben, die ich am besten kenne. Ich versuche so weit wie möglich auch auf Literatur aus dem globalen Süden hinzuweisen: Schließlich sind die meisten der von mir erörterten Prozesse und Phänomene auch in diesen Teilen der Welt zu finden. In jedem Fall steht es mir nicht zu, diesen Orten konzeptionelle Rahmen aufzudrängen. Vielmehr hoffe ich, dass lokale Stimmen meine Ideen in Kontexten, die sie besser kennen, weiterhin ausgiebig nutzen und kritisieren. Das hat mit dem Konzept der Superdiversität, welches von Wissenschaftler:innen des globalen Südens umfänglich aufgegriffen wurde, auch bereits stattgefunden.

Im Folgenden werde ich die einzelnen Kapitel zusammenfassen. Da ich keineswegs davon ausgehen kann, dass die Leserschaft dieses Buches den Originalartikel in *Ethnic and Racial Studies*, der das Feld geprägt hat, kennt, wird dieser in vollem Umfang als Kapitel 2 wiedergegeben. Der Rest des Buches bezieht sich zu einem großen Teil auf diese Erstveröffentlichung, was den Abdruck erforderlich macht. Der Artikel führt das Konzept der Superdiversität ein – als eine Möglichkeit, die Veränderungen in der Art der Vielfalt (sei es in Bezug auf ihre Formen oder Darstellungen) zu verstehen. Auf Daten aus dem Vereinigten Königreich gestützt, untersuche ich darin Verschiebungen in Migrant:innenpopulationen nach Schlüsselkategorien wie Herkunftsland, Gender, Alter, Sprache, Religion und Rechtsstatus. Die fluktuierenden Kombinationen dieser Kategorien in den verschiedenen Gruppen haben die soziale Konfiguration Londons und Großbritanniens verändert. Die emergente Natur der von Migration angetriebenen Diversifizierung hat die vorangegangenen Konfigurationen der Diversität in Großbritannien abgelöst, *it superseded them* – daher das Wort *Super*diversität. Der Artikel zeigt nicht nur diese Veränderungen auf, sondern macht auch auf einige Herausforderungen aufmerksam, die dieser Wandel für bestimmte Forschungsbereiche und für Sozialpolitik mit sich bringt.

Wie bereits erwähnt, hat dieser 2007 in *Ethnic and Racial Studies* erschienene Artikel mit seinem Konzept der Superdiversität in den Sozialwissenschaften, insbesondere in Europa, schnell an Bedeutung gewonnen. Innerhalb weniger Jahre wurde er zum meistzitierten Artikel in der Geschichte dieser führenden Fachzeitschrift und bleibt es auch weiterhin. Dabei wurde das Konzept auf verschiedene Weise verstanden, verwendet, missbraucht, kritisiert und als Sprungbrett für weitere theoretische und methodologische Entwicklungen genutzt. Kapitel 3 gibt einen Überblick über die vielen Bedeutungen von Superdiversität, wie sie in der mittlerweile beträchtlichen soziologischen Literatur zu finden sind, und typologisiert dabei acht Hauptarten, in denen Superdiversität benutzt worden ist: als Bezeichnung für sehr viel Diversität; als Kontext oder Kulisse für Forschungsstudien; als Bezeichnung für mehr ethnische Gruppen; als Aufforderung, in der Sozialanalyse über die Ethnizität hinauszugehen; als mehrdimensionale Neukonfiguration sozialer Kategorien; als Grundlage für eine methodologische Neubewertung eines Fachgebiets oder einer Disziplin; als Möglichkeit der Auseinandersetzung mit emergenten sozialen Komplexitäten (im Zusammenhang mit Globalisierung, Migration, ethnischen Kategorien und neuen sozialen Formationen) und als Ausgangspunkt für die Erörterung eines Teilbereichs der Politik und Staatsführung.

Besondere Aufmerksamkeit wird in Kapitel 3 der Soziolinguistik gewidmet, in der ein ganz neues Feld der »soziolinguistischen Superdiversität« entstanden ist, sowie der Geschichtswissenschaft, in der Expert:innen über die »Neuheit« und die Auswirkungen der Superdiversität debattieren. Ich gehe auch auf einige wichtige Kritikpunkte ein, die im Zusammenhang mit dem Konzept geäußert wurden, insbesondere im Hinblick auf Ideen von *race* und Rassismus, Macht und Kolonialismus sowie das akademische Unterfangen als solches. Auch wenn sie manchmal auf einem Missverständnis des Begriffs beruhen, sind dies wertvolle und nützliche Gespräche, die geführt werden sollten. Zumindest scheint es, das Konzept der Superdiversität habe »mit all dem semantischen Atem und den definitorischen Verästelungen, die es kennzeichnen, eine interpretatorische Tür geöffnet und einen analytischen Rahmen ermöglicht, der sich von dem Rest unterscheidet« (López Peláez et al. 2022, S. 161).

Einige Forschende, darunter ich und meine Kollegin Fran Meissner, sehen Superdiversität nicht nur als einen emergenten sozialen Zustand, sondern als eine Vielzahl verwobener und sich gegenseitig bedingender Diversifizierungsprozesse. In Kapitel 4 werden einige davon beschrieben, und zwar insbesondere migrations- und demografisch bedingte Modalitäten. Migrationsbedingte Diversifizierung findet statt, weil sich die internationalen Migrationsströme in den letzten dreißig Jahren stark verändert haben. Die Gründe für Mobilität werden zunehmend komplexer und umfassen vielfältige, gemischte und kumulative Ursachen aus dem politischen, sozialen, wirtschaftlichen, demografischen und ökologischen Bereich. Immer mehr Menschen aus immer mehr Ländern überqueren Grenzen; dabei werden die Migrationskategorien und Fragen des Rechtsstatus immer komplizierter und verwirrender. Sie dienen dazu, Migrant:innen in ihren Zielländern zu beeinträchtigen, zu klassifizieren und zu stratifizieren, womit Ungleichheit verschärft wird. Aber auch ohne Migration diversifizieren sich viele Länder demografisch oder im Hinblick auf offizielle Kategorien wie *race* und Ethnizität. Die demografische Zusammensetzung von Städten (vor allem im globalen Norden, aber auch im Süden) wird immer vielfältiger, während wirtschaftliche Hierarchien weitgehend bestehen bleiben. Weitere wichtige Merkmale des demografischen Wandels sind: die unterschiedlichen *ethnoracial* Profile verschiedener Alterskohorten; der deutliche Anstieg der Anzahl von Menschen, die sich als *mixed* bezeichnen, eine Entwicklung, durch die offizielle Kategorien als solche in Frage gestellt werden; und die Verbreitung von Sprachen und innovativen Sprachpraktiken an bestimmten Orten, die zu neuen Formen der Diskriminierung, aber auch zu spannenden, wenn nicht gar faszinierenden Formen der Kommunikation führen.

Wie reagieren Menschen auf die Diversifizierung und Superdiversität um sich herum? In Kapitel 5 werden einige der wichtigsten öffentlichen Reaktionen untersucht. Darunter auch ein scheinbares Paradoxon: Umfragen zufolge akzeptieren viele Menschen im Allgemeinen das *aktuelle* Ausmaß an Vielfalt in ihrem Land oder in ihrem unmittelbaren Lebensumfeld oder schätzen es sogar, äußern sich aber besorgt über einen *Zuwachs* an Diversität. Das Kapitel geht in diesem Zusammenhang der Frage nach: Was wissen, denken und verstehen Menschen tatsächlich über die Diversifizierung ihrer Gesellschaften, und wie nehmen sie diese wahr, wie reagieren sie sozial und politisch? Was ist es an der *zunehmenden* Diversifizierung, das negative Reaktionen hervorruft? Ein Schlüssel zur Beantwortung dieser Fragen liegt in sozialen Kategorisierungen, also darin, wie Menschen Kategorien konstruieren, um der sozialen Welt einen Sinn zu geben, und wie sie andere dabei einordnen. Im Zentrum dieser Kategorisierungen stehen häufig folgende Prämissen oder Anschauungen: Gruppismus (die Annahme, dass die Gesellschaft aus begrenzten, festen, in sich homogenen Gruppen besteht), singuläre Zugehörigkeit (die Überzeugung, dass jeder Mensch in erster Linie der einen oder anderen bedeutenden Gruppe angehört), Kulturalismus (die Ansicht, dass Kulturen saubere, separate Pakete unveränderlicher Merkmale sind) und Rassifizierung (die Vorstellung von Kultur und Gruppenzugehörigkeit als »natürlich« oder genetisch bedingt). Diese Prämissen unterstützen die Annahme, es müsse eine Schwelle geben, bei deren Überschreitung ein »Zuviel« an Diversität unerwünschte Folgen mit sich bringt. Dies ist ein zentraler Grund für Ängste im Zusammenhang mit Diversifizierung. Kapitel 5 betrachtet aber auch mehrere prominente Theorien zu negativen Reaktionen der Öffentlichkeit auf Diversifizierung – Reaktionen, die häufig von rechten Politiker:innen geschürt und instrumentalisiert werden. Aber auch das Entstehen positiver Einstellungen gegenüber der Diversifizierung wird untersucht, insbesondere im Hinblick auf die bereits bewährten Ideen der Kontakttheorie. Die Forschung zeigt, dass die Einstellung gegenüber Unterschieden sich selbst bei anfänglich negativer Reaktion mit der Zeit und mit zunehmendem Kontakt deutlich verbessert. Wichtige Ergebnisse aus 46 Ländern illustrieren, dass schon die bloße Wahrnehmung der Diversifizierung dazu beiträgt, grobe Konzeptualisierungen und Stereotypen abzubauen, was nach und nach zu positiveren sozialen Beziehungen führt.

All diese Themen, die Superdiversität zum Ausdruck bringen – sich verändernde Migrationskonfigurationen, Varianten der Diversifizierung, Modi der sozialen Kategorisierung und kontrastierende Reaktionen darauf –, machen die Gesellschaft insgesamt komplexer. Als Antwort auf die von Beck (2011, 53) formulierte Herausforderung, eine Sprache zu finden, »um die heutige Superdiversität in der Welt zu beschreiben, zu konzeptualisieren, zu begreifen, zu erklären und zu erforschen«, untersucht Kapitel 6 mögliche Betrachtungsweisen der sozialen Komplexität. In der Anthropologie wird Komplexität seit langem als ein evolutionäres Merkmal sozialer Organisation betrachtet: im Laufe der Zeit werden Gesellschaften immer komplexer (insbesondere immer stratifizierter und rollendifferenzierter). Einige Anthropologen, namentlich Fredrik Barth, Ulf Hannerz und Thomas Hylland Eriksen, haben jedoch auch komplexe menschliche Bedeutungen – die auf unterschiedlichen sozialen Positionen beruhen – als grundlegende Komponenten sozialer Komplexität hervorgehoben. Vor dem Hintergrund dieser Erkenntnisse greift das Kapitel auf einige zentrale Begriffe der Komplexitätsforschung zurück (wie Multikausalität, Nichtlinearität und Emergenz), bevor es sich wieder mit Bedeutungen befasst – in diesem Fall mit der Idee sozialer Unterschiede und sozialer Kategorisierung. Vor allem an Beispielen aus den Bereichen *race* und Ethnizität, Gender und Sexualität, Religion und Sprache können wir beobachten, wie viele grundlegende soziale Kategorien aufgelöst, neu gebildet, vermischt und vervielfältigt werden – auf eine Art und Weise, die nicht nur Gesellschaften komplexer macht, sondern auch Strukturen komplexer Ungleichheit erschafft.

Diese Prozesse finden online und offline statt, und zwar nicht nur in der Gesellschaft, sondern auch im Individuum. Daher wird am Ende des Kapitels die Theorie der komplexen sozialen Identität dargestellt, wie sie in der heutigen Sozialpsychologie Verwendung findet. Dabei geht es darum, inwiefern sich Individuen ihrer eigenen multiplen Identitätskategorien bewusst sind. Umfangreiche Forschungsarbeiten auf diesem Gebiet zeigen: Wenn sich Menschen weniger auf einzelne essenzialistische Identifikationskategorien verlassen und die eigene Identitätskomplexität sehen, entwickeln sie häufiger positive Einstellungen und Interaktionen mit anderen. Unter den Bedingungen zunehmender Superdiversität birgt diese Erkenntnis viel Potenzial für die Abschwächung negativer Reaktionen auf Diversifizierung und die Verbesserung sozialer Beziehungen im Allgemeinen. Vielleicht spricht der Schriftsteller Suketu Mehta von ähnlichen Hoffnungen, wenn er schreibt:

> Wir teilen die Menschen in große Kategorien ein: Schwarze, Weiße, Migrant:innen, Transsexuelle, Feminist:innen, Polizist:innen, Demokrat:innen, Republikaner:innen [...]. Und dann muss jedes Mitglied solch einer Kategorie die Last der Klassifizierung mit sich schleppen. Innerhalb jeder Gruppe sollen wir austauschbar sein. Der einzelne Mensch ist aber komplex [...]. Diversität, oder Heterogenität, wird uns retten. (2021)

Das abschließende Kapitel 7 fasst zentrale Diskussionen und Punkte aus dem gesamten Buch zusammen. Sie werden relevant bleiben, denn Superdiversität, Diversifizierung und ihre Verbindungen zur sozialen Schichtung werden in einer vom Klimawandel und von seinen Auswirkungen auf die globale Migration geprägten Zukunft fortbestehen, wenn nicht gar wachsen. Ein besseres Verständnis der sozialen Komplexität wird für die Zukunft der Sozialwissenschaften entscheidend sein. Eine wichtige Grundlage für ein solches Verständnis ist die Anerkennung sozialer Kategorien als vielfältig, flexibel und durchlässig – im Gegensatz zu Sichtweisen, die auf Gruppismus, singulärer Zugehörigkeit, Kulturalismus, Rassifizierung und Sprachgebundenheit basieren. Eine offenere Perspektive kann nicht nur im akademischen Bereich, sondern auch im öffentlichen Leben gefördert werden. Ein solcher Ansatz kann in Informationskampagnen sowie in Politik und politischer Repräsentation verfolgt werden, um das Umdenken in Bezug auf soziale Kategorien zu unterstützen. Um ein differenzierteres Verständnis sozialer Kategorien in immer komplexeren Kontexten der Superdiversität zu fördern, sollten wir Gruppenkategorien nicht gänzlich abschaffen, sondern das Bewusstsein für *Kategorien-Plus* fördern – das heißt, die Erkenntnis, dass Individuen immer Teil von mehr als einer Kategorie sind und dass jede Kategorie Menschen mit mehr als einer Identität umfasst.

Superdiversität ist ein Konzept, das vor allem das Bewusstsein für die Diversifizierung der Gesellschaften schärfen und in Bezug darauf Interpretationshilfe bieten soll. Die geschilderten Trends sind höchst relevant dafür, wie Gesellschaften und soziale Strukturen funktionieren (können) und wie Menschen miteinander umgehen (können). Um es mit Geertz zu sagen: Die Art und Weise, wie wir Unterschiede konzipieren und denken, kann und muss erhebliche Auswirkungen haben; es geht hier nicht »nur« um Begrifflichkeiten. Es ist zu hoffen, dass das Konzept der Superdiversität zusammen mit den anderen in diesem Buch vorgestellten Ideen einen positiven Beitrag leisten kann.

2 SUPERDIVERSITÄT UND IHRE AUSWIRKUNGEN

Auf einer Mahnwache am Trafalgar Square für die Opfer der Terroranschläge vom 7. Juli 2005 – darunter Migrant:innen aus über zwanzig Ländern, während mutmaßliche Täter:innen aus weiteren sechs Ländern kamen – erklärte Bürgermeister Ken Livingstone, in London sei »die Welt in einer Stadt versammelt« und lebe »in Harmonie, als Beispiel für alle« (in Freedland 2005). Die Idee »der Welt in einer Stadt« (*the world in one city*) war auch der Titel eines Sonderteils in *The Guardian*, der den »kosmopolitischsten Ort der Welt« feierte, an dem »so viele verschiedene Arten von Menschen zusammenzuleben versuchen wie noch nie« (Benedictus und Godwin 2005, S. 2). Eine von der Greater London Authority durchgeführte Analyse der Volkszählung von 2001 (GLA 2005a), in der die Präsenz von Menschen aus 179 Nationen in der Hauptstadt untersucht wurde, hieß ebenfalls *The World in One City*. Die erfolgreiche Londoner Bewerbung für die Olympischen Spiele 2012 verwendete ebenfalls den gleichen Slogan und behauptete: »2012 wird dank unserer multikulturellen Diversität jede Nation, die an den Spielen teilnimmt, vor Ort ebenso enthusiastische Fans finden wie in ihrer Heimat.«

Die ethnische und herkunftsbezogene Vielfalt Londons ist tatsächlich bemerkenswert und zeigt sich auch in anderen Teilen des Landes. Die Konzentration auf Ethnizität oder das Herkunftsland führt jedoch zu einer irreführenden, eindimensionalen Einschätzung der heutigen Diversität, zumal diese beiden Kategorien oft verwirrenderweise austauschbar verwendet werden. In den letzten zehn Jahren hat die

Einwanderung nach Großbritannien eine transformative »Diversifizierung der Diversität« (vergleiche Hollinger 1995, Martiniello 2004) mit sich gebracht, und zwar nicht nur in Bezug auf mehr Ethnien und Herkunftsländer – auch andere wichtige Variablen, die bewirken, wo, wie und mit wem Menschen leben, haben sich vervielfacht.

In den letzten zehn Jahren haben die Zunahme und die sich gegenseitig bedingenden Auswirkungen zusätzlicher Variablen gezeigt, dass es nicht ausreicht, Diversität nur unter dem Gesichtspunkt der ethnischen Zugehörigkeit zu betrachten, wie es sowohl in der Sozialwissenschaft als auch in der breiten Öffentlichkeit regelmäßig der Fall ist. Diese zusätzlichen Variablen umfassen einen unterschiedlichen Einwanderungsstatus und die damit verbundenen Ansprüche und Einschränkungen von Rechten, unterschiedliche Arbeitsmarkterfahrungen, Gender- und Altersprofile, räumliche Verteilungsmuster und Reaktionen von lokalen Dienstleister:innen und Einwohner:innen. Selten werden diese Faktoren nebeneinander beschrieben. Ihr Zusammenspiel wird hier als Superdiversität zusammengefasst.

Mit dem Begriff Superdiversität möchte ich erstens betonen, dass nicht nur mehr Menschen aus mehr Orten zugewandert sind, sondern dass durch die Einwanderung in das Vereinigte Königreich in den letzten zehn Jahren auch bedeutende neue Verbindungen und Wechselwirkungen von Variablen entstanden sind. Diese Prozesse und ihre Ergebnisse übersteigen das, was wir normalerweise – im öffentlichen Diskurs, in Politik und in der Fachliteratur – unter Diversität in Großbritannien verstehen. Zweitens will dieser Artikel Sozialwissenschaftler:innen und politische Entscheidungsträger:innen aufrufen (oder sie darin bestärken), die Verbindung von ethnischer Zugehörigkeit mit einer Reihe anderer Variablen zu berücksichtigen, wenn sie das Wesen verschiedener »Gemeinschaften«, ihre Zusammensetzung, ihre Entwicklung, ihre Interaktionen und ihren Bedarf an öffentlichen Dienstleistungen betrachten.

Ein Großteil des Materials und der Daten in diesem Artikel ist sicherlich nicht neu und den Fachleuten auf diesem Gebiet bekannt; hoffentlich von Wert ist jedoch ihre Zusammen- und Gegenüberstellung, die eine Neukonzeption von Vielfalt ermöglicht. Meine Sichtweise stützt sich auf mehrere frühere Ansätze zur Diversität, insbesondere in Bezug auf: multiethnische Interaktionsbereiche (vor allem Lamphere 1992 und Sanjek 1998), Hypersegregation beziehungsweise den gleichzeitigen Einfluss verschiedener Dimensionen ethnischer wohnräumlicher Konzentration (Massey und Denton 1989), die »vielschichtige Erfahrung« von Minderheiten innerhalb ungleicher Machtstrukturen und sozialer Lagen (Harzig und Juteau 2003) sowie Vorstellungen von Pluralismus, die berücksichtigen, dass verschiedene ethnische Gruppen sich in ihrem Rechts- und Integrationsstatus unterscheiden (Kuper und Smith 1969). Besonders beeinflusst haben mich auch Ideen zur kulturellen Komplexität, wie sie von Fredrik Barth (1989, 1993) und Ulf Hannerz (1992) entwickelt wurden, insbesondere ihre Überlegungen zu Formen des kulturellen Zusammenfließens (*cultural confluence*), zur Koexistenz mehrerer historischer Strömungen und dazu, wie Individuen in komplexen Kontexten mit verschiedenen Perspektiven miteinander in Beziehung treten.

Die Variablen der Superdiversität selbst sind wie gesagt nicht neu, ebenso wenig wie viele ihrer Korrelationen. Wie in diesem Artikel beschrieben, erfordern ihr wachsendes Ausmaß, ihre historisch und politikbedingten multiplen Konfigurationen sowie das Zusammenspiel dieser Variablen jedoch eine begriffliche Unterscheidung. Superdiversität wird als zusammenfassende Bezeichnung vorgeschlagen. Ob nun mit diesem Terminus oder einem anderen, eine mehrdimensionale Perspektive auf Diversität ist auf jeden Fall von großem Nutzen, sowohl um über »die ethnische Gruppe als Analyseeinheit oder einziger Untersuchungsgegenstand« (Glick Schiller et al. 2006, S. 613) hinauszugehen als auch um das Zusammenwirken von Faktoren zu erkennen, die das Leben der Menschen beeinflussen.

Eric Fong und Kumiko Shibuya (2005, S. 286) deuten darauf hin, dass »die in der Vergangenheit entwickelten Theorien sich heute nur noch begrenzt eignen, die Beziehungen zwischen mehreren Gruppen zu untersuchen«. Dabei verweisen sie auf Veränderungen der sozialen, geografischen und wirtschaftlichen Bedingungen in nordamerikanischen Städten und auf Diversifizierungsmuster innerhalb ethnischer Gruppen. Der vorliegende Artikel geht in eine ähnliche

Richtung. Im ersten Teil wird eine Vielzahl von Daten präsentiert, die auf die Emergenz von Superdiversität hinweisen (während hier insbesondere auf Entwicklungen in London hingewiesen wird, sind ähnliche Variablen, Dimensionen und Dynamiken in vielen anderen Teilen des Vereinigten Königreichs zu beobachten). Anschließend werden einige Implikationen der Superdiversität in Bezug auf sozialwissenschaftliche Theorien und Methoden beschrieben – sowie einige Herausforderungen, die mit ihr für bestimmte Bereiche der öffentlichen Politikgestaltung und -umsetzung einhergehen.

Diversität in Großbritannien

Diversität ist in Großbritannien natürlich eine endemische Erscheinung. Peter Ackroyds (2000) monumentales Werk *London: The Biography* beschreibt die lange Geschichte einer Stadt mit vielen verschiedenen Einwander:innen. Das römische Londinium war voller Verwalter, Händler, Soldaten und Sklav:innen aus Gallien, Griechenland, Deutschland, Italien und Nordafrika. »Seit dem zehnten Jahrhundert«, schreibt Ackroyd (ibid., S. 702), »war die Stadt bevölkert von Kymren und Belgen, von Resten der gallischen Legionen, von Ostsachsen und Merciern, von Dänen, Norwegern und Schweden, von Franken und Jüten und Angeln, die sich alle zu einem besonderen Londoner Stamm vermischten.«

Im späten 12. Jahrhundert beschwerten sich Einheimische in ganz Großbritannien darüber, dass alle möglichen Fremdlinge ihre eigenen Bräuche praktizierten, und zu Beginn des 16. Jahrhunderts kulminierte diese Intoleranz in Ausschreitungen, bei denen Geschäfte und Häuser von Ausländer:innen abgebrannt wurden. Mitte des 18. Jahrhunderts führte die Diversität zu einem Kampf zwischen Menschen mit »kulturell kosmopolitischen« Ansichten und solchen mit populistischen, fremdenfeindlichen Einstellungen (Statt 1995). Romantische Dichter des 19. Jahrhunderts wie Wordsworth beschrieben die Heterogenität der Londoner Bevölkerung, während Samuel Smiles in seinem Buch *The Huguenots* aus dem Jahr 1880 London »eine der am vielfältigsten zusammengesetzten Bevölkerungen der Welt« zuschrieb (in Holmes 1997, S. 10). Wie Michael Keith (2005, S. 49–50) feststellt, gibt es in der Tat keinen Zeitpunkt in der Geschichte Londons, an dem kulturelle Unterschiede nicht eine bedeutende Rolle im Stadtleben gespielt hätten.

Im 19. und 20. Jahrhundert stellten irische und osteuropäisch-jüdische Einwander:innen bedeutende Ströme dar. Doch war es die massive Einwanderung afrikanisch-karibischer und südasiatischer (also nichtweißer) Menschen in der Nachkriegszeit, die eine Reihe von Veränderungen der Politik auslöste: Britische Entscheidungsträger:innen reagierten mit verschiedenen Diversitätsmanagement-Strategien, die später als Multikulturalismus bezeichnet wurden.

Damit basiert der größte Teil des Diskurses, der Politik und des öffentlichen Verständnisses von Migration und Multikulturalismus im Großbritannien der letzten dreißig Jahre auf Erfahrungen von Menschen, die zwischen den 1950er und den 1970er Jahren aus Jamaika, Trinidad, Guyana und von anderen westindischen Inseln sowie aus Indien, Pakistan und dem heutigen Bangladesch kamen. Dabei handelte es sich um große Zuwanderungsströme aus den ehemaligen britischen Kolonien, deren Einreiserechte in den 1960er und frühen 1970er Jahren schrittweise eingeschränkt wurden, bis nur noch Angehörige von bereits eingewanderten Menschen einreisen durften. Die Staatsbürgerschaft und alle damit verbundenen bürgerlichen, politischen und sozialen Rechte erhielten die meisten dieser Migrant:innen im Rahmen postkolonialer Regelungen (Hansen und Weil 2001). Nach und nach organisierten sich große Gemeinschaften, insbesondere durch die Gründung von Gemeindeverbänden und Gotteshäusern.

Politiken des Multikulturalismus zielten auf die Förderung von Toleranz und Respekt für kollektive Identitäten. *Communities* und ihre kulturellen Aktivitäten wurden unterstützt; es wurde auf Diversität am Arbeitsplatz geachtet; positive Bilder in den Medien und anderen öffentlichen Räumen wurden gefördert; öffentliche Dienstleistungen (darunter Bildung, Gesundheit, Polizei und Gerichte) wurden angepasst, um kulturbedingten Unterschieden in Werten, Sprache und sozialer Praxis Rechnung zu tragen. Die meisten dieser politischen

Maßnahmen und Ziele, die seit den 1960er Jahren entwickelt wurden, gelten auch heute noch. Unterdessen wird Multikulturalismus nach wie vor hauptsächlich in Bezug auf die afro-karibischen und südasiatischen Gemeinschaften der britischen Bürger:innen verstanden.

Neue, kleinere, weniger organisierte, rechtlich ausdifferenzierte Gruppen und Migrant:innen ohne Staatsbürgerschaft haben kaum Beachtung oder einen Platz auf der öffentlichen Agenda gefunden (vergleiche Kofman 1998). Dabei hat gerade der Zuwachs dieser Gruppen die soziale Landschaft in Großbritannien in den letzten Jahren radikal verändert. Es ist an der Zeit, das Wesen der Diversität hierzulande neu zu bewerten – sowohl sozialwissenschaftlich als auch gesellschaftlich-politisch.

Neue Einwander:innen und die emergente Superdiversität

In den letzten zehn bis fünfzehn Jahren hat sich die Zuwanderung – und damit auch die Art der Diversität – im Vereinigten Königreich dramatisch verändert. Seit Anfang der 1990er Jahre ist ein deutlicher Anstieg der Nettozuwanderung und eine Diversifizierung der Herkunftsländer zu verzeichnen. Dieser Wandel ging mit ganzen sechs parlamentarischen Maßnahmen einher: den *Asylum and Immigration Acts* von 1993, 1996 und 1999, dem *Nationality, Immigration and Asylum Act 2002*, dem *Asylum and Immigration Act 2004* und dem *Immigration, Asylum and Nationality Bill 2005*. In dieser Zeit kam es zu einer Vervielfachung der Migrationskanäle und der Rechtsstatus von Einwander:innen. Darüber hinaus gab es in diesem Jahrzehnt eine Vielzahl von Konflikten auf der ganzen Welt, was die Zahl der Asylsuchenden erheblich ansteigen ließ. Die verschiedenen Ströme und Kanäle wurden als »die neue Migration« und die beteiligten Personen als »die neuen Einwander:innen« bezeichnet (siehe Robinson und Reeve 2005, Berkeley et al. 2005, Kyambi 2005). Die so entstehenden sozialen Muster und Verhältnisse sind durch mehrere Dimensionen der Unterscheidung gekennzeichnet.

Nettozuwanderung

Vor den frühen 1990er Jahren war das Vereinigte Königreich durch eine Nettoabwanderung gekennzeichnet; 1994 kehrte sich der Trend um. Der jährliche Nettozustrom von Einwander:innen nach Großbritannien erreichte 2000 einen Höchststand von 171 000, ging bis 2003 auf 151 000 zurück und stieg 2004 wieder deutlich an, auf 222 600 (Office for National Statistics, ⟨www.statistics.gov.uk⟩). 2004 lebten schätzungsweise 2 857 000 Ausländer:innen (im Ausland geborene Menschen ohne britische Staatsbürgerschaft) im Vereinigten Königreich, also etwa 4,9 Prozent der Gesamtbevölkerung von 58 233 000 (Salt 2004). Dies bedeutete einen Anstieg um etwa 857 000 oder um über 40 Prozent seit 1993. Seit dem Beitritt von acht neuen Staaten zur Europäischen Union im Jahr 2004 ist ein weiterer erheblicher Anstieg zu verzeichnen (siehe unten).

Für die gestiegenen Nettozuflüsse gibt es viele Gründe, darunter die gute wirtschaftliche Lage Großbritanniens (inklusive der niedrigen Arbeitslosigkeit in einigen Sektoren) in Verbindung mit wachsender Ungleichheit in vielen Entwicklungsländern und Ländern mit mittlerem Einkommen (Hatton 2003). Ein Großteil des Anstiegs in den 1990er Jahren entfiel auf die Kategorie der Asylsuchenden. Zwar wurde vielfach behauptet, viele davon seien »Schwindler« und in Wahrheit »Wirtschaftsmigrant:innen«, doch wurde nachgewiesen, dass der Zufluss der Asylsuchenden in den letzten zehn Jahren in direktem Zusammenhang mit bekannten Fluchtursachen und Konfliktsituationen in den Herkunftsländern steht (Castles et al. 2003). Bereits vor dem EU-Beitritt hatten Migrationsströme aus Osteuropa zugenommen, und zwar seit der Grenzöffnung nach dem Mauerfall 1989 (siehe Kaczmarczyk und Okólski 2005).

Herkunftsländer

Eines der bemerkenswertesten Merkmale der »neuen Migration« ist die Vielfalt der Herkunftsländer. Die meisten haben keine historischen – insbesondere kolonialen – Verbindungen zu Großbritannien.

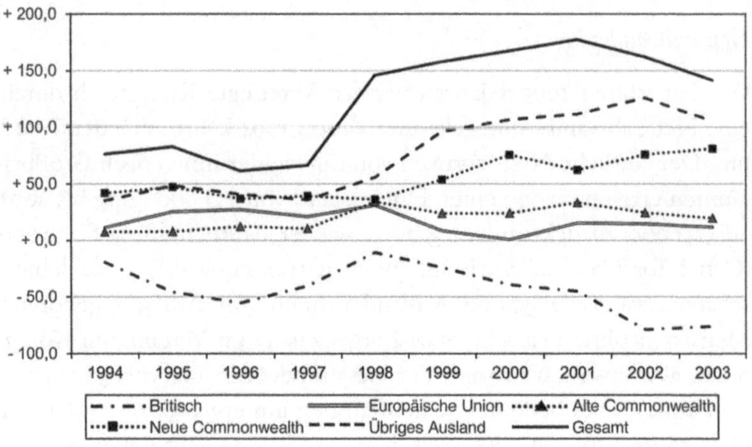

Abbildung 2.1 Internationale Nettozuwanderung nach Staatsangehörigkeit (Quelle: ⟨statistics. gov.uk⟩).

In den 1950er und 1960er Jahren stammten fast alle Einwander:innen aus Kolonien oder Commonwealth-Ländern (hauptsächlich aus der Karibik und aus Südasien). In den frühen 1970ern waren die meisten Neuankömmlinge Angehörige dieser neu angesiedelten Migrant:innen. In den letzten Jahrzehnten haben sich die Verhältnisse jedoch dramatisch verändert. 1971 kamen 30 Prozent respektive 32 Prozent der Zugewanderten aus den Ländern des »Alten« und »Neuen« Commonwealth (dazu kam ein relativ konstanter Zustrom zurückkehrender britischer Bürger:innen); 2002 lag dieser Anteil bei 17 beziehungsweise 20 Prozent. 1971 machten EU-Bürger:innen 10 Prozent der Neuankömmlinge aus, 2002 waren es schon 17 Prozent; der Anteil derjenigen, die in die weit gefasste Kategorie »Naher Osten und andere« fallen, stieg von 16 Prozent im Jahr 1971 auf 40 Prozent im Jahr 2002 (National Statistics Online). Allein seit Beginn der 1990er Jahre sind die Herkunftsorte der Einwander:innen erheblich diverser geworden (siehe Abbildung 2.1).

Großbritannien ist heute für Menschen aus praktisch allen Ländern der Welt ein Zuhause – vorübergehend, dauerhaft oder als eines von vielen. Wie Tabelle 2.1 vermuten lässt, gab es verschiedene Einwanderungswellen aus Ländern mit hohen, niedrigen und mittleren Einkommen. Alle Gruppen sowie viele Individuen innerhalb dieser Gruppen verfügen über diverse Migrationserfahrungen im Vereinigten Königreich – einige im letzten Jahrzehnt, andere über Generationen hinweg, wieder andere über mehr als ein Jahrhundert. Im Hinblick auf diese Dimension der Superdiversität sollten wir uns Gedanken darüber machen, wie die unterschiedlichen Herkünfte und Erfahrungen der Migrant:innen ihre sozialen Beziehungen zu den Nicht-Migrant:innen im Vereinigten Königreich und zueinander beeinflussen.

Range	Nationalität	Anzahl im Vereinigtes Königreich	Prozent
1	Irland	368000	12.9
2	Indien	171000	6.0
3	USA	133000	4.7
4	Italien	121000	4.2
5	Deutschland	96000	3.4
6	Frankreich	95000	3.3
7	Südafrika	92000	3.2
8	Pakistan	86000	3.0
9	Portugal	83000	2.9
10	Australien	80000	2.8
11	Simbabwe	73000	2.5
12	Bangladesch	69000	2.4
13	Somalia	60000	2.1
14	Ehemaliges Jugoslawien	54000	1.9
15	Philippinen	52000	1.8
16	Türkei	51000	1.8
17	Niederlande	48000	1.7
18	Polen	48000	1.7
19	Jamaika	45000	1.6
20	Ehemalige UdSSR	44000	1.5
21	Nigeria	43000	1.5
22	Spanien	40000	1.4
23	Griechenland	37000	1.3
24	Kanada	37000	1.3
25	Iran	36000	1.3
	Alle ausländischen Staatsangehörigen	**2857000**	**100**

Tabelle 2.1 In Großbritannien lebende ausländische Staatsangehörige, größte fünfundzwanzig Gruppen, 2004 (Quelle: Salt 2004).

Allein in London leben Menschen aus rund 179 Ländern. Manche dieser Orte haben nur wenige Vertreter:innen vorzuweisen, aber mindestens 42 Länder sind mit Populationen von jeweils über 10000 Menschen vertreten und 12 weitere mit über 5000 Menschen (GLA 2005a). Dem landesweiten Trend entsprechend, waren 23 Prozent der im Ausland geborenen Menschen vor 1970 nach London gekommen; 32 Prozent zwischen 1970 und 1990 und 45 Prozent nach 1990. Die 25 größten Gruppen spiegeln ein breites Spektrum von Ländern wider, reich und arm, friedlich und konfliktreich, europäisch, afrikanisch und asiatisch (Tabelle 2.2). Insgesamt stammen 30 Prozent der Londoner Migrant:innen aus Ländern mit relativ hohem Einkommen und 70 Prozent aus Entwicklungsländern (GLA2005b).

Range	Geburtsland	Nummer
1	Indien	172,162
2	Republik Irland	157,285
3	Bangladesch	84,565
4	Jamaika	80,319
5	Nigeria	68,907
6	Pakistan	66,658
7	Kenia	66,311
8	Sri Lanka	49,932
9	Ghana	46,513
10	Zypern	45,888
11	Südafrika	45,506
12	USA	44,622
13	Australien	41,488
14	Deutschland	39,818
15	Türkei	39,128
16	Italien	38,694
17	Frankreich	38,130
18	Somalia	33,831
19	Uganda	32,082
20	Neuseeland	27,494
21	Hongkong	23,328
22	Spanien	22,473
23	Polen	22,224
24	Portugal	21,720
25	Iran	20,398

Tabelle 2.2 In London lebende Menschen mit Geburtsland außerhalb Großbritanniens, größte fünfundzwanzig Gruppen, 2001 (Quelle: GLA 2005a).

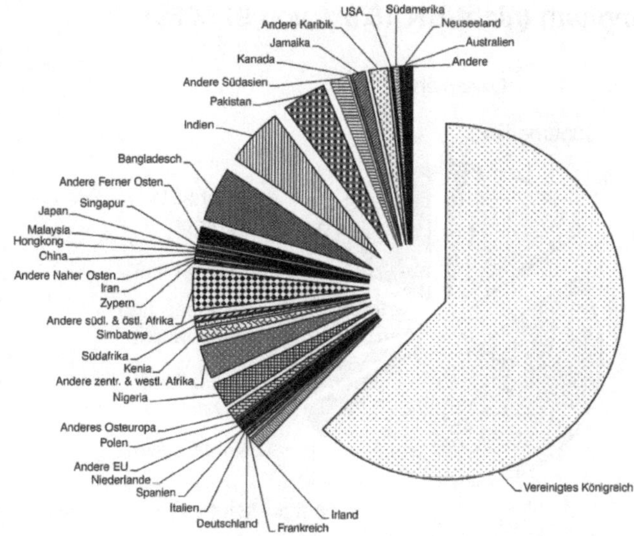

Abbildung 2.2 Newham (insgesamt; 243 898 Einwohner) nach Geburtsland/-region (Quelle: 2001 census).

Auch hier gilt: Die oben genannten Zahlen haben sich sowohl für das Vereinigte Königreich als auch für London inzwischen erheblich verändert, nicht zuletzt aufgrund des Zustroms von Osteuropäer:innen – sowohl vor dem EU-Beitritt im Mai 2004 als auch danach.

Die vielen Menschen ausländischer Herkunft sind in London ungleichmäßig verteilt (siehe Kyambi 2005). Der Stadtbezirk Brent wies 2001 mit 38,2 Prozent (100 543 Personen) den höchsten Prozentsatz der außerhalb der EU geborenen Bevölkerung auf, gefolgt von Newham mit 35,6 Prozent (86 858 Personen), Westminster mit 32,4 Prozent (58 770 Personen) und Ealing mit 31 Prozent (93 169 Personen; siehe ⟨www.statistics.gov.uk⟩). Innerhalb jedes dieser Gebiete ist die Diversität der Herkunft erstaunlich, wie in Abbildung 2.2 am Beispiel von Newham dargestellt.

Ein derart hoher Anteil an relativ neuen Einwander:innen kennzeichnet viele Orte im Vereinigten Königreich, am meisten jedoch London. Die Bezirke mit dem höchsten Prozentsatz an außerhalb des

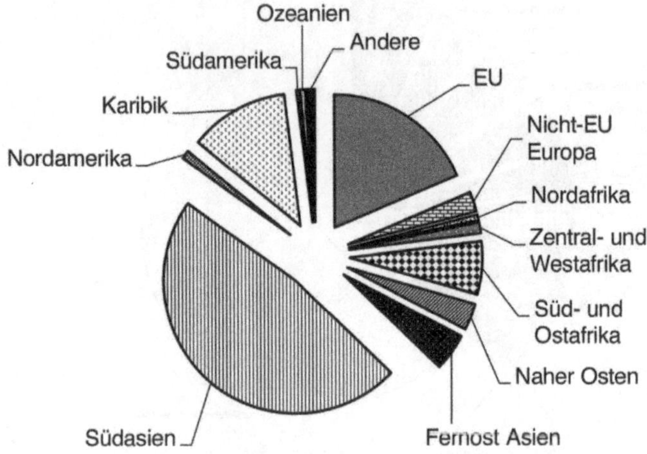

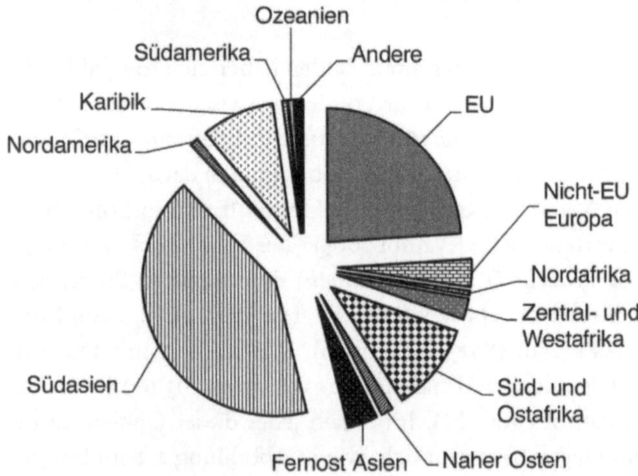

Abbildung 2.3 Lokale Behörden nach Geburtsregion außerhalb Großbritanniens (mit dem Gesamtanteil der im Ausland geborenen Bevölkerung an der lokalen Bevölkerung) (Quelle: 2001 Census).

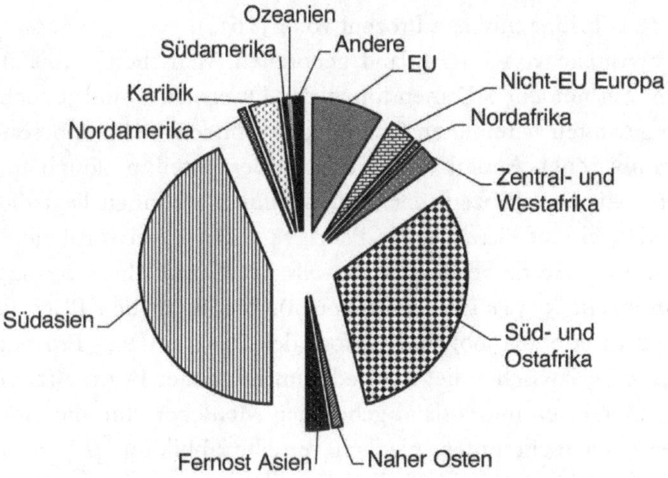
Leicester (nicht-UK 23% von 279.925)
Ozeanien
Südamerika
Andere
EU
Nicht-EU Europa
Karibik
Nordafrika
Nordamerika
Zentral- und
Westafrika
Südasien
Süd- und
Ostafrika
Fernost Asien
Naher Osten

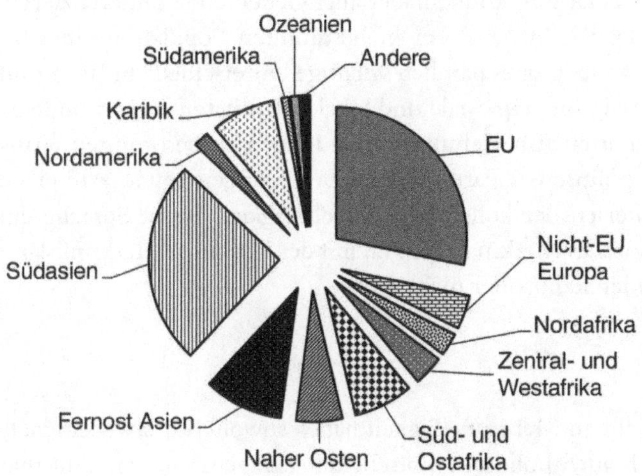
Manchester (nicht-UK 14,8% von 392.819)
Ozeanien
Südamerika
Andere
Karibik
EU
Nordamerika
Nicht-EU
Europa
Südasien
Nordafrika
Zentral- und
Westafrika
Fernost Asien
Süd- und
Ostafrika
Naher Osten

Landes geborenen Menschen befinden sich allesamt in London – von Platz 1 (Brent mit 46,5 Prozent seiner 263 463 Einwohner:innen) bis Platz 22 (Redbridge mit 24,2 Prozent von 238 634).

Hohe Anteile von im Ausland geborenen Menschen – mit allen damit verbundenen Dimensionen der Diversität – sind jedoch auch im gesamten Vereinigten Königreich zu finden (siehe insbesondere Kyambi 2005). Außerhalb Londons ist der Anteil in Slough am höchsten: Mit 22,3 Prozent der 119 072 Einwohner:innen liegt die Stadt landesweit auf Platz 23. Die Plätze 24 und 25 sind von Leicester und Forest Heath belegt (mit jeweils 23 Prozent ihrer 279 925 beziehungsweise 55 523 Einwohner:innen), Luton hat den Platz 27 (19,6 Prozent von 184 369) und Oxford den Platz 29 (19,3 Prozent von 134 250); dazwischen liegen wiederum Londoner Bezirke (2001 Census). Unter den im Ausland geborenen Menschen sind die Herkunftsregionen recht unterschiedlich verteilt. Abbildung 2.3 zeigt beispielhaft solche unterschiedlichen Verteilungsmuster in vier Städten Großbritanniens.

Die Daten zum Herkunftsland weisen zwar auf wichtige Indikatoren für Diversität hin, können aber auch bedeutende Differenzierungen verschleiern. Innerhalb einer bestimmten Population eines bestimmten Landes gibt es nämlich wichtige Unterschiede in Bezug auf ethnische, religiöse, regionale und lokale Identitäten an Herkunftsorten, Verwandtschaftsbeziehungen, Bindungen zu bestimmten Klans, Stämmen, politischen Parteien und Bewegungen sowie zahlreiche andere Kriterien der kollektiven Zugehörigkeit. So ist Sprache ein wichtiges soziales Merkmal, das sich mit der Kategorie Herkunftsland überschneiden kann, aber nicht muss.

Sprachen

Den Zuwachs an Mehrsprachigkeit haben sowohl Sozialwissenschaftler:innen als auch politische Entscheidungsträger:innen erkannt und aufgegriffen – die Letzteren nicht immer auf eine positive oder angemessene Weise (Rampton et al. 1997). Dennoch wird heute oft mit Stolz verkündet (zum Beispiel bei der erfolgreichen Olympiabewerbung für 2012), dass in London 300 Sprachen gesprochen werden. Diese Zahl basiert auf einer Umfrage unter 896 743 Londoner Schulkindern (Baker und Mohieldeen 2000). Diese bemerkenswerte Datenquelle für zu Hause gesprochene Sprachen bietet einen wichtigen Einblick in einen viel zu wenig untersuchten Bereich der Diversität im Vereinigten Königreich. Sie hat zwar einige methodische Schwächen – so berücksichtigt sie nicht die Sprachen von Gruppen mit wenigen Schulkindern (also beispielsweise solche mit vielen jungen alleinstehenden Erwachsenen), so dass Polnisch, Tschechisch, Ungarisch und andere osteuropäische Sprachen unterrepräsentiert sind. Trotzdem zeigen Ergebnisse wie die in Tabelle 2.3 eine zuweilen überraschend große Sprachvielfalt.

Range	Name der Sprache	Nummer
1	Englisch	563 6500
2	Panjabi	155 700
3	Gujarati	149 600
4	Hindi / Urdu	136 500
5	Bengalisch & Sylheti	136 300
6	Türkisch	73 900
7	Arabisch	53 900
8	Englischbasierte Kreol	50 700
9	Kantonesisch	47 900
10	Yoruba	47 600
11	Griechisch	31 100
12	Portugiesisch	29 400
13	Französisch	27 600
14	Akan (Twi & Fante)	27 500
15	Spanisch	26 700
16	Somalisch	22 343
17	Tamilisch	19 200
18	Vietnamesisch	16 800
19	Farsi	16 200
20	Italienisch	12 300

Tabelle 2.3 Geschätzte Anzahl der Sprecher:innen der 20 häufigsten Sprachen in London, 2000 (Quelle: Storkey 2000).

Die Daten zeigen auch einige interessante lokale Konfigurationen. Vorhersehbar sind die Gruppierungen von südasiatischen Sprachen in asiatisch geprägten Orten wie Harrow, wo (neben dem Englischen) vor allem Gujarati, Hindi / Urdu und Punjabi gesprochen wird. Andere Orte weisen faszinierende Kombinationen auf, wie beispielsweise Haringey, wo Türkisch, Akan und Somali weit verbreitet sind; Lambeth mit Yoruba, Portugiesisch und Spanisch – sowie Merton mit englischbasierten Kreolsprachen, Kantonesisch und Französisch (Baker und Mohieldeen 2000). In Tower Hamlets, wo britische Bangladescher:innen historisch stark vertreten sind, »übersteigt die Nachfrage nach osteuropäischen Sprachdiensten inzwischen insgesamt die nach Sylhet-Übersetzungen [der bangladeschischen Sprache]« (Keith 2005, S. 177).

Schulbezirke, Gesundheitsdienste und lokale Verwaltungsbehörden gehören zu den Institutionen, die sich den Herausforderungen der wachsenden sprachlichen Komplexität stellen müssen. Zu diesem Zweck wurden viele neue Initiativen ins Leben gerufen. So bietet der *Language Shop* dem Newham Council und seinen Partnern (beispielsweise lokalen Gemeinden und Nachbarschaftsräten) einen umfassenden Übersetzungs- und Dolmetscherdienst in über 100 Sprachen, während *Language Line* Gesundheitsbehörden und anderen Kunden des öffentlichen Sektors telefonisch oder persönlich Übersetzungen in 150 Sprachen vermittelt.

Religionen

Die religiöse Diversität, die Migrant:innen nach Großbritannien gebracht haben, ist gut dokumentiert und kann hier nicht im Einzelnen aufgeführt werden (siehe zum Beispiel Parsons 1994, Peach 2005 sowie National Statistics Online). Zusammenfassend lässt sich sagen, dass unter den Einwander:innen das Christentum die Hauptreligion ist – mit Ausnahme der in Asien geborenen Menschen, die meist muslimisch sind (wiederum mit Ausnahme von Inder:innen: mehrheitlich Hindus, häufig auch Sikhs). Oft entsprechen die Religionen weitgehend den Herkunftsländern – Irinnen und Iren sowie

Jamaikaner:innen sind überwiegend christlich, Bangladescher:innen überwiegend muslimisch usw. – aber selbst diese Kategorien lassen oft wichtige Unterschiede in den religiösen Traditionen innerhalb der einzelnen Weltreligionen außer Acht.

So gibt es bekanntermaßen mehrere Traditionen innerhalb des Islams, wie er von südasiatischen Menschen im Vereinigten Königreich praktiziert wird (Deobandi, Tablighi, Barelwī, Sufi und andere; siehe Lewis 2002). Diese Unterschiede multiplizieren sich um ein Vielfaches, wenn man die Vielfalt der Herkunft von Muslim:innen aus aller Welt (beispielsweise Nigeria, Somalia, Bosnien, Afghanistan, Irak und Malaysia) betrachtet, die heute in Großbritannien leben. In London ist die muslimische Glaubensgemeinschaft die heterogenste in Bezug auf Ethnizität und Herkunft, wobei die größte Untergruppe (Bangladescher:innen) nur 23,5 Prozent ausmacht. »Londons muslimische Bevölkerung von 607083 Menschen ist wahrscheinlich die diverseste der Welt, abgesehen von Mekka«, hieß es in *The Guardian* (21. Januar 2005).

Soziokulturelle Unterscheidungsmerkmale wie Herkunftsland, Ethnizität, Sprache und Religion sind natürlich von großer Bedeutung für die Identität der Einwander:innen, ihre Interaktionsmuster und ihren Zugang zu Arbeitsplätzen, Wohnraum, Dienstleistungen und mehr – dieser funktioniert schließlich oft über soziale Netzwerke, die durch solche Merkmale bestimmt werden. Die Migrationskanäle und die unzähligen Rechtsstatus, die sich daraus ergeben, spielen eine ebenso große (wenn nicht gar eine größere) Rolle darin, wie sich Menschen gruppieren und wo sie leben, wie lange sie bleiben dürfen, wie viel Autonomie sie haben (also beispielsweise wie sehr sie vom Arbeitgeber kontrolliert werden), ob ihre Angehörigen nachkommen können, welchen Lebensstil sie sich leisten und inwieweit sie öffentliche Dienste und Ressourcen in Anspruch nehmen können (darunter Schulen, Ausbildungen, Gesundheits- und Sozialleistungen sowie andere »Inanspruchnahme öffentlicher Mittel«). Solche Kanäle und Status sowie die damit verbundenen Rechte und Einschränkungen (Morris 2002) bilden damit eine zusätzliche grundlegende Dimension der heutigen Muster und Dynamiken der Superdiversität.

Migrationskanäle und -status

Mit dem Zustrom von Einwander:innen in das Vereinigte Königreich in den 1990er Jahren hat sich die Anzahl verschiedener Migrationskanäle und Einwanderungsstatus erheblich erweitert. Jeder von ihnen ist mit spezifischen rechtlichen Ansprüchen, Kontrollen, Bedingungen und Einschränkungen verbunden (siehe JCWI 2004). Im folgenden Abschnitt werden viele der wichtigsten Kanäle und Status beschrieben, insbesondere im Hinblick darauf, wie sie die aktuellen Muster der Superdiversität im Vereinigten Königreich prägen.

Arbeitskräfte. Zwischen 1993 und 2003 stieg die Zahl der Ausländer:innen im Vereinigten Königreich um ganze 62 Prozent auf 1 396 000 (Sriskandarajah et al. 2004). Dieser massive Zuwachs an Arbeitskräften umfasst Personen, die im Rahmen zahlreicher Kategorien und Quotensysteme gekommen sind (siehe Clarke und Salt 2003, Salt 2004, Kofman et al. 2005). Dazu gehören: Ausländer:innen, die kein Visum und keine Genehmigung benötigen, um im Vereinigten Königreich zu arbeiten (hauptsächlich Mitglieder des Europäischen Wirtschaftsraums, darunter der acht neuen EU-Beitrittsländer, die frei einreisen können, sich aber bei Regierungsbehörden anmelden müssen, wenn sie eine Beschäftigung finden; Mitte 2006 gab es etwa 427 000 Anträge im Rahmen dieses *Worker Registration Scheme*-Meldesystems); Menschen mit Arbeitsgenehmigung (über Arbeitgeber); Arbeitskräfte, die Sonderregelungen in Anspruch nehmen (insbesondere Regelungen für Saisonarbeitskräfte in der Landwirtschaft, im Hotel- und Gaststättengewerbe sowie in der Lebensmittelverarbeitung); hochqualifizierte Migrant:innen aus über 50 Ländern (vor allem in den Bereichen Finanzwesen, Unternehmensführung, Informationstechnologie und medizinische Dienstleistungen); Menschen auf Arbeitsurlaub (»Working Holiday«; zu über 90 Prozent aus Ländern des Alten Commonwealth wie Neuseeland und Australien) und Menschen mit Sondervisa (darunter vor allem Hausangestellte, Au-pairs, Volontär:innen und Religionslehrer:innen).

Studierende. Die Zahl der ausländischen Studierenden im Vereinigten Königreich erreichte 2002 mit 369 000 einen Höchststand, bevor sie 2003 auf 319 000 zurückging. Menschen von außerhalb der EU machten 2003 etwa 38 Prozent aller Vollzeitstudierenden ab MA-Level aus (Kofman et al. 2005, S. 20). 2004 waren es über 210 000; dabei sind 47 700 chinesische Studierende nach Großbritannien gekommen: siebzehnmal mehr als im Jahr 1998 (der Wert betrug damals 2800). Die Zahl der indischen Studierenden ist von unter 3000 (1998) auf fast 15 000 (2004) gestiegen. Auf Platz 3 befinden sich die USA: 2004 kamen über 13 000 Studierende aus den Vereinigten Staaten.

Angehörige. Dies ist eine äußerst wichtige Einwanderungskategorie, hat sich die Familienmigration doch »als die beständigste, wenn auch begrenzte Grundlage für die Einreise von Migrant:innen in das Vereinigte Königreich erwiesen« (Kofman et al. 2005, S. 22). Die Zahl der Angehörigen von Migrant:innen, die das Vereinigte Königreich aufsuchen, hat sich zwischen 1993 und 2003 mehr als verdoppelt. Im Vergleich zu anderen Migrationskanälen sind hier Frauen besonders stark repräsentiert; so entfielen 2004 von den 95 000 Niederlassungsgenehmigungen für Angehörige 20,6 Prozent auf Ehemänner, 40 Prozent auf Ehefrauen und 28,8 Prozent auf Kinder. Große Unterschiede waren dabei bei der Herkunft zu beobachten: Unter den Angehörigen vom indischen Subkontinent waren 36 Prozent Ehemänner, 28 Prozent Ehefrauen und 15 Prozent Kinder; unter den Angehörigen aus dem übrigen Asien waren 8 Prozent Ehemänner, 21 Prozent Ehefrauen und 18 Prozent Kinder; im Fall von Afrika handelte es sich zu 24 Prozent um Ehemänner, zu 17 Prozent um Ehefrauen und zu 42 Prozent um Kinder (Salt 2004). Nicht alle kamen unter den gleichen Bedingungen: Innerhalb der Angehörigenkategorie unterscheidet Kofman (2004) eine Reihe von Typen, darunter Familienzusammenführung (Nachzug von Mitgliedern der unmittelbaren Familie), Familiengründungsmigration (Nachzug von Ehepartner:innen aus dem Herkunftsland), Heiratsmigration (Nachzug von Partner:innen, die man im Ausland kennengelernt hat) und Familienmigration (wenn alle Mitglieder gleichzeitig migrieren).

Asylsuchende und Geflüchtete. In den 1990er Jahren stieg die Zahl der Asylanträge im Vereinigten Königreich und in ganz Europa erheblich an, und zwar in Großbritannien von 28 000 (1993) auf einen

Nationalität	**1994**	**1995**	**1996**	**1997**
Serbien-Montenegro	n/a	n/a	400	1865
Türkei	2045	1820	1495	1445
Nigeria	4340	5825	2900	1480
Somalia	1840	3465	1780	2730
Simbabwe	55	105	130	60
Iran	520	615	585	585
Irak	550	930	965	1075
Afghanistan	325	580	675	1085
Sri Lanka	2350	2070	1340	1830
Alle Nationalitäten	**32830**	**43965**	**29640**	**32500**

Tabelle 2.4 In Großbritannien eingegangene Asylanträge 1994-2003, ausgewählte Nationalitäten (Quelle: Salt 2004).

Höchststand von 103 100 (2002), inklusive der abhängigen Angehörigen; dies entsprach 15,6 Prozent beziehungsweise 26,5 Prozent der gesamten nichtbritischen Einwanderung (179 200 im Jahr 1993 und 418 200 im Jahr 2002). Seitdem ist die Zahl der Anträge deutlich zurückgegangen: 2003 auf 60 045 (14,7 Prozent aller 406 800 nichtbritischen Einwander:innen; Salt 2004, S. 71). Auch hier handelt es sich um einen sehr genderspezifischen Migrationskanal: 2003 waren etwa 69 Prozent der Asylsuchenden männlich. Die Herkunft von Asylsuchenden ist breit gefächert: Auch 2003 wurden Anträge von Personen aus über 50 Staaten gestellt, darunter 10 Prozent aus Somalia, 8 Prozent aus dem Irak, 7 Prozent aus China, 7 Prozent aus Simbabwe und 6 Prozent aus dem Iran. Dabei variierte die Zahl der Bewerber:innen aus verschiedenen Ländern von Jahr zu Jahr erheblich (siehe Tabelle 2.4).

Asylsuchende müssen oft lange auf eine Entscheidung warten; viele werden abgelehnt und verlassen das Land oder bleiben als irreguläre Migrant:innen. Schätzungsweise 28 Prozent der Bewerber:innen erhalten Asyl, eine verlängerte Aufenthaltsgenehmigung, humanitären Schutz oder fallen in irgendeine andere Kategorie, die ihnen den Aufenthalt im Vereinigten Königreich ermöglicht (Salt 2004). Insgesamt befanden sich Ende 2004 etwa 289 100 Geflüchtete im Vereinigten Königreich (UNHCR 2005).

Irreguläre, illegale oder undokumentierte Migrant:innen. Diese Kate-

1998	1999	2000	2001	2002	2003
7395	11465	6070	3230	2265	815
2015	2850	3990	3695	2835	2390
1380	945	835	810	1125	1010
4685	7495	5020	6420	6540	5090
80	230	1010	2140	7655	3295
745	1320	5610	3420	2630	2875
1295	1800	7475	6680	14570	4015
2395	3975	5555	8920	7205	2280
3505	5130	6395	5510	3130	705
46015	**71160**	**80315**	**71025**	**84130**	**49405**

gorie wird, unter verschiedenen Bezeichnungen, durch illegale oder betrügerische Einreise, Überschreitung der erlaubten Aufenthaltsdauer oder Verletzung der Visabestimmungen definiert. Es handelt sich jedoch nicht um eine Schwarz-Weiß-Klassifizierung: Anderson und Ruhs (2005) sprechen von Grauzonen der »Semi-Compliance«, in denen nur einige, manchmal geringfügige, Bedingungen verletzt werden.

Wie Pinkerton et al. (2004) beschreiben, sind die Zahlen innerhalb dieser Kategorie sehr schwer zuverlässig zu bestimmen. 2005 schätzte das Innenministerium die Zahl der irregulären Migrant:innen im Vereinigten Königreich auf 310000 bis 570000. Ohne ihre Legalisierung ist die Bandbreite ihrer Herkunftsorte noch schwieriger zu ermitteln. In jedem Fall sind diese Menschen nahezu rechtlos und sozial ausgeschlossen.

Neue Bürger:innen. Sehr viele Migrant:innen erhalten eine vollwertige Staatsbürgerschaft. In den 1990ern wurden jedes Jahr etwa 40000 Menschen zu neuen Bürger:innen. Dieser Wert ist seit 2000 dramatisch angestiegen, wobei 2004 mit 140795 Personen eine Rekordanzahl die britische Staatsbürgerschaft erhielt (*The Guardian*, 18. Mai 2005). Laut Schätzungen des Innenministeriums sind 59 Prozent der im Ausland geborenen Menschen, die sich länger als fünf Jahre im Vereinigten Königreich aufhielten und damit zumindest die

Mindestaufenthaltsdauer für den Anspruch auf eine Staatsbürgerschaft erfüllten, tatsächlich Bürger:innen geworden.

Bei dem Versuch, das Wesen und die Dynamik der Diversität in Großbritannien zu verstehen, muss das geschichtete System von Rechten, Möglichkeiten, Beschränkungen und teilweiser bis vollständiger Zugehörigkeit, das mit diesen und anderen Einwanderungskategorien einhergeht, genau betrachtet werden (Morris 2002, 2004). Lisa Arai (2006, S. 10) betont:

Selbst innerhalb einer einzigen Kategorie von Migrant:innen (beispielsweise ausländische Studierende) existiert ein komplexes Spektrum unterschiedlicher Ansprüche. Es gibt keine Kohärenz oder Logik in einem System, das über viele Jahre ad hoc entwickelt wurde und das konkurrierende Zwänge widerspiegelt – wie beispielsweise die Frage, ob der Zugang zu einer Dienstleistung gewährt werden soll, weil Einzelne sie brauchen oder weil sie gut für die Gesellschaft ist (Stichwort öffentliche Gesundheit). Oder ob der Zugang zu einer Dienstleistung verweigert werden soll, um die öffentlichen Mittel zu schützen oder um zu verhindern, dass unerwünschte Migrant:innen angelockt werden, oder um die öffentliche Meinung zu besänftigen. Weder die Behörden noch die Beratungsstellen noch die Migrant:innen selbst sind sich darüber im Klaren, auf welche Leistungen sie Anspruch haben könnten.

Zudem – und das ist ein wesentliches Merkmal der Superdiversität – gibt es auch *innerhalb* von Gruppen gleicher ethnischer Herkunft oder aus dem gleichen Ursprungsland oft sehr unterschiedliche Status. So finden sich beispielsweise unter den Somalier:innen im Vereinigten Königreich – und zwar in jeder ihrer Wohnregionen – britische Bürger:innen, Geflüchtete, Asylsuchende, Personen mit einer Art Duldung, undokumentierte Migrant:innen und Menschen, denen in einem anderen europäischen Land der Flüchtlingsstatus zuerkannt wurde, die aber anschließend nach Großbritannien gezogen sind. Diese Tatsache illustriert die Unzulänglichkeit der auf Ethnizität fokussierten Ansätze, wie sie in vielen Modellen und Politiken im Rahmen des konventionellen Multikulturalismus vertreten sind. Nach wie vor werden sie benutzt, um verschiedene »Minderheiten-

Communities« in Großbritannien zu untersuchen und miteinzubeziehen, obwohl sie oft kaum helfen, die Bedürfnisse einzelner Einwander:innen oder ihre Dynamik der Integration oder Ausgrenzung zu begreifen.

Der Einwanderungsstatus ist nicht nur ein entscheidender Faktor für die Beziehung des Einzelnen zum Staat, seinen Ressourcen und seinem Rechtssystem, dem Arbeitsmarkt und anderen Strukturen. Er ist auch ein wichtiges Kriterium für die Bildung von Sozialkapital – und ein potenzielles Hindernis für übergreifende sozioökonomische und ethnische Bindungen.

Viele Migrationsstatus befristen den Aufenthalt in Großbritannien – und für Menschen mit so einem Status gelten die meisten Integrationsmaßnahmen und -programme nicht. Zeitarbeiter:innen, undokumentierte Migrant:innen und Asylsuchende halten sich oft nur kurz an einem Ort auf, sei es aufgrund von Arbeitssuche oder der Umsiedlung durch Arbeitgeber oder Behörden wie dem National Asylum Support Service. Diese zeitlichen Grenzen können nicht nur für diese Menschen selbst, sondern auch für lokale Einrichtungen wie Schulen (Ofsted 2003) Schwierigkeiten bei der Erbringung von Dienstleistungen mit sich bringen.

Um das Wesen und die Komplexität der heutigen Superdiversität zu verstehen, müssen wir auch begreifen, wie dieses System von ausdifferenzierten Rechten und Bedingungen, die sich aus Einwanderungskanälen und Aufenthaltsstatus ergeben, mit soziokulturellen und sozioökonomischen Dimensionen interagiert.

Gender

In den letzten dreißig Jahren des 20. Jahrhunderts waren mehr Frauen als Männer in das Vereinigte Königreich eingewandert; seit etwa 1998 überwiegen die Männer. Kyambi (2005) vermutet eine Ursache dafür in der allgemeinen Verlagerung von der eher »weiblichen« Familienmigration hin zu den eher »männlichen« Arbeitsmigrationsprogrammen seit 1995. Ein anderer Grund ist wohl auch, dass viele der neuen Migrant:innen Asylsuchende sind, und die meisten davon männlich.

Die Gender-Strukturen variieren erheblich zwischen den Gruppen, was vor allem mit den Migrationskanälen und der Entwicklung der Migrationssysteme aus bestimmten Herkunftsländern zusammenhängt. So sind unter den Migrant:innen aus der Slowakei 80 Prozent weiblich, aus Tschechien 72 Prozent, aus den Philippinen 71 Prozent, aus Slowenien 70 Prozent, aus Thailand 68 Prozent und aus Madagaskar 67 Prozent (GLA 2005a, S. 89). Diese Frauen arbeiten vor allem in der Hauswirtschaft und im Gesundheitswesen. Dagegen sind 71 Prozent der algerischen, 63 Prozent der nepalesischen, jeweils 61 Prozent der kosovarischen und der afghanischen sowie 60 Prozent der jemenitischen und albanischen Migrant:innen männlich; fast immer handelt es sich dabei um Asylsuchende (ibid., S. 90).

Unter den Migrant:innen in London haben Frauen eine weitaus niedrigere Beschäftigungsquote (56 Prozent) als Männer (75 Prozent). Besonders niedrig fällt sie bei Migrantinnen aus, die in Südasien (37 Prozent) oder im Nahen Osten und Nordafrika (39 Prozent) geboren wurden (GLA 2005b, S. 2). Viele grundlegende Merkmale der Superdiversität weisen stark genderspezifische Muster auf – insbesondere die miteinander verknüpften Muster in Bezug auf das Herkunftsland, die Migrationskanäle, die Erwerbstätigkeit und den Rechtsstatus (vergleiche Kofman et al. 2005).

Alter

Unter den neuen Einwander:innen ist der Anteil der 25- bis 44-Jährigen höher und der Anteil der unter 16-Jährigen geringer als noch vor zehn Jahren, was möglicherweise auch auf eine Verlagerung weg von der Familienmigration zurückzuführen ist (Kyambi 2005). Die Unterschiede in der Altersstruktur zwischen den ethnischen Gruppen spiegeln unterschiedliche Geburts- und Sterblichkeitsraten sowie Migrationsmuster wider (GLA 2005a, S. 6). Das Durchschnittsalter der neuen Einwander:innen beträgt 28 – elf Jahre jünger als das Durchschnittsalter der auf den Britischen Inseln geborenen Bevölkerung (39).

Der Anteil der neuen Einwander:innen in der Altersgruppe 25-44, die wir als primäres Erwerbsalter betrachten, weist eine hohe interne

Vielfalt auf. Während Zypern (31,03 Prozent), Hongkong (32,65 Prozent), Somalia (37,26 Prozent), Deutschland (37,85 Prozent), Norwegen (38,18 Prozent) und Albanien (38,56 Prozent) den geringsten Anteil in dieser Altersgruppe aufweisen, sind bei Menschen aus Algerien (78,24 Prozent), den Philippinen (74,49 Prozent), Neuseeland (73,92 Prozent) und Italien (70,24 Prozent) die Anteile der 25- bis 44-Jährigen am höchsten (Kyambi 2005, S. 133).

Space / Place

Neue Einwander:innen lassen sich häufig in Gebieten nieder, in denen es bereits etablierte Gemeinschaften aus demselben Geburtsland gibt. Auf diese Tatsache und den Boom der zuwanderungsbedingten Diversität verweist der Sonderteil von *The Guardian* mit dem Titel »*London: the world in one city*«, 2005 veröffentlicht, der einhundert Orte und spezifische Gruppen innerhalb der »vielfältigsten Stadt aller Zeiten« beschrieb und kartografierte (Benedictus und Godwin 2005). Im Januar 2006 erschien der Sonderteil »*The world in one country*«, der die gleiche Übung landesweit wiederholte. Diese Ausführungen waren aufschlussreich und enthusiastisch, in vielerlei Hinsicht aber irreführend.

Eine von der Greater London Authority durchgeführte Analyse der Volkszählung von 2001 zeigt, dass nur wenige Bevölkerungsgruppen aus jeweils einem Herkunftsland sich in der Hauptstadt stark konzentrieren, nämlich Bangladescher:innen in Tower Hamlets (wo 42 Prozent der Londoner 35 820 Bangladescher:innen leben), Sierra-Leoner:innen, die in Southwark leben (26 Prozent von 3647), Zypriot:innen in Enfield (26 Prozent von 11 802), Afghan:innen in Ealing (23 Prozent von 2459) und Türk:innen in Haringey (22 Prozent von 8589). Der Bericht weist darauf hin, dass »fast alle Gruppen von Migrant:innen in einer Reihe von verschiedenen Stadtbezirken leben, obwohl manche Gebiete mit bestimmten Migrationszweigen assoziiert werden« (GLA 2005a, S. 88).

Während *The Guardian* also den kosmopolitischen Charakter des heutigen Londons und Großbritanniens hervorheben wollte, ließ der Bericht fälschlicherweise vermuten, dass bestimmte Gruppen an bestimmte Orte gebunden sind. Wie die GLA-Analyse andeutet und Geraldine Pratt (1998, S. 27) betont, gilt aber Folgendes:

> Bestimmte Kulturen bestimmten Orten zuzuordnen ist eine dubiose Praxis, da mehrere Kulturen und Identitäten unweigerlich auf ein und demselben Raum leben (man denke an mehrere Identitäten unter dem Dach eines Familienhaushalts) und da ein und dieselbe kulturelle Identität oft in mehreren miteinander vernetzten Räumen zu finden ist.

London ist der wichtigste Einwanderungsort des Landes, entsprechend ist hier die Superdiversität am stärksten ausgeprägt. In Anlehnung an Kyambi (2005) sollten wir zunehmende Diversifizierung (der Herkunftsländer, Einwander:innen-Kategorien usw.) jedoch nicht anhand steigender Zahlen, sondern anhand relativer lokaler Veränderung definieren. Eine Stadt oder ein Viertel kann relativ wenige Neuzuwander:innen haben, aber eine relativ hohe Diversität aufweisen (vergleiche Allen und Turner 1989). Gemessen an der Zahl der Neuzuwander:innen sehen wir in London noch immer den höchsten Grad an relativer Veränderung, aber auch im Südosten, Osten und Nordwesten Englands sowie in West Midlands, in Yorkshire und Humberside sind signifikante Trends zu erkennen (Kyambi 2005). Ein kürzlich vom Office for National Statistics erstellter Diversitätsindex (*diversity index*) zeigt anhand der Wahrscheinlichkeit, dass zwei zufällig ausgewählte Personen verschiedenen ethnischen Gruppen angehören, ebenfalls einen hohen Grad an Multiethnizität sowohl außerhalb als auch innerhalb Londons (Large und Ghosh 2006).

Ein wichtiger Grund für die Niederlassung von Neuankömmlingen in ursprünglich migrationsarmen Orten war ein staatliches Verteilungssystem: Um den Druck auf die Stadtverwaltungen in London und im Südosten Englands zu verringern, hat der National Asylum Support Service (NASS) seit 2000 erhebliche Anstrengungen zur Umverteilung Asylsuchender unternommen. Bis zum Höhepunkt der Umverteilung 2003 waren etwa 54000 Menschen auf 77 Gemeinden in ganz Großbritannien verteilt worden, darunter mehrere in Yorkshire (18 Prozent), den West Midlands (18 Prozent), dem Nordwesten (18 Prozent) und Schottland (11 Prozent).

Neue Einwander:innen mit weniger etablierten Netzwerken und Siedlungsmustern zieht es derzeit an Orte mit einem breiteren Spektrum an Beschäftigungsmöglichkeiten – vor allem nach London, aber auch in kleine und mittelgroße Städte (beispielsweise mit Arbeitsplätzen im Baugewerbe), an die Küste und an andere freizeitorientierte Orte (mit Stellen im Gastgewerbe) sowie in ländliche Gebiete (in der Regel für befristete Jobs in der Landwirtschaft und der Lebensmittelverarbeitung).

Transnationalismus

Vielleicht war es schon immer so, sicherlich in den letzten hundert Jahren: Einwander:innen bleiben in Kontakt zu Angehörigen, Organisationen und Gemeinschaften an ihren Herkunftsorten und in der Diaspora (Foner 1997, Morawska 1999, Glick Schiller 1999). In den letzten Jahren sind das Ausmaß und der Grad der transnationalen Bindungen gestiegen, vor allem aufgrund des technologischen Wandels und der gesunkenen Telekommunikations- und Reisekosten. Der verstärkte Transnationalismus verändert soziale, politische und wirtschaftliche Strukturen und Praktiken von migrantischen Gemeinschaften weltweit (Vertovec 2004a).

Die »neuen Migrant:innen«, die in den letzten zehn Jahren nach Großbritannien gekommen sind, erlebten eine zunehmende Normalisierung des Transnationalismus (vergleiche Portes et al. 1999). Heute sind grenzüberschreitende und sogar globale Muster der kontinuierlichen Kommunikation, institutionellen Verknüpfung und des Ressourcenaustauschs zwischen Migrant:innen, ihren Herkunftsländern und weiter gefassten Diaspora-Communities in Großbritannien an der Tagesordnung (siehe zum Beispiel Anderson 2001, Al-Ali et al. 2001, Spellman 2004, Zontini 2004). Dies sieht man unter anderem an dem zunehmenden Wert der Überweisungen aus Großbritannien (inzwischen auf bis zu 3,5 Milliarden Pfund pro Jahr geschätzt; Blackwell und Seddon 2004), dem wachsenden Umfang internationaler Telefongespräche zwischen dem Vereinigten Königreich und verschiedenen Herkunftsorten von Migrant:innen (Vertovec 2004b), der Häufigkeit transnationaler Ehen und daran, dass diverse Diaspora-Communities sich stärker in der Entwicklung ihrer jeweiligen Heimatländer engagieren (Van Hear et al. 2004).

Es ist beispiellos, wie intensiv und vielfältig heutige Migrant:innen die Identitäten, Aktivitäten und Beziehungen aufrechterhalten, die sie mit Gemeinschaften außerhalb Großbritanniens verbinden. Natürlich pflegen nicht alle das gleiche Maß an transnationalem Engagement: Dies kommt auf viele Faktoren an, darunter Migrationsweg und Rechtsstatus (Geflüchtete und undokumentierte Personen können es schwerer haben, Verbindungen zum Ausland aufrechtzuerhalten), die Migrations- und Siedlungsgeschichte, die Gemeinschaftsstruktur und genderspezifische Kontaktmuster, die politischen Umstände im Heimatland, die wirtschaftlichen Mittel und vieles mehr. Transnationale Praktiken unter Einwander:innen in Großbritannien sind also sehr divers, und zwar sowohl zwischen als auch innerhalb von Gruppen (ob nun nach Herkunftsland, ethnischer Zugehörigkeit, Einwanderungskategorie oder anderen Kriterien definiert) – und bilden damit eine weitere, sehr komplexe Diversitätsebene.

Infolge der »neuen Einwanderung« herrscht in Großbritannien ein komplexes Zusammenspiel vielfältiger Merkmale und Verhältnisse unter Migrant:innen. Das hat eine gegenwärtige Situation der Superdiversität zur Folge. Auch in den 1950er und frühen 1970er Jahren gab es zwar Massenmigration; jedoch sind in den 1990ern und frühen 2000ern mehr Menschen aus einer größeren Anzahl von Orten mit unterschiedlichen soziokulturellen Hintergründen durch vielfältigere Migrationskanäle gekommen, was zu differenzierteren und auch stärker geschichteten Rechtskategorien geführt hat (und dadurch zu einer weiteren internen Diversifizierung). Zudem neigen die neuen Migrant:innen dazu, vielfältigere und intensivere Verbindungen zu Herkunftsorten und Diasporagruppen aufrechtzuhalten. Superdiversität findet man heute überall im Vereinigten Königreich und insbesondere in London. Sie hat keine besonderen Probleme oder Konflikte mit sich gebracht, aber sie stellt politische Entscheidungsträger:innen und Sozialwissenschaftler:innen vor einige Herausforderungen.

Superdiversität: Sozialwissenschaftliche Herausforderungen

Die Theorien und Methoden, mit denen Einwanderung sozialwissenschaftlich untersucht wird, sind noch immer stark von der Chicagoer Schule der Stadtforschung geprägt, die in der Zwischenkriegszeit entstanden ist (Waters und Jiménez 2005). Dabei werden vor allem die Assimilationsprozesse bestimmter ethnisch definierter Gruppen vergleichend betrachtet, und zwar anhand des sozioökonomischen Status, der räumlichen Konzentration / Segregation, des sprachlichen Wandels sowie der Ehen mit Menschen anderer Herkunft.

An vielen Orten und zu vielen Zeiten hatten bestimmte Einwanderungsgruppen oder ethnische Minderheiten solche Merkmale tatsächlich weitgehend gemeinsam, so dass die Analyse einer Gruppe als ganzer viele signifikante Trends aufzeigen konnte. Andernorts jedoch vereitelt die Vielzahl von superdiversitätsartigen Merkmalen den Versuch, separate Gruppen zu vergleichen oder auch ihre Beziehungen zu studieren. So schreibt Janet Abu-Lughod (1999, S. 417):

> New York ist sehr lange schon ein ethnisches »Pokerspiel« gewöhnt, in dem keine einzelne Gruppe die meisten Chips hat und ein System politischer Bündnisse zahlreiche (wenn auch nicht gleichwertige) Einstiegsmöglichkeiten bietet. Dank der schieren Diversität der Untergruppen – der lokalen und klassengeprägten Überlagerungen der religiösen Identität, der Pigmentierung, des Status als Migrant:in oder Staatsbürger:in, und zwar sowohl unter den Alteingesessenen als auch unter den neuen Einwander:innen – haben hier Polaritäten, wie sie in Los Angeles entlang der Sprachgrenzen oder in Chicago entlang der »Farbgrenzen« existieren, weniger Chancen.

Auch John Mollenkopf und Manuel Castells (1991, S. 402) betonen, dass in New York eine soziale Dynamik durch »einen artikulierten Kern und eine unartikulierte Pluralität von Peripherien« gekennzeichnet ist, die sich durch variable Konglomerate von Kriterien wie *race*, Einwandererstatus, Gender, wirtschaftliche Aktivität und Nachbarschaft unterscheiden. Dies legt nahe, dass wir in unseren Untersuchungen zu sozioökonomischer Mobilität, Segregation und so weiter über die klassischen Themen wie Ethnie und Migrationsstatus hinausgehen müssen.

Es wurde in der Tat untersucht, wie Diversität hinsichtlich ethnischer Aspekte, aber auch darüber hinaus, gemessen werden könnte – in Bezug auf Variablen wie Alter, Einkommen und Berufsgruppen (zum Beispiel Allen und Turner 1989) – oder wie sich die Segregation mehrerer Gruppen zulänglich ableiten und auswerten ließe (zum Beispiel Reardon und Firebaugh 2002). Neue quantitative Techniken der multivariaten Analyse haben der Untersuchung der Superdiversität sicherlich viel zu bieten, insbesondere bezüglich der Interaktion von Variablen wie Herkunftsland, Ethnizität, Sprache, Einwanderungsstatus (und die damit verbundenen Rechte, Vorteile und Einschränkungen), Alter, Gender, Bildung, Beruf und Wohnort.

Es besteht jedoch auch großer Bedarf an mehr und besseren qualitativen Studien zur Superdiversität. Solch ein Bedarf wird nicht zuletzt durch den Cantle-Bericht über die Unruhen von 2001 in Oldham klar (Home Office 2001; siehe auch Home Office 2004). Der Bericht zeichnete ein mittlerweile berüchtigtes Bild von Gruppen, die »parallele Leben« führen und sich nicht durch sinnvolle Interaktionen berühren. Doch Sozialwissenschaftler:innen – ganz zu schweigen von Beamt:innen – wissen nur wenig darüber, wie sinnvolle Kontakte aussehen, wie sie entstehen, aufrechterhalten oder unterbrochen werden und wie der Staat oder andere Stellen sie fördern könnten.

»Es gibt jede Menge Ortschaften«, schreibt Ash Amin (2002, S. 960), »in denen die Multiethnizität nicht zum sozialen Zusammenbruch geführt hat, so dass die ethnische Vermischung selbst keine zwingende Erklärung für Misserfolge bietet.« Für ein besseres Verständnis der Dynamiken und Potenziale fordert Amin eine Anthropologie der »lokalen Mikropolitik der alltäglichen Interaktion« – oder, wie Leonie Sandercock (2003, S. 89) es formuliert, des »gewohnheitsmäßigen, vielleicht banalen interkulturellen Austauschs«. Auch eine solche Untersuchung sollte die oben erwähnten vielfältigen Variablen und nicht nur ethnische Kategorien miteinbeziehen.

Die sozialwissenschaftliche Untersuchung der Bedingungen und Herausforderungen der Superdiversität wird eine Vielzahl von theorierelevanten Materialien und Erkenntnissen hervorbringen, beispielsweise Beiträge zu einem besseren Verständnis der folgenden Bereiche:

Neue Ungleichheits- und Vorurteilsmuster. Die »neue Einwanderung« seit den frühen 1990ern hat neue Formen des Rassismus mit sich gebracht: (a) unter ansässigen britischen Bürger:innen gegen Neuankömmlinge, die eventuell als Osteuropäer:innen, »Sinti:zze und Rom:nja«, Somalier:innen, Kosovar:innen, »Scheinasylsuchende« oder anderen konstruierten Kategorien von Andersartigkeit zugehörig gesehen werden; (b) unter alteingesessenen ethnischen Minderheiten gegen neue Einwander:innen; und (c) unter Neuankömmlingen selbst gegen britische ethnische Minderheiten. Die neue Einwanderung und Superdiversität haben auch neue Definitionen von »Weißsein« für bestimmte Gruppen von Neuankömmlingen hervorgebracht (vergleiche Keith 2005, S. 177).

Neue Segregationsmuster. Einige Migrationsgruppen haben sich, wie bei den vorangegangenen Wellen, in bestimmten städtischen Gebieten angesiedelt; andere sind aus eigenen Stücken oder dank Arbeitgebern beziehungsweise des NASS-Verteilungssystems weitaus stärker verstreut. Die Verteilung und Konzentration neuer Einwander:innen wurde zwar bereits statistisch erfasst (zum Beispiel Kyambi 2005), doch gibt es bei den detaillierten Mustern der Segregation sowie der Erfahrungen und Chancen auf dem Wohnungsmarkt noch viel zu untersuchen.

Neue Raum- und Kontakterfahrungen. Eine sozialpsychologische Denkschule legt nahe, dass regelmäßiger Kontakt zwischen Gruppen gegenseitig Vorurteile abbaut und den Respekt tendenziell erhöht (vergleiche Hewstone und Brown 1986). Doch ist »gewohnheitsmäßiger Kontakt an sich kein Garant für kulturellen Austausch« (Amin 2002, S. 969). Er kann auch das gegenteilige Ergebnis haben, also Feindseligkeiten, Ängste und Konkurrenz zwischen Gruppen schüren. Weitere Forschungsarbeiten sind erforderlich, um diese Hypothesen zu prüfen und die wichtigsten Raum- und Kontaktformen zu ermitteln, die sich positiv auswirken. Darüber hinaus müssen wir, wie Jane Jacobs und Ruth Fincher (1998) befürworten, in vielen Fällen die lokale Entwicklung einer »komplexen Verflechtung zwischen Identität, Macht und Ort« berücksichtigen, die sie eine »verortete Politik der Differenz« nennen. Es sollte also beispielsweise untersucht werden, wie Menschen materielle und räumliche Unterschiede zwischen sich und anderen definieren.

Neue Formen des Kosmopolitismus und der Kreolisierung. Die verstärkte Präsenz und alltägliche Interaktion von Menschen aus der ganzen Welt bietet Gelegenheit für Forschung und Theorien zu verschiedenen kulturellen Kompetenzen (Vertovec und Rogers 1995), neuen kosmopolitischen Orientierungen und Einstellungen (Vertovec und Cohen 2002), Kreolsprachen (Harris und Rampton 2002), Praktiken des »Crossing« oder Code-Switching, insbesondere unter jungen Menschen (Rampton 2005) und der Emergenz neuer, mehrsprachiger Ethnien (Harris 2003).

Die neuen »Brücken« der Migration. Wie bereits erwähnt, haben viele der Gruppen, die in den letzten zehn Jahren nach Großbritannien gekommen sind, kaum historische Verbindungen zu diesem Land. Wie begann zum Beispiel die Migration frankophoner Menschen aus Algerien oder dem Kongo nach Großbritannien (Collyer 2003)? Wir könnten viel über heutige globale Migrationsprozesse lernen, wenn wir die Ursprünge und die Entwicklung von Migrationskanälen und -netzwerken betrachten.

Sekundäre Migrationsmuster. Heute kommen Migrant:innen häufig nach einem Aufenthalt in anderen Ländern, in der Regel innerhalb der EU, in das Vereinigte Königreich; dies gilt insbesondere für Personen, denen der Flüchtlingsstatus zuerkannt wurde, wie beispielsweise Somalier:innen aus den Niederlanden oder Dänemark. Auch die Forschung zu solchen Migrationssystemen kann uns viel über ihren derzeitigen Wandel verraten.

Transnationalismus und Integration. Während sich die Wissenschaft in den letzten zehn Jahren oft mit diesen beiden Themen befasst hat, wurde ihrem gegenseitigen Verhältnis weit weniger Aufmerksamkeit geschenkt. Viele politische Entscheidungsträger:innen und Teile der Öffentlichkeit gehen von einem Nullsummenspiel aus: also je »transnationaler« die Migrant:innen, desto »weniger integriert«. Eine solche Annahme ist wahrscheinlich falsch, zu ihrer Widerlegung braucht es aber mehr Forschungsergebnisse (wie Snel et al. 2006) und theoretische Überlegungen (wie die von Kivisto 2005).

Methodologische Innovation. Die Erforschung der Superdiversität könnte neue Techniken zur quantitativen Untersuchung multivariabler Beziehungen und zu qualitativen ethnographischen Studien fördern, und zwar in Bezug auf mehrere Standorte (auch verschiedene Räume innerhalb eines bestimmten Ortes) und mehrere Gruppen (definiert im Hinblick auf die variable Konvergenz von ethnischer Zugehörigkeit, Status, Gender und anderen Kriterien der Superdiversität). Von großem Wert wäre zweifelsohne auch die Anwendung eines wiederbelebten situativen Ansatzes – Pionierarbeit wurde dabei von Max Gluckman (1958) und J. Clyde Mitchell (1956) geleistet. Dabei wird eine Reihe von Interaktionen beobachtet und dann nicht nur ihre Bedeutung für die Teilnehmenden analysiert, sondern auch die umfassenden Kriterien und Strukturen, die sich auf die Positionen, Wahrnehmungen und Praktiken dieser Akteure auswirken (vergleiche Rogers und Vertovec 1995).

Verknüpfung von Forschung und Politik. Sozialwissenschaftler:innen sind nicht sehr gut darin, Daten und Analysen komplexer Sachverhalte so zu präsentieren, dass sie sich auf politische Maßnahmen und öffentliche Praktiken auswirken können. Die Forschung zur Superdiversität wird zu diesem Können beitragen, gerade zu einer Zeit, in der Entscheidungsträger:innen ein besseres Verständnis von »Integration« und »sozialem Zusammenhalt« anstreben. Wie im Folgenden dargelegt, ist die Superdiversität tatsächlich sowohl eine politische Herausforderung als auch eine Antwort auf etliche politische Fragen.

Superdiversität: Herausforderungen für die Politik

Lokal und landesweit müssen politische Entscheidungsträger:innen und Mitarbeiter:innen des öffentlichen Dienstes ihre Instrumente ständig umgestalten, um den neuen Umständen gerecht zu werden, seien diese sozioökonomischer, haushaltspolitischer oder regierungsstrategischer Art. Dies gilt auch für politische Maßnahmen für den Zusammenhalt der Gemeinschaft, für Integration, Migrationsmanagement sowie »gesteuerte Ansiedlung« (Home Office 2004). Im folgenden Abschnitt werden nur eine Handvoll Bereiche genannt, bei denen sich Superdiversität auf die aktuelle Entwicklung öffentlicher Politik und Praxis auswirken kann.

Gemeindeorganisationen. Staatliche Unterstützung für und Zusammenarbeit mit Organisationen ethnischer Minderheiten bilden seit Jahrzehnten das Rückgrat des britischen Modells des Multikulturalismus. Vor allem auf lokaler Ebene boten sie in der Tat wichtige Foren für den Austausch von Erfahrungen und Bedürfnissen, für die Etablierung von Best Practices und für den Zugang zu Dienstleistungen. Angesichts der zahlreichen Dimensionen der Superdiversität sind diese Strukturen und Formen heute jedoch für eine wirksame Vertretung unzureichend. Die meisten lokalen Behörden sind es gewohnt, mit einer überschaubaren Anzahl großer und gut organisierter Verbände zusammenzuarbeiten; jetzt gibt es viel mehr kleinere, weniger (oder gar nicht) organisierte Gruppen. Wie viele Gruppen könnten überhaupt von solchen Strukturen unterstützt werden? Und wie sollten die lokalen Verwaltungen der internen Diversität der verschiedenen Gruppen Rechnung tragen, nicht zuletzt in Bezug auf den Rechtsstatus? Schon jetzt können die bestehenden Einrichtungen für ethnische Minderheiten oft nicht auf die Bedürfnisse der verschiedenen Neuankömmlinge eingehen.

Es kann Jahre dauern, bis sich effektive Gemeindeorganisationen entwickeln, die Dienstleistungen erbringen und Einfluss auf lokale Entscheidungen nehmen können. In der Zwischenzeit »werden neue Einwander:innen aus den lokalen Vertretungsstrukturen hinausgedrängt und haben folglich wenig Macht und Einfluss« (Robinson und Reeve 2005, S. 35). Roger Zetter und Kolleg:innen (2005, S. 14) weisen außerdem darauf hin, dass es »im gegenwärtigen zuwanderungspolitischen Klima gute Gründe dafür gibt, dass Minderheiten für Außenstehende unsichtbar bleiben und sich nicht in expliziten Organisationsstrukturen formieren wollen«. All dies bedeutet nicht, dass *Community*-Organisationen nicht weiter als Bindeglied zwischen Gruppen von Migrant:innen und lokalen Verwaltungs- oder Sozialbehörden fungieren können. Solche Einrichtungen sind nach wie vor von entscheidender Bedeutung, aber im Hinblick auf ihre Repräsentativität und Reichweite nur noch teilweise relevant.

Bereitstellung öffentlicher Dienstleistungen. Die wachsende Größe und Komplexität der Einwander:innen-Population hat erhebliche Auswirkungen auf den öffentlichen Dienst. Führungskräfte lokaler Verwaltungsbehörden in Großbritannien haben Bedenken geäußert, ob Verkehrssysteme, Schulen und Gesundheitsdienste in der Lage sind, den neuen Bedarf zu bewältigen (Johnston 2006). Ein geleaktes Dokument des Innenministeriums enthüllt, dass Regierungsabteilungen angewiesen wurden, Notfallpläne für die potenziell steigenden Anforderungen an öffentliche Dienste zu erstellen (Tempest 2006). Solche Überlegungen signalisieren eine erhebliche Verschiebung der Strategien in etlichen Dienstleistungssektoren, und zwar in Bezug auf Bedarfsbewertung, Planung, Budgetierung, Auftragsvergabe, Identifizierung von Partnern für die Zusammenarbeit sowie das (An-)Erkennen diverser Erfahrungen, um grundsätzlich die Debatte zu informieren.

Ein solcher Wandel muss mit der Erfassung grundlegender Informationen über die neue Diversität beginnen, denn »die Fähigkeit, neue ethnische Minderheitengruppen zu identifizieren, ist ein Schlüsselfaktor für die Verteilung von Ressourcen« (Mennell 2000, S. 82). Die bestehenden Maßnahmen sind unzureichend und können sogar die Leistungserbringung beeinträchtigen. Eine Gesundheitsexpertin drückt es so aus: »Die zehn Volkszählungskategorien für die Ethnizität spiegeln nicht die Diversität der Gemeinschaften in diesem Land wider und verschleiern die Unterschiede in den Gesundheitsbedürfnissen« (Pui-Ling 2000, S. 83).

Eine umfassende Untersuchung der Auswirkungen der Superdiversität auf öffentliche Dienstleistungen würde den Rahmen dieses Artikels sprengen. Es scheint jedoch offenkundig, dass die meisten Bereiche dieser Dienstleistungen nicht mit den Veränderungen Schritt halten konnten, die sich aus der neuen Zuwanderung des letzten Jahrzehnts ergeben haben. So kommt Anja Rudiger (2006, S. 8) in einem gut informierten Überblick über die derzeitigen Institutionen zu dem folgenden Schluss: »Trotz gesetzlicher Bestimmungen liegen bisher kaum Anhaltspunkte dafür vor, dass lokale Verwaltungsbehörden erkennen können, wie sich die Zielsetzungen in Bezug auf Dienstleistungen und wirtschaftliche Entwicklung mit der Dynamik diverser Gemeinschaftsbeziehungen und -netzwerke überschneiden.«

Das Bewusstsein für die neue Superdiversität kann politischen Entscheidungsträger:innen helfen, die mehrfachen Zugehörigkeiten der Neuankömmlinge zu berücksichtigen, anstatt ihnen eine einzige feste ethnische Identität zuzuschreiben. Multiple Identifikations- und Differenzierungsdimensionen, von denen nur einige die Ethnizität betreffen, sollten anerkannt werden – genauso wie »die Koexistenz von Bindungen und Abgrenzungen« (vor allem was die Stratifizierung von Rechten und Leistungen im Zusammenhang mit Einwanderungskategorien anbelangt) und, gerade angesichts der verstärkten transnationalen Praktiken, die Tatsache, dass »*Communities* von Migrant:innen, ebenso wie die alteingesessene Bevölkerung, gleichzeitig zu verschiedenen sozialen Welten und Gemeinschaften gehören können« (Zetter et al. 2005, S. 14, 19).

Fazit

Die hier als Superdiversität bezeichneten Merkmale der Gesellschaft Großbritanniens ergeben sich aus dem Zusammenspiel diverser Aspekte der Einwanderung seit den frühen 1990er Jahren. Die Erfahrungen, Möglichkeiten, Hindernisse und Lebenswege von Neuankömmlingen – und das Spektrum sozialer und wirtschaftlicher Beziehungen an ihren Wohnorten – sind durch komplexe Wechselwirkungen geprägt.

Hier seien einige der Schlüsselfaktoren noch einmal zusammengefasst: *Herkunftsland* (mit einer Vielzahl möglicher Teilmerkmale wie Ethnie, Sprache(n), religiöse Tradition, regionale und lokale Identitäten, kulturelle Werte und Praktiken), *Migrationskanal* (oft in Verbindung mit genderspezifischen Strömen und besonderen sozialen Netzwerken), *Rechtsstatus* (der Rechtsansprüche bestimmt), das *Humankapital der Migrant:innen* (insbesondere Bildungshintergrund), *Zugang zu Beschäftigung* (auf den die Migrant:innen selbst nicht immer Einfluss haben), *Lokalität* (vor allem in Bezug auf die materiellen Bedingungen, aber auch auf die Präsenz anderer Einwander:innen und ethnischer Minderheiten), *Transnationalismus* (der betont, wie die Leben von Migrant:innen durch wichtige Bezüge auf Orte und Menschen anderswo geprägt sind), die wechselhaften *Reaktionen lokaler Verwaltungs- und Sozialbehörden sowie Einwohner:innen* (die oft auf der Grundlage von Annahmen funktionieren, die früheren Erfahrungen mit Migrant:innen und ethnischen Minderheiten entspringen). Es müssen neue Wege gefunden werden, derlei komplexe Wechselwirkungen zu verstehen und darauf zu reagieren, wenn wir über den veralteten Rahmen hinausgehen wollen, der einer früheren, deutlich anderen Gesellschaftsformation entstammt.

Eine Reihe bestehender konzeptueller Rahmen – auch solcher, die sich auf Ethnizität als vorherrschendes oder sogar einziges Kriterium für soziale Prozesse konzentrieren – sollten umgestaltet und erweitert werden. Der herkömmliche Fokus auf die Ethnizität prägt und verschleiert das Verständnis der »Diversität der Beziehungen von Migrant:innen zu ihrem Wohnort und zu anderen Orten auf der ganzen Welt« (Glick Schiller et al. 2006, S. 613). Eine ähnliche Schlussfolgerung zogen kürzlich Fong und Shibuya (2005, S. 299). Sie betonen, dass heutige Konfigurationen »Sozialwissenschaftler:innen dazu zwingen, über die bestehenden theoretischen Rahmen und Methoden hinauszugehen, um die Komplexität des multiethnischen Gruppenkontextes zu erforschen«. Die methodische Erörterung und theoretische Analyse von Prozessen und Auswirkungen der Superdiversität sollte die Sozialwissenschaft dazu anregen, die Interaktion mehrerer Dimensionen der Differenzierung kreativ zu betrachten.

Dies wird uns auch helfen, die von Jacobs und Fincher (1998, S. 9) aufgeworfenen kritischen Fragen zu beantworten, nämlich: »Wie spricht (und schreibt) man über derart vielfältig konstituierte und standortbedingte Vorstellungen von Unterschieden? Was sind die relevanten Dimensionen, entlang derer unterschiedliche Identitäten ausgedrückt oder dargestellt werden?«

Für politische Entscheidungsträger:innen und Mitarbeitende in Kommunalverwaltungen, Nichtregierungsorganisationen und Sozialbehörden hat die Anerkennung der Dimensionen und der Dynamiken von Superdiversität tiefgreifende Auswirkungen auf das Verständnis von und den Umgang mit Formen der Differenz und ihren Wechselwirkungen innerhalb der sozioökonomischen und rechtlichen Gegebenheiten, die für das Leben der Bevölkerung relevant sind. Die Entdeckung und Anerkennung der Art und des Ausmaßes der Diversität ist ein entscheidender erster Schritt zur Entwicklung adäquater politischer Maßnahmen – lokal und landesweit. Hier kann die sozialwissenschaftliche Forschung und Analyse viele essenzielle Informationen und Erkenntnisse liefern.

Letztlich hängen die politischen Antworten auf Diversifizierung jedoch von politischem Willen und Vision ab. Wie Leonie Sandercock (2003, S. 104) schreibt, »legt sich die gute Gesellschaft nicht auf eine bestimmte Vorstellung von einem guten Leben fest und fragt dann, wie viel Diversität sie innerhalb der so gesetzten Grenzen tolerieren kann. Dies würde bedeuten, die künftige Entwicklung der Gesellschaft auszuschließen«. Die Zukunft, sowohl die unmittelbare als auch die langfristige, wird zwangsläufig von Diversitätsthemen geprägt sein: So betont Keith (2005, S. 1), dass »die Städte des 21. Jahrhunderts zunehmend von den Herausforderungen des Multikulturalismus gekennzeichnet sein werden«. Dem lässt sich hiermit hinzufügen, dass diese Herausforderungen durch Faktoren und Probleme gekennzeichnet und bedingt sein werden, die ich in diesem Artikel als Superdiversität zusammenfasse.

Das Konzept der Superdiversität mag vielleicht etwas oberflächlich erscheinen, doch fordert es auf, die mehrdimensionalen Verhältnisse und Prozesse zu berücksichtigen, die das Leben der Einwander:innen in der heutigen Gesellschaft prägen. Dies ebnet hoffentlich den Weg für öffentliche Maßnahmen mit mehr Bewusstsein für die Bedürfnisse und Lebensverhältnisse der Migrant:innen, der ethnischen Minderheiten – und der Gesamtbevölkerung, zu der sie zwangsläufig gehören.

3

DIE VIELEN BEDEUTUNGEN VON »SUPERDIVERSITÄT«

Nach der Veröffentlichung meines ursprünglichen Artikels »Superdiversity and its implications« (Vertovec 2007a), einer früheren Version des Artikels (Vertovec 2006) und eines Berichts (Vertovec 2007b), der von der nationalen Kommission für Integration und Zusammenhalt des Vereinigten Königreichs beauftragt worden war, gewann das Konzept der Superdiversität überraschend schnell an Aufmerksamkeit. In politischen Kreisen sprach man bald von Superdiversität in Bezug auf Gesundheit, Sozialversorgung und Bildung. In öffentlichen Debatten – in Kommunalverwaltungen, Nichtregierungsorganisationen, Thinktanks, Medien und Internetforen – ging es vor allem im Zusammenhang mit Themen wie Einwanderung, Vielfalt und Stadtentwicklung um Superdiversität.

Bereits in den ersten Jahren nachdem das Konzept Eingang in den Diskurs gefunden hatte, erhielt es die Aufmerksamkeit der Öffentlichkeit und der politischen Entscheidungsträger:innen: 2010 wäre da eine öffentliche Diskussion über Superdiversität in der bildenden Kunst am Londoner Institute of International Visual Arts; 2011 eine Konferenz über »Linguistische Superdiversität in urbanen Gebieten«, veranstaltet von der European Educational Research Association, sowie ein von Kosmopolis Rotterdam, Den Haag und Utrecht organisiertes Symposium zum Thema Superdiversität in dynamischen Städten; 2012 eine Reihe öffentlicher Debatten über »Religiöse Identität in ›superdiversen‹ Gesellschaften« im Rahmen des Programms »Religion und Gesellschaft« der UK Research Councils sowie eine öffentliche Diskussion im Witte de With Center for Contemporary Art in Rotterdam anlässlich der Veröffentlichung von Tariq Ramadans *On Super-diversity* (2011). Zu den Publikationen im Bereich der Politik gehören: *You can't put me in a box: Super-diversity and the end of identity politics in Britain* (Fanshaw und Sriskandarajah 2010), Institute of Public Policy Research; *Delivering in an age of super-diversity* (Phillimore et al. 2011) – ein Bericht über die Mütter- und Schwangerenversorgung im Auftrag der University of Birmingham und des West-Midlands-Gesundheitsministeriums; ein 2011 von der Policy Horizons Unit der kanadischen Regierung veröffentlichter Bericht über *Super-Diversity in Canada* (Gaye 2011) sowie ein Diskussionspapier des Stadtrats von Birmingham, dessen Ansatz zur sozialen Inklusion auf dem Konzept der Superdiversität basiert (Birmingham City Council 2012). Trotz dieses öffentlichen und politischen Interesses ist Michael Silverstein (2015) der Ansicht, dass staatliche Institutionen nach wie vor nicht auf die multidimensionale Fluidität vorbereitet sind, die vom Konzept der Superdiversität beschrieben wird. Auch Mette Berg und Nando Sigona (2013) führen an, dass britische Kommunalbehörden zum großen Teil noch damit beschäftigt sind, die Auswirkungen der aufkommenden Superdiversität zu ergründen.

Das Konzept der Superdiversität wurde auch in einer Vielzahl von Printmedien verwendet, hauptsächlich im Kontext von Migration, *race* oder Ethnizität und Sprache. Der Begriff (manchmal recht eigenwillig interpretiert) hat sich nicht nur über seine britischen Ursprünge, sondern auch über den akademischen Bereich hinaus verbreitet. Zu den Zeitungen und Zeitschriften, die sich seit 2010 auf die eine oder andere Weise auf Superdiversität berufen, gehören (laut Recherche mit LexisNexis): *The Economist*, *The Guardian*, *Daily Mail* und *Evening Standard* (Großbritannien); *New Zealand Herald*, *Waikato Times* und *Dominion Post* (Neuseeland); *The Australian* (Australien); *The Straights Times* und *Today* (Singapur); *The Bangkok Post* (Thailand); *The New Age* und *Pretoria News* (Südafrika); *Irish Daily Mail* (Irland); *Frankfurter Rundschau*, *Der Tagesspiegel*, *Frankfurter Allgemeine Zeitung* und *Süddeutsche Zeitung* (Deutschland); *La Verdad* (Spanien); *Toronto*

Star, *Vancouver Sun*, *Edmonton Journal* und *The Gazette* (Kanada) sowie *The American Prospect* und *Cosmopolitan* (USA). Meist wird der Begriff in den Medien nur verwendet, um kurz und allgemein auf die zunehmende Diversität hinzuweisen, die vor allem auf internationale Migration zurückzuführen ist.

Dieses Kapitel widmet sich aber nicht den Medien, sondern den vielen Verwendungen, Verständnissen (und Missverständnissen) des Konzepts im akademischen Bereich. Nachdem mein Artikel 2007 in *Ethnic and Racial Studies* erschienen war, erlebte ich bereits ab 2008 die Verwendung des Begriffs seitens anderer Wissenschaftler:innen. Zunächst war es natürlich erfreulich, dass die Idee aufgegriffen wurde, in welcher Form auch immer. Aber nach und nach, als ich das Stichwort in immer mehr Veröffentlichungen sah, wurde mir klar, wie sehr die Interpretationen auseinandergingen. Manchmal las ich einen sozialwissenschaftlichen Artikel zur Superdiversität und dachte: »Ah, wunderbar, die Autor:in hat es verstanden.« Bei anderen Artikeln dachte ich hingegen: »Wie konnte jemand das bloß so missverstehen?« Gelegentlich auch: »Schön, zitiert zu werden – aber eigentlich hat Superdiversität nichts mit dem Thema des Artikels zu tun, oder damit, was der Autor sagen will.« Es kam auch vor – und das ist mit Abstand das Schönste –, dass eine Arbeit den Begriff der Superdiversität auf unkonventionelle oder innovative Weise benutzte, um ein aktuelles Thema zu erörtern. Dann dachte ich: »Diese Verwendung des Konzepts habe ich nicht beabsichtigt – aber hier passiert etwas Neues und Aufregendes damit!«

Superdiversität wird in unterschiedlichen sozialwissenschaftlichen Bereichen auf sehr verschiedene Weisen erwähnt, herangezogen, interpretiert und kritisiert – als Idee, Setting, Zustand, Theorie oder Ansatz. Manche Forschende setzen sich mit dem Konzept wirklich auseinander: Sie ziehen empirische Daten heran oder vergleichen es sinnvoll mit verschiedenen Theorien. Manchmal ist Superdiversität aber auch lediglich ein Modewort, ein Sprungbrett für eine Reihe verwandter Forschungsergebnisse oder für eine Überleitung zu einem ganz anderen Thema. Manchmal wird der Begriff auch schlichtweg falsch oder für ein Strohmann-Argument verwendet.

Solche Divergenzen sind kaum zu vermeiden; vielen wissenschaftlichen Ideen, Konzepten und Theorien ergeht es so. Ist ein Begriff erst einmal in der Welt, entwickelt er ein Eigenleben. Es kommt zu unterschiedlichen Auffassungen sowie auch Missverständnissen und Missbräuchen – und meist bringt eine solche begriffliche Evolution (einschließlich Mutationen) die Sozialwissenschaft voran.

Ich habe immer für Superdiversität als Konzept und Ansatz für neue Migrationsmuster plädiert. Es handelt sich nicht um eine Theorie: Meines Erachtens müsste eine Theorie erklären, wie und warum diese Veränderungsmuster entstanden sind, wie sie miteinander verknüpft sind und wozu ihre kombinierten Auswirkungen kausal oder notwendigerweise führen. Aus vielerlei Gründen wird das Thema Superdiversität jedoch seit 2007 von zahlreichen Forschenden diverser Disziplinen und Fachgebiete aufgegriffen, und zwar auf unzählige (hilfreiche, verwirrende, brillante …) Arten und zu verschiedenen (sinnvollen, aber auch kuriosen) Zwecken. Dies gilt auch für Bereiche der Politik und öffentliche Debatten – ob nun in Bezug auf Integration, Gesundheit, Sozialversorgung oder Bildung – sowie in öffentlichen Debatten unter Nichtregierungsorganisationen, Thinktanks, Medien oder Internetforen – ob zu Themen wie Einwanderung, Vielfalt oder Stadtentwicklung. (Für eine ausführlichere Diskussion der vielen Auffassungen von Superdiversität siehe den Online-Vortrag »Super-diversity as concept and approach« unter ⟨www.mmg.mpg.de⟩)

Zusammenfassend lässt sich sagen: Seit der Veröffentlichung des Artikels »Super-diversity and its implications« in *Ethnic and Racial Studies* im Jahr 2007 hat eine erstaunliche Bandbreite von Disziplinen und Bereichen das Konzept aufgegriffen. Dabei haben sich seine Bedeutungen auf vielerlei spannende Weisen vervielfacht.

Was heißt Superdiversität? Eine Typologie

Einen Konsens über die Bedeutung von Superdiversität gibt es in der Wissenschaft ebenso wenig wie in der Politik oder in den Medien. Die Vielfalt der Interpretationen wird in einer Übersicht deutlich, die nachzeichnet, wie der Begriff in den ersten Jahren nach der ursprünglichen Veröffentlichung in der akademischen Literatur verwendet oder zitiert worden ist (es ist anzunehmen, dass die hier festgestellten Trends sich in der Zeit seit dieser Untersuchung fortgesetzt haben). Zusammen mit meiner wissenschaftlichen Mitarbeiterin Wiebke Unger habe ich durch eine breit gefächerte Online-Recherche 325 Publikationen zwischen 2008 und 2014 gefunden, die den Begriff verwenden. Die Ergebnisse der Recherche waren interessant und aufschlussreich.

Unmittelbar zu beobachten war die unterschiedliche Nutzung des Begriffs mit und ohne Bindestrich: *super-diversity* vs. *superdiversity*. Im vorliegenden Buch ziehe ich die Schreibweise ohne Bindestrich vor. Wie Fran Meissner und ich feststellten,

> waren viele Veröffentlichungen sich nicht darüber einig, ob das Wort mit oder ohne Bindestrich geschrieben wird. Für viele Autor:innen spielt das keine Rolle; für andere hat der kleine Strich Bedeutung. Ohne pedantisch sein zu wollen oder die Schreibweise zu sehr zu theoretisieren, könnte es sinnvoll sein, an die Debatte in den *Postcolonial Studies* zu erinnern: Für viele in diesem Bereich bedeutet die Streichung des Bindestrichs in *post(-)colonial*, dass »post-« nicht mehr betont wird, was einen neuen historischen Zustand suggeriert. Eine parallele Absicht besteht bei »Superdiversität«: Einige Forschende sind der Meinung, dass der Bindestrich ein verzerrtes oder eingeschränktes Verständnis des Begriffs fördern könnte – »super-« als »mehr« (ethnische) Diversität. Sie argumentieren, dass die Schreibung ohne Bindestrich, Superdiversität, die Multidimensionalität des Begriffs besser widergibt. (Meissner und Vertovec 2015, S. 545)

Die Übersicht zeigt auch die beträchtliche Streuung von Artikeln, die sich auf Superdiversität beziehen, über viele Fachgebiete. Diese geht weit über die zu erwartenden Disziplinen hinaus: neben Soziologie, Anthropologie, Geografie, Politikwissenschaft sowie den multidisziplinären Bereichen Migration und Ethnologie wird der Begriff inzwischen auch in zahlreichen anderen Feldern verwendet – Linguistik und Soziolinguistik, Geschichte, Pädagogik, Recht, Betriebswirtschaft, Management, Literatur, Medienwissenschaft, öffentliches Gesundheitswesen, Sozialarbeit, Stadtplanung und Landschaftsstudien …

Auch geografisch wird der Begriff nun viel weiter gefasst. Während der ursprüngliche Artikel Phänomene in London und dem Vereinigten Königreich beschrieb, findet er nun Verwendung in Bezug auf soziale, kulturelle und sprachliche Dynamiken in Brüssel, Venedig, New York, Jerusalem, den baltischen Staaten, Italien, Zypern, Ägypten, Nigeria, Französisch-Guayana, Simbabwe, Hongkong, Hokkaido, Oaxaca, in südwestslowakischen Dörfern, Brandenburg, der Grenzprovinz Limburg, dem Manenberg Township in Kapstadt sowie Enshi City in China.

In all diesen Disziplinen und Forschungskontexten sehen wir viele (bisherige) Verwendungen des Konzepts der Superdiversität. Die folgende Typologie ist nicht streng wissenschaftlich; es handelt sich lediglich um meine Interpretationen der verschiedenen Verwendungsweisen. Die Autor:innen selbst könnten meiner Lesart durchaus widersprechen.

Eine Bezeichnung sehr großer Vielfalt

Einige Sozialwissenschaftler:innen nutzen das Wort Superdiversität im Grunde als ein Synonym von »Diversität« – oder vielleicht einfach im Sinne von *sehr viel Vielfalt*. Ihre Studien befassen sich oft mit ausgeprägten Arten und Dimensionen sozialer Differenzierung, insbesondere mit kulturellen Identitäten. So verwendet beispielsweise van Ewijk (2011, S. 1) den Begriff Superdiversität, um zu betonen, dass »europäische Länder vielfältiger geworden sind und diese Vielfalt immer deutlicher hervortritt«. Andere Beispiele für diese Lesart des Konzepts sind Arbeiten, die sich auf Superdiversität hinsichtlich Diversitätsauffassungen (Mavroudi 2010; Baycan und Nijkamp 2012), »Vielfalt oder das, was in letzter Zeit als ›Superdiversität‹ bezeichnet wird« (Hüwelmeier 2011, S. 450), »aufkommende kulturelle und demografische Vielfalt« (Svenberg et al. 2011, S. 2), »multiple Dimensionen der Differenzierung« (Kandylis et al. 2012, S. 268), »signifikanten demografischen Wandel und Diversifizierung« (Aspinall und Song 2013, S. 548) oder »eine Klassifizierung, die Dutzende von verschiedenen Kulturen und Nationalitäten umfasst« (Aspinall 2009, S. 1425), beziehen. Aber wenn Superdiversität lediglich »viel Diversität« bedeuten würde, hätte der Begriff natürlich kaum einen Sinn oder Nutzen. Darüber hinaus hat auch das Wort *diversity* / Diversität an sich schon viele Bedeutungen, sowohl im akademischen als auch im öffentlichen Sprachgebrauch (siehe Vertovec 2011, 2015a). Wie in meinem ursprünglichen Artikel, in vielen Arbeiten seither und in diesem Buch erörtert, hat der Begriff »Superdiversität« eine eigene Kernbedeutung und -intention. Bevor das Konzept in vielen Texten für viele Inhalte herhalten musste, sollte es eigentlich neue soziale Muster beschreiben.

Ein Kontext oder Hintergrund

Häufig wird der Begriff Superdiversität in akademischen Artikeln auch verwendet, um eine zunehmende soziale oder ethnische Vielfalt als kontextuellen *Hintergrund für eine bestimmte Studie* zu signalisieren. Das heißt, Forschende berufen sich auf Superdiversität als ein emergentes Setting oder Umfeld. So können sie ihre Forschungsergebnisse oder theoretischen Beiträge kontextualisieren – wobei diese in vielen, wenn nicht gar in den meisten Fällen nicht viel mit Superdiversität zu tun haben. Im Rahmen solcher Begriffsverwendung werden manchmal Methoden zur Untersuchung emergenter Formen des sozialen, kulturellen und geografischen Wandels weiterentwickelt, wie etwa in Suzanne Halls (2015) Beschreibung von »super-diversen Straßen« und Jan Blommaerts (2013a) Erkundung der Soziolinguistik von Superdiversität durch eine Untersuchung von Sprachlandschaften.

Hier einige Beispiele für die Verwendung von Superdiversität, um ein *Setting* zu beschreiben: »›super-diverse‹ Orte« (Osipovič 2010, S. 212), »ein super-diverser Sozialraum« (Leppänen und Häkkinen 2012, S. 18), »superdiverse Umstände« (Jørgensen 2012, S. 57), »die Super-Diversität heutiger Städte« (Ros i Solé 2013, S. 336), »superdiverse Städte ohne ethnische Mehrheiten« (Parker and Freathy 2011), eine Diskussion über Leicester als erste »super-diverse Stadt« in Großbritannien (Hill 2007) sowie über das »superdiverse London« (Poppleton et al. 2013) oder die Feststellung, Amerika sei »auf dem besten Weg, die große super-diverse Nation zu werden« (Bobo 2013). Manchmal wird der Begriff in der Sozialwissenschaft auch übergeordnet, auf der Makro-Ebene, verwendet. So beschreiben Wissenschaftler:innen »super-diverse Realitäten« (Juffermans 2012, S. 33), »super-diverse Lebenswelten« (Dietz 2013, S. 27), eine »super-diverse Gesellschaft« (Hawkey 2012, S. 175), einen »superdiversen Zustand« (Neal et al. 2013, S. 309), »ein Stadium der ›Super-Diversität‹« (Colic-Peisker und Farquharson 2011, S. 583), »eine ›super-diverse‹ Welt« (Jacquemet 2011, S. 494), »diese Zeit der ›Super-Diversität‹« (Catney et al. 2011, S. 109) oder eine »Era der Super-Diversität« (Burdsey 2013). Das Konzept der Superdiversität wird auch allgemein verwendet, »um das Ausmaß und die multidimensionalen Mobilitäten soziokultureller, räumlicher, technologischer, materieller und metaphysischer Zustände der menschlichen Existenz im 21. Jahrhundert zu signalisieren« (Heugh 2013, S. 7). Zahlreiche Forschende haben ihr Material also durch eine »Superdiversitätslinse« studiert, was anscheinend eine »Superdiversitätswende« in der Erforschung zeitgenössischer Gesellschaften herbeigeführt hat (⟨www.nandosigona.wordpress.com⟩).

Eine Beschreibung mehr ethnischer Diversität

Es gibt viele Autor:innen, die sich auf Superdiversität beziehen, um auf *mehr Ethnizität* hinzuweisen – also darauf, dass neue Migrationsprozesse mehr ethnische Gruppen in eine Nation oder Stadt gebracht haben als in der Vergangenheit. Auch wenn dies oft zutrifft (und das Thema einiger Studien ist), ist das gewiss nicht die Absicht hinter dem Konzept der Superdiversität. Und doch benutzen viele Forschende den Begriff, um auf Phänomene wie diese aufmerksam zu machen: Präsenz neuer Ethnien (Hogg 2011; Salway et al. 2011), ein immer breiteres Spektrum neuer Migrationsgruppen (Nathan und Lee 2013), die Zuwanderung aus mehr Ländern (Syrett und Lyons 2008) oder aus entlegeneren Winkeln der Welt (Drinkwater 2010), eine neue Diversität der Herkunft von Migrant:innen (Antonsich 2012), einen wachsenden im Ausland geborenen Bevölkerungsanteil (Hollingworth und Williams 2010), die Präsenz polyethnischer Minderheiten (Aspinall und Hashem 2011), neue Migrationsströme aus Ländern außerhalb des *Commonwealth*, unter anderem aus Osteuropa (Coleman und Dubuc 2010), neue Einwanderung aus verschiedenen Ländern und das zunehmende Aufkommen kleinerer Migrationsgruppen (Phillimore 2010), die Ausbreitung neuer Gemeinschaften, Sprachen, religiöser Praktiken und Menschenströme (Nathan 2011), die schiere Vielfalt von Minderheiten (Hill 2007) oder ihre Polyethnizität (Aspinall und Hashem 2011). Dieses Verständnis von Superdiversität wurde auch auf einer Konferenz an der Föderalen Universität Kasan in Russland im Jahr 2013 offenkundig. Unter dem Titel »Issues of super-diversity: Migration in Russia and EU« berief sich die Veranstaltung auf Superdiversität, um die ständig zunehmende Heterogenität städtischer *Communities* zu beschreiben, in denen zum Teil Menschen mit über hundert verschiedenen Nationalitäten zusammenleben. Auch eine 2013 an der UCLA veranstaltete Konferenz mit dem Titel »Superdiversity California Style« befasste sich mit der erheblich gestiegenen Diversität in den USA im Allgemeinen und in Los Angeles im Besonderen – und zwar in Bezug auf Ethnie, *race*, Sprache und Religion. Die meisten dieser Studien und Events berücksichtigen nicht den mehrdimensionalen Charakter der Kategorien, die sich verändernden Konfigurationen und die damit einhergehenden neuen sozialen Strukturen. Genau dieses meines Erachtens leider wenig sinnvolle Verständnis von Superdiversität als lediglich »mehr Ethnien« nennt Ralph Grillo (2015) das *Super-Diversity-Lite*-Verständnis.

Ein Aufruf, über Ethnizität hinauszugehen

Andere Forschende sind sich durchaus der Multidimensionalität von Merkmalen bewusst, die dem Konzept der Superdiversität innewohnt, und berufen sich darauf in ihrem Bestreben, *den Fokus auf die Ethnizität als einzige oder optimale Kategorie der Migrationsanalyse zu überwin-*

den. So forderten Nina Glick Schiller, Ayşe Çağlar und Thaddeus Guldbrandsen 2006, die Bewertung von Migrationsdynamiken solle sich nicht mit der »ethnischen Linse« begnügen – also Analysen vermeiden, die sich bei der Betrachtung von Migrationsprozessen und -ergebnissen allein auf die ethnische Dimension konzentrieren. In der Folge haben Sozialwissenschaftler:innen das Konzept der Superdiversität verwendet, um zu betonen, dass: ethnische Gruppen nicht die optimalen Analyseeinheiten sind (Cooney 2009); ein übermäßiger ethnischer Fokus bedeutendere Formen der Differenzierung verdecken kann (Fomina 2006); die Sozialwissenschaften über vereinfachte Konzeptualisierungen von Ethnie und *race* hinausgehen müssen (Piekut und Rees 2011, Bradby 2012); ethnische Grenzen zunehmend verschwimmen (Lobo 2010, Pecoud 2010); es interne Spaltungen innerhalb ethnischer Gruppen gibt (Glick Schiller und Çağlar 2009); andere »Identitätsstränge« (*strands of identity*) von Menschen als ebenso wichtig oder wichtiger als ihre Ethnie empfunden werden (Reid und Sriprakash 2012, Schmidt 2012); Ethnizität nur in der gemeinsamen Betrachtung mit anderen Kategorien ein sinnvolles Bild der heutigen Diversität ergibt (Aspinall 2011); mehrere »Differenzierungsmodi« (*modes of differentiation*) je nach Kontext relevant sind (van Ewijk 2011); sowie dass rein auf die Ethnie bezogene Ansätze für die sozialpolitische Erörterung von Bedürfnissen ungeeignet sind (Bauböck 2008; Crawley 2010).

Der Begriff der Superdiversität wurde allgemein verwendet, um auf die inhärenten Schwierigkeiten bei der Klassifizierung von Menschen hinzuweisen (Aspinall 2009; Song 2009; Wimmer 2009) und für den Abschied von einer engen Fokussierung, wie der auf Ethnizität, zu plädieren, da die heutige Dynamik von Migration und Diversität »keine Gemeinschaften« produziere, sondern »einen Wirbel von Sprachen, Ethnien und Religionen, die sich überschneiden« (Modood 2008, S. 85). In diesem Kontext ist Superdiversität als Korrektiv verwendet worden, um die Intersektionalität zwischen Ethnizität und anderen Kategorien zu betonen (Christensen und Jensen 2011).

Die somit befürwortete Abkehr von abgegrenzten Kategorien wirkt sich auch darauf aus, wie komplexe soziale Umgebungen untersucht werden sollten. Jan Blommaert und Ad Backus (2013, S. 13) schreiben:

> Die Auswirkungen der Superdiversität sind daher paradigmatisch: Sie zwingt uns, den *extrem niedrigen Grad an Voraussetzbarkeit* in unseren neuen sozialen Umfeldern zu erkennen – und zwar in Bezug auf Identitäten, soziale und kulturelle Verhaltensmuster und Strukturen, sowie Normen und Erwartungen. Menschen können nicht mehr einfach mit bestimmten (staatlichen, ethnischen, soziokulturellen) Gruppen und Identitäten in Verbindung gebracht werden; wir können nicht mehr annehmen, dass ihre sinnstiftenden Praktiken zu bestimmten Sprachen und Kulturen »gehören«. Das empirische Feld ist äußerst komplex geworden, und eine angemessene Beschreibung ist damit eine Herausforderung für die Sozialwissenschaften, wie wir sie kennen. (Hervorhebung im Original)

Eine mehrdimensionale Umgestaltung

Mehrere Arbeiten beschreiben und analysieren Superdiversität als *mehrdimensionale Rekonfiguration* verschiedener sozialer Formen und nutzen so das Konzept, um in der soziologischen Forschung und Analyse mehr Aufmerksamkeit auf multiple, ineinandergreifende Kategorien zu lenken. Eine solche Arbeit stammt von Janine Dahinden (2009), die sich mit der Emergenz von Superdiversität in Verbindung mit verstärktem Transnationalismus befasst, der soziale Netzwerke und kognitive Klassifikationen unter Migrant:innen grundlegend beeinflusst. In anderen Veröffentlichungen wird darauf hingewiesen, dass neue superdiverse Konfigurationen eine multivariable Messung von Diversität erfordern (Longhi 2013) oder dass Migrant:innen diverse Variablen und Attribute als Kapitalformen auf unterschiedliche Weisen kombinieren (Vershinina et al. 2009). In ähnlicher Weise wurde das Konzept der Superdiversität verwendet, um zu begreifen, wie ein Zusammenspiel von Faktoren die Chancen ethnischer Minderheiten prägt (Stubbs 2008), oder um kritisch darauf hinzuweisen, dass ältere Kategorien dem Verständnis der Leistungen und Bedürfnisse von Minderheiten-*Communities* im Wege stehen können (Hollingworth und Mansaray 2012). Das Stichwort Superdiversität fällt auch, wenn multiple Variablen in Bezug auf die Mediennutzung untersucht werden (Dhoest et al. 2012) und wenn Narrative über Migration und Arbeit unter Niedriglohnmigranten (re)konstruiert werden (Datta et al. 2009). Dieses Verständnis der multiplen Variablen bezeichnet Grillo (2015) als »*Super-Diversity Heavy* (à la Vertovec)«.

Eine Neubewertung der Methodologie

Superdiversität – also multidimensionale Muster im Wandel – erfordert einen intersektionalen Ansatz. Dies wurde von etlichen Forschenden hervorgehoben, um eine *methodische Neubewertung* ihres jeweiligen Fachgebiets oder ihrer Disziplin anzuregen. So betont zum Beispiel Jan Blommaert (2013a, S. 6) »die paradigmatische Wirkung der Super-Diversität: Sie stellt die Grundlagen unseres Wissens und unserer Annahmen über Gesellschaften in Frage, wie sie auf allen Levels funktionieren, von der Mikroebene der unmittelbaren menschlichen Kommunikation bis hin zu der Makrostruktur des Weltsystems«. Ähnlich beschreibt Massimo Leone (2012, S. 189), warum die wichtigsten Migrationsgesellschaften »zunehmend feststellen müssen, dass der konzeptionelle Rahmen der ›kulturellen Integration‹, wie er bisher in der Sozialforschung und der Politik in Bezug auf sozialen Zusammenhalt und Harmonie vorherrschte, im Umgang mit den Herausforderungen der sogenannten Super-Diversität in den Städten weitgehend unbefriedigend ist«.

Charlotte Williams und Mark R. D. Johnson (2010) betonen, dass die neuen komplexen Mischungen der heutigen Migration Verhältnisse schaffen, mit denen sich politische Verantwortliche und Fachleute aller Art – insbesondere im Bereich der Sozialdienste – auseinandersetzen müssen. Appelle für eine konzeptionelle und methodische Neuausrichtung waren besonders stark in Praxisfeldern wie Bildung (zum Beispiel Guo 2010, Gogolin 2011, Gross 2020, Li et al. 2021), Medizinsoziologie (Bradby et al. 2017), Gesundheitswesen

(Phillimore 2010), Gesundheitsfachkräfte (Ní Shé und Joye 2018) und psychische Gesundheit (Kirwan 2022), Kinderschutzdienste (Leitão Ferreira 2021), technische Kommunikation (Cardinal 2022), Sozialarbeit (van Ewijk 2018) und Sozialpolitik im weiteren Sinne (Phillimore 2023). In diesem letzten Bereich wurde auch festgestellt, dass »Politiken und Diskurse aktualisiert werden müssen, um neuen multikulturellen Realitäten gerecht zu werden« (Colic-Peisker und Farquharson 2011, S. 583). Can Yildiz und Annie Bartlett (2011) argumentieren ähnlich in Bezug auf Superdiversität und öffentliche Dienstleistungen, insbesondere im Bereich Gesundheit, während Jenny Phillimore (2013) das Gleiche für das Wohnungswesen darlegt. Dave Newall, Jenny Phillimore und Hilary Sharpe (2012, S. 22) schreiben: »Ohne genug Mittel und politischen Willen zur Entwicklung spezialisierter Dienste oder eine bessere Ausstattung der allgemeinen Mutterschaftsversorgung für die Bedürfnisse aller Frauen wird es angesichts der komplexen superdiversen Populationen nicht einfach sein, die Erfahrungen von Migrantinnen zu verbessern, die im Vereinigten Königreich Mutter werden.« Anderswo geht es um den potenziellen Einfluss der Superdiversität auf Rekrutierungsstrategien diverser Sozial- und Beratungsdienste, unter anderem bei der Vertretung und Fürsprache (*advocacy services*) (Richardson und Fulton 2010).

Für all diese Bereiche haben Antonio López Peláez und Kolleg:innen (2022) unter besonderer Beachtung des Themas Sozialpolitik eine Bibliometrie und Meta-Analyse von 76 Veröffentlichungen zum Thema Superdiversität durchgeführt, die von 2007 bis 2019 in englischer und spanischer Sprache erschienen waren. Ihr Ergebnis: »Die methodische Linse der Superdiversität kann helfen, die Umsetzung sozialpolitischer Maßnahmen für benachteiligte Gruppen zu verbessern. Neue Forschungsansätze müssen den praktischen Nutzen der Superdiversität berücksichtigen. Diese Analyse hat festgestellt, dass die Einbeziehung von auf Superdiversität basierenden Maßnahmen den Zugang zu staatlichen Sozialdiensten verbessert« (ibid., S. 176).

Blommaert (2013a, S. 131) ergänzt diese methodologische Feststellung wie folgt:

> Nun, da wir nach und nach ein Verständnis von Superdiversität entwickeln, müssen wir unser theoretisches, konzeptionelles und methodisches Instrumentarium anpassen, um das zu erfassen, was wir erfassen müssen: die Logik der Veränderung anstelle der »Gesetze« des Systems. Wir müssen die »tiefen« unveränderlichen, zeitlosen und statischen Merkmale studieren, die generative Grammatik des Systems. Das Ziel bleibt unverändert: Wir müssen nach Strukturen suchen. Aber Struktur wird jetzt ganz anders definiert.

Keine Disziplin hat die Superdiversität wohl aktiver für eine methodische Neubewertung genutzt als die Soziolinguistik. Dies veranschaulicht Blommaert (2013a, S. 8) ebenfalls:

> Superdiversität scheint soziolinguistische Fragen noch komplexer zu machen. Nicht viel von dem, was wir methodologisch und theoretisch gewohnt sind, scheint zu den dichten und höchst instabilen Formen von Hybridität und Multimodalität zu passen, die wir heutzutage in Feldforschungsdaten antreffen. Flickschusterei wird das Problem nicht lösen; was wir brauchen, ist grundlegendes Umdenken.

Die erheblichen methodischen Auswirkungen der Superdiversität auf die Soziolinguistik werden weiter unten beschrieben.

Ein Weg zur Erörterung emergenter sozialer Komplexitäten

Schließlich gibt es zahlreiche Wissenschaftler:innen, die sich zwar auf das Konzept der Superdiversität berufen, aber eigentlich auf etwas anderes (wenn auch oft verbundenes) als das ursprünglich intendierte aufmerksam machen: und zwar auf *emergente soziale Komplexitäten.* In diesem Rahmen haben Forschende den Begriff Superdiversität in Bezug auf mindestens drei Bereiche verwendet. (Soziale Komplexität als Konzept und Ansatz wird in Kapitel 6 erörtert.)

(a) Ein Bereich der Komplexität betrifft *Globalisierung und Migration.* In Bezug auf Migration wird Superdiversität beispielsweise in folgenden Kontexten diskutiert: »die Komplexität der Neuzuwanderung und nichtlinearer Migrationswege« (McCabe et al. 2010, S. 19); »die Ankunft neuer Migrant:innenströme« (Phillips 2007, S. 1151) und »Ströme von Migrant:innen mit unterschiedlichem Rechtsstatus« (Walton-Roberts 2011, S. 464); gemischte Migrationsmotive (Perrons et al. 2010); wie »Migrant:innen transitorischer und diverser geworden sind, in Bezug nicht nur auf Herkunft, sondern auch auf ihre Motive, Absichten und ihren Status in den Zielländern« (McDowell 2013, S. 19) und wie »internationale Migration ›flüssig‹ (*liquid*) geworden ist« (Engbersen et al. 2010, S. 117). Auch die Superdiversität bestimmter Migrationsströme und -gruppen wurde beschrieben, etwa die internationaler Fußballer (Storey 2011), britischer Expats (Hampshire 2013) und mehrerer Diaspora-Gruppen – so der afrikanischen (Hiruy und Hutton 2020), der romanischen (Tremlett 2014), der tamilischen (Jones 2019) und der indonesischen (Goebel 2015). Was Globalisierung angeht, wurde das Konzept Superdiversität beispielsweise verwendet, um hervorzuheben, dass »es jetzt viele Quellen für Ideen und Waren gibt, nicht nur aus Europa oder den USA oder von Ost nach West« (Nolan et al. 2010, S. 11). Bei der Erörterung der emergenten »komplexen Diversität« schreibt Peter Kraus (2012, S. 12):

> ein Zyklus von Veränderungen – provisorisch als »Globalisierung« oder »Transnationalismus« umschrieben – hat erhebliche Auswirkungen darauf, wie wir unsere Identitäten als Individuen und Bürger:innen auf der ganzen Welt erleben. In dieser Hinsicht bewegen wir uns in Europa wohl auf fließendere und komplexere Formen der Diversität zu, auf Formen, die vielfältige neue Kategorien für die Erfassung relevanter Phänomene erschaffen, wie »Postnationalismus« oder, auf einer etwas anderen Ebene, »Kosmopolitismus« und »Super-Diversität«.

(b) Ein weiterer Komplexitätsbereich betrifft *ethnische Kategorien und soziale Identitäten*. Hier hat das Konzept der Superdiversität ein neues Interesse an folgenden Themen geweckt: »die Herkunft von Menschen, ihre mutmaßlichen Migrationsmotive, ihre Migrationslaufbahn (sesshaft versus temporär) sowie soziokulturelle und sprachliche Merkmale, die man nicht einfach voraussetzen darf« (Jacquemet 2011, S. 494); »Individuen und Gruppen, die selbst superdivers sind [...] auf einem breiten Spektrum von Variablen« (Leppänen und Häkkinen 2012, S. 18); »sozial und kulturell komplexe Individuen, die in keine Schublade passen und nicht immer in abgeschlossene Gemeinschaften eingegliedert sind« (Ros i Solé 2013, S. 327); »ein neues, ›superdiverses‹ Terrain, in dem ›alte‹ strukturelle Indikatoren für soziale Identitäten weniger wichtig sind« (Francis et al. 2013, S. 2).

Superdiversität findet auch Erwähnung in Kontexten, die in den Sozialwissenschaften derzeit zunehmend an Bedeutung gewinnen: die »Verwischung von Unterscheidungen« zwischen sozialen Kategorien (Newton und Kusmierczyk 2011, S. 76), der »Diskurs der Mehrdeutigkeit, Komplexität und Vielfältigkeit, der die Debatten über ›*race*‹ [und] ›Ethnizität‹ durchdringt« (Ram et al. 2012, S. 507), sowie Situationen, in denen »klar umrissene Unterschiedskategorien (*race*, Ethnizität, Kultur, Religion) nicht mehr existieren und Vorstellungen von Weißsein und Schwarzsein sowie Minderheitenkategorien, wie sie im postkolonialen Kontext und unter den Prämissen des Multikulturalismus konstruiert werden, verschwimmen« (Hatziprokopiou 2008, 24). So wird das Konzept der Superdiversität verwendet, um die Aufmerksamkeit darauf zu lenken, wie »Begegnungen alte Stereotypen unterwandern« (Osipovič 2010, S. 171); wie »kulturelle Traditionen sich vervielfältigen oder unscharf werden« (Koch 2009); wie »deskriptiv unangemessen es ist, feste Beziehungen zwischen Ethnizität, Staatsbürgerschaft, Wohnort, Herkunft, Sprache, Beruf usw. anzunehmen oder Kulturen, Sprachen oder Identitäten als eine Liste abzuzählen« (Juffermans 2012, S. 33) und wie »komplex multiple, fließende, intersektionale Identifikationen« sind (Dhoest et al. 2013, S. 13). Dementsprechend plädiert David Parkin (2012, S. 79) dafür, dass wir unsere Aufmerksamkeit auf die Zunahme einer »Form der Identitätsbildung richten, die durch ihre Superdiversität die konventionellen Konturen von Ethnizität überschreitet«.

(c) Ein dritter Aspekt der Komplexität, bei dem sich Forschende auf das Konzept der Superdiversität stützen, betrifft *neue Gesellschafts-*

formationen. In diesem Zusammenhang wird der Begriff in einer Reihe von Artikeln verwendet, um Themen wie folgende zu erörtern: Prozesse, die zu »einem Wirbel von Sprachen, Ethnien und Religionen, die sich gegenseitig berühren«, führen (Palaiologou und Faas 2012, S. 570); »neue Dimensionen soziokultureller und sprachlicher Diversität, welche die Variabilität, Fluidität und Komplexität der heutigen globalen Kontexte und insbesondere der städtischen Umgebungen betonen« (Cogo 2012, S. 289); »vielfältigere und fluidere« Forschungsstandorte (Hawkey 2012, S. 166); »Trends, die sich auf neue Weisen mit Zugehörigkeit auseinandersetzen, darunter neue Dynamiken der räumlichen Trennung und der interkulturellen Kontakte« (Matejskova 2013, S. 46); die »extrem polyzentrische Natur superdiverser sozialer Umgebungen« (Blommaert 2013b, S. 3); »komplexe Verbindungen« (Hambye und Richards 2012, S. 170) und »komplexe neue ›bedeutungsvolle Austauschformen‹« (Butcher 2010, S. 510), die zu »mehr Interaktion, kultureller Evolution und zur Entwicklung weltoffener, kosmopolitischer Identitäten« (Taylor-Gooby und Waite 2014, S. 272) führen können; »die zunehmende Diversifizierung alltäglicher Lebenswelten: ein Prozess, der sowohl die einheimische als auch die migrantische Bevölkerung betrifft [...], wobei der Monokulturalismus der Institutionen mit der Superdiversität der Lebenswelten koexistiert« (Dietz 2013, S. 27), sowie »Gruppen mit sehr unterschiedlichen Bezugsrahmen, die durch eine superdiverse Überlagerung unterschiedlicher Netzwerke zusammengebracht werden« (Bailey 2013, S. 203). Mit Blick auf den sozialen Wandel in Belgien und den Niederlanden verweist Dirk Geldof (2016, S. 35) auf »eine neue Superdiversität, gekennzeichnet durch mehr Komplexität in der Zusammensetzung lokaler Bevölkerungsgruppen sowie durch mehr Ambiguität und ebenfalls mehr Komplexität in den Interaktionen zwischen verschiedenen Elementen dieser Gruppen«. Diese sich unaufhörlich neu erfindende Realität schließe »Diversität *zwischen* Gruppen und Gemeinschaften« mit ein, schreibt Geldof (ibid., S. 38), »*ebenso* wie innerhalb von ihnen. Diese ›Komplexitätsachse‹ und die Wechselwirkungen zwischen den verschiedenen Faktoren bilden den Kern der Superdiversität«.

Jorge Manuel Leitão Ferreira (2021, S. 4) erläutert sein Verständnis von Superdiversität und setzt dabei diesen Schwerpunkt:

> Die Vorsilbe »super« verstehe ich als einen Verweis auf die Schnittstelle zwischen verschiedenen Elementen wie Gruppen, Politiken, Kontexten, Kulturen und Werten. Diese Schnittstelle ermöglicht eine bessere Zusammenarbeit zwischen unterschiedlichen Akteuren, die Interessen, Wissen und Erfahrungen austauschen, um soziale und menschliche Entwicklung und Innovation zu fördern. Mehrere dieser Fragen werden in der Beobachtung von global erweiterter Mobilität zusammengeführt, die neue und zunehmend komplexe Gesellschaftsformationen und Vernetzungspraktiken jenseits traditioneller Zugehörigkeiten miteinschließt. Konnte man früher davon ausgehen, dass *Communities of Practice* über einen längeren Zeitraum relativ stabil bleiben, so sind sie unter den Bedingungen der Superdiversität eher temporär geworden. (Busch 2012, 505)

Abbildung 3.1 gruppiert diese obengenannten sieben Verwendungsweisen von Superdiversität nach Disziplin oder multidisziplinärem Bereich. Dabei fällt sofort auf, dass keine Disziplin oder kein Bereich vollständig mit einer bestimmten Verwendung gleichzusetzen ist.

Ein Teilbereich der Politik und Staatsführung

In jüngerer Zeit, also nach der Ausarbeitung der obigen Typologisierung, ist eine weitere Reihe von Publikationen erschienen, die den Effekt der Superdiversität auf die Staatsführung und die Entwicklung von politischen Maßnahmen begutachten. Jenny Phillimore, Nando Sigona und Katherine Tonkiss stellen fest: »Während einige Studien die Auswirkungen von Superdiversität in bestimmten Bereichen der Sozialpolitik untersuchen, ist bisher wenig über die Prozesse und Praktiken der Politikgestaltung und Staatsführung bekannt« (Phillimore et al. 2017, S. 489). Daher haben etliche Sozialwissenschaftler:innen aus verschiedenen Disziplinen begonnen zu untersuchen, wie Regierun-

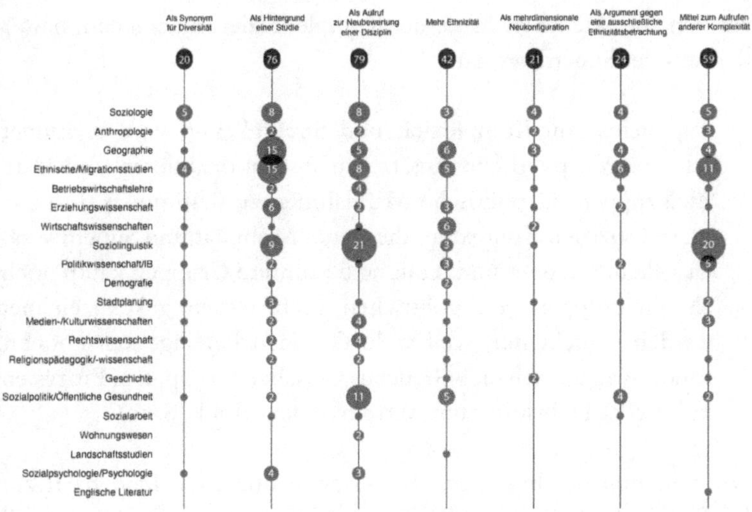

Abbildung 3.1 Eine Typologie der Artikel, die sich auf die Superdiversität beziehen, 2008-2014: Anzahl der Artikel nach Disziplin / Fachgebiet und Art.

gen auf verschiedenen Ebenen angemessene Maßnahmen für immer komplexer werdende Populationen entwickeln können. In diesem Feld wird Superdiversität als eine konzeptionelle Plattform verwendet, auf der Arbeiten zu Politik und Staatsführung aufbauen können (siehe auch Phillimore et al. 2020). In der Folge wurde Superdiversität in Bezug auf folgende Aspekte untersucht: Stadtgestaltung und -planung (Pemberton 2016; Rishbeth 2016), Modelle der Staatsführung (Raco und Taşan-Kok 2020), politische Maßnahmen zur Integration von Migrant:innen (Meissner 2018a) und zu Diversitätsmanagement (Magazzini 2017), lokale Migrationsstrategien (Geldof et al. 2017), kommunale Einbindung in zivilgesellschaftliche Organisationen (Ambrosini 2016), Standortmarketing und City Branding (Oliviera und Padilla 2017) sowie europäische interkulturelle Strategien (Hadj Abdou und Geddes 2017).

Peter Scholten (2020) hat ebenfalls einen umfassenden Blick auf die Herausforderungen für die Regierungspolitik geworfen, die sich aus den verschiedenen Arten der Komplexifizierung ergeben, besonders aus der Superdiversität:

> Angesichts von Komplexität und Streitigkeiten wird es immer schwieriger, politische Ansätze zu institutionalisieren und klare Zielgruppen für politische Maßnahmen zu bestimmen. In komplexen sozialen Kontexten, die durch Mobilität und Superdiversität gekennzeichnet sind, können bestimmte Gruppen kaum noch als Zielgruppen von politischen Maßnahmen gekennzeichnet werden – nicht nur, weil viele Gruppen beteiligt sein können, sondern auch, weil die »Grenzen« zwischen Gruppen in Prozessen kultureller Hybridisierung verschwinden. (Ibid., S. 12)

Die von ihm beschriebenen Reaktionen umfassen Tendenzen zur Entfremdung (*alienation*), Diskrepanzen zwischen Politiken und emergenten sozialen Realitäten – aber auch das Mainstreaming nicht gruppenspezifischer Ansätze. Dieses Letztere befürwortet Scholten als allgemeinen Ansatz für alle Politikbereiche und -ebenen. Anstatt Maßnahmen für bestimmte Gruppen von Migrant:innen oder Minderheiten zu entwickeln, solle Diversität vor allem gesamtgesellschaftlich begegnet werden (siehe auch van Breugel und Scholten 2017; Scholten und van Breugel 2018).

Das Spektrum der Bedeutungen, Verwendungen und Auffassungen von Superdiversität wird immer breiter. Bis Juni 2022 wurde laut Google Scholar der ursprüngliche Artikel in der Zeitschrift *Ethnic and Racial Studies* (Vertovec 2007a) über 8200 Mal zitiert; das COMPAS-*Working Paper* zur Superdiversität (Vertovec 2006), auf dem dieser Artikel basiert, 900 Mal. Neben Artikeln wurden auch Monografien veröffentlicht, die sich mit dem Konzept befassen oder zumindest darauf aufbauen. Zu nennen sind hier insbesondere *On Superdiversity* von Tariq Ramadan (2011), *Superdiversity* von Maurice Crul, Jens Schneider und Frans Lelie (2013) sowie *Superdiversity in the Heart of Europe* von Dirk Geldof (2016).

In seinem kurzen Buch *On Superdiversity* (eher ein buchlanger *Essay* als eine Monographie; ins Niederländische und Arabische übersetzt) verwendet Ramadan (2011) das Konzept der Superdiversität vor allem als philosophischen Ausgangspunkt, um Vielfalt, *Othering* und Universalismus zu diskutieren. Er postuliert, dass soziale, kulturelle, religiöse und andere Formen der Diversität die Möglichkeit und die Pflicht darstellen, die eigene, individuelle »innere« Diversität zu betrachten. »Die Superdiversität unserer Zeit«, so Ramadan (ibid., S. 19), »erfordert einen intimen Umgang mit unseren eigenen Überzeugungen und dem ›Anderen‹ – keine externe Diversität ist ohne ein Gefühl für die interne Diversität möglich«. Daraus schließt Ramadan, dass eine Anerkennung der Komplexität der Anderen und des eigenen Selbst Respekt als Grundhaltung und Lebensweise herbeiführt.

Auch das Buch *Superdiversity* von Crul et al. (2013) nutzt das Konzept trotz seines Titels nur als Ausgangspunkt. Es werden zwar einige soziale und politische Dynamiken in Städten mit *Majority-Minority*-Konstellationen diskutiert und argumentiert, dass Begriffe wie »Integration« und »Assimilation« neu definiert werden müssen (siehe auch Crul 2016), hauptsächlich geht es jedoch um die Ansichten, Erfahrungen und Lebenswege der sogenannten zweiten Generation (also der in Europa geborenen Kinder von Migrant:innen der ersten Generation). Obwohl das Buch sich mit dieser speziellen Kategorie befasst, betont es auch, dass sie keinesfalls als eine homogene Gruppe betrachtet werden sollte – in diesem Kontext greifen die Autor:innen auf das Konzept der Superdiversität zurück. Vor allem wollen sie nachweisen, dass »sozial erfolgreiche junge Menschen dieser zweiten Generation die fortschrittlichsten Kräfte innerhalb ihrer eigenen Gemeinschaften darstellen« (ibid., S. 11) und damit die Zukunft sind.

Superdiversity in the Heart of Europe von Geldof (2016) setzt sich hingegen sowohl konzeptionell als auch empirisch mit dem Konzept auseinander, und zwar in seinem vollen, mehrdimensionalen Sinn. Ausgehend von der Ansicht, dass »das 21. Jahrhundert das Zeitalter der Superdiversität sein wird« (ibid., S. 16), konzentriert sich Geldof auf die Entwicklungen in Belgien sowie den Niederlanden und zeichnet die komplexe Diversifizierung dieser Länder in den letzten Jahrzehnten nach. Gestützt auf ein Verständnis von Superdiversität, das Grillo als *superdiversity heavy* bezeichnet (einschließlich transnationaler Muster), befasst sich Geldof schließlich mit Fragen des Multikulturalismus, der Interkulturalität und des Zusammenlebens in sich zunehmend diversifizierenden Gesellschaften. Zu Geldofs Hauptanliegen gehört die Beobachtung, dass »die Realität sich schneller verändert als unsere Sprache«. Daher fragt er: »Wie können wir eine Sprache entwickeln, um einen sinnvollen Dialog über unsere gemeinsame Zukunft zu führen?« (Ibid., S. 18) Sein Buch ist ein sehr nützlicher Ausgangspunkt für einen solchen Dialog.

In der obigen Literaturübersicht wurden Interpretationen der Superdiversität innerhalb diverser sozialwissenschaftlicher Disziplinen untersucht. Im Folgenden widmen wir uns einer Disziplin im Besonderen, in der das Konzept hilfreiche empirische Studien und theoretische Entwicklungen ausgelöst hat.

Eine Disziplin im Wandel: Superdiversität und Soziolinguistik

Wie bereits erwähnt, hat das Konzept der Superdiversität vor allem in der Soziolinguistik für grundlegendes Umdenken gesorgt. Es ist sogar ein gänzlich neues Fachgebiet beziehungsweise ein neuer Ansatz entstanden, die »Soziolinguistische Superdiversität« (Blommaert und Rampton 2011). Hier hilft das Konzept, eine Reihe bestehender, wenn nicht gar etablierter Zugangsweisen und Erkenntnisse innerhalb der Soziolinguistik zusammenzuführen.

Eine wichtige Tradition innerhalb der Soziolinguistik (und der anthropologischen Linguistik) befasst sich mit Prozessen und Ergebnissen des Sprachkontakts und Sprachwandels (Gumperz und Hymes 1972; Gumperz 1982). Im Einklang mit dieser Tradition schreiben Blommaert und Rampton (2011, S. 3), dass in den letzten Jahren »grundlegende Ideen (a) über Sprachen, (b) über Sprachgruppen und Sprechende sowie (c) über Kommunikation kontinuierlich überarbeitet wurden [...]. Superdiversität intensiviert die Relevanz dieser Ideen«. Angesichts des Fokus auf mehrdimensionale Merkmale und Veränderungen hat dieses Konzept das Sprachverständnis vieler Forschender noch weiter entfernt von Stabilität und Begrenzung, hin zu

Offenheit, Mischung und Dynamik. Es hat sie dazu ermutigt, »sich auf die sehr unterschiedlichen Weisen zu konzentrieren, in denen individuelle sprachliche Merkmale mit identifizierbaren sozialen und kulturellen Assoziationen gebündelt werden, wenn Menschen kommunizieren« (ibid., S. 4). Im Einklang mit dieser Sichtweise, insbesondere in Bezug auf die Modi der kommunikativen Vermischung, schreibt David Parkin (2012, S. 83), Superdiversität habe Angebotscharakter (*affordances*) und produziere »Gelegenheiten für semiotische Querverbindungen, die wiederum verdutzend schnell weitere Diversität hervorbringen, wie es dem gegenwärtigen globalen Zeitalter zu gebühren scheint«.

Die soziolinguistische Superdiversität ist »ein neuer theoretischer Ansatz für Sprache in der Gesellschaft, eine neue Tonart, in der Soziolinguistik spielen kann« (Blommaert 2015, S. 3). Anstatt sich auf eher unbefriedigende Vorstellungen von »Sprachen« zu konzentrieren, befasst sich dieser Ansatz mit dem sprachlichen Repertoire, also dem »sehr variablen (und oft eher fragmentarischen) Verständnis des Individuums für eine Vielzahl von ungleich verteilten Stilen, Registern und Genres« (ibid.). Soziolinguist:innen richten ihr Augenmerk verstärkt auf die kommunikativen Fähigkeiten innerhalb komplexer sozialer Umgebungen und untersuchen, wie Menschen vielfältige semiotische Materialien verwenden, erstellen, mischen und signalisieren (Arnaut und Spotti 2015). Diese Dynamik trägt ihrerseits zu einer komplexen Umwelt bei, indem sie »Super-Diversitäts-Repertoires« bildet und konstituiert (Blommaert und Backus 2013). Solche Repertoires bestehen nicht nur aus gesprochenen Vokabeln, Grammatiken, Genres und Registern, sondern auch aus Gesten, Körperhaltungen, schriftlichen und symbolischen Materialien und physischen Arrangements.

Der Einfluss des Konzepts auf die Soziolinguistik wird am ausführlichsten in *The Routledge Handbook of Language and Superdiversity* untersucht (Creese und Blackledge 2018a; siehe auch Budach und de Saint-Georges 2017). Fünfunddreißig Fachkapitel widmen sich zahlreichen Themen im Zusammenhang mit Sprache und Superdiversität, darunter: Soziolinguistik und soziale Medien, linguistische

Methodologien, digitale Sprachpraktiken, Kulturerbe und Kommunikation, Politik und Planung, Sport, Erwerbstätigkeit, Management und Unternehmertum, Bildung, Gesetzgebung und Rechtsdiskurs. Angela Creese und Adrian Blackledge, die das Handbuch herausgegeben haben, beschreiben den Paradigmenwechsel in ihrer Disziplin. Dabei gehen sie auf Nuancen ein, die sich daraus ergeben, dass »soziolinguistische Superdiversität ein komplexes System ist, das sehr unterschiedlichen und sich separat entwickelnden Kräften unterliegt, wobei mehrere Historizitäten und Maßstäbe in einzigartig situierte kommunikative Ereignisse einfließen« (Creese und Blackledge 2018b, S. xxviii). Dieser Verweis auf Historizitäten und Maßstäbe steht im Einklang mit dem, was sie etwa zehn Jahre zuvor geschrieben hatten – nämlich:

> Wie Menschen den Zugang zu Ressourcen in zunehmend diverseren Gesellschaften aushandeln, verändert sich als Reaktion auf andere Entwicklungen. Dabei muss betont werden, dass die neue Diversität sich nicht auf die »neue« Migration des letzten Jahrzehnts beschränkt, sondern auch auf veränderte Praktiken und Normen in etablierten Gruppen von Migrant:innen (und Nicht-Migrant:innen), da Töchter und Söhne, Enkel:innen und Urenkel:innen von Migrant:innen (und Nicht-Migrant:innen) ihren Platz in ihrer sich verändernden Welt aushandeln. […] Wir glauben, dass diese Phänomene durch eine soziolinguistische Linse betrachtet werden müssen, um ein Verständnis von superdiversen Gesellschaften zu entwickeln. (Creese und Blackledge 2010, S. 550)

Diese Forderung wird von Karel Arnaut (2012, S. 11) aufgegriffen, der das Konzept der Superdiversität als Plattform für die Förderung einer »kritischen Soziolinguistik der Diversität« (*critical sociolinguistics of diversity*: CSD) nutzt. Dieser Ansatz soll erstens

> von der Transgressivität der Super-Diversität ausgehen, also die falschen Gewissheiten des Multikulturalismus und ihre Bestäti-

> gung der etablierten Unterschiede und Hierarchien verwerfen. [...] Der zweite Schritt besteht darin, die radikale Unvorhersehbarkeit willkommen zu heißen, die aus dem superdiversitätsbedingten Zusammenbruch des Systems zur Messung der Diversität resultiert.

Damit haben zahlreiche Soziolinguist:innen die methodischen und theoretischen Grenzen ihres Fachs erweitert (so zählte eine Konferenz zur Soziolinguistik der Superdiversität 300 Forschende). Das Feld und der Ansatz der soziolinguistischen Superdiversität umfasst mittlerweile so faszinierende Begriffe wie: Sprachlandschaften; *languaging, polylanguaging* und *translanguaging*; Metrolingualismus; digitale Superdiversität; multiple diskursive Praktiken; Supervernakularisierung; multiple Subjektpositionen; soziolinguistische Ökonomien sowie Polyzentrizität semiotischer Ressourcen (siehe unter anderem Blommaert und Rampton 2011; Blommaert 2014; García und Wei 2014; Pennycook und Otsuji 2015; Rampton 2017; Creese und Blackledge 2018b).

Eine Fülle soziolinguistischer Bücher ist in diesem Bereich erschienen, darunter: *Linguistic Superdiversity in Urban Areas* (Duarte und Gogolin 2013); *Ethnography, Superdiversity and Linguistic Landscapes* (Blommaert 2013a); *Language and Superdiversity* (Goebel 2015); *Language and Superdiversity* (Arnaut et al. 2015); *Linguistic Genocide or Superdiversity? New and Old Language Diversities* (Toivanen und Saarikivi 2016); *Diversity and Super-diversity: Sociocultural Linguistic Perspectives* (de Fina et al. 2017); sowie *Researching Language in Superdiverse Urban Contexts* (Mar-Molinero 2020).

Soziolinguistische Superdiversität war die Grundlage für neue Arbeiten in verschiedenen Kontexten, darunter Studien über Sprache, staatliche Behörden und Asylsuchende (Jacquemet 2011), Schulen (Creese und Blackledge 2010) sowie Nachbarschaften (Blommaert 2014). Das Konzept hat auch zu bahnbrechenden soziolinguistischen Studien über Sprache und digitale Technologien geführt – wie beispielsweise zur Verwendung von Google Translate und anderen Übersetzungs-Apps, die Einbindung von Emojis und anderen Symbolen sowie Digital Signage (digitale Medieninhalte bei Werbe- und Informationssystemen). Jannis Androutsopoulos und Kaspar Juffermans (2014) erörtern, wie solche digitalen Sprachpraktiken in superdiversen Umgebungen die semiotischen Ressourcen erweitern, die Menschen für ihre Identitätsperformanz und die Gestaltung ihrer sozialen Beziehungen nutzen können. Ähnliche Projekte untersuchen Superdiversität in Bezug auf *On-* und *Offline-Communities* (Stæhr 2014), Formen der Internetkommunikation (Varis und Wang 2011) und Praktiken des *buffalaxing*, bei dem englische Untertitel zu einem nicht englischsprachigen *Song-Video* auf der Grundlage des Klangs hinzugefügt werden (Leppänen und Häkkinen 2012). Zu den Implikationen dieser Praxis schreiben Sirpa Leppänen und Ari Häkkinen:

> Neben ihrer Funktion als superdiverser sozialer Raum veranschaulichen soziale Medien die Superdiversität auch deshalb, weil in ihnen der Sprachgebrauch, die Kommunikation, die Verbreitung von Informationen und die Vermittlung kultureller Praktiken und Produkte zunehmend durch Mobilität, Pluralität, Heterogenität und Polyzentralität semiotischer Ressourcen und Normativitäten gekennzeichnet sind, durch welche die Teilnehmenden sich ausdrücken und mit anderen kommunizieren. (Ibid., S. 18)

So hat das Konzept der Superdiversität auf viele unerwartete Weisen eine Fülle von neuen Überlegungen, Forschungen und Schriften innerhalb der Soziolinguistik angeregt und hervorgebracht. Ein wachsender Literaturkorpus zeigt erhebliche Auswirkungen auf Theorie und Methodik. Wie Michael Silverstein (2015) jedoch feststellt, bedeutet sowohl die Emergenz von superdiversen sprachlichen Phänomenen als auch ihre Theoretisierung praktische Herausforderungen, insbesondere für nationalstaatliche Institutionen:

> Auf die mehrdimensionalen Unschärfen und Exzesse des superdiversen *language-ing* (Sprachverhaltens) waren die institutionellen Apparate des staatlichen Gemeinwesens bisher nicht vorbereitet; sie können diese nicht in die offizielle Praxis integrieren. Diese

Exzesse bedeuten eine Neuausrichtung – oder zumindest eine nicht mehr zu ignorierende Hörbarkeit und Sichtbarkeit – dessen, wie Sprachgemeinschaften innerhalb einer oder mehrerer pluraler Sprechgemeinschaften ineinandergreifen: Gemeinschaften, die der Nationalstaat noch nicht willkommen zu heißen bereit ist. (Ibid., S. 8)

Wenngleich der methodische Wandel hier nicht so ausgeprägt ist, stellte das Konzept der Superdiversität auch die Geschichtswissenschaft vor eine Herausforderung. Hier ist die Debatte zwar weniger aktiv, doch ebenfalls signifikant.

»Ist das denn was Neues?« Superdiversität und Geschichte

Die Historikerin Jozefien De Bock (2015) beobachtet, dass »der Begriff der Superdiversität in der Geschichtswissenschaft Misstrauen erregt« (ibid. S. 583). Blommaert (2015, S. 2) paraphrasiert viele innerhalb dieser Disziplin, die fragen: »Haben wir das nicht alles schon mal gesehen? Und brauchen wir Superdiversität, wenn doch so vieles, was sie an die Oberfläche bringt, nur bereits vorhandene Muster und Prozesse sind, die lediglich erkannt werden müssen?« Oder wie Nancy Foner (2017, S. 49) unverblümt fragt: »Was ist an Superdiversität denn neu?«

Sehr ähnliche Debatten zwischen Historiker:innen und anderen Sozialwissenschaftler:innen gab es bereits über Globalisierung (Bell 2003), Transnationalismus (Foner 1997) sowie Migration und Integration (Lucassen et al. 2006). Wenn die Soziologie oder Anthropologie eine gesellschaftliche Entwicklung als »neu« bezeichnet, gibt es seitens der Geschichtswissenschaft so gut wie immer Verweise auf scheinbar identische Phänomene in der Vergangenheit. Ansprüche auf Neuheit sind in der Regel umstritten. Solche Debatten sind durchaus förderlich – nicht nur um zu untersuchen, *ob* etwas neu ist, sondern auch um etwas andere Fragen zu beantworten: »wie, inwiefern und warum ist etwas neu oder nicht?« und »warum soll das wichtig sein?«.

In Bezug auf Superdiversität ist Foner (2017, S. 50) der Ansicht, es sei wichtig, »tiefer zu gehen, um die Parallelen zur Vergangenheit zu verstehen, die zahlreicher sind, als bisher angenommen«. »Für ein umfassendes Verständnis«, betont sie, »müssen beide Seiten betrachtet werden: die Gemeinsamkeiten zwischen Vergangenheit und Gegenwart ebenso wie die Gegensätze«. Bei ihren Überlegungen zur Migration nach New York City im 19. und 20. Jahrhundert wählt sie zugegebenermaßen nur eine Dimension der Superdiversität aus, nämlich die Vervielfältigung ethnischer Gruppen – wobei sie feststellt, dass viele Forschende (wie oben geschildert) das Konzept nur so interpretieren. Es überrascht nicht, dass dieser Zeitraum von einer bemerkenswerten Mischung von Ethnien geprägt war, wie Foner aufzeigt. Dabei merkt sie aber an, dass »die größere ethnische Diversität von heute eindeutig von Bedeutung ist« (ibid., S. 53). Sie räumt auch ein, dass die historische Migration in die Städte in Bezug auf die Vielfalt der Rechtsstatus nicht an die heutigen Migrationsmuster heranreicht. Ähnlich beobachtet De Bock in einer Studie über die Gastarbeitermigration nach Belgien, dass sich die Komplexität der jüngsten migrationsbedingten Diversität zweifellos und relevant von der migrationsbedingten Diversität der 1960er und 1970er Jahre unterscheidet. Sie betont jedoch, dass ein Vergleich aus dem Blickwinkel der Superdiversität wichtige Gemeinsamkeiten zeigt, die Einblicke sowohl in die historischen Fälle als auch in die aktuellen Verhältnisse ermöglichen.

Auch Grillo (2015, S. 7) weist darauf hin, dass »viele Städte in vielen Epochen tatsächlich ethnisch und kulturell divers waren, manchmal sogar sehr divers. *Super-Diversity Lite* war und ist sicherlich weit verbreitet, wenn auch nicht omnipräsent. Aber ist *Super-Diversity Heavy* eine Besonderheit bestimmter Weltstädte unter den heutigen Bedingungen der Globalisierung und des Transnationalismus?« Grillos Antwort ist ein klares »Ja«. Er schreibt, das Konzept der Superdiversität sei gerade wegen der komplexen Verhältnisse der Gegenwart entstanden. Und doch könne es aufschlussreich sein, durch seine Linse auch in die Geschichte zurückzublicken. Diese Ansicht wird von Creese und Blackledge (2018b, S. xxv) geteilt, die schreiben:

> Geschichte aus dem Blickwinkel der Superdiversität – und Superdiversität aus dem Blickwinkel der Geschichte – zu betrachten, kann zum Verständnis vergangener Migrant:innenpopulationen beitragen und helfen, Behauptungen über den heutigen Exzeptionalismus zu bewerten: Historische Beispiele geben Aufschluss darüber, inwieweit heutige Konfigurationen der Diversität denen der Vergangenheit ähnlich sind und sich von ihnen unterscheiden. Theoretisch fundierte empirische Arbeiten, die sich mit vergangenen Migrationen befassen, machen klarer, was Superdiversität genau ausmacht und was sie von anderen Formen der Diversität, sowohl heute als auch in früheren Zeiten, unterscheidet.

Auf diese Weise, so Foner (2017), könnten Historiker:innen angeregt werden, die Diversität der Vergangenheit weiter zu erforschen und zu überdenken. Blommaert (2015) schreibt sogar, dass Superdiversität sie dazu »provozieren« sollte, indem sie ihnen eine einzigartige Orientierung bietet:

> Das wirklich Neue ist also die paradigmatische Perspektive und nicht die »superdiversen« neuen Objekte. Diese Perspektive versetzt uns in die Lage, das heutige chaotische Material zu analysieren – aber auch konventionellere und ältere Daten neu zu untersuchen, neu zu interpretieren und dabei frühere grundlegende Annahmen (die fast zwangsläufig sprachideologischer Natur sind) in Frage zu stellen.
>
> Auch wenn man nur eine kleine Gruppe von Phänomenen als spezifisch »superdivers« bezeichnen kann, schmälert es nicht den Nutzen der theoretischen Intervention: Erinnern wir uns daran, dass die Quantentheorie die Newton'sche Physik nicht ersetzte, sondern nur ihre Ausnahmen erklärte, dabei aber die Grundlagen für das Verständnis von weitaus mehr neu erschuf. Dafür brauchte sie auch kein neues Universum: Für Isaac Newton und Niels Bohr war das Universum genau dasselbe; das Verständnis des Universums änderte sich, nicht seine Realität. Es gibt natürlich keinen Grund, diese Analogie auszuweiten oder sie zu wörtlich zu neh-

> men; aber der Vergleich kann uns zeigen, wie solche Perspektiven alte Fragen »erneuern«, einige ihrer zuvor unerklärlichen Aspekte erklären und so für eine sehr breite Themenpalette nützlich sein können. (2015, S. 3)

Genau diesen Ansatz verfolgt eine detaillierte historische Studie über das Auf und Ab der Superdiversität in Rotterdam seit 1600 (van de Laar und van der Schoor 2019). Hier wird das Konzept der Superdiversität verwendet, um »einen Diversitätsprozess auf lokaler Ebene zu untersuchen, wobei die wichtigen Dimensionen der Ethnizität, des Genders, der Bildung, des sozialen Status, der Generation oder der Religion betont werden, um Prozesse der Mobilität oder der Exklusion in einer langfristigen Perspektive zu erklären« (ibid., S. 22). In einem Beispiel zum sprachlichen Wandel beschreibt Michael Silverstein (2015) die Dynamik vor und nach dem Kontakt an der nordwestlichen Küste Nordamerikas als einen Kontext der Superdiversität. Er erörtert die Geschichte intersektionaler Sprachgemeinschaften und sich verändernder sozialer Beziehungen und fragt, ob die zunehmende Superdiversifizierung einen inkrementellen oder transformativen Wandel darstellt. Und während David Parkin (2012, S. 76) die enorme ethnische und sprachliche Diversität im vorkolonialen und kolonialen Kenia und Uganda beschreibt, betont er:

> Diese hatte aber kaum das Ausmaß der modernen Superdiversität. Unter Letzterer verstehen wir die Situation in spätmodernen Städten; angesichts der Vorhersagen, dass die Mehrheit der Weltbevölkerung bis etwa 2025 in Städten leben wird, hat es eindeutig eine qualitative Veränderung gegeben. Weitere Untersuchungen älterer Archive und Aufzeichnungen sind erforderlich, um mehr über diesen Wandel zu sagen und frühere Zeiten mit den heutigen zu vergleichen.

Viele Forschende weisen nicht nur auf Parallelen zwischen Vergangenheit und Gegenwart sowie Formen und Dynamiken des Wandels hin, sondern wollen vor allem historisches Fachwissen nutzen, um Kontinuitäten zwischen Vergangenheit und Gegenwart besser zu verstehen – insbesondere durch die Hervorhebung von »erklärenden Faktoren, darunter historische Entwicklungen und die Rolle historisch gewachsener sozialer, politischer und wirtschaftlicher Strukturen und Institutionen« (Foner 2017, S. 54). Wie Grillo (2015, S. 12) es ausdrückt, »während Städte wie London oder New York neue ›Superdiversitäten‹ erleben, bedeutet dies nicht, dass ›alte‹ Diversitäten einfach verschwunden sind«. Genau dies ist die Prämisse eines vom Europäischen Forschungsrat finanzierten Großprojekts zur migrationsbedingten Diversifizierung in Johannesburg, Singapur und New York, dessen Ergebnisse in einer Studie mit dem Titel *Diversities Old and New* (Vertovec 2015b) zusammengefasst wurden. Unter anderem zeigte das Projekt, dass man die heutigen – und höchst unterschiedlichen – Bedingungen der Superdiversität nur verstehen kann, wenn man auch erforscht, wie frühere, historisch und institutionell erzeugte Muster der Diversität mit ihr koexistieren, in die sozialen und kulturellen Prozesse rund um neuere Einwanderungsströme eingeflochten sind und diese weiterhin prägen.

Die Geschichtswissenschaft hat noch viel zur Gestaltung der Superdiversität als Ansatz und Konzept beizutragen. Es bleibt zu hoffen, dass das Konzept für die Disziplin nützlich bleibt. Zusätzlich zu der Anregung oder Provokation für Forschungs- und Analyseaufgaben kann es (laut Hawkey 2012) auch für den Geschichtsunterricht sehr relevant sein.

Kritiken der Superdiversität

Angesichts der Vielzahl und der Breite der Interpretationen von Superdiversität ist es nicht verwunderlich, dass eine Reihe von Forschenden das Konzept kritisiert haben. Die meisten dieser Kritiken sind gerechtfertigt und hilfreich, um die Bedeutung und Verwendung des Konzepts zu schärfen.

Einer der Hauptkritikpunkte an der Superdiversität (oder zumindest an einigen ihrer Lesarten) lautet, das Konzept würde *race* und Rassismus nicht genügend Aufmerksamkeit schenken. Unter Bezugnahme auf meinen Originalartikel in *Ethnic and Racial Studies* (2007) schreiben Les Back und Shamser Sinha (2016, S. 520) beispielsweise, dass »Vertovec' unbekümmerter Umgang mit Rassismus weitgehend durch Auslassung funktioniert. Sein Superdiversitätsessay enthält nur einen kurzen Absatz über ›neue Muster von Ungleichheit und Vorurteilen‹ und erwähnt das Wort ›Rassismus‹ nur einmal.« Für sie bedeutete die Tatsache, dass sich der Artikel auf eine Vielzahl neuer Konfigurationen von Merkmalen von Migrant:innen statt auf *race* konzentrierte, dass er »fast 30 Jahre Wissenschaft über die Beziehung zwischen Rassismus und urbanem Multikulturalismus effektiv auslöschte« (ibid.). Aber eine Schlüsselvariable nicht zum zentralen Thema zu machen, bedeutet noch keine Auslöschung. Darüber hinaus beklagten sie, dass der ursprüngliche Superdiversitätsartikel »zwischen dem imperial-rassistischen Erbe und den neu aufkommenden rassistischen Hierarchien keine Verbindung hergestellt« (ibid., S. 521) habe. Ein solches Erbe zu entschlüsseln, geht weit über die Intention des Artikels und des Konzepts hinaus; zudem stammen viele Neuzuwander:innen, die für die Emergenz der Superdiversität entscheidend sind, aus Orten, die nie Teil des britischen Imperiums waren (von den Philippinen, aus Algerien, der Türkei, Brasilien, Polen usw.).

Der Originalartikel befasste sich jedoch durchaus mit *race* und Rassismus, und zwar indem er die Bedeutung neuer Formen der Rassifizierung und des Rassismus hervorhob, die mit Superdiversität einhergehen. Dies ist ein wichtiger Weg, wie das Konzept auf der langjährigen Forschung zu *race* und Rassismus aufbauen und diese erweitern kann. Das denkt auch Grillo (2015, S. 12):

> Ich kenne Forschende und politische Entscheidungsträger:innen, die glauben, dass es nur die alten Diversitäten gibt. Viele beschreiben die Beziehungen zu diesen Diversitäten auch weiterhin mit der traditionellen Sprache des Rassismus und der Rassifizierung; in Wirklichkeit fehlt ein zulängliches Vokabular, mit dem wir heutige Formen des *Othering* in super-diversen Städten darstellen, analysieren und bewerten könnten.

Umut Erel (2011, S. 705) weist ebenfalls darauf hin, dass »›Super-Diversität‹ eine Analyse des Rassismus nicht in einem dichotomen oder von oben nach unten gerichteten Rahmen erfordert, sondern als unterschiedliche Positionierung und Konstituierung verschiedener Gruppen und Individuen«.

Bei einem Round Table über *race* und Superdiversität am *Institute for Research into Superdiversity* der Universität Birmingham spekulierte Ipek Demir, dass das Superdiversitätskonzept sich »aufgrund der Begriffsgenese« nicht auf *race* konzentriere, und zwar vor allem weil »Superdiversität (im Gegensatz zu analytischen Linsen wie *race*, *Class* oder Gender) nicht aus dem Kontext der [Klassen-]Kämpfe oder sozialen Bewegungen stamme« (in Humphris 2015, 3). Das stimmt: Superdiversität wurde als deskriptives Konzept entwickelt, um die sich verändernden Migrationsmuster und ihre Auswirkungen zu erörtern. Neue Formen der Rassifizierung und des Rassismus – in Grillos Worten, heutige Formen des *Othering*; in Erels Formulierung, »unterschiedliche Positionierung und Konstituierung verschiedener Gruppen und Individuen« – gehören zu solchen bedeutenden Auswirkungen. Die Beachtung dieser Effekte wird uns helfen, besser zu verstehen, »wie *racial* Hierarchien neu geformt werden und wie die Ambivalenz und der Reiz des Weißseins und der klassenbasierten Verluste an einem ›superdiversen‹ Ort koexistieren« (James 2014, S. 652).

Sicherlich ist es richtig, dass viel mehr getan werden kann, um das Konzept der Superdiversität durch eine stärkere Anerkennung von Prozessen der Rassifizierung und Beachtung der institutionellen und alltäglichen Rassismuspraktiken zu stärken und zu vertiefen (vergleiche Rosbrook-Thompson 2018). Steve Garner (2023) beschreibt die Beziehung zwischen der Forschung zu *race* / Rassismus und Superdiversität hilfreich als »nicht entweder / oder, sondern sowohl / als auch«. Er stellt fest, das Thema *race* wohne den Superdiversitätsnarrativen bereits inne, und sagt: »Wenn ich Superdiversitätsliteratur lese, sehe ich eine Vielzahl von Verbindungen zu *Race Studies*, die wie funkelnde Karten neuronaler Bahnen aufleuchten, während die Situationen, Erfahrungen und Terminologien zur gegenseitigen Inspiration miteinander eng verwobener Ideen führen.«

Ähnlich plädiert Faten Khazaei (2018) dafür, Superdiversität und intersektionale Ansätze – die in erster Linie die kombinierten Auswirkungen von Gender, *race* und Klasse untersuchen – in einen fruchtbaren Dialog zu bringen, um besser zu erkennen, wie Ungleichheiten (re)produziert werden. Die Konzepte und Ansätze seien komplementär, nicht konkurrierend.

Ebenfalls im Sinne des »Sowohl-als-auch« bekräftigt Sofya Aptekar (2019, S. 54), dass es bei Superdiversität nicht nur um die Differenzierung von Merkmalen innerhalb der *race*-Kategorien geht, sondern um unzählige »andere Variablen, die komplex ineinandergreifen, was zu ungleichen Chancen innerhalb ethnischer Gruppen wie auch zwischen ihnen führt, unter anderem entlang von Dimensionen wie Religion, Alter, Gender, Rechtsstatus und Klasse«. Sie betont aber auch:

> Man sollte nicht davon ausgehen, dass die Zunahme der Superdiversität zwangsläufig die Rolle der »alten« Kategorien *race*, Klasse und Gender abschwächt. Als Indikatoren für Gemeinsamkeiten oder Unterschiede in alltäglichen Begegnungen mögen diese zwar weniger zuverlässig scheinen, sie können jedoch weiterhin Einfluss ausüben, indem sie die soziale Organisation von Institutionen, Räumen und Gemeinschaften prägen. (Ibid., S. 55)

Dies bezieht sich auf eine Kritik, die von anderen Forschenden geäußert wurde: nämlich, dass Modi und Strukturen von Macht und Ungleichheit im Konzept der Superdiversität unzureichend dargestellt werden. Aptekar plädiert deshalb dafür, in ethnografischen Untersuchungen von Superdiversität im Alltag auch Darstellungen und Analysen von Macht, struktureller Ungleichheit und Hegemonie einzubeziehen.

Aptekars Rat ist selbstverständlich willkommen. Man kann und sollte mehr tun, um besser zu verstehen, wie die multidimensionale Diversifizierung von durch Superdiversität beschriebenen Variablen in Strukturen und Praktiken von Macht und Ungleichheit hineinspielt, von ihnen geformt wird und sie oft verstärkt. Bis zu einem gewissen Grad wurde dies bereits von Fran Meissner und mir erörtert, als wir betonten, dass »die Bedingungen von Superdiversität zwangsläufig mit Macht, Politik und politischen Maßnahmen verbunden sind« (Meissner und Vertovec 2015, S. 552), und indem wir anerkannten, »dass die Bedingungen und Prozesse rund um Superdiversität eine Reihe von unterschiedlichen Machtverhältnissen und Formen der Ungleichheit produzieren – und ihrerseits von ihnen produziert werden« (ibid., S. 551). Fenneke Wekker (2019, S. 90) hat auch tatsächlich festgestellt, dass »einige Forschende [das Konzept der] Super-Diversität eingesetzt haben, um zu untersuchen, wie sich das Machtgleichgewicht in städtischen Kontexten mit einer wachsenden und intern diversifizierten Population mit Migrationshintergrund verändert«, während Erel (2009, S. 10) das Konzept verwendet, um auf »neue Hierarchien und Machtbeziehungen innerhalb der Migrant:innengruppe« hinzuweisen (Erel 2009, S. 10). Blommaert (2013b, S. 3) hat diesen Ansatz weiterentwickelt und betont: Man müsse »erkennen, dass Superdiversität ein noch nie da gewesenes Maß an Polyzentralität in sozialen Systemen geschaffen hat«. Bei der Beschreibung der Superdiversität in Antwerpen stellt er fest:

> In meinem Viertel gibt es kein einheitliches Machtsystem, und man kann nicht sagen, dass eine einzelne Gruppe immer und überall das Sagen hat. Es gibt Zeiten, in denen Ladenbesitzer:innen und Käufer:innen das Viertel dominieren – aber natürlich nicht nachts, wenn die Geschäfte geschlossen sind. Das Viertel wird dann von mehreren Gruppen beherrscht, von denen einige tagsüber nur selten zu sehen sind. Macht und Kontrolle sind auf verschiedene Gruppen verteilt, die an verschiedenen Orten angesiedelt sind und in unterschiedlichem Umfang sowie mit unterschiedlichem Wirkungsgrad agieren. Macht ist, wie die Nachbarschaft selbst, komplex und multiskalar. (Blommaert 2013a, S. 129)

Eine weitere Kritik am Konzept der Superdiversität beruht auf Annahmen bezüglich seiner grundlegenden Prämisse. Diese Kritik wird von Finex Ndhlovu (2016) in einem Beitrag geäußert, in dem er das Konzept verurteilt, kurioserweise ohne auch nur einen der begriffsstiftenden Originalartikel zu zitieren oder anzuführen. Sein Beitrag scheint nur auf der sekundären Lektüre einiger soziolinguistischer Werke zu beruhen sowie auf dem oben erwähnten Buch von Ramadan (2011), in dem es eigentlich gar nicht um das Konzept der Superdiversität geht. Zudem bezieht Ndhlovu sich zustimmend auf etliche meiner Arbeiten, um den Begriff des Multikulturalismus zu kritisieren – fasst aber dann Multikulturalismus und Superdiversität zusammen, und zwar als Tendenzen »zur Homogenisierung kultureller und sozialer Gruppen und zum unkritischen Begrüßen elitärer neoliberaler Konzeptualisierungen von Kultur und Identität« (2016, S. 28). Seltsamerweise scheint ihm nicht bewusst zu sein, dass ich nicht nur ein Mitkritiker des Multikulturalismus bin, sondern auch der Urheber des Konzepts der Superdiversität. Wie genau beide Konzepte dieses neoliberale Anliegen bewerkstelligen (zumal Superdiversität selbst aus einer Kritik des Multikulturalismus hervorgegangen ist), bleibt völlig unklar und unbehandelt. Statt einer solchen vermeintlichen Homogenisierung fordert Ndhlovu (ibid., S. 29) alternative Paradigmen, welche »die zunehmend vielgestaltige, mehrdimensionale und verworrene Migrant:innen- und Diaspora-Identitäten würdigen, die es erforderlich machen, unser Verständnis von Kultur- und Identitätspolitik neu zu überdenken«. Wäre er mit einer der Originalarbeiten zur Superdiversität vertraut, wüsste er, dass dieses Konzept genau dieses Ziel verfolgt.

Ndhlovu hält das Konzept der Superdiversität für hegemonial eurozentrisch. Zwar ist das Konzept tatsächlich aus einer Kritik an den Modellen des Multikulturalismus entstanden, die vor allem in Großbritannien, den Niederlanden, den USA, Kanada und Australien vertreten sind – die Überlegungen zu neuen Migrationsmustern und sich verändernden, multidimensionalen Variablen müssen jedoch keineswegs auf solche Kontexte beschränkt sein. Tatsächlich haben Forschende weltweit das Konzept der Superdiversität in sehr unterschiedlichen Kontexten verwendet, beispielsweise in Studien zu Mexiko (Acosta-García und Martínez-Ortiz 2015), Südafrika (Madiba 2018), Dubai und Singapur (Kathiravelu 2023), Malaysia (Chan 2020), Brasilien (Liberali 2017), Indonesien (Goebel 2015), der Türkei

(Biehl 2015) und China (Varis und Wang 2011). Agnes Simic (2019) plädiert für eine vergleichende Analyse von Superdiversität in urbanen Räumen und dem praktischen menschlichen Manövrieren in superdiversen Milieus in Städten des globalen Nordens und des globalen Südens sowie im Rahmen der Migration aus den ersteren in die letzteren und umgekehrt. Da Simics Studie sich mit Migrantinnen aus indischen Großstädten befasst, ist sie zwangsläufig transnational und zeigt auf, wie Erfahrungen mit Superdiversität in einem Kontext die Fähigkeit prägen, diese auch in anderen Kontexten auszuhandeln.

> Da die Großstädte des globalen Südens immer zahlreicher werden und sowohl lokal als auch global an Bedeutung gewinnen, ist es unerlässlich, sie eingehender zu betrachten. Dabei sollten sie aber nicht nur als (aufgrund interner oder internationaler Migration superdivers gewordene) »Endstationen« betrachtet werden, sondern auch als Ausgangsorte, von denen aus internationale Migrant:innen, die oft bereits früher schon in superdiversen Städten gelebt haben, in ebenso superdiverse Gegenden ziehen. (Ibid., S. 184)

Ein solcher vergleichender und transnationaler Ansatz (siehe auch Heil 2020), der insbesondere Kontexte des globalen Südens und des globalen Nordens miteinander verbindet, verspricht große sozialwissenschaftliche Fortschritte, nicht zuletzt für das Konzept der Superdiversität.

Unter Rückgriff auf sekundäre, aus der Soziolinguistik stammende Interpretationen liest Ndhlovu Superdiversität als eine »postmodernistische Theorie«: »Der Begriff Superdiversität bezieht sich auf die enorm gewachsene Bandbreite an sprachlichen, religiös-kulturellen und technologischen Ressourcen, die spätmoderne Gesellschaften kennzeichnen. Ein wichtiges Ziel der Superdiversität ist die Untersuchung, wie und warum diverse Konzeptualisierungen und Verständnisse dieser Ressourcen anerkannt werden müssen« (ibid., S. 33). Ich für meinen Teil würde Superdiversität keinesfalls so definieren. Wir haben es hier also mit einer Kritik der Superdiversität zu tun, die auf einer Interpretation einer Interpretation beruht – einer der Wege, den das Konzept mitunter eingeschlagen hat.

In seinem Artikel geht es Ndhlovu vor allem darum, einen dekolonialistischen Ansatz für die Untersuchung von Diasporas und ähnlichen Phänomenen zu fördern. Er betont: »Wir müssen auf die Anerkennung alternativen Wissens und alternativer Wege der Konzeptualisierung kultureller Identitäten drängen, um dominanten euro-amerikanischen Epistemologien entgegenzuwirken und sie zu ergänzen« (ibid., S. 37). Obwohl Ndhlovu selbst keine solchen alternativen Wege anbietet, ist die allgemeine Forderung sicherlich berechtigt, wichtig und absolut verfolgenswert. Eine Verzerrung des Originalkonzepts ist jedoch ein schlechtes Vehikel für dieses Argument.

Willem Schinkel (2018) präsentiert eine ähnliche Karikatur der Superdiversität. Im Rahmen eines Angriffs auf das Konzept der »Integration« – dem ich in weiten Teilen zustimme (Vertovec 2020a) – und ohne sich wirklich mit der Superdiversitätsliteratur auseinanderzusetzen, beschreibt Schinkel Superdiversität als eine Art Machtinstrument weißer Eliten, das irgendwie – auch hier ohne klare Erläuterung – »die Fortsetzung der Integration von Einwander:innen mit anderen Mitteln darstellt« (ibid., S. 10). Meissner (2019) liefert eine solide Antwort auf Schinkels Darstellung von Superdiversität als Strohmann-Argument – und im Übrigen seine verzerrte und ungerechte Beschreibung der gesamten Migrationsforschung.

Eine weitere scharfe Kritik kommt von Aneta Pavlenko (2018). Sie findet, dass das vielfältige und interdisziplinäre Aufgreifen des Superdiversitätskonzepts dieses als ein Modewort bloßstellt, eine Art Werbeslogan oder Markenbildung. In ihrer Argumentation verwendet und vermischt sie höchst selektive Auszüge aus verschiedenen Disziplinen und Bereichen auf eine recht oberflächliche Weise und schert alle, die sich auf den Begriff berufen, über einen Kamm, obwohl sie sehr unterschiedliche konzeptionelle Auffassungen haben. Pavlenko ist Linguistin und räumt ein, dass sie mit der Migrationsforschung nicht vertraut ist. Dennoch zollt sie in ihrem Wunsch, um jeden Preis farbenfrohe Kritik zu üben, keine intellektuelle Anerkennung für die Forschenden, die den Begriff verwenden, um reale Fragen des sozialen Wandels zu erforschen und zu verstehen, sei es in Bezug auf Kommunikationsmodi, soziale Positionierung, unterschiedliche Migrationserfahrungen oder emergente Lebensformen. Stattdessen lehnt sie die Verwendung des Konzepts und Ansatzes pauschal ab und betrachtet diese als einen Schritt auf der Karriereleiter zur »Schaffung einer neuen akademischen Hierarchie und einer neuen Elite« (ibid., S. 2). Es ist, gelinde gesagt, zweifelhaft, dass die bloße Arbeit mit dem Konzept der Superdiversität ein wichtiger Faktor für den beruflichen Aufstieg oder die Schaffung einer neuen wissenschaftlichen Elite sein kann. Wie wir auf den vorangegangenen Seiten gesehen haben, haben viele Forschende das Konzept der Superdiversität als sehr wertvoll empfunden – nicht aus karrieristischen Gründen, sondern um die bedeutenden sozialen Veränderungen zu verstehen, die sich auf verschiedenen Ebenen um uns herum abspielen.

Fazit

Schon bald nach seiner Veröffentlichung im Jahr 2007 wurde das Konzept der Superdiversität in verschiedenen Politik- und Medienbereichen aufgegriffen. Vor allem aber wurde es in der akademischen Welt umfassend rezipiert, und zwar nicht nur disziplinenübergreifend, sondern auch auf überraschend vielfältige Weisen. Manchmal haben Forschende den Begriff in seiner ursprünglichen Bedeutung verwendet, manchmal nicht, und manchmal auf neue, interessante und vielversprechende Weisen.

In diesem Kapitel habe ich viele der Verwendungen von Superdiversität in der Fachliteratur in sieben Typen eingeteilt. Um es noch einmal zusammenzufassen: Der Begriff Superdiversität wird verwendet als: 1. ein Marker für sehr viel Diversität (also für einen Boom der Diversifizierung); 2. ein Kontext oder Hintergrund für eine Studie (ein Umfeld, in dem etwas Besonderes vor sich geht); 3. eine Beschreibung von mehr ethnischer Vielfalt (beispielsweise durch Migration); 4. ein Aufruf, wissenschaftlich über Fragen der Ethnizität hinauszugehen (und soziale Phänomene in ihren Überschneidungen zu untersuchen); 5. eine multidimensionale Neukonfiguration (eine Chance, das Zusammenspiel vieler Faktoren und Merkmale zu betrachten); 6. eine methodologische Neubewertung (ein Mittel, um neue Ansätze innerhalb einer Disziplin vorzuschlagen); oder 7. eine Erörterungsmöglichkeit für emergente soziale Komplexitäten (ein Sprungbrett, um signifikante Verschiebungen in unterschiedlichen sozialen Systemen zu betrachten). Außerdem hat Superdiversität als Ansatzpunkt für Politikanalyse gedient (also das Regieren von Komplexität). Es liegt somit auf der Hand, dass das Konzept der Superdiversität höchst unterschiedliche akademische Interessen widerspiegelt, auslöst und bedient.

Ich glaube, am stärksten unter den Sozialwissenschaften wurde die Soziolinguistik von dem Konzept beeinflusst. Viele Jahre lang hatte in dieser Disziplin offensichtlich Unzufriedenheit unter einigen Forschenden geherrscht, die einen neuen Ansatz für bestimmte offene, gemischte und dynamische Prozesse rund um sprachliche Praktiken suchten. Superdiversität bot sich zum richtigen Zeitpunkt an, um maßgebliche disziplinäre Veränderungen zu fördern.

In diesem Kapitel habe ich zudem einige der Problematiken erörtert, die der Begriff im Kontext der Geschichtswissenschaft aufwirft, sowie einige Kritiken an Superdiversität angeführt, die in anderen Disziplinen geäußert wurden. Viele dieser Probleme und Kritiken konzentrierten sich auf Fehlinterpretationen des Begriffs – oft darauf, was Ralph Grillo (2015) *Super-Diversity Lite* nennt, also Superdiversität als mehr ethnische Vielfalt. Einige Formen der Kritik, insbesondere in Bezug auf Macht und *race*, sind aber in der Tat willkommene Beiträge, die hoffentlich die Nutzung von Superdiversität für sozialwissenschaftliche Analysen schärfen und erweitern werden.

Nachdem ich den Begriff vor einiger Zeit entwickelt hatte, war ich besonders daran interessiert, wie Superdiversität ein breites Spektrum von Kolleg:innen angesprochen hat, von denen die große Mehrheit viele meiner Anliegen teilt. Wie ich in diesem Kapitel angedeutet habe, hat sich das Konzept im Laufe der Jahre gewandelt und verändert; es wurde kritisiert, (miss)interpretiert, weiter ausgeführt und auf verschiedene Weise angewandt. Die Betrachtung der vielen Bedeutungen von Superdiversität in diesem Kapitel ist vergleichbar mit Raymond Williams' (1976) Überlegungen zu den allgemeinen, variablen und speziellen Verwendungen diverser Schlüsselbegriffe. In seiner Studie untersucht Williams einzelne Wörter und Konzepte vor allem im Hinblick auf die »expliziten, aber oft auch impliziten Verbindungen, die besonderen Sinngebungen, die Menschen herstellen – Wege, unsere zentralen Erfahrungen nicht nur zu diskutieren, sondern auf einer anderen Ebene zu sehen« (ibid., S. 15). Das ist meines Erachtens auch mit »Superdiversität« geschehen: Forschende haben neue Verbindungen mit ihr geschaffen und sie innerhalb ihrer empirischen, disziplinären und interessengeleiteten Sinngebungen interpretiert. Dies führte, wie Williams in Bezug auf andere Begriffe beschreibt, zu einer »Formung und Umformung unter realen Umständen und von zutiefst unterschiedlichen und wichtigen Standpunkten aus« (ibid., S. 24).

Wie Fran Meissner (2015) betont, entstand das Konzept der Superdiversität zu einer Zeit, als die Erklärungskraft mehrerer älterer Konzepte nachzulassen schien. Es war auch eine Zeit, in der sich bestimmte Diversifizierungsmuster beobachtbar veränderten (siehe nächstes Kapitel). Solche Muster der wachsenden Komplexität wurden von Forschenden verschiedener Disziplinen in einer Vielzahl von Bereichen festgestellt. Doch wie Ulrich Beck (2011, S. 53) sagt: »*Wir haben nicht einmal eine Sprache, um die heutige Superdiversität in der Welt zu beschreiben, zu konzeptualisieren, zu begreifen, zu erklären und zu erforschen*« (Hervorhebung im Original). Ob in der Geografie, Soziologie, Politikwissenschaft, Soziolinguistik oder anderen Sozial- und Geisteswissenschaften, Kolleg:innen haben intensiv nach Konzepten und Beschreibungen gesucht, um Prozesse und Erscheinungsformen von Diversifizierung und wachsender Komplexität zu beschreiben.

Über die unzähligen Bedeutungen hinweg, die seit der Entstehung des Begriffs entstanden sind, stellt Gloria Kirwan auch einige gemeinsame Anliegen fest:

> Im Wesentlichen zeigt Superdiversität die Unzulänglichkeit von Forschungsarbeiten auf, die Bevölkerungsdaten homogenisieren und die Bedeutung erkennbarer Unterschiede in ihren Merkmalen

> und Erfahrungen außer Acht lassen. Das Konzept lehnt unkritische Annahmen über die Gleichförmigkeit von Forschungspopulationen ab; seine immanente Stärke liegt in seinem Engagement für die Identifizierung diverser Muster innerhalb großer Populationen. In diesem Sinne ist die Superdiversitätsforschung von Neugier getrieben, passt damit also bestens zu der soziologischen Imagination, wie sie in der Tradition von C. Wright Mills artikuliert wird. (2022, S. 196)

In diesem Kontext schreibt Kirwan weiter, das Konzept biete viel für soziologische Innovation im Sinne Mills': eine Grundlage für Neugier, einen Schwerpunkt auf der Suche nach Gruppen innerhalb von Gruppen, den Einsatz modernster Datenanalyseverfahren, Flexibilität im Umgang mit Gleichheit und Unterschiedlichkeit innerhalb einer Studienkohorte, Resistenz gegen die Homogenisierung verschiedener Untergruppen und ein Augenmerk auf die Diversifizierung in einem Datensatz. Während sie selbst mit einem solchen Bezug auf Superdiversität psychische Erkrankungen untersucht, schreibt Kirwan auch, dass »Superdiversität als konzeptionelles Paradigma in der Forschung zu anderen wichtigen gesellschaftlichen Themen derzeit nicht ausreichend genutzt wird« (ibid., S. 203).

Angela Creese und Adrian Blackledge (2018b, S. xxiii) gehen noch weiter. Ihrer Meinung nach zielen das Konzept und der Ansatz der Superdiversität »darauf ab, den ideologischen und strukturellen Apparat des Neoliberalismus zu kritisieren, Ungleichheit in all ihren Formen anzugehen, seine Analyse historisch zu verorten, sich an verschiedene globale Kontexte und zeitliche Maßstäbe anzupassen und praktische Anwendung für die Verbesserung von Menschenleben zu finden«. Dies sind kühne Behauptungen, die nie zu meinen ursprünglichen Absichten gehörten. Ich freue mich jedoch, dass Menschen diese Perspektiven und Anwendungen gefunden, erschaffen oder interpretiert haben.

Inzwischen steht fest: Der Begriff Superdiversität hat viele Bedeutungen. Diese haben sich aus einer weit verbreiteten Suche nach neuen Konzepten und einer neuen Sprache ergeben, um verschiedene (wenn auch oft verwandte) immer komplexere, sich wandelnde soziale Realitäten zu beschreiben. In den ersten Jahrzehnten des 21. Jahrhunderts hat sich Superdiversität als ein nützlicher Begriff zur rechten Zeit erwiesen. Inzwischen wird er immer häufiger verwendet, da der gesellschaftliche Wandel der Diversifizierung selbst immer schneller voranschreitet. Das Konzept war spezifisch genug, um etwas Erkennbares zu bezeichnen, aber offen genug, um originelle Perspektiven zu ermöglichen. Auch Antonio López Peláez et al. (2022, S. 161) bewerten Superdiversität auf diese Weise: »Dieser Begriff mit all seinem semantischen Atem und den definitorischen Verästelungen hat eine Interpretationstür geöffnet und einen analytischen Rahmen ermöglicht, der sich von anderen unterscheidet.«

Wie Forschende in verschiedenen Disziplinen und auf der ganzen Welt festgestellt haben, verweist Superdiversität auf eine Vielzahl von emergenten sozialen Komplexitäten. Die folgenden Kapitel betrachten aktuelle Prozesse, die diese Trends umfassen und aus ihnen hervorgehen, und zeigen auf, wie wir sie auch zukünftig immer besser begreifen können.

4
DIVERSIFIZIERUNGSPROZESSE

Wie im vorigen Kapitel dargelegt, nutzen etliche Forschende mit einem Interesse für Superdiversität den Begriff, um den Zustand der heutigen Gesellschaft zu beschreiben. Bei der Superdiversität handelt es sich aber vielmehr um ständigen Wandel, um einen Prozess. Wie Fran Meissner und ich (2015, S. 55) vorschlagen, ist es sinnvoll, »Diversität ›in Bewegung‹ zu untersuchen«, also »von der Analyse der Diversität zur Analyse der Diversifikationen« überzugehen. Ralph Grillo (2015, S. 5) hat Recht: Wir sollten »Superdiversität als einen Prozess und nicht als einen Zustand verstehen«. Worum es eigentlich geht, ist »Superdiversifizierung« (*super-diversification*).

Weltweit verändern verschiedene Arten der Diversifizierung Gesellschaften, Volkswirtschaften und politische Systeme tiefgreifend. In diesem Kapitel werden zwei zentrale Formen – migrationsbedingte und demografische Diversifizierung – aufgezeigt, die miteinander verknüpft sind und jeweils eine Vielzahl von Ursachen, Prozessen, Dynamiken und Auswirkungen an den Tag legen.

Diversifizierungen der globalen Migration

Migrationsbedingte Diversifizierungen entstehen und reproduzieren sich durch wechselseitig bedingte Veränderungen. Solche Diversifizierungsmuster gehen einher mit und werden verändert durch unter anderem: zahlreiche Gründe, warum Menschen migrieren; Einschränkungen und Möglichkeiten der Mobilität über unterschiedliche Entfernungen hinweg; Politiken mit immer neuen Vorgaben für dauerhafte, zeitlich begrenzte oder zirkuläre Migrationsprogramme; zunehmenden globalen Wettbewerb um Arbeitskräfte in einer Vielzahl von Sektoren (durch die Coronavirus-Pandemie zwar modifiziert, aber nicht wesentlich gebremst): von Fachkräften für Technologie über Pflegekräfte bis hin zu Bau- und Landarbeiter:innen; Alters- und Gender-Profile, die sich in bestimmten Migrationsströmen widerspiegeln; eine Zunahme der weltweiten Migration von Studierenden; die Intensivierung transnationaler sozialer und wirtschaftlicher Praktiken, zusätzlich verstärkt durch Informations- und Computertechnologien, die der »digitalen Diaspora« ihre Omnipräsenz ermöglichen; die neue Nutzung soziotechnischer Systeme und Plattformen in den Migrationsprozessen selbst; verstärkte Sicherheitsinstrumente zur Verhinderung von Migration zusammen mit verstärkten Abschiebemaßnahmen; eine anscheinende Tendenz zum Anstieg populistischer, migrationsfeindlicher und Weiß-nationalistischer Stimmungen – neben einer anhaltenden migrations-, diversitäts- und flüchtlingsfreundlichen, antirassistischen öffentlichen Haltung und zivilgesellschaftlichen Mobilisierung sowie mehr »postmigrantische«, *mixed* Populationen in vielen Ländern.

In den letzten rund dreißig Jahren haben sich globale Migrationsmuster stark verändert. Dieser Wandel, so betonen Fran Meissner und ich (2015, S. 542),

> umfasst nicht nur die Bewegung von Menschen mit unterschiedlicheren nationalen, ethnischen, sprachlichen und religiösen Hintergründen, sondern auch die Art und Weise, wie die sich verändernden Muster mit einer weltweiten Diversifizierung der Bewegungsströme durch spezifische Migrationskanäle zusammenfallen (Arbeitserlaubnisprogramme; durch die EU-Erweiterung geschaffene Mobilitäten; sich ständig verändernde Flüchtlingsströme und *mixed* Migrationsströme; irreguläre Zuwanderung; Studierendenmigration; Familienzusammenführung usw.). Die sich verändernde Zusammensetzung der verschiedenen Migrationskanäle umfasst ihrerseits fortlaufende Differenzierungen des

Rechtsstatus (Bedingungen, Rechte und Beschränkungen), diverse Muster in Bezug auf Gender und Alter sowie Unterschiede im Humankapital der Migrant:innen (Bildung, berufliche Fähigkeiten und Erfahrung).

Innerhalb des interdisziplinären Feldes der Migrationsforschung befasst sich eine Reihe von Theorien mit Migrationsprozessen (siehe unter anderem Massey et al. 1998; King 2012; Brettell und Hollifield 2014; de Haas 2021). Migrationstheorien behandeln so unterschiedliche Bereiche wie neoklassische Ökonomie, segmentierte Arbeitsmärkte, neue Ökonomie, soziale Netzwerke, Systemtheorie, kumulative Kausalität, Übergangstheorie, Weltsystemtheorie, Transnationalismus sowie Aspirations-Capabilities-Studien (die Bestrebungen / Fähigkeiten untersuchen). Jeder dieser Beiträge zur Theorie hat einen bedeutenden (wenn auch manchmal, wie es scheint, eingeschränkten) Erklärungswert und macht wichtige Aussagen über Migrationsphänomene. Viele dieser Theorien scheinen aber immer weniger allgemeine Erklärungskraft zu haben. Dies ist nicht nur auf veränderliche Trends in der Sozialwissenschaft zurückzuführen, sondern auch auf sich wandelnde Realitäten der Migration (siehe Bevelander 2020).

Bereits um die Jahrhundertwende betonte Joaquín Arango (2000, S. 287) in seiner Kritik an der neoklassischen Hervorhebung wirtschaftlicher Ungleichheit als der Hauptdeterminante der Migration, dass Forschende die »zunehmend komplexe und andersartige Realität« der internationalen Migration unbedingt berücksichtigen müssen. Er stellte fest, dass »die internationale Migration tiefgreifende Veränderungen erfahren hat. Unter anderem sind die Ströme globaler und in ihrer Zusammensetzung heterogener geworden« (ibid.). Seiner Aufforderung folgend, sehen sich Forschende der heutigen globalen Migration mit der Aufgabe konfrontiert, emergente, anhaltende und vielschichtige Veränderungen in Prozessen, Mustern und Auswirkungen der Migration zu erkennen und zu beschreiben, die sich an verschiedenen Orten unterschiedlich manifestieren.

Aus dem Weltmigrationsbericht 2020 der Vereinten Nationen / Internationalen Organisation für Migration (IOM 2020) geht hervor, dass 2019 etwa 272 Millionen Menschen in einem anderen Land als ihrem Geburtsland lebten (so – recht weit – definiert der Bericht Migration). Diese Zahl entspricht 3,5 Prozent der Weltbevölkerung. Dies ist ein deutlicher Anstieg gegenüber 200 Millionen Migrant:innen (3,2 Prozent der Weltbevölkerung) im Jahr 2010, 173 Millionen (2,8 Prozent) im Jahr 2000 und 153 Millionen (2,9 Prozent) im Jahr 1990. Es sind enorme Zahlen, auch wenn der prozentuale Anteil an der Weltbevölkerung relativ gering erscheinen mag und seit 1990 »nur« um 0,6 Prozent gestiegen ist. Was diese Zahlen aber nicht zeigen, sind die Veränderungen in den Charakteristika und Motivationen der Migrant:innen, ihre Wege, die Bedingungen, unter denen sie sich bewegen – und die Auswirkungen der Migration für sie selbst, für die Orte und Menschen, die sie zurücklassen, und für die Gesellschaften, die sie durchqueren und in die sie ziehen. Der Anteil der Migrant:innen an der Weltbevölkerung mag sich in den letzten dreißig Jahren nicht wesentlich verändert haben, aber ihre Art, ihre Herkunft, ihre Beweggründe, ihre Lebenswege und ihre Erfahrungen haben sich erheblich gewandelt.

In der aktuellsten, sechsten Auflage von *The Age of Migration* (de Haas et al. 2020) – und dieses Werk kommt einem international maßgeblichen Lehrbuch über globale Migration am nächsten – betonen Stephen Castles, Mark Miller und Hein de Haas die Notwendigkeit, Migrationsprozesse und -phänomene im Rahmen breiterer Trends der Globalisierung und des sozialen Wandels zu verstehen. Bei der Erörterung des allmählichen Zuwachses an globaler Migration heben sie insbesondere die unterschiedlichen Geschwindigkeiten und Eigenschaften der internationalen Migrationsströme hervor. So hat die Zuwanderung nach Westeuropa, Nordamerika und in den Nahen Osten in jüngster Zeit schnell und deutlich zugenommen; ein langsamerer Zuwachs an internationaler Migration ist in Afrika, Osteuropa, Asien und Lateinamerika zu verzeichnen. Der weltweite Anstieg der interkontinentalen Migrationsströme ist jedoch insgesamt stark und rasch. Darüber hinaus stellen die Autoren fest: »Weltweit bleibt ein Großteil der Migration zwar regional, seit langem etablierte Migrationsmuster bestehen aber in neuen Formen fort; gleichzeitig entwickeln sich neue Mobilitäten als Reaktion auf den wirtschaftlichen, politischen und kulturellen Wandel sowie auf Gewaltkonflikte« (ibid., S. 9). Sie beschreiben auch weitreichende weltweite Trends wie neue Migrationsziele, vielfältige Zielumkehrung (wenn so unterschiedliche traditionelle Auswanderungsländer wie Polen, Spanien, Marokko, Mexiko, Südkorea und die Türkei auch zu Einwanderungsländern werden) sowie die Feminisierung der Arbeitsmigration. Weltweit ist das Qualifikationsniveau der Einwander:innen gestiegen, während die Nachfrage nach gering qualifizierten Arbeitskräften gleich geblieben ist (de Haas et al. 2019). Auch die Zahl der Geflüchteten hat in den letzten Jahrzehnten im Zuge von Katastrophen und Konflikten erheblich variiert. Im Rahmen ihrer globalen Perspektive weisen Castles, Miller und de Haas außerdem auf Folgendes hin:

> Migration gab es zwar schon immer, aber heute sind mehr Länder mit niedrigem und mittlerem Einkommen in globale Migrationssysteme integriert, sowohl mit Ausrichtung auf alte Ziele in Nordamerika und Russland als auch auf neuere Ziele in Westeuropa, der Golfregion und Ostasien. Diese Globalisierung der Migration konfrontiert Gesellschaften mit einem noch nie dagewesenen Maß an Diversität. (de Haas et al. 2020, S. 12)

Die Globalisierung der Migration klingt nach einem einheitlichen, singulären Prozess. Dieses Kapitel wird jedoch zeigen, dass es sich um viele komplex verwobene Prozesse handelt. Unter anderem werden Migrationsfaktoren immer verflochtener, die Herkunftsländer immer zahlreicher, und die Rechtsstatus immer unübersichtlicher und verwirrender.

Sich verstärkende Migrationsfaktoren

Migration ist nie eine Frage klarer Push- und Pull-Faktoren oder der eindeutigen Unterscheidung zwischen freiwilliger und erzwungener Migration. Die Gründe, warum Menschen heute ihre Heimat verlassen, sind zwangsläufig vielfältig. Graeme Hugo schreibt:

> Mobilität lässt sich wahrscheinlich am besten entlang eines Kontinuums betrachten – von der völlig freiwilligen Migration, bei der die Entscheidung und der Wille eines Menschen das überwältigend ausschlaggebende Element ist, bis hin zur völlig erzwungenen Migration, bei der Menschen mit dem Tod konfrontiert sind, wenn sie an ihrem derzeitigen Wohnort bleiben. Diese Extreme kommen tatsächlich nur selten vor; die meiste Mobilität ist entlang des Kontinuums angesiedelt. (1996, S. 107)

Statt anzunehmen, dass Verfolgung stets zu »Flucht« und Armut stets zu »Wirtschaftsmigration« führt, müssen wir erkennen: Migration hat immer mehrere zusammenhängende Ursachen und Beweggründe (auch kausale Faktoren, *causal drivers*, genannt: siehe Black et al. 2011). Diese Faktoren können unter die folgenden Kategorien fallen:

– *politisch* (ein Staat ist durch Korruption, Unterdrückung und/oder Gewalt geprägt; er schafft es nicht, für die Bevölkerung zu sorgen, was zu schlechter Staatsführung, Kriminalität, Konflikten und staatlich sanktionierter Verfolgung und/oder Repression führt);
– *sozial* (darunter der Wunsch einer Familie nach einem besseren Leben, einschließlich körperlicher Sicherheit, Bildung, Gesundheit und Wohlbefinden);
– *wirtschaftlich* (dazu gehört: extreme Ungleichheit, Chancenlosigkeit, eingeschränkter Zugang zu Nahrungsmitteln, Gütern und Dienstleistungen, das Streben nach einer besseren und nachhaltigeren Lebensgrundlage);
– *demografisch* (Wettbewerb um Ressourcen, der durch den Bevölkerungszuwachs und die große Zahl junger Menschen verstärkt wird);
– *umweltbedingt* (Umweltzerstörung und -katastrophen, Veränderungen der Land- und Meeresproduktivität und andere langsam und schnell eintretende Desaster, die insbesondere und in zunehmendem Maße mit dem Klimawandel zusammenhängen).

Diese Ursachen beeinflussen und verstärken sich ständig gegenseitig – daher ist der Begriff »*driver*« passend. Zusammen führen sie oft zu dem, was Alex Betts (2013) als »Überlebensmigration« bezeichnet – *survival migration*, ein wichtiger Begriff. »Die fünf Faktoren wirken selten isoliert«, vermuten Richard Black et al. (2011, S. 9), »und das Zusammenspiel der fünf Faktoren bestimmt die Details der Mobilität. Diese Interaktionen beeinflussen ihr Ausmaß; dabei werden Mobilitäten verschiedener Größenordnungen – intern versus international zum Beispiel – durch unterschiedliche Interaktionen zwischen den Faktoren beeinflusst«. Diese Faktoren – in ihrer Gesamtheit auch als Faktorenkonfigurationen oder komplexe Faktorenumgebungen bezeichnet (*driver configurations*; *complex driver environments*) – verkomplizieren sich zusätzlich durch ihre jeweilige und gegenseitige Zeitlichkeit (langsam oder plötzlich), Geografie (lokal, regional oder global) und Selektivität (die ganze Population oder eine bestimmte Gruppe betreffend) (siehe Bijak und Czaika 2020; Czaika und Reinprecht 2020).

Darüber hinaus weisen Black et al. darauf hin, dass »das Ausmaß und die Richtung der Mobilität mit den persönlichen Umständen der Migrant:innen zusammenhängen, wie beispielsweise Klasse, Ethnizität, Religion, Sprache, Bildungsniveau und Verbindungen zu Menschen in den anvisierten Zielländern, abgeschwächt durch die intervenierenden Auswirkungen von Migrationspolitik« (Black et al. 2011, S. 6). Unterschiedliche Konfigurationen von kausalen Faktoren können die Migration bestimmter Gruppen von Individuen an bestimmten Orten und zu bestimmten Zeiten auslösen (Garip 2012). Auch sogenannte erzwungene Migrationsmuster und -prozesse sind zwangsläufig mit komplex verflochtenen, kumulativ wirkenden Ursachen verbunden. Laut Roger Zetter (2015, S. 21) sollte »Vertreibung aufgrund immer komplexerer, multikausaler Faktoren nicht als ein diskreter, durch den Flüchtlingsstatus bestimmter Migrationsprozess betrachtet werden, sondern als Teil eines internationalen Migrationskontinuums, zu dem auch andere Formen legaler Migration gehören«. Im Rahmen eines solchen Kontinuums betreffen die migrationsbedingenden fluiden Zustände und Konfigurationen ganze Länder und erzeugen variierende nationale und regionale Mobilitätsmuster.

Vielfältigere Herkunftsländer

Zu Beginn des 21. Jahrhunderts betonte die IOM, die »Diversifizierung der Migrationsströme und -bestände« sei »das Schlagwort für die aktuelle Dynamik« (IOM 2003, S. 4). Neuere Veröffentlichungen, die globale Migrationsströme untersuchen, bestätigen diese Diversifizierung – selbst wenn sie sich zum Ziel setzen, diese zu hinterfragen (siehe Benton 2013; Abel und Sander 2014; Czaika und de Haas 2014; de Haas et al. 2020). Die Vielfalt der Herkunftsländer wird in einem UN-Bericht wie folgt zusammengefasst:

> Der Umfang und der Charakter der internationalen Migrationsströme in den Industrieländern, insbesondere in Europa, haben sich seit den 1970er Jahren erheblich geändert. Zwischen 1945 und 1973 rekrutierten alle hochindustrialisierten Länder Westeuropas vorübergehend Arbeitskräfte, was mit der Ölkrise von 1973 / 1974 endete. Es folgten neue, komplexe Migrationsmuster, die mit einem Anstieg der Migrationszahlen einhergingen. Die internationale Migration wurde immer globaler, und immer mehr Staaten wurden zu Herkunfts-, Ziel- oder Transitländern. Ehemalige Auswanderungsländer wurden zu Einwanderungsländern, während Familienzusammenführungen und die Mobilität von Geflüchteten und Asylsuchenden den Strömen eine weitere Dimension hinzufügten. (UN-DESA 2009, S. 7)

Die Herkunftsländer wurden vor allem seit den letzten beiden Jahrzehnten des 20. Jahrhunderts immer vielfältiger. »Die Population ausländischer Herkunft in Europa unterschied sich Mitte der 1980er Jahre erheblich von derjenigen zehn Jahre zuvor« (OECD 2011, S. 9). In den 1990ern, so Hania Zlotnik, die damalige Direktorin der UN Population Division, »haben sich im Vergleich zu 1965 die Herkünfte und Ziele internationaler Migrant:innen in allen Regionen der Welt unbestreitbar diversifiziert« (1998, S. 465). Sie stellte fest, dass dieser Trend sich besonders seit den 1980ern verstärkt hatte, wenn auch mit beträchtlichen Unterschieden in Bezug auf Maßstab und Grad der Diversifizierung zwischen den Zielländern. Ähnlich zeigt eine Gruppe von Analyst:innen der Weltbank (Özden et al. 2011, S. 18-19), dass sich »im Zeitraum von 1960 bis 2000 die Zusammensetzung der Weltmigration grundlegend geändert hat«, und zwar von einer begrenzten Gruppe von Herkunftsländern zu global »stark diversifizierten Migrationsgruppen«. Wie ein Bericht der Organisation für wirtschaftliche Zusammenarbeit und Entwicklung (OECD) feststellt, hat sich diese Entwicklung bis in die 1990er Jahre fortgesetzt:

> Australien, Kanada und die Vereinigten Staaten (in geringerem Maße auch Neuseeland), allesamt wichtige Knotenpunkte im globalen Migrationssystem, erlebten weiterhin Änderungen in der Geografie der Migration, wobei die meisten Einwander:innen nun aus Asien und, insbesondere im Falle der Vereinigten Staaten, Lateinamerika kommen. Die Diversifizierung umfasste neue Nationalitäten wie Menschen aus Sri Lanka, Vietnam und Indonesien, viele davon hochqualifiziert.
> Ein Merkmal der Migration in den 1990ern war ihre zunehmende Globalisierung: Die Zahl der beteiligten Länder nahm zu, begünstigt durch die Öffnung Mittel- und Osteuropas und das Wirtschaftswachstum in den asiatischen Ländern. (OECD 2011, S. 12)

Organisationen wie die Weltbank, die UN Population Division und die Internationale Organisation für Migration (IOM) wiesen auf die anhaltende Diversifizierung der globalen Migration hin, insbesondere im Hinblick auf Herkunftsländer und Migrationskanäle. So berichtet die IOM:

> Die Zahl der Länder und Nationalitäten, die an der menschlichen Mobilität direkt beteiligt sind, steigt stetig. Keiner der rund 190 souveränen Staaten des internationalen Systems entzieht sich heute dem Einfluss der Migrationsströme. Sie alle sind Herkunfts-,

> Transit- und / oder Zielländer für Migrant:innen, und zunehmend alle drei gleichzeitig. Migrationskreisläufe umspannen den Globus wie ein Netz mit komplexen Verzweigungen und unzähligen Überschneidungen. Die aktuelle Weltkarte der Migration ist daher multipolar. (IOM 2003, S. 4)

Es gibt heute also kaum ein Land auf der Welt, das nicht von einem gewissen Migrationsstrom, in welche Richtung auch immer, betroffen wäre.

Dies war und bleibt jedoch ein global höchst ungleichmäßiger Vorgang. Die Diversifizierung der Herkunftsländer ist kein singulärer, gleichmäßig verteilter Prozess. Dies wird in einer Studie von Mathias Czaika und Hein de Haas (2014) offenkundig, in der sie wechselnde Muster in Bezug auf Umfang, Diversität, geografische Reichweite und allgemeine Komplexität internationaler Migration zwischen 1960 und 2000 untersuchen. Ihre Studie verwendet die Globale Bilaterale Migrationsdatenbank der Vereinten Nationen, die sich aus zehnjährlichen Erhebungen von »Migrant:innen-Beständen« (*migrant stocks*) zusammensetzt (die kumulierte Anzahl von Menschen, die in einem anderen Land geboren wurden oder die Nationalität eines anderen Landes besitzen – im Unterschied zu den »Migrant:innen-Strömen« [*migrant flows*] –, also der Anzahl von Menschen, die Grenzen überschreiten). Es handelt sich um eine ausgefeilte Analyse der gesamten internationalen Migrationsmuster und -veränderungen, wenn auch auf der Grundlage eines eher eingeschränkten und problematischen Datensatzes. Ursprünglich hatten Czaika und de Haas Zweifel, ob das Volumen, die Diversität, die Ausbreitung und die Komplexität von Migration tatsächlich zugenommen hätten, doch am Ende zeigten sie, dass jede dieser Dimensionen tatsächlich komplexer geworden ist – allerdings handelt es sich stets um asymmetrische Prozesse. In ihren Schlussfolgerungen stellen Czaika und de Haas unter anderem fest:

> Während die Populationen der Einwander:innen in den neuen Zielländern in Europa vielfältiger geworden sind, ist dies in anderen Regionen wie Amerika und dem Pazifikraum nicht immer

> der Fall. Hier sind die Immigrant:innen zwar weniger europäisch, aber nicht unbedingt diverser geworden, was die Herkunftsländer betrifft. Während Einwanderungsländer wie die USA, Kanada, Australien und Neuseeland früher vor allem Europäer:innen anzogen, hat die außereuropäische Einwanderung seit den 1960er Jahren beachtlich zugenommen. (Ibid., S. 314)
> Mit dem Rückgang der europäischen Auswanderung in andere Länder hat sich die globale Ausrichtung der Migration stark verändert: Von einer globalen Herkunftsregion hat sich Europa zu einem globalen Migrationsmagneten entwickelt. Dies hat zu einer verstärkten Präsenz phänotypisch und kulturell diverser Einwander:innen in Europa geführt, sowie zu Siedlergesellschaften europäischer Abstammung in Nordamerika und im Pazifikraum. Mit anderen Worten: Es geht nicht so sehr um eine stärkere Streuung der Herkunftsländer an sich, sondern die Nationalität und ethnische Herkunft der Einwander:innen ist zunehmend außereuropäisch geworden. (Ibid.)

Insgesamt zeigen Czaika und de Haas, dass die Migration aus einer »zunehmend diversen Reihe von Herkunftsländern« (ibid., S. 318) zugenommen hat – wenn auch oft nur in relativ wenige Zielländer. Mit anderen Worten: Die Diversifizierung der Herkunftsländer ist recht offenkundig, aber nicht gleichmäßig über die Welt verteilt. Einige Länder nehmen nach wie vor mehr Migrant:innen auf als andere – und zwar aus einem breiteren Spektrum von Ursprüngen.

Die komplexen und ungleichmäßigen globalen Diversifizierungsmuster sollten als ein grundlegendes Merkmal der heutigen Superdiversität verstanden werden. Diese Sichtweise geht Hand in Hand mit der jüngsten Publikation von de Haas, Castles und Miller (2020, S. 9), die eine klare Tendenz beschreibt: »Immer mehr Länder sind erheblich von internationaler Migration betroffen. Einwanderungsländer nehmen tendenziell Migrant:innen aus immer mehr verschiedenen Herkunftsländern auf, so dass in den meisten davon inzwischen Einwander:innen mit einem breiten Spektrum wirtschaftlicher, sozialer und kultureller Hintergründe leben.« Auch hier sind die Muster uneinheitlich. Zwei Drittel aller internationalen Migrant:innen leben in nur 20 Ländern, angeführt von den Vereinigten Staaten, Deutschland, Saudi-Arabien, Russland und dem Vereinigten Königreich (International Migrant Stock 2019; ⟨www.iom.int⟩). Diese asymmetrische globale Migrationsformation wird sowohl konstituiert als auch aufrechterhalten durch die Globalisierung sowie das Weltwirtschaftssystem mit seiner Geschichte der Benachteiligungen (de Haas et al. 2019). Dieses weltweite Netz von Ungleichheiten, das sich in der Kumulation der Migrationsfaktoren und der Vervielfältigung der Herkunftsländer widerspiegelt, wird durch Systeme von Migrationskanälen und Rechtsstatus kodifiziert und aufrechterhalten.

Verwirrende Rechtsstatus

Zum allgemeinen Prozess der Superdiversifizierung tragen auch die verwirrender werdenden Migrationskategorien und Rechtsstatus bei – Prozesse der Bürokratie und der Ungewissheit, die Migrationsströme komplizierter machen, durcheinanderbringen oder behindern. Diese Prozesse begannen bereits zu Beginn des 21. Jahrhunderts, wie die Internationale Organisation für Migration feststellte:

> Seit einigen Jahren werden Migrationsströme immer vielfältiger und komplexer. Aufnahmeländer auf allen Kontinenten sehen sich mit sehr unterschiedlichen Bevölkerungsbewegungen konfrontiert: Studierende, Frauen, Familienzusammenführungen, hochqualifizierte Fachkräfte, rückkehrende Migrant:innen, Leiharbeiter:innen, Opfer von Menschenhandel, Geflüchtete und irreguläre Migrant:innen (oft aus einer der oben genannten Kategorien entstanden). Noch komplexer wird die Migration durch die verschiedenen Formen der Niederlassung im Aufnahmeland, beispielsweise vorübergehend oder dauerhaft, saisonal oder periodisch, legal oder illegal. (IOM 2003, S. 16)

Zu dieser Zeit wies auch Eleonore Kofman (2002) kritisch auf eine Diversifizierung der Migrationsströme hin, gekennzeichnet durch eine zunehmende Heterogenität der Rechtsstatus. Die Migrationskategorien und -status sind heute sogar noch komplexer geworden.

Wie wir oben erörtert haben, gibt es viele Gründe, warum Menschen migrieren. Doch wie Roger Zetter (2007, S. 178) schreibt: »Die politischen Entscheidungsträger:innen und die Einwanderungsbeamt:innen können nicht anders, als zu fragmentieren und klar umrissene Kategorien zu suchen für die oft komplexe Mischung von Gründen, warum Menschen zwischen den Ländern – und zwischen den Kategorien – migrieren.« Dies ist nicht überraschend, da eine grundlegende Funktion heutiger Nationalstaaten darin besteht, darüber zu entscheiden, wer in ihr Territorium einreisen darf und unter welchen Bedingungen. Das staatliche System der Migrant:innenklassifizierung ist die primäre Methode dafür (Söderström et al. 2013), und Grenzen sind der Hauptort, an dem solche Klassifizierungen vorgenommen werden (Favell 2007). Die vielfältigen Faktoren und Arten von Mobilität werden durch staatliche Kategorien und Politiken in sogenannte Migrationstypen unterteilt. Heute gibt es fast überall, insbesondere in den reichen Industrieländern, eine Reihe von Klassifizierungen wie temporäre und dauerhafte, »wirtschaftliche« und »erzwungene« Migration. Diese groben Klassen werden ihrerseits in weitere Kategorien unterteilt, unter anderem: Arbeitskräfte (oft jeweils als »qualifiziert«, »teilqualifiziert« oder »unqualifiziert« eingestuft), Studierende, Angehörige (Familiengründung oder -zusammenführung), Asylsuchende, Geflüchtete sowie irreguläre oder »illegale« Migrant:innen. Diese Typen umfassen wiederum eine enorme Bandbreite von Untertypen (siehe Salt 2005). So findet ein Prozess der rechtlichen und konzeptionellen Klassifizierung für die expliziten (meist wirtschaftlichen) Zwecke der einzelnen Nationalstaaten statt, während Menschen selbst mit sehr unterschiedlichen Mitteln, Eigenschaften und Motivationen über die Grenzen migrieren (van Hear et al. 2009).

Die Kategorien und dazugehörigen administrativen Wege – sei es in Bezug auf Arbeit, Familienzusammenführung, Asyl, Bildung, Ruhestand oder andere – sind zahlreicher und verwirrender geworden. Einer internationalen Studie zufolge kann die Anzahl der Einreisewege genutzt werden, um die Entwicklung der Komplexität der Aufnahmepolitik abzuschätzen (Beine et al. 2015). In diesem Sinne beobachtet die Migrationsrechtsexpertin Elspeth Guild:

> Eine Reihe von Staaten hat die erstaunlichsten und komplexesten Kategorisierungen von Nicht-Bürger:innen entwickelt. Das Beispiel, das ich immer gern anführe, ist die Liste der Aufenthaltstitel, die von jedem EU-Mitgliedstaat (mit Ausnahme von Irland und dem Vereinigten Königreich, die nicht teilnehmen) gemäß Artikel 34 des Schengener Grenzkodexes als gleichwertig mit einem Visum für die Einreise in den gemeinsamen Schengen-Raum gelten.
>
> […] jeder Staat hat Hunderte von verschiedenen Aufenthaltstiteln. Dabei brauchen Staaten nur dann verschiedene Arten von Aufenthaltstiteln, wenn auch die zugrundeliegenden Rechte unterschiedlich sind. Diese Rechte lassen sich grob in folgende Kategorien unterteilen: Dauer des erlaubten Aufenthalts, Art der erlaubten wirtschaftlichen Tätigkeit, andere erlaubte Tätigkeiten (beispielsweise Studium), Zugang zu Sozialleistungen. Das bedeutet also, dass die EU-Staaten diese Facetten des Lebens von Ausländer:innen auf erstaunlich viele verschiedene Weisen nach der *Cut-and-Paste*-Methode kombinieren und in Form verschiedener Aufenthaltsgenehmigungen unglaublich detailliert dokumentieren.
>
> Betrachtet man die Geschichte dieser Artikel-34-Meldungen, so stellt man fest, dass die Staaten immer weitere Aufenthaltstitel hinzufügen und nur selten welche streichen. (Persönliche Mitteilung)

Staaten schaffen Kategorien und Klassifizierungen, die politische Maßnahmen, Gesetze und Regeln bestimmen. Migrant:innen werden nach Fähigkeiten (Bildung und Beruf), Gruppen (einschließlich Alterskohorten, Gender und familiärer Beziehungen) sowie nach ihren Erfahrungen und Herkunftsländern klassifiziert oder »gefiltert« (siehe Anderson 2007). Steffen Mau (2021) beschreibt heutige Grenzen und Zulassungsregelungen in der Tat als eine globale »Sortiermaschine«.

Die Vervielfältigung von Migrant:innen-Kategorien und die Tatsache, dass sie immer komplexer werden, folgt und prägt umfangreiche politische Strategien in einer Reihe von Ländern.

> Die öffentlichen Politiken und Praktiken erfinden immer mehr Bezeichnungen, um Kategorien von semi-permanenten Durchreisenden zu institutionalisieren. Diese nominale Vervielfältigung offenbart die politische Agenda: Regierungen versuchen, die Auswirkungen des sozioökonomischen Wandels auf die Migration zu regulieren und zu differenzieren, sie also als praktikable Etiketten für die Regulation der Einreise zu nutzen. (Zetter 2007, S. 189)

Migrant:innen-Kategorien und -Klassifizierungen werden auch politisch genutzt, um Wirtschaftswachstum zu erzeugen, nationalen Zusammenhalt zu gewährleisten und Sicherheit zu managen (Martin 2009). Sie sind außerdem Teil eines umfassenden und andauernden Unterfangens, Nationalstaat-Narrative zu schaffen, zu verändern oder aufrechtzuerhalten (Vertovec 2011).

Wie sich in den Kategorien und Status widerspiegelt, ist Migrationspolitik weltweit immer selektiver geworden. »Mit anderen Worten: Ungeachtet der politischen Rhetorik, die sich auf die Einschränkung der Zahl der einreisenden Migrant:innen konzentriert, scheint das eigentliche Ziel der meisten politischen Maßnahmen darin zu bestehen, besser zu kontrollieren, *wer* einwandern darf« (de Haas et al. 2018, S. 353, Hervorhebung im Original). Eine solche Selektion hat sich zugunsten der Wohlhabenden und der Qualifizierten verschoben, insbesondere innerhalb bestimmter regionaler Gruppierungen (de Haas et al. 2019). Die restriktiven Maßnahmen haben die Zahl der Migrant:innen nicht unbedingt verringert, sondern viele von ihnen stärker gefährdet. Die Auswahlkriterien und -kategorien, die Migrationspolitiken und die Zulassungsregeln bestimmen die Bedingungen, unter denen Migrant:innen leben und arbeiten – ihre Rechte, Arbeitsperspektiven, politische Einbindung und soziale Stellung (Sainsbury 2006; Ruhs und Martin 2008; Ruhs 2011).

Solche Bedingungen und Maßnahmen ermöglichen oder behindern (in unterschiedlichem Maße) die Ansiedlung, die Familiengründung, die Bildung der Migrant:innen und ihrer Kinder, ihre Chancen auf dem Arbeitsmarkt, den Zugang zu Wohnraum, die Inanspruchnahme des Gesundheitssystems und ihre politische Repräsentation. Einige Statusarten sind förderlich, andere schränken die Möglichkeiten ein, so dass Menschen auf viele Weisen davon ausgeschlossen werden, im Leben des »Gastlandes« besser Fuß zu fassen. In praktisch jeder Phase und bei jedem Status von Migrant:innen und Asylsuchenden werden Chancen, Einschränkungen und Konsequenzen durch Migrationspolitiken und institutionelle Maßnahmen festgelegt, und zwar in Bezug auf:

- Zugang zu Sozial-, Gesundheits-, Bildungsleistungen sowie öffentlichen Diensten;
- Arbeitsgenehmigungen und -beschränkungen sowie Prozesse, Arten und Schwerpunkte der Eingliederung in den Arbeitsmarkt – einschließlich des Arbeitsvertrags, der Arbeitsbedingungen und des Lohns;
- Behandlung durch das Strafjustizsystem;
- Dauer und Art des Aufenthalts;
- Aussichten auf Familienzusammenführung;
- Rechtsberatung und -unterstützung einschließlich Rechtsbehelfsmöglichkeiten;
- zwangsweise Abschiebung und Ausweisung;
- Chancen auf eine dauerhafte Niederlassung und letztlich auf die Staatsbürgerschaft.

Cecilia Menjívar (2006) weist außerdem darauf hin, wie sich Rechtsstatus – auch die Grauzone der »Grenzlegalität« (*liminal legality*), die der undokumentierte Status mit sich bringt – auf eine ganze Reihe von Phänomenen auswirken kann, darunter Gesundheitsrisiken, häusliche Gewalt und Identität. Diese tragen zur »legalen Gewalt«

(*legal violence*) der Einwanderungsgesetze bei, die das Leben der Einwander:innen regeln:

> Diese Gesetze, die darauf abzielen, Migrationspraktiken und -verhalten zu verändern, verletzen potenziell die Menschenrechte der Individuen, machen sie in den Augen anderer verdächtig, verleiten sie dazu, die eigene Selbstentwertung als normal zu akzeptieren, und schaffen Verhältnisse, in denen Einwander:innen sich gegenseitig Herrschaftskategorien auferlegen.
> [...] Im Fall von Immigrant:innen mit unsicherem Rechtsstatus ist die Gewalt in dem Rechtssystem verwurzelt, das vorgibt, die Nation zu schützen, aber stattdessen Räume und Möglichkeit für materielle, emotionale und psychische Verletzungen schafft, die auf eine ganze Gruppe von Menschen mit bestimmten gemeinsamen sozialen Merkmalen abzielen. (Menjívar und Abrego 2012, S. 1413-1414)

Der Rechtsstatus von Migrant:innen verteilt und beschränkt Rechte und den Zugang zu öffentlichen Ressourcen, wodurch die Nähe zum oder Ferne vom Staat bestimmt wird. Gleichzeitig wird eine soziale Rangfolge aufgestellt (von hochqualifizierten Arbeitskräften über solche mit niedrigem Status bis hin zu stigmatisierten Asylsuchenden und »Illegalen«). Für Staaten ist ein solches formales Stratifizierungskontinuum ein bürokratischer und institutioneller Modus zur Kontrolle über Menschen, ihre Mobilität und sozioökonomische Positionierung, über öffentliche Ressourcen, politische Debatten und die öffentliche Meinung. Für Migrant:innen und Asylsuchende haben die Stufen und Status, aus denen sich dieses Kontinuum zusammensetzt, grundlegende Auswirkungen auf das Einkommen, die Gesundheit, den Wohnraum, die sozialen Netzwerke, den Wohnort, die Eingliederung in Nachbarschaften und die Familiendynamik.

Insbesondere durch die Arbeit von Lydia Morris (2002) inspiriert, war die Vorstellung von Migrant:innen-Status als einem sozial-rechtlichen Stratifikationssystem essenziell für das Konzept der Superdiversität – und bleibt für mich ein bestimmendes Merkmal. Es geht nicht nur darum, dass Migrant:innen durch Rechtsstatus stratifiziert werden (auf vielfache Weisen, die sich oft von Staat zu Staat unterscheiden), sondern darum, dass aufgrund der Merkmalsmuster von Migrationsströmen ganze Migrant:innen-Gruppen (nach Kombinationen von Charakteristika wie Nationalität, Ethnie / *race*, Gender, Alter, Sprache und Humankapital unterteilt) in einem Stratifikationssystem sozial positioniert werden. Morris beschreibt die soziale und rechtliche – oder, wie sie es nennt, »staatsbürgerliche« (*civic*) – Stratifizierung (nach Lockwood 1996) als »die unterschiedliche Gewährung von Rechten durch den Staat im Hinblick auf eine wachsende Fülle an Aufenthaltstiteln und die Rolle der partiellen Mitgliedschaft als Mittel des Migrationsmanagements« (2002, S. 103). Dazu gehören auch Formen der Überwachung, Kontrolle und Polizeiarbeit. Diese Stratifizierung bildet laut Morris »eine komplexe Grundlage der Statusdiversität« (Morris 2004, S. 73). Eleonore Kofman hat bereits vor zwei Jahrzehnten in ähnlicher Weise darauf hingewiesen, dass »die zunehmende Differenzierung der Migrant:innen-Populationen« und »die verwirrende Vielzahl von Gesetzen zur Regelung der Einreise, des Aufenthalts und des Beschäftigungsstatus dieser Populationen« zu »immer komplexeren Differenzierungen und Stratifizierungen von Rechten« führen (2002, S. 1036). Zwangsläufig sind solche Status, Differenzierungen und stratifizierten Rechte auch intersektional: genderspezifisch, ethnisiert und rassifiziert (Morris 2021).

Fran Meissner baut auf Morris' Erkenntnissen über die Diversität von Rechtsstatus auf und lenkt die Aufmerksamkeit auf die »komplizierter werdenden Differenzierungen, die zu einer Vielzahl von sich verändernden Status (*status tracks*) führen – und folglich zu verschiedenen statusbeeinflussten Lebenswegen (*status trajectories*)« (2018b, S. 303). Mit Blick auf eine Reihe spezifischer Kategorien und die damit einhergehenden Rechtsstatus analysiert Meissner die Einreisebedingungen (*conditionalities of entry*) und Präsenzparameter (*parameters of presence*). Beide sind entscheidende Faktoren, die soziale Differenzierung und Stratifizierung hervorbringen und die Verhältnisse der Superdiversität kennzeichnen. Einreisebedingungen sind die festgelegten Konditionen, die erfüllt werden müssen, damit man für einen bestimmten Migrationsstatus in Frage kommt. Präsenzparameter sind nach Meissner Anforderungen, die ein:e Migrant:in von dem Moment an erfüllen muss, wenn ein bestimmter Rechtsstatus gewährt wurde. »Wenn wir die gemeinsame Bedeutung von Einreisebedingungen und Präsenzparametern durchdenken, sehen wir Verbindungen zwischen den Unterschieden im Rechtsstatus und den mehrdimensionalen Konfigurationen von Superdiversität.« (Ibid., S. 293)

Der Rechtsstatus von Migrant:innen wird zunehmend als ein ernsthaftes Hindernis für die soziale Mobilität angesehen (Waters und Kasinitz 2021). Dies ist nicht nur formal und administrativ der Fall, sondern auch kognitiv. Douglas Massey (2017) beschreibt in diesem Zusammenhang das Einwanderungssystem mit seinen verschiedenen Kategorien und Bedingungen als ein wesentliches Mittel (*critical agent*) der Stratifizierung. Die selektiven und stratifizierenden Prozesse, die bei der Bestimmung von Rechtsstatus im Spiel sind, konditionieren und propagieren auch weit verbreitete Stereotype über Gruppen und Kategorien von Menschen – was wiederum eine Reihe von sozialen, wirtschaftlichen und politischen Ungleichheiten reproduziert.

Diese Folgen offenbaren sich auf viele Weisen und werden auch dementsprechend beobachtet. Jenny Phillimore et al. (2021, S. 13) weisen auf einige der Auswirkungen der Stratifizierung des Rechtsstatus und der Sozialpolitik in europäischen Gesellschaften hin:

> Die Differenzierung von Rechten und Ansprüchen zwischen Migrant:innen mit unterschiedlichem Einwanderungsstatus und unterschiedlicher Aufenthaltsdauer ist ein relativ neues Phänomen. Viele Regierungen haben versucht, den Zugang zu Sozialleistungen zu beschränken – einschließlich kostenloser Gesundheitsversorgung, Arbeitslosenunterstützung, sozialem Wohnraum und Kinderbetreuung. Auf diese Weise haben sie unbeabsichtigt Superdiversifizierungsprozesse verstärkt, da der Zugang zu Sozialleistungen die Lebensweise der Individuen beeinflusst.

Die Organisation für wirtschaftliche Zusammenarbeit und Entwicklung (OECD) verweist auf weitere soziale Auswirkungen in den Mitgliedstaaten weltweit. »Ein klarer Trend auf dem gesamten OECD-Gebiet in den letzten zwei Jahrzehnten«, so die OECD (2014, S. 45), »ist die wachsende Diversität der Einwanderung. Der Querschnitt von Herkunftsländern, Bildungsniveaus und Migrationskategorien (in Bezug auf Arbeit, Familienzusammenführung, humanitäre Aspekte und Freizügigkeit) wird immer vielfältiger.« Im Bericht »International Migration Outlook 2014« (OECD 2014) wird in einem Abschnitt mit der Überschrift »Die wachsende Diversität der Einwander:innen bedeutet zusätzliche Herausforderungen« festgestellt:

> In den letzten zwei Jahrzehnten ist die Integration zu einer größeren Herausforderung geworden, da die Migration in alle OECD-Länder sich diversifiziert hat. Diese Diversität bezieht sich nicht nur auf die Herkunfts- und Zielländer der Einwander:innen, sondern auch auf ihr Bildungsniveau und ihre Kategorisierung in Bezug auf Arbeit, Freizügigkeit, Familienzusammenführung und humanitäre Aspekte. Die Migrationskategorie ist der wichtigste Einflussfaktor für die Integrationsergebnisse [...]. (Ibid, S. 37)

Aus diesen Gründen plädiert die OECD: »Da die Einwanderungsströme in den meisten Ländern immer diverser werden, müssen die integrationspolitischen Instrumente zunehmend angepasst werden.« (Ibid., S. 106)

Bei meinen Überlegungen zum Konzept der Superdiversität ging es mir vor allem darum, aufzuzeigen und besser zu verstehen, wie unterschiedliche und oft neue Kombinationen von sozialen und rechtlichen Merkmalen Systeme der sozioökonomischen Schichtung und Ungleichheit hervorbringen, verändern oder verstärken. Heutige Prozesse der migrationsbedingten Diversifizierung standen und stehen im Mittelpunkt des Konzepts; vor diesem Hintergrund habe ich die obengenannten Systeme stets als grundlegend durch Migrationspolitik und rechtliche Rahmenbedingungen beeinflusst gesehen. In meinem ursprünglichen Artikel schrieb ich: »Um das Wesen und die Komplexität der heutigen Superdiversität zu verstehen, müssen wir auch begreifen, wie dieses System von Einwanderungskanälen, Rechten und Verhältnissen mit soziokulturellen und sozioökonomischen Dimensionen interagiert« (Vertovec 2007a, S. 1040). Fran Meissner und ich (2015, S. 547) betonen diesen Punkt auch in einer späteren Publikation:

> Unterschiedliche Migrationskanäle (und wie sich diese aus Strömen zusammensetzen, die durch spezifische Kombinationen von Herkunftsland / Ethnizität, Gender und Alter gekennzeichnet sind) sind für das Konzept der Superdiversität von zentraler Bedeutung. Da die Migrationskanäle und ihre jeweiligen rechtlichen Bedingungen einen enormen Einfluss auf das soziale, wirtschaftliche und politische Leben der Migrant:innen haben, zeigen diese am deutlichsten die Unzulänglichkeiten einer Vorstellung von *Communities*, die sich allein an ethnischen Grenzen orientiert. Um die kombinierte Wirkung multidimensionaler Muster auf sozioökonomische Ungleichheit zu verstehen, muss man diese Kanäle und Status beachten.

Rechtliche Klassifizierungssysteme gewähren oder verweigern Rechte und kanalisieren Menschen in verschiedene soziale Schichten in Bezug auf ihre nationale »Erwünschtheit« (in der Regel über den wirtschaftlichen Wert). Diese Stratifizierung spiegelt oder manifestiert – ob nun so vom Staat intendiert oder nicht – tendenziell Kategorien wie Herkunftsort, *race*, Ethnie, Gender, Alter und Bildungsstand. Auf diese Weise sind die Prozesse der Kategorienkombination und ihre Ergebnisse (auf die das Konzept der Superdiversität aufmerksam macht) untrennbar mit Ungleichheit verbunden.

Beispiele für die differenzierende Kombination von Faktoren, Prozessen und nationalstaatlichen Politiken und Kategorien, die zu höchst unterschiedlichen Positionen, Möglichkeiten, Einschränkungen und Ergebnissen führen, sind die folgenden Fälle – stereotypisch, aber dennoch bezeichnend: Studierende aus China, Krankenpflegerinnen und weibliche Hausangestellte von den Philippinen, asylsuchende Familien aus Syrien, männliche Bauarbeiter aus Bangladesch,

Informatiker:innen aus Indien, Landarbeiter:innen aus Mexiko, Fabrikarbeiter:innen aus Bulgarien und ungelernte Männer aus mehreren westafrikanischen Ländern ohne Papiere. Jedes dieser Beispiele steht für eine Reihe von mehrdimensionalen Klassifizierungen von Merkmalen, die Menschen sehr unterschiedlich in nationalen Hierarchien oder Schichtungssystemen positionieren (darüber hinaus fällt die Dauer des Aufenthalts durch die Visaregelungen sehr unterschiedlich aus; Mau 2021).

Sobald eine Person in ihrem Zielland ankommt, ist sie bereits durch die Kombination von rechtlicher Einstufung und spezifischer Konfiguration von sozialen Merkmalen in einem System der sozialen Schichtung positioniert. Was weiter geschieht, hängt von vielen Einflüssen ab. Es gibt keinen einheitlichen »Integrationsprozess« (Vertovec 2020a). Vielmehr ist Integration ein weit gefasster Begriff, der sich auf eine breite Spanne von Bereichen bezieht: Arbeitsmarkt, Wohnraum, Spracherwerb, Bildung, Rechtswesen, alltägliche Interaktionen, soziale Dienste und Gesundheitsversorgung. Die Fähigkeit einer Person, an jedem dieser Bereiche teilzunehmen, hängt oft ihrerseits von einer komplexen Faktorenkombination ab, darunter: Rechtsstatus, Sprachkenntnisse, Alter, Gender, Arbeitsfähigkeiten, Wohnort, Sozialkapital und soziale Netzwerke sowie Bildungsniveau. Folglich gibt es zahlreiche mögliche Wege der »Integration«, die ein:e Migrant:in einschlagen kann, und jeder Weg hängt von einer Überschneidung mehrerer Faktoren ab (vergleiche Meissner 2018a).

Darüber hinaus verkörpert jede Person eine komplexe Reihe von Identitäten, Interessen, Praktiken und sozialen Netzwerken – Migrant:innen sind hier keine Ausnahme. Ein Neuankömmling kann also in einem neuen Kontext engagiert am Gesellschaftsleben teilnehmen – und zwar auf ganz unterschiedliche Weise. Aus diesen Gründen müssen wir uns »Integration« komplexer denken: unter Bezugnahme auf mehrdimensionale und intersektionale Merkmale, nichtgruppistische Konzepte, nichtlineare Pfade der Eingliederung, diverse verflochtene Netzwerke und Identitäten, komplexe Formen der Stratifizierung und der Zugehörigkeit (dieser Punkt wird in Kapitel 7 erläutert). Bei der Betrachtung des facettenreichen Themas

»Integration« sollte auch berücksichtigt werden, wie diese Aspekte mit Phänomenen und Dynamiken anderswo (auch im Ausland) zusammenhängen.

Dabei denke ich an die Beziehung zwischen Superdiversität, Stratifizierung, Diaspora und Transnationalismus. Der Begriff Diaspora bezeichnet im Allgemeinen soziale Formationen von Menschen, die sich auf eine gemeinsame Herkunft oder ein grundlegendes (meist ethnisches, religiöses oder nationales) Merkmal berufen und über eine Region oder die ganze Welt verstreut sind. Es gibt viele verschiedene Arten von Diaspora, die oft eine spezifische Migrationsgeschichte widerspiegeln (Cohen 1997). Transnationalismus bezieht sich auf tatsächliche Verbindungen und Austausch (sozialer, wirtschaftlicher, kultureller, religiöser und politischer Art) über Entfernungen und Grenzen hinweg (Vertovec 2009) – in diesem Fall zwischen Menschen, die zu einem bestimmten Zeitpunkt ihrer gemeinsamen Geschichte migriert sind. Nicht jede Diaspora bleibt nachhaltig transnational, aber jeder Transnationalismus unter Migrant:innen findet innerhalb von Diaspora-Gruppen statt. Migrationsbedingte Formen der Diversifizierung und superdiverse Verhältnisse, wie in diesem Kapitel beschrieben, führen nicht nur zu neuen sozialen Konfigurationen, sondern auch zu komplexeren Diaspora- und Transnationalismus-Mustern (Cohen und Fischer 2018).

Oftmals können innerhalb ein und desselben Herkunftslandes unterschiedliche kausale Faktoren und ihre Kombinationen zu unterschiedlichen Migrationsprozessen unterschiedlicher Menschengruppen führen (beispielsweise abhängig von Gender, Alter, Familienstand, Bildung oder Qualifikation). Dies erzeugt unterschiedliche Ströme, Verläufe und Rechtsstatus, die ihrerseits zu unterschiedlichen sozioökonomischen Positionen, Gender-, Familien- und Altersprofilen sowie Niederlassungsgeografien führen. Damit sind die sozialen Konfigurationen der heutigen Diasporas sehr divers. Durch die spezifischen sozioökonomischen und rechtlichen Verhältnisse der Migrant:innen verfügen einige außerdem über mehr, andere über weniger Kapazitäten und Ressourcen, um sich an transnationalen Aktivitäten zu beteiligen – seien es Online-Treffen mit weit entfernten

Familienmitgliedern, geschäftliche Unternehmungen an mehr als einem Ort, die Teilnahme an parteipolitischem oder religiösem Leben im Heimatland oder – für viele sehr wichtig – Geldüberweisungen.

Trotz dieser großen Disparitäten kann eine starke Diaspora-Identität oftmals Stratifizierungen und rechtlich-soziale Ungleichheiten überwinden und ein Gemeinschaftsbewusstsein aufrechterhalten. Dies gilt insbesondere, wenn in der Heimat ein Notstand herrscht, wie etwa nach einem Erdbeben. Identifikationen und Praktiken können also zwischen »heißen« und »kalten« Perioden schwanken (Vertovec 1999). Die wechselnden Muster und Prozesse im Zusammenhang mit Diaspora und Transnationalismus können also als weitere Formen der migrationsbedingten Diversifizierung betrachtet werden, die unsere Konzeptualisierung von Superdiversität und ihren Konfigurationen ergänzen.

Demographische Diversifizierungen

Angela Creese und Adrian Blackledge (2018b, S. xxiii) betonen zu Recht: »Superdiversität zu erforschen bedeutet nicht nur Neuzuwander:innen zu untersuchen, sondern die Mischung von Individuen an einem Ort: ›alte‹ und ›neue‹ internationale Migrant:innen, etablierte einheimische Populationen und ansässige Minderheiten.« Dies ist auch der Ansatz, den meine Kolleg:innen und ich im Rahmen des Projekts »Globaldivercities« des Europäischen Forschungsrats verfolgten, das die Diversifizierungsdynamiken in Singapur, Johannesburg und New York verglich (siehe ⟨www.mmg.mpg.de/366545/globaldivercities⟩). Neben vier Filmen und zahlreichen Zeitschriftenveröffentlichungen mündete das Projekt in dem Buch *Diversities Old and New* (Vertovec 2015b). Unser Team war bestrebt, möglichst viele Aspekte zu berücksichtigen: einzelne Merkmale und Konditionen von Migrant:innen, soziale Beziehungen und Diskurse der Differenz zwischen verschiedenen nichtmigrantischen Populationen, lokale Repräsentation von Ethnien und *races* sowie ausgeprägte Ungleichheitsmuster, die zu sehr unterschiedlichen Diversifizierungsprozessen in diesen drei Städten insgesamt sowie in bestimmten Nachbarschaften führten. Wir haben eine Reihe von gemeinsamen Mustern identifiziert, die alle drei Forschungsstandorte durchzogen, sahen aber auch, wie lokale Geschichte, Politik, soziale Strukturen und Konzepte für deutliche Unterschiede sorgten. Die Ergebnisse illustrieren einen Punkt, den ich auch in diesem Buch betone: Für die konkrete Gestaltung der Diversifizierung und die Entwicklung der Superdiversität ist stets der Kontext entscheidend.

Der Nachweis von demografischen Diversifizierungen umfasst in der Regel Veränderungen bestimmter Kategorien innerhalb einer Population. Einige sind auf neue Migrationsströme zurückzuführen, andere auf die Populationsdynamik unter der »einheimischen« Bevölkerung und wieder andere auf eine Kombination dieser zwei Aspekte. In vielen wissenschaftlichen Arbeiten und öffentlichen Debatten wird von demografischen Diversifizierungen gesprochen, wenn es Veränderungen in bestimmten offiziellen, eindimensionalen Kategorien gibt, wie Ethnizität und *race* (vor allem im Vereinigten Königreich und in den Vereinigten Staaten, wo oft angenommen wird, Ethnizität sei kulturell und *race* genetisch, und beide Konzepte dann als *»ethnoracial«* zusammengefasst werden), Nationalität oder Geburtsland (wie in vielen europäischen Ländern) beziehungsweise »Migrationshintergrund« (wie in Deutschland). Staaten verwenden diese Kategorien, um bestimmte Populationen innerhalb ihrer Grenzen zu erfassen, zu beobachten, zu verwalten (und, insbesondere in kolonialen Kontexten, zu beherrschen) sowie um politische Maßnahmen in Bezug auf sie zu entwickeln (siehe unter anderem Cohn 1984, Nobles 2000, Kertzer und Arel 2002, Simon et al. 2015a). Jede offizielle Kategorie hat ihre Geschichte, ihren Zweck und ihre Tücken. Was jedoch meist aus den Augen verloren wird, ist die Tatsache, dass solche Kategorien sozial und administrativ konstruiert sind – auch wenn sie nahezu »naturgegeben« scheinen. »Offizielle und wissenschaftliche statistische Kategorisierungen *reflektieren* und *beeinflussen* die strukturelle Aufteilung von Gesellschaften und ihre Mainstream-Darstellungen [...]. In diesem Sinne spiegeln Volkszählungen nicht nur soziale Realitäten wider, sie sind auch an der Konstruktion dieser Realitäten beteiligt« (Simon et al. 2015b; S. 2, Hervorhebung im Original). Dies gilt selbst unter Wissenschaftler:innen, die eigentlich kritisch gegenüber solchen Konstruktionen bleiben sollten. Viele Forschende akzeptieren »eine falsche Einheitlichkeit innerhalb breiter Kategorien wie Ethnie und *race* – eine Einheitlichkeit, die oft durch statistische Kategorien herbeigeführt wird« (Hopkins 2009, S. 175). Zum Beispiel, wie Josh DeWind in Bezug auf die USA beschreibt:

> Ein Problem, das die Migrationsforschung plagt, ist die Tatsache, dass es sich bei den meisten analytisch verwendeten Kategorien der sozialen Identität um Kategorien handelt, die der Staat zur Verwaltung der Population verwendet oder ursprünglich verwendet hat. Viele Studien beschränken sich auf solche staatlichen Kategorien und definieren beispielsweise ethnische Gruppen / *races* nach staatlichen Volkszählungen – obwohl diese Gruppen intern oft differenziertere, überlappende, kontextuell unterscheidbare Kategorien nutzen. […]
> Forschende verwenden mitunter selbst dann staatliche Kategorien, um Studien über die Eingliederung und Mobilität von Einwander:innen zu erstellen, wenn sich die Mitglieder einer vermeintlichen Gruppe selbst aufgrund von Sprache, Religion, Klasse oder Ähnlichem als unterschiedlich definieren. Die Messung der »Mobilität« von Latinos beispielsweise im Vergleich zu der von »Asiaten« ist für viele Mitglieder dieser Gruppen bedeutungslos, da diese Kategorien signifikante Unterschiede zwischen reichen und armen sowie gebildeten und ungebildeten Mitgliedern der Gruppen verschleiern. […] Was für die Verwaltung funktionieren mag, muss für die Erklärung noch lange nicht funktionieren. (2009)

Wir haben im vorigen Kapitel gesehen, dass es trotz des großen Interesses am Konzept der Superdiversität und der entsprechenden Betonung multidimensionaler Merkmale schwierig ist, das eindimensionale Verständnis der demografischen Diversifizierung auf der Grundlage einzelner Kategorien wie *race* oder Nationalität zu überwinden. Ein Team von Wissenschaftler:innen stellte kürzlich fest:

> Unsere systematische Literaturdurchsicht zeigt: Es ist zwar weithin anerkannt, dass migrationsbedingte Diversität mehrdimensional ist und dass eine Population mit Migrationshintergrund über die Unterschiede in Ethnie, *race* und Herkunftsland hinaus vielfältige Eigenschaften und Erfahrungen hat – doch bleiben Ethnie und *race* der Ausgangspunkt von fast einem Drittel der Studien, die migrationsbedingte Diversität in urbanen Kontexten untersuchen. Nur eine Handvoll Studien bemüht sich, die komplexe Diversität einer Population zu erfassen und mehr als einen Aspekt der demografischen Diversität einzubeziehen. (Pisarevskaya et al. 2021)

Das Problem ist den Behörden nicht völlig unbekannt. Schon vor zwei Jahrzehnten hat Kenneth Prewitt (2002, 2005), der damalige Direktor des US Census Bureau, beobachtet, dass die zunehmende Diversifizierung der Bevölkerung die konventionelle Klassifizierung, Zählung und Politikgestaltung vor erhebliche Herausforderungen stellt. Folglich, so stellt er fest, »ist Klassifizierung jetzt ein bewegliches Ziel« (2002, S. 17). Nicht zuletzt aufgrund des aufkommenden Diversitätsdiskurses und verschiedener Formen der sogenannten Identitätspolitik hat sich in der Öffentlichkeit ein weit verbreiteter Trend entwickelt, die eigene Zugehörigkeit zum Ausdruck zu bringen – was sich in vielen nationalen Volkszählungen in Form von mehrfachem Ankreuzen oder dem handschriftlichen Eintragen der eigenen, nicht vorgeschriebenen Identität äußert. Prewitt weist darauf hin, dass solche Selbstkategorisierung nicht der Diskriminierung entgegenwirken sollte, sondern vielmehr die soziale Identität ausdrücken. »Wenn dadurch die Klassifizierung für *race*-sensible Maßnahmen weniger nützlich oder vielleicht sogar nutzlos wird«, meint Prewitt (ibid.), »dann zahlt man eben diesen Preis für das Recht, zu sagen, wer man tatsächlich ist.« Zusätzlich zu einer breiteren Anerkennung personalisierter sozialer Kategorien »könnten wir ein Messsystem benötigen, das die Dutzenden, wenn nicht gar Hunderte verschiedene Kulturen, Sprachgruppen und Nationalitäten der neuen Einwanderungsströme reflektiert« (ibid.). In der Tat stellt Prewitt (2005, S. 13-14) fest, dass durch die migrationsbedingte Diversifizierung »neue

Einwander:innen die Klassifizierung in Bezug auf Ethnie und *race* sowie die resultierenden politischen Maßnahmen komplexer und unsicherer machen«. Wenn die Diversifizierung ein »bewegliches Ziel« ist und wenn neue Gruppen repräsentiert werden sollen, sieht Prewitt zwei mögliche Ergebnisse voraus: entweder Messungen (zum Beispiel Volkszählungen) mit immer feiner abgestuften Klassifizierungen oder den Zusammenbruch des Systems – also das Ende der Versuche, Unterschiede zu messen (siehe auch Aspinall 2009, 2012 sowie Aspinall 2023).

Urbane Diversitäten

Selbst aus den aktuellen eingeschränkten oder auch eindimensionalen Ansätzen, die sich auf starre Kategorien stützen, wird deutlich, dass Gesellschaften auf der ganzen Welt auf verschiedenen Ebenen – von Stadtvierteln über Städte bis hin zu Staaten – seit Jahrzehnten immer diverser werden. Vielerorts hat sich die Diversifizierung in jüngster Zeit sogar noch beschleunigt, insbesondere in Großstädten (Benton-Short et al. 2005). Demografische Diversifizierung ist jedoch nicht nur ein Großstadtphänomen, wie oft angenommen wird, sondern umfasst auch mittelgroße Städte, Vorstädte, Kleinstädte und ländliche Gebiete (UN-DESA 2012). Diversifizierung scheint fast omnipräsent – allerdings, wie auch globale Migration, höchst ungleichmäßig (Frey 2015, Mayes et al. 2021). Demografische Diversifizierung umfasst Prozesse, die sich anhand verschiedener Kategorien, in verschiedenem Tempo, an verschiedenen Orten und auf verschiedenen Ebenen entwickeln. Vielerorts im globalen Norden ist eine Zunahme diverser Stadtviertel zu beobachten, einschließlich eines *Rückgangs* von »*White Flight*« (der Abwanderung von »Weißen« aufgrund der zunehmenden Präsenz von »Nicht-Weißen«) und einer *wachsenden* Tendenz, diversere Gebiete aktiv zu bevorzugen (Lee 2017). Dieser Trend kann zum Entstehen von »Gemeinschaften ohne Mehrheit« (Farrell und Lee 2018) und »globalen Nachbarschaften« (Zhang und Logan 2016) führen, die diverse multiethnische Kombinationen aufweisen. Auch im globalen Süden gibt es vergleichbare

Trends (Kihato et al. 2010; Sharma 2018; Tirtosudarmo und Hadi 2018; Watson 2014; siehe auch IOM 2015).

Die Ungleichmäßigkeit der Diversifizierung innerhalb von Gesellschaften muss an dieser Stelle betont werden. Wie wir oben mit Bezug auf die wechselnden globalen Migrationsströme festgestellt haben, ist diese Ungleichmäßigkeit an sich ein wichtiger Aspekt der Superdiversität. Wie ich schon in Bezug auf komplexe Integrationsprozesse geschrieben habe, umfasst die urbane Diversifizierung eine Vielzahl von Bedingungen, die unterschiedlich zusammenwirken und unterschiedliche Ergebnisse hervorbringen. Dafür sprechen die Unterschiede im Zuwachs an urbaner Diversität. Asya Pisarevskaya, Peter Scholten und Zeynep Kaşlı (2021) haben über 166 Städte unterschiedlicher Größe in vier Ländern untersucht: in Frankreich, den Niederlanden, Deutschland und Italien. Sie heben hervor, wie unterschiedliche Faktoren den spezifischen Charakter, das Ausmaß und die Art der migrationsbedingten Diversifizierung beeinflussen – darunter Migrationsgeschichte, lokale Wirtschaft, Kommunalpolitik, Wohnraumbestand, Segregationsdynamiken und die Einbindung in größere politische Ökonomien auf mehreren Ebenen. In jeder Stadt untersuchten sie das Ausmaß der Diversität (Anteil der Migrant:innen an der Gesamtpopulation), die Vielfalt der Diversität (Anzahl der Herkunftsländer – wobei sie einräumen, dass dies der im Konzept der Superdiversität betonten Multidimensionalität nicht gerecht wird) und die Verbreitung der Diversität (Verteilung über ein Stadtgebiet). Die Clusteranalyse des Teams führte zu einer fünffachen Taxonomie der urbanen Diversität, die sie wie folgt benennen und beschreiben:

- *superdiverse cities*: Superdiverse Städte mit einem durchschnittlichen Migrant:innenanteil von 16 Prozent bei einer Population von durchschnittlich 1,3 Millionen: Es sind 121 Nationalitäten vertreten, das BIP ist überdurchschnittlich hoch und die Arbeitslosigkeit niedrig; dazu gehören Städte wie Amsterdam, Frankfurt, Rom und Mailand;
- *migrant minorities cities*: Städte mit Migrant:innenminderhei-

ten – mit einem höheren Migrant:innenanteil von 18 Prozent aber etwas weniger Vielfalt mit 76 Nationalitäten sowie kleineren Populationen von im Schnitt etwa 270 000, mit durchschnittlichen BIP- und Arbeitslosenquoten; dazu gehören Wuppertal, Konstanz und Mülhausen (Elsass);
- *new diversity cities*: Städte der neuen Diversität mit einem durchschnittlichen Migrant:innenanteil von 11 Prozent aus 76 Nationen, Durchschnittspopulation von ca. 408 000 und durchschnittlichen Wirtschaftsindikatoren mit starker industrieller Basis; dazu gehören Osnabrück, Eindhoven, Genua und Nimes;
- *low-migration cities*: Städte mit geringer Zuwanderung von nur 7 Prozent Migrant:innen mit 60 verschiedenen Nationalitäten in relativ kleinen Städten mit im Schnitt 200 000 Einwohner:innen, mit unterdurchschnittlichem BIP und Einkommen sowie überdurchschnittlicher Arbeitslosigkeit; dazu gehören Chemnitz, Dresden, Brest und Lille;
- *non-diverse cities*: nichtdiverse Städte mit einem Migrant:innenanteil von nur 2 Prozent mit etwa 36 Nationalitäten bei einer Population von durchschnittlich 480 000, mit niedrigem BIP und hoher Arbeitslosigkeit; Beispiele hierfür sind Neapel, Palermo und Passau.

Obwohl die Arten und Kategorien von erfassten Daten recht eingeschränkt sind, zeigt die Studie doch, wie mehrere Bedingungen und Merkmale gemeinsam unterschiedliche Muster der Diversifizierung schaffen, die sowohl Unterschiede als auch Ähnlichkeiten hervorbringen. Vergleichbare Ergebnisse lassen sich auch im Zusammenhang mit verschiedenen Diversifizierungsprozessen in einzelnen Stadtteilen feststellen (siehe Syrett und Sepulveda 2012). Was hier jedoch noch zu tun bleibt, ist die Untersuchung der Proportionen und Beziehungen zwischen den relativ »neuen« Diversitäten der jüngsten Migrationen (etwa der letzten 20 Jahre), den »alten« Diversitäten früherer Migrationswellen (etwa der 1960er und 70er Jahre) und den Populationen, deren Migrationsgeschichte noch länger zurückliegt oder nicht existiert. Ein solcher Ansatz würde ein umfassenderes Bild der divergierenden städtischen Superdiversität vermitteln.

In den Vereinigten Staaten ist »die steigende Diversität ein dominanter demografischer Trend, der räumlich weit verbreitet ist und praktisch alle Segmente der US-Gesellschaft betrifft« (Lichter et al. 2017, S. 249). Aber auch hier umfasst die Diversifizierung viele Prozesse, Raten, lokale Konditionen und Mischungen aus alter und neuer Diversität. So betrachten William Clark und sein Team (Clark et al. 2015) Diversifizierung, Diversität und Segregation als multiskalare Phänomene und untersuchen in einer anspruchsvollen Studie die Trends in Los Angeles. Obwohl sie auf Daten beschränkt waren, die auf dem einfachsten amerikanischen *race*-Klassifizierungsschema (*White, Hispanic, Black, Asian*) basierten, ergab ihre Clusteranalyse der wechselnden Populationen in den Stadtteilen von Los Angeles äußerst unterschiedliche Mischungen von »homogen« und »halbdivers« bis zu »divers« und »sehr divers«. Eine zentrale Idee der Studie ist die »dynamische Diversität« – ein Kaleidoskop von Diversifizierungen:

> Der Begriff der dynamischen Diversität (*dynamic diversity*) deutet darauf hin, dass die Diversität im Allgemeinen kein stabiler Zustand ist, sondern dass sich Populationen in Vierteln häufig in einer Übergangsphase befinden. Manchmal wächst die Diversität, wenn der Anteil der dominanten *ethno-racial* Gruppen an der Population abnimmt. Manchmal fällt sie, beispielsweise wenn eine größere *ethno-racial* Gruppe ihren Anteil an der Population erhöht. (Ibid., S. 1271)

Insgesamt stellten Clark et al. »einen klaren Trend zu abnehmender Homogenität und zunehmenden Mustern der Diversität« fest (ibid.). Viele Teile von L.A., die früher überwiegend nur von Schwarzen oder Weißen bewohnt waren, haben nun mehr hispanische und asiatische Einwohner:innen. Sie kommen zu folgendem Schluss: »Es gibt immer weniger Gebiete mit homogener Population und immer mehr in Bezug auf Ethnie und *race* sehr diverse Gebiete. Diversität und Heterogenität zeichnen die neue urbane Struktur der Gesellschaft in Los

Angeles aus; ähnlich entwickeln sich andere Städte mit mehr als zwei Ethnien – was sicherlich auf die meisten Städten der Welt zutrifft« (Ibid., S. 1279).

Laura Tach et al. (2019) haben eine recht andere Studie über Diversifizierungstrends in den USA durchgeführt. Ausgehend von einem Superdiversitäts-Ansatz nutzten sie eine Reihe multidimensionaler Variablen, um Diversifizierung zu verstehen. Dabei betrachteten sie nicht nur die *ethnoracial* Parameter, sondern auch wirtschaftliche Indikatoren wie Bildung, Beruf, Einkommen und Wohnraum sowie soziale Indikatoren wie Alter, Sprache und Herkunft. Insgesamt stellen sie fest, dass die Diversifizierung in Bezug auf Ethnie und *race* – wenig überraschend – mit sozialen Veränderungen einhergeht, aber nur in sehr geringem Maße mit wirtschaftlicher Heterogenität verbunden ist. Denn selbst wenn sich die *ethnoracial* Merkmale eines bestimmten Ortes erheblich ändern, bleiben die wirtschaftlichen Merkmale (ob Ober-, Mittel- oder Unterschicht) weitgehend gleich. Dies ist eine Funktion der Bündelung und Trennung innerhalb bestimmter lokaler Geografien. Offensichtlich verteilen sich Menschen überwiegend auf Orte, die ihre sozialen und insbesondere wirtschaftlichen Merkmale widerspiegeln. Trotz der weit verbreiteten Diversifizierung der Ethnien und *races* finden Tach et al. (ibid., S. 2196) also »eindeutige Nachweise dafür, dass die Vereinigten Staaten entlang wirtschaftlicher Linien segregierter geworden sind«. In Anlehnung an die in diesem Kapitel beschriebenen Phänomene im Zusammenhang mit Migrationskonfigurationen beschreiben sie, dass »Diversifizierungsprozesse nicht für alle *ethnoracial* Gruppen gleich ablaufen, da sie unterschiedliche Formen der Integration und historische Erfahrungen der Exklusion aufweisen«. Bestimmte Ungleichheiten bleiben trotz der Diversifizierungen bestehen und werden kontinuierlich reproduziert.

Diese Erkenntnisse über die anhaltende wirtschaftliche Segregation stehen im Zusammenhang mit einer bereits erwähnten Tatsache: Zu Diversifizierungsprozessen gehört auch, dass Menschen mit einer Reihe von sozialen Merkmalen und Markern in Gebiete migrieren, in denen es bereits historisch bedingte Konfigurationen von Diversität und Ungleichheit gibt. Wie ich in *Diversities Old and New* schreibe:

> Ein weiteres wichtiges Merkmal urbaner Diversifizierung besteht darin, dass Neuzuwander:innen in der Regel dort siedeln, wo auch Migrant:innen aus früheren Wellen leben, so dass neue Komplexitäten auf bereits bestehende Diversitätsmuster (einschließlich sozioökonomischer Positionen und geografischer Konzentrationen, sozialpolitischer Maßnahmen, täglicher Interaktionen und physischer Umgebungen) »aufgeschichtet« und in Bezug darauf positioniert werden. Wie wirken sich frühere Bedingungen der Diversität und Praktiken der Interaktion auf die Eingliederung von Neuzuwander:innen aus, die sich deutlich unterscheiden? Diversifizierungsprozesse, superdiverse Verhältnisse und die Schichten und Verflechtungen »alter« und »neuer« Diversitäten führen in verschiedenen Städten und ihren spezifischen Kontexten zu wechselnden Mustern von Vorurteilen, Segregation, Ungleichheit und Zwietracht – aber auch zu emergenten Praktiken der Zusammenarbeit, Freundlichkeit, Weltoffenheit und Konvivialität. Wir haben noch viel darüber zu lernen, wie, wo, wann und warum solche Muster und Praktiken entstehen oder sich verändern. (Vertovec 2015c, S. 2)

Alter

Diversifizierungsprozesse umfassen nicht nur variable, vielschichtige Konfigurationen und Geografien, sondern auch grundsätzlich unterschiedliche Konfigurationen nach Alterskohorten. Je nachdem, welche Altersgruppe man betrachtet, sieht die Diversifizierung auf verschiedenen Ebenen und in verschiedenen Regionen sehr unterschiedlich aus. Wie William Frey (2021) für die Vereinigten Staaten feststellt (klare Parallelen lassen sich aber auch in anderen Ländern finden):

> Das Diversitätsprofil der US-Bevölkerung nimmt rapide zu. Dies gilt insbesondere für jüngere Menschen, unter denen immer weniger weiß sind. Die Statistiken deuten auch darauf hin, dass mit der Alterung und dem weiteren Rückgang der weißen Population

> die Diversität der Ethnien und *races* zum kennzeichnenden demografischen Merkmal der jüngeren Generationen in den USA wird, einschließlich der Generation Z und der nachfolgenden.

Diese Verteilung bedeutet, dass die *ethnoracial* Diversität mit dem Heranwachsen der jetzigen Kinder weiter zunehmen wird, selbst wenn sich die Neueinwanderung stark verlangsamen sollte. In mehreren Gesellschaften ist die als Weiß kategorisierte Population durch rasche Alterung und eine sinkende Gesamtanzahl gekennzeichnet. Betrachtet man die *ethnoracial* Kategorien von 65+ in Zehntel-Segmenten bis hin zu den unter 18-Jährigen und den unter 12-Jährigen, so gilt: je jünger die Kohorte, desto mehr Diversität. Dennoch sind in vielen Gesellschaften heute auch die älteren Menschen diverser, mit mehr im Ausland Geborenen als früher (Seltzer und Yahirun 2014). Dies hat verschiedene Auswirkungen auf das Familien- und Gemeinschaftsleben, nicht zuletzt auf die Ressourcen und Praktiken der Sozial- und Gesundheitsfürsorge im Alter.

Die ältere Population mag sich zwar auch diversifizieren, aber »jüngere Altersgruppen erleben den größten Anstieg der Diversität« (ibid.). Wie Daniel Lichter (2013, S. 361) es ausdrückt: »Diversität beginnt bei den Kindern – von unten nach oben.« Einige glauben, dass dieses Alters- und Generationenprofil zu einem allmählichen Abbau von Antagonismus, Diskriminierung und rassifizierenden Feindseligkeiten führen wird, da Kinder mit unterschiedlichen Hintergründen zusammen spielen, lernen und aufwachsen (Lee und Bean 2010). Meinungsumfragen zeigen bereits beträchtliche Kontraste zwischen den Generationen in Bezug auf die Einstellung zur Diversität (Duffy 2021). Dies ist sicherlich auf lokalisierende Effekte zurückzuführen. Jüngste Ergebnisse aus dem Vereinigten Königreich zeigen, wie »ein Kontext relativ großer Diversität im Land während der prägenden Jahre eines Individuums letztlich zu einer positiveren Einstellung gegenüber Einwanderung im späteren Leben führen kann (wobei Bedingungen der Ungleichheit die Wirkung beeinflussen können)« (McLaren et al. 2021, S. 727). Zum Kontext gehört auch das, was wir als diskursive Sphäre der Diversität bezeichnen könnten: Jüngere

Generationen wachsen in einem öffentlichen Raum auf, der – insbesondere durch viele verschiedene Medien und Bilder – starke Botschaften über die Werte der Diversität und der Anerkennung von Unterschieden trägt (siehe Vertovec 2012).

Sozialstrukturell gesehen beginnt jedoch nicht nur Diversität, sondern auch Ungleichheit bereits im Kindesalter. So gibt es in den USA einen großen Anteil nichtweißer Kinder, die in geografisch segregierten und wirtschaftlich verheerenden Verhältnissen aufwachsen – mit niedrigem Einkommen, schlechtem Wohnraum und unzureichenden Bildungschancen. Dies hat unmittelbare Auswirkungen auf künftige Muster von Armut und Ungleichheit. Unter Bezugnahme auf nur einen Aspekt der Ungleichheit schreibt Lichter (2013, S. 378): »Die gegenwärtigen Unterschiede im Bildungsniveau (und in der Bildungsqualität) zwischen den Ethnien und *races* verheißen anhaltende Ungleichheit in der Zukunft, insbesondere wenn die heutigen historisch benachteiligten Minderheitenkinder erwachsen werden.«

»Mixedness«

Für viele Sozialwissenschaftler:innen besteht eine der offenkundigsten Formen der demografischen Diversifizierung in dem beträchtlichen Zuwachs an Menschen, die sich über *ethnoracial* Kategorien hinweg oder mit mehreren Kategorien identifizieren. Besonders auffallend war dies bei der Volkszählung 2020 in den USA. Obwohl die Schwarze Population in den USA am langsamsten wächst, weist sie eine »zunehmende Vielzahl von Hintergründen« auf, was auf mehr Ehen zwischen Menschen mit verschiedenen Hintergründen sowie auf internationale Migration zurückzuführen ist (Tamir 2021). Immer mehr Menschen identifizieren sich als Schwarz+, kreuzen also »*Black*« sowie mindestens eine andere Kategorie an (siehe unten). Gleichzeitig sind die inhärent diversen Kategorien – »*Asians*« (20 ursprüngliche Herkunftsländer umfassend: Gebeloff et al. 2021) und »*Hispanics*« (15 Herkunftsländer: Noe-Bustamante 2019) – am stärksten gewachsen, nämlich um 29 Prozent beziehungsweise 20 Prozent.

An vielen Orten auf der Welt gibt es ein erhebliches Bevölkerungswachstum und eine Diversifizierung unter Menschen, die als »*mixed*«, »*racially mixed*«, »*multiracial*« oder »*mixed heritage*« definiert werden (siehe Goldstein und Morning 2000; Liebler 2016; Song 2017). In verschiedenen Kontexten und Zeiten bezogen sich solche hybriden Identitäten auf »multiple Identitätsmarker – gesprochene Sprachen, religiöse Überzeugungen und Praktiken, Ethnien und *Races*, Traditionen und andere kulturelle Rituale, Nationalitäten usw.« (Le Gall et al. 2021, S. 2). Es hat sich eine umfangreiche Literatur zu Konzepten und Phänomenen in Bezug auf solche Paare, Familien und Individuen entwickelt. Länder, die Kategorien von *race* und Ethnizität verwenden, haben sich in den letzten Jahrzehnten bemüht, derlei komplexe Selbstidentifikationen genauer zu erfassen (vergleiche Aspinall 2009). Dies war bei der Volkszählung in den Vereinigten Staaten im Jahr 2020 der Fall, bei der die Menschen mehr Kästchen für »*race*« und »*Ethnicity*« ankreuzen konnten als je zuvor, da »die Behörden versuchten, die Fülle der Komplexität der amerikanischen Demografie genauer zu erfassen« (Tavernise et al. 2021).

Es ist nicht nur der Anteil Weißer zum ersten Mal in der Geschichte zurückgegangen, sondern »die Vereinigten Staaten sind in den letzten zehn Jahren deutlich diverser geworden, da sich sehr viel mehr Menschen als *Hispanic* oder *Asian* identifizieren und die Zahl derer, die sich zu mehr als einer *race* zugehörig fühlen, sich mehr als verdoppelt hat« (Tavernise und Gebeloff 2021). In absoluten Zahlen bedeutet das etwa 25 Millionen mehr Menschen, die mehrere *race*-Kästchen ankreuzen, als vor zehn Jahren. Damit machen sie heute 10 Prozent der amerikanischen Population aus. Dabei gehören »alle möglichen Kombinationen von *race* und Ethnie dazu«; insgesamt handelt es sich um »die am schnellsten wachsende Bevölkerungsgruppe des Landes« (Tavernise et al. 2021). Auch für Europa beobachtet Rahsaan Maxwell, dass immer mehr Menschen verschiedener Herkunft einander heiraten. Laut seiner Vorhersage wird »die nächste Generation diverser Europäer:innen in einer Welt leben, in der kulturelle Mischungen Standard sind und historische Nationalstaaten die Ausgangspunkte der Kulturen sind anstatt ihre endgültige Definition« (2016, S. 99).

Miri Song (2021, S. 1316-1317) untersucht »die demografische Diversität sowohl zwischen unterschiedlichen *multiracial* Populationen als auch innerhalb von ihnen« in einer Reihe von internationalen Kontexten. Sie ist der Ansicht, dass »der Zuwachs an und die Diversifizierung von *racially mixed* Menschen nicht nur eine kritische Bewertung der bestehenden Taxonomien erfordert, sondern auch ein Umdenken der heutigen *racial* Projekte« (siehe auch Alba 2020; DaCosta 2020; Foster-Frau et al. 2021). Songs Ansichten werden durch die von Gabrielle Varro (2022, S. xviii) ergänzt, die schreibt: »*Mixedness* lässt sich auch als ein Mikrokosmos betrachten, in dem die Gruppengrenzen zwischen Mehrheit und Minderheit und die soziale Wahrnehmung des ›Anderen‹ durch Mitglieder der Mehrheit untersucht werden können.« Die rasante Zunahme von *Mixedness* in ihren unzähligen Formen, Bedeutungen und Dynamiken zeigt eine besonders wichtige Art der Neugestaltung und des Komplexerwerdens sozialer Kategorien – ein Thema, das in Kapitel 6 näher behandelt wird.

Sprache

Weitere bedeutende Diversifizierungen finden im Bereich der sprachlichen Kommunikation statt. Das geschieht auf mindestens zweierlei Weise: Sprachen, die durch Migration in neue Kontexte gebracht werden, und die Ausweitung, Vermischung und Innovation linguistischer Phänomene an sprachlich superdiversen Orten. Was die erste Art des Sprachwandels betrifft, so hat die globale Diversifizierung der Migrationsströme in den letzten zwei bis drei Jahrzehnten an vielen Einwanderungszentren eine noch nie da gewesene Vielfalt hervorgebracht. So wird gesagt, dass in New York inzwischen über 800 Sprachen gesprochen werden (⟨http://www.worldatlas.com/articles/how-many-languages-are-spoken-in-nyc.html⟩), in London über 300 (⟨http://www.multilingualcapital.com/bilingualism-in-the-uk/languages-in-london⟩), in Sydney über 250 (⟨https://www.smh.com.au/interactive/2014/sydney-languages/⟩) und in Toronto über 180 (⟨https://cubetoronto.com/toronto/how-many-languages-are-spoken-in-toronto-ontario⟩). Diese Entwicklungen haben hochinteressante – und für Sozialbehörden herausfordernde – superdiverse Landschaften der gesprochenen und geschriebenen Semiotik geschaffen (Blommaert 2013a). Solche Sprachlandschaften sind nicht nur für Städte relevant, sondern auch für Mikroumgebungen wie Nachbarschaften, Arbeitsplätze, Schulen sowie Sport- und Freizeitstätten.

Einerseits können Einwander:innen unter den Bedingungen superdiverser Sprachlandschaften leiden, und zwar aufgrund neuer oder intensivierter Formen von sprachlich begründeter Diskriminierung und rassifizierenden Sprachideologien. Gleichzeitig stehen Einwander:innen und ihre sprachlichen Unterschiede häufig im Mittelpunkt restriktiver nationaler Narrative und hitziger Diskussionen über die Rolle der Sprache(n) im öffentlichen Raum. Derartige Entwicklungen sind nicht nur in New York, London und den wichtigsten Migrationszielen des globalen Nordens zu beobachten, sondern auch im gesamten globalen Süden. Beispiele für solche Tendenzen und Debatten finden sich an so weit auseinanderliegenden Orten wie Johannesburg (Siziba und Hill 2018), Singapur (Rubdy und McKay 2013), Buenos Aires (Monteagudo und Muniain 2020), Seoul (Park 2020), Kairo (Calvani 2003) und Delhi (Srinivas 2018).

Andererseits bieten superdiverse Sprachlandschaften ihren Bewohner:innen auch unzählige Möglichkeiten des Kontakts und der Kommunikation. Wie in Kapitel 3 geschildert, untersuchen vielversprechende neue theoretische und methodische Ansätze der Soziolinguistik, wie diese Art der Diversifizierung bemerkenswerte, dynamische sprachliche Praktiken auslöst und beschleunigt. Die Analyse von Aspekten der sprachlichen Superdiversität (siehe Blommaert und Rampton 2011; Arnaut 2012; Blommaert 2015; Creese und Blackledge 2018a) konzeptualisiert solche Praktiken mithilfe von Begriffen wie *polylanguaging*, *translanguaging*, Metrolingualismus, multiple diskursive Praktiken, Supervernakularisierung und Polyzentrizität semiotischer Ressourcen. Wie wir in Kapitel 5 sehen werden, ist die Entwicklung aber multidirektional: Während sich dynamische neue Formen der *Crossover*-Kommunikation herausbilden, umfassen sprachliche Diversifizierung und Superdiversität oft auch die Verhärtung sprachlicher Kategorien und Hierarchien, einen Backlash sprachbezogener Ängste und Manifestationen von Linguaphobie.

Superdiversität kann als eine Kondition, aber auch und vor allem als eine Reihe von Prozessen betrachtet werden. Die Betrachtung einer Kombination von multiplen ineinandergreifenden Kategorien oder interdependenten Prozessen ist ihr zentraler Ansatz und ihre Botschaft. Dies ist auch, wie später in diesem Buch untersucht, der Kern des Denkens über soziale Komplexität.

Fazit

In verschiedenen sozialwissenschaftlichen Arbeiten wird Superdiversität als das Ergebnis bedeutender sozialer Transformationen beschrieben – aber auch als ihnen inhärent. Dieses Kapitel hat sich auf die letztere Bedeutung konzentriert und wichtige Aspekte von Diversifizierungsprozessen untersucht. Dabei wurden zwei besonders wesentliche Prozesse identifiziert, nämlich Veränderungen in den Charakteristika der globalen Migration sowie Trends der demografischen Entwicklung, insbesondere in Bezug auf Kategorien der Differenz und Merkmale wie Ethnie / *race*.

Das Konzept der Superdiversität wurde in erster Linie entwickelt, um die Auswirkungen bestimmter bemerkenswerter Veränderungen bei den globalen Migrationsströmen seit den 1990er Jahren zu erörtern. Wie in dem ursprünglichen Artikel in *Ethnic and Racial Studies* aus dem Jahr 2007 (Kapitel 2 dieses Buches) beschrieben, umfassen diese Veränderungen neue Konfigurationen der Merkmale von Migrant:innen in Bezug auf Herkunftsland, Gender, Alter, Migrationskanal, Rechtsstatus und mehr. In diesem Kapitel haben wir uns mit Prozessen befasst, die für die neuen Konfigurationen relevant sind oder zu ihnen führen, angefangen mit dem Thema Migrationsursachen und -faktoren. Die Migrationsforschung sieht zahlreiche (wirtschaftliche, politische, soziale, demografische und umweltbedingte) Faktoren am Werk, die in der Regel gemeinsam die Entscheidung zum Migrieren beeinflussen. Diese Faktoren sind nicht nur voneinander abhängig, sondern sie haben auch einen kumulativen Effekt. So wirkt sich beispielsweise die Umweltzerstörung auf den Lebensunterhalt, die Ernährungssicherheit und die wirtschaftlichen Chancen aus, was wiederum die politischen und sozialen Migrationsfaktoren beeinflusst. Gemeinsam prägen diese Faktoren die Migrationsmuster, indem sie beeinflussen, wer, wann, wie und wohin zieht.

Dass die Faktoren hinter Migration sich auf komplexe Weisen gegenseitig beeinflussen und intensivieren, hat neben anderen Folgen auch zu einer globalen Vervielfältigung der Herkunftsländer beigetragen. Immer mehr Menschen migrieren aus immer mehr Ländern. Analysen zeigen, dass es sich dabei keinesfalls um ein gleichmäßiges globales Muster handelt. Die Diversifizierung der Migrationsströme ist kein einheitlicher Prozess, sondern durch sehr unterschiedliche Ursprünge, Zahlen, Mobilitäten, Entfernungen, Richtungen, Ziele, Zeiträume und sozioökonomische Merkmale gekennzeichnet. Die ungleiche Verteilung der Migrant:innen nach ihrer Herkunft sowie die Verflechtung zahlreicher anderer Faktoren sind grundlegende Merkmale der Superdiversität. Superdiversität sieht also von Kontext zu Kontext weltweit sehr unterschiedlich aus.

Die variierenden Merkmale der Superdiversität stehen auch in direktem Zusammenhang mit den von Ort zu Ort sehr verschiedenen Systemen der sozialen Schichtung und Ungleichheit. Solche Systeme werden in hohem Maße von einem anderen hier beschriebenen Phänomen bestimmt – nämlich von der zunehmenden Unübersichtlichkeit der Migrationskanäle und der dazugehörigen Rechtsstatus. Bei diesen handelt es sich um staatliche Kategorien für Migrant:innen, die Bleibe- und andere Rechte sowie Lebens- und Arbeitsbedingungen erweitern oder einschränken. Anknüpfend an die Arbeiten von Forschenden wie Lydia Morris und Fran Meissner können wir sehen, wie diese Rechtsstatus diverse Formen der Stratifizierung und Ungleichheit reproduzieren. Sie haben somit direkte Auswirkungen auf die sogenannten Integrationsprozesse von Migrant:innen. Aufgrund des Rechtsstatus, kombiniert mit Merkmalen wie Herkunftsland, Alter und Gender, werden Gruppen von Migrant:innen innerhalb der Gesellschaft unterschiedlich positioniert. Die Rechtsstatus sind damit eine Schlüsseldimension des mehrdimensionalen

Ansatzes, der für das Konzept der Superdiversität eine zentrale Rolle spielt.

Ungleichmäßige Diversifizierungsprozesse sind auch die Grundlage für die Herausbildung von abweichenden urbanen Diversitäten. Dafür gibt es zahlreiche zusätzliche Faktoren, darunter Besonderheiten der Politiken, der Geschichte, Geografie und multiskalaren Wirtschaft. Vor allem in Großstädten können wir eine Superdiversitätsdynamik beobachten, bei der »neue« Diversitäten mit »alten« Differenzmustern interagieren. Bei diesen Interaktionen handelt es sich um kaleidoskopische, fortlaufende Übergangsprozesse – und nicht etwa um neuartige Formen sozialer Stabilität. Darüber hinaus haben wir erörtert, wie Muster der wirtschaftlichen Stratifizierung und Segregation in Städten reproduziert werden, während sich die lokale Population durch Migration und / oder demografischen Wandel diversifiziert.

Auch ohne Migration diversifizieren sich viele Populationen demografisch in Bezug auf Ethnie / *race* (keinesfalls unproblematische Kategorien, wie auch im nächsten Kapitel diskutiert wird). Nichtweiße Populationen vergrößern sich und verteilen sich breitflächiger, was Forschende als »*Diversity Transition*« (Alba und Foner 2015) oder »*Diversity Explosion*« (Frey 2015) bezeichnen. Dies wird besonders klar, wenn wir Alters- und Diversitätsprofile vergleichen. Je nach Alterskohorte sieht Diversität sehr unterschiedlich aus, und die jüngsten Kohorten sind am diversesten. Die vielleicht bedeutendste Form der demografischen Diversifizierung ist der Zuwachs an Populationen, die oft als *mixed* bezeichnet werden – also an Menschen, die sich mit mehreren *races* oder ethnischen Kategorien identifizieren. Dieser Zuwachs hat viele nationale Organisationen dazu veranlasst, ihre statistischen Methoden zu ändern. Wie in Kapitel 6 ausführlicher erörtert wird, ist die Zunahme von *Mixedness* selbst ein bedeutendes Merkmal der wachsenden sozialen Komplexität.

Schließlich wurde in Anlehnung an die in Kapitel 3 betrachteten Haupttrends auch die sprachliche Diversifizierung als eine weitere wesentliche Facette der Superdiversität hervorgehoben. Insbesondere durch Migration sorgt der Kontakt zwischen Menschen mit unterschiedlichen sprachlichen und kommunikativen Repertoires für eine Reihe faszinierender Begleitprozesse, die derzeit soziolinguistisch und linguistisch-anthropologisch erforscht werden. Die sprachliche Diversifizierung hat in Gesellschaften auf der ganzen Welt leider auch zu verschiedenen Arten von Rückschlägen geführt – beispielsweise zu restriktiven Nationsmythen und neuen Formen der Diskriminierung von Migrant:innen und ihren Nachkommen.

Somit hat dieses Kapitel auf einige prozessuale Aspekte der Superdiversität hingewiesen. Wie Meissner und ich (2015) betonen, soll im Idealfall nicht nur eine Vielzahl von Prozessen beachtet werden, die soziale Muster und Strukturen formen – es ist auch wichtig, die variable Geschwindigkeit, das Ausmaß und die Ausbreitung dieser Vorgänge zu erforschen. So laufen die in diesem Kapitel beschriebenen Prozesse an manchen Orten schneller als an anderen; manchmal hören sie auf und beginnen wieder (wie wir bei der Covid-Pandemie gesehen haben). »Die geografische Dimension der Diversifizierung spielt eine Rolle« (Tach et al. 2019, S. 2221), wobei sich einige Prozesse eher auf der Ebene eines Stadtviertels oder einer Stadt entfalten als landesweit, was zu der bereits erwähnten besonderen urbanen Diversität führt. Relevante Prozesse können in einer Region, einem Land oder einem Stadtteil ungleichmäßiger verteilt sein als in anderen, beispielsweise aufgrund allgemeiner Merkmale der jeweiligen politischen Ökonomien oder aufgrund spezifischer politischer Rahmenbedingungen.

All diese Prozessdynamiken kombinieren Kategorien, Merkmale und Status und erschaffen dabei vielfältige Ergebnisse – nicht zuletzt komplexe Strukturen der Ungleichheit. Das Konzept der Superdiversität und seine Betonung der Mehrdimensionalität regt auch dazu an, die verflochtenen und kumulativen Diversifizierungsprozesse zu erforschen, die zusammen bedeutsame Formen des sozialen Wandels in Gesellschaften auf der ganzen Welt formen.

5 REAKTIONEN AUF DIVERSIFIZIERUNG

So wie es verschiedene Arten und Dimensionen der – migrations- sowie demografisch bedingten – Diversifizierung gibt, so gibt es auch viele Wege, darauf zu reagieren. Meistens orientieren sich die Reaktionen auf soziale Veränderungen an der wahrgenommenen Diversifizierung entlang einer einzigen Dimension, nämlich der Merkmale, die in diesem Buch als *ethnoracial* bezeichnet werden. Dieser Begriff umfasst eine weit verbreitete Vermengung von ethnischen Merkmalen und *race* – wobei erstere in der Regel als kulturell und sprachlich definiert werden, letztere aber häufig als biologisch interpretiert. Dieses Kapitel erörtert einige dieser Interpretationen und Reaktionen auf so wahrgenommene Diversifizierung sowie die sie fördernden Faktoren und die unterschiedlichen Ergebnisse.

Es ist schwierig, Wahrnehmungen und Reaktionen auf *ethnoracial* Diversifizierung zu verallgemeinern. Viele Faktoren sind stark kontextabhängig. Zunächst einmal gibt es eindeutig Unterschiede in der Art, wie in verschiedenen Ländern Diversifizierungen wahrgenommen werden und auf sie reagiert wird. Dies anzuerkennen bedeutet nicht, den Nationalstaat zu verdinglichen, was oft als methodologischer Nationalismus kritisiert wird (Wimmer und Glick Schiller 2002). Vielmehr geht es darum, realistisch die Unterschiede in den Sichtweisen und Reaktionen zu berücksichtigen, die maßgeblich vom öffentlichen Leben in einem Staat geprägt sind und sich aus folgenden Faktoren zusammensetzen: soziale und politische Geschichte (in einigen Fällen einschließlich Kolonialismus); Narrative und Imaginationen des Nationalstaates; verschiedene Geografien und Demografien; das historische Erbe der Einwanderung und der Integrationspolitik; Muster der sozialen Schichtung; historisch geformte Stereotypisierungen und rassistische / diskriminierende Praktiken; laufende politische Diskurse, Mediendarstellungen und öffentliche Debatten.

Bestimmte Begriffe haben sehr ausgeprägte länderspezifische Konnotationen (beispielsweise »allochtoon« und »autochtoon« in den Niederlanden, »Ausländer:innen« in Deutschland, »Hispanic« in den Vereinigten Staaten, »preta« und »parda« in Brasilien sowie »coloured« in Südafrika). Von Land zu Land können sich Kontexte sehr stark unterscheiden, was die Wahrnehmung der Diversifizierung erheblich beeinflusst (siehe Morning 2015).

Wie landesspezifische Kontexte solche Wahrnehmungen und Reaktionen prägen, spiegelt sich in vergleichenden Studien wider. Der Global Attitudes Survey des Pew Research Center (2016) beispielsweise vergleicht regelmäßig Einstellungen zur zunehmenden Diversität. Die übliche Methodik besteht darin, 1000 Personen in jedem der untersuchten Länder zu ihren Ansichten in Bezug auf Fragen der *race*, Ethnie und Nationalität zu befragen – sowie zu Diversität und Diversifizierung an sich. Die Ergebnisse zeigen erhebliche Unterschiede darin, ob Diversifizierung als gut oder schlecht für ein Land angesehen wird. So waren beispielsweise 63 Prozent der Befragten in Griechenland der Meinung, dass die zunehmende Diversität ihr Land weniger lebenswert macht, ebenso wie 53 Prozent in Italien und 41 Prozent in Ungarn; in Spanien, Frankreich und Schweden hingegen waren nur jeweils 22, 24 und 26 Prozent dieser Meinung (Pew Research Center 2016; siehe auch Pew Research Center 2021). Ähnlich unterschiedliche Ergebnisse wurden in einer Umfrage unter 11 Schwellenländern festgestellt (Pew Research Center 2020). Faktoren wie die Vorstellungen, Repräsentationen und politischen Diskurse eines Landes spielen dabei offensichtlich eine Rolle: So herrscht beispielsweise in Ungarn vergleichsweise wenig *ethnoracial* Diversität; die sehr negativen Einstellungen gegenüber Diversifizierung beruhen größtenteils darauf, wie sie im öffentlichen Raum behandelt wird (Van Hootegem und Meuleman 2019).

Innerhalb der von Pew befragten Länder unterscheiden sich die Einstellungen zur Diversifizierung auch nach der politischen Ausrichtung, was ebenfalls wenig überraschend ist. Wer sich mit rechten Parteien identifiziert, glaubt eher, dass zunehmende Diversität das Land verschlechtert. Auch diese Ergebnisse scheinen aufschlussreich im Hinblick auf die landesspezifischen Vorstellungen und die Politik der Diversifizierung. Sie zeigen auch Unterschiede zwischen politischen Orientierungen in Bezug auf Diversifizierung in den einzelnen Ländern: Die deutsche Rechte hat beispielsweise eine positivere Einstellung zur Diversifizierung als die griechische Linke.

Der Zusammenhang zwischen den Ansichten und dem Bildungsniveau ist sowohl laut Pew als auch laut zahlreichen anderen Umfragen dieser Art in verschiedenen Ländern ähnlich. Überall ist ein niedrigeres Bildungsniveau mit einer negativeren Einstellung zur Diversifizierung assoziiert. Im Vereinigten Königreich beispielsweise »lässt sich innerhalb der Weißen Mehrheit anhand des Bildungsniveaus in hohem Maße sowohl das Ausmaß der Bindung an die eigene Gruppe als auch die Feindseligkeit gegenüber anderen Gruppen voraussagen« (Sobolewska und Ford 2020, S. 9). Andernorts wird festgestellt, dass »Befragte mit höherem Bildungsniveau deutlich weniger rassistisch sind und mehr Wert auf kulturelle Diversität legen als ihre [weniger gebildeten] Pendants« (Hainmueller und Hiscox 2007, S. 399). Derartige Ergebnisse werden in Umfragen über die öffentliche Meinung zur Einwanderung (und damit auch zur Diversifizierung) immer wieder bestätigt: Ein höheres Bildungsniveau geht Hand in Hand mit einer liberaleren Einstellung zur Einwanderung und Unterstützung für Migrant:innen. Dabei spielt der Studiengang keine Rolle – ob man nun Soziologie, Ingenieurwesen, Biologie oder Wirtschaft studiert hat, mehr Bildung ist stets mit einer freundlichen oder zumindest weniger intoleranten Einstellung assoziiert. Warum dies der Fall ist, bleibt nach wie vor umstritten und vergleichsweise wenig erforscht (siehe Strabac 2011, Lancee und Sarrasin 2015, Finseraas et al. 2018). Die kausalen Mechanismen sind nicht bekannt; einige Theorien vermuten, dass höhere Bildung zur Entwicklung kognitiver Fähigkeiten führt, die helfen, Fehlinformationen zu hinterfragen sowie Selbstbeobachtung und damit vielleicht Empathie zu fördern. Vielleicht machen sich gebildetere Menschen auch weniger Sorgen um potenziellen Wettbewerb um Ressourcen wie Arbeitsplätze.

Laut vergleichenden Studien führt der Prozess der *ethnoracial* Diversifizierung (in den Pew-Umfragen beschrieben als »eine *zunehmende Anzahl* verschiedener *races*, ethnischer Gruppen und Nationalitäten«) zu recht unterschiedlichen, jedoch oft negativen Reaktionen. Die Idee der Diversität (in den Pew-Umfragen beschrieben als »das *Vorhandensein* von Menschen mit vielen verschiedenen Hintergründen«) wird jedoch in der Regel sehr viel positiver bewertet (siehe Pew Research Center 2021). In der Europäischen Sozialerhebung zwischen 2002 und 2018 wurde dieses Paradoxon bei mehreren ähnlichen, regelmäßig wiederholten Fragen zur Einstellung gegenüber sozialen Unterschieden zunehmend offenkundig (Ambrosini et al. 2019; Ramos et al. 2019; Van Hootegem und Meuleman 2019). Die Daten zeigen, dass die meisten Menschen in vielen Gesellschaften erklären, sich mit Diversität als Tatsache recht wohl zu fühlen, mit Diversifizierung als Prozess jedoch weniger. Was ist es an der Diversifizierung, das negative Reaktionen hervorruft?

Öffentliches Verständnis von Diversität und Diversifizierung

Die negativen Reaktionen auf Diversifizierung einfach der grundsätzlichen Angst vor Veränderungen zuzuschreiben, wäre zu simpel. Sie stellt aber tatsächlich einen Teil der Erklärung dar: Diversifizierung bedeutet einen sozialen Wandel, und viele Menschen mögen prinzipiell keine Veränderung ihrer gesellschaftlichen Situation. Manche sprechen in diesem Kontext auch von »nostalgischer Deprivation« oder »der Diskrepanz zwischen dem Verständnis des aktuellen Status und der Wahrnehmung der eigenen Vergangenheit« (Gest et al. 2018, S. 1695). Es wird angenommen, dass eine solche Diskrepanz einige Menschen dazu veranlasst, nicht nur negativ auf *ethnoracial* Diversifizierung zu reagieren, die als Abkehr von einer »einheitlichen« Vergangenheit angesehen wird – sondern sogar extreme Maßnahmen zu ergreifen, beispielsweise sich der radikalen Rechten anzuschließen, in der Bemühung, den Prozess aufzuhalten. Die Angst vor Veränderungen und das Gefühl eines Verlustes im Vergleich zu einer realen oder imaginären Vergangenheit sind sicherlich wichtige Aspekte vieler Reaktionen auf Diversifizierung. Es ist jedoch unwahrscheinlich, dass sie die negativen Reaktionen vollständig erklären – vor allem in Anbetracht der vielen Variationen, Arten, Ausmaße, Geschwindigkeiten und Geografien der Diversifizierung. Eine Reihe von Theorien und Fällen muss untersucht werden, um ein tieferes Verständnis für die möglichen Reaktionen zu gewinnen.

Zuvor sollte man jedoch bedenken, dass Reaktionen auf alltäglichen Wahrnehmungen, Narrativen und Interpretationen der Diversifizierung beruhen. Dazu gehören – insbesondere in Zeiten grassierender Fehlinformationen – verzerrte Fakten oder falsche Darstellungen der Diversifizierung. Wahrnehmungen, Narrative und Interpretationen sind Teil eines konzeptionellen Bereichs, den wir als »öffentliches Verständnis von Diversität und Diversifizierung« bezeichnen können. Um zu verstehen, wie Menschen auf Diversifizierung reagieren, brauchen wir also einen besseren Einblick in dieses Verständnis.

Unter Öffentlichkeit verstehe ich dabei einen Bereich geteilter oder sogar vorherrschender Bedeutungen, Darstellungen, Diskurse und Sprachwelten, kontinuierlich durch weitverbreitete Medien reproduziert (ähnlich beschreibt Benedict Anderson [1983] Printmedien und die Bildung landesspezifischer imaginierter Gemeinschaften). Natürlich sollten wir in vielerlei Hinsicht und insbesondere im Zeitalter fragmentierter und sozialer Medien nicht das Verständnis *der* oder auch *einer* Öffentlichkeit betrachten, sondern die Verständnisse innerhalb und an den Schnittstellen zwischen multiplen *Öffentlichkeiten* (Warner 2002). Jede wird ihre eigene Weltsicht und diskursive Besonderheiten haben, aber vielleicht gibt es dennoch einige gemeinsame konzeptionelle Rahmen.

Idealerweise sollte ein solches per definitionem anthropologisches Unterfangen folgende Vorstellungen und Narrative in diversen Öffentlichkeiten untersuchen: die Bedeutung der Begriffe »Diversität« und »Diversifizierung« (was gehört dazu?); Annahmen bezüglich der

»Funktionsweise« von »Diversität« und »Diversifizierung« (was sie verursacht und antreibt; wie sie das Gemeinschaftsleben, die öffentlichen Institutionen und die politische Dynamik verändern); die räumliche Verortung von »Diversität« und »Diversifizierung« (und wie sie sich auf andere imaginierte soziale Geografien auswirkt, zum Beispiel auf Kriminalität und Sicherheit, Wohnraum, Wirtschaft, Gesundheit, kulturelle Praktiken und kollektive Moralvorstellungen).

Eine solche Untersuchung würde ein besseres Verständnis dafür vermitteln, wie Ideen und Narrative von »Diversität« und »Diversifizierung« von einzelnen Öffentlichkeiten und verschiedenen politischen Diskursen und Bildern geformt und beeinflusst werden – und wie diese Vorstellungen über Veränderungen und Unterschiede sowohl alltägliche Begegnungen als auch größere soziale Strukturprozesse prägen (siehe Vertovec 2021). Hier kann ich nur einige mögliche Merkmale des öffentlichen Verständnisses dieser Themen beschreiben.

Kategorisierungen

Wie die Mitglieder einer Öffentlichkeit die Heterogenität der sozialen Unterschiede in ihrer Nachbarschaft, ihrer Stadt, ihrem Land oder der Welt verstehen, hängt damit zusammen, welche sozialen Kategorisierungen sie verwenden. Dabei handelt es sich um persönlich und gesellschaftlich konstruierte Kriterien, mit denen Personen andere in verschiedene konzeptionelle Kollektive einordnen. Es sind »Klassifizierungssysteme, durch die Individuen ihre Umwelt wahrnehmen und verstehen« (Lamont et al. 2014, S. 574). Wie Richard Jenkins erklärt,

> Das Kategorisieren ist ein alltäglicher und notwendiger Teil davon, wie wir die komplexe menschliche Welt, die wir immer nur teilweise kennen, verstehen und ihr Vorhersehbarkeit verleihen. Die Fähigkeit, unbekannte Individuen anhand bekannter Kategorien zu identifizieren, gibt uns zumindest die Illusion, zu wissen, was wir von ihnen erwarten können. (2004, S. 82)

Das Fachgebiet der Sozialpsychologie widmet sich weitgehend der Untersuchung der sozialen Kategorisierung und ihrer Auswirkungen: Dies ist die Grundlage für Schlüsselthemen der Disziplin wie Gruppenbildung, Vorurteile und Stereotypisierung, Gruppenbeziehungen und implizite Voreingenommenheit (siehe zum Beispiel Allport 1954; Brewer 1999, 2007; Dovidio und Gaertner 2010; Dixon und Levine 2012). Solche Kategorisierungen sind das Ergebnis persönlicher Erfahrungen, überlieferten Wissens und öffentlichen Diskurses. Wie im vorangegangenen Kapitel erwähnt, spielen staatliche – und insbesondere in offiziellen Volkszählungen verwendete – Kategorien eine zentrale Rolle in der Reproduzierung landesspezifischer sozialer Kategorien, insbesondere bezüglich *race* und Ethnizität. Auch hier gilt: »Offizielle und wissenschaftliche statistische Kategorisierungen *reflektieren* und *beeinflussen* strukturelle soziale Spaltungen, ebenso wie die Mainstream-Darstellungen. [...] In diesem Sinne sind Volkszählungen nicht nur ein Spiegel sozialer Realitäten, sondern auch an der Konstruktion dieser Realitäten beteiligt« (Simon et al. 2015b, S. 2, Hervorhebung im Original).

Soziale Kategorien werden in Schemata angeordnet, um die soziale Welt zu ordnen und eine Art »Laiendemografie« über unsere Mitmenschen zu erzeugen (Bodenhausen et al. 2012). Die Anwendung solcher Kategorien bietet »institutionalisierte sowie informelle Möglichkeiten, andere Menschen zu erkennen, zu identifizieren und zu klassifizieren, Ähnlichkeiten und Unterschiede zu konstruieren, Handlungen zu ›kodieren‹ und zu verstehen« (Brubaker 2009, S. 34). Es lässt sich hinzufügen, dass diese Kategorien auch eine »Laienhierarchie« schaffen, die Aspekte der sozialen Struktur im Hinblick auf Wert und Status ordnen, was zur Schaffung und Reproduktion von Ungleichheit beiträgt. Wie Charles Tilly es ausdrückt: »Kategorien haben Macht. Sie erschaffen leicht zugängliche Namen, Markierungen, gruppenübergreifende Praktiken und interne Verbindungen für das alltägliche soziale Leben – und erleichtern damit die ungleiche Behandlung, sowohl durch Mitglieder als auch durch Außenstehende« (2005, S. 111).

Wenn Diversifizierung stattfindet, werden Neuankömmlinge meist schnell in bestehende Schemata klassifiziert. Sozialpsycholog:innen beschreiben diesen Prozess folgendermaßen:

> Bei der ersten Begegnung mit Mitgliedern einer neuartigen Gruppe bestimmt eine beispielbasierte Repräsentation die Kategorisierungen, aber sobald genügend Erfahrung mit Gruppenmitgliedern gemacht wurde, scheint sich eine probabilistische, prototypbasierte Repräsentation herauszubilden. Unabhängig vom Repräsentationsformat haben Menschen offensichtlich auf Schlussfolgerungen basierende Überzeugungen über die Merkmale und Eigenschaften von sozialen Gruppen. Kategorien werden grundsätzlich anhand beschreibender Merkmale dargestellt, aber die Darstellungen bestehen nicht nur aus einer bloßen Aufzählung von Merkmalen, die individuell mit einer Kategorie korreliert sind – vielmehr sind diese Merkmale in kausale Theorien eingebettet, die nicht nur beschreiben, sondern Erklärungen dafür liefern sollen, warum die Kategorie so ist, wie sie ist. (Bodenhausen et al. 2012, S. 320)

Diese Erklärungen umfassen oft normative, wertorientierte und moralistische Urteile über ganze Kategorien von Menschen. Nach ersten Begegnungen kommen »auf erlernter Interaktion basierende Beziehungen«, und letztlich werden Neuankömmlinge zu »kategorisierten Anderen« (Lofland 1998).

Die sozialen Kategorisierungen, die Weiße / nichtmigrantische Populationen vornehmen, spielen natürlich eine Rolle – diese Populationen sind schließlich wichtige Teilnehmende an Superdiversität und sozialer Komplexität (Alba und Duyvendak 2019). Dennoch sollte man nicht davon ausgehen, dass Kategorisierungsprozesse in Bezug auf Neuankömmlinge eine Sache von »einheimischen« Weißen sind, die auf neue, eingewanderte Nicht-Weiße treffen. Auch alteingesessene ethnische Minderheiten reagieren auf Neuankömmlinge aus anderen Herkunftsländern; dies wird in immer mehr Forschungsarbeiten untersucht. So beschreibt Susanne Wessendorf (2020) Prozesse im Osten Londons, wo osteuropäische Migrant:innen in superdiverse

Gebiete gezogen sind, in denen auch viele Menschen mit südasiatischem Hintergrund leben; Orly Clergé (2019) entschlüsselt die Beziehungen und gegenseitigen Wahrnehmungen zwischen Schwarzen Amerikaner:innen und neuen Einwander:innen aus Jamaika und Haiti auf Long Island; Elaine Ho und Laavy Kathiravelu (2021) erörtern die Ansichten neuerer Migrant:innen sowie die Kategorisierung und Rassifizierung durch »Co-Ethnien« in Singapur. Wir müssen auch bedenken, dass Einwander:innen selbst die Definitionen und Bedeutungen sozialer Kategorien wie *race* aus ihren Herkunftsländern mitbringen, »die mit denen ihres Gastlandes interagieren und von ihnen durchdrungen werden« (Davenport 2020, S. 225).

Diese Dynamik steht in direktem Zusammenhang mit dem Aufeinandertreffen von »alter« und »neuer« Diversität, wie in Kapitel 4 erörtert. In solchen Kontexten sind Bedrohungsnarrative und Stereotypisierungen zwar im Überfluss vorhanden, es gibt aber auch viel Empathie – oft können Menschen mit lange zurückliegendem Migrationshintergrund sich noch an die eigenen Erfahrungen mit Diskriminierung kurz nach der Ankunft (beispielsweise im Vereinigten Königreich) erinnern. Dies beeinflusst ihre Wahrnehmungen, Kategorisierungen und sozialen Interaktionen gegenüber Neuankömmlingen oft positiv. Ob alte Einwohner:innen, alte Einwander:innen oder neue Einwander:innen, wir müssen bedenken, dass »Klassifizierungskämpfe und Verhandlungen zwischen Akteuren in einem sozialen Feld stattfinden« (Wimmer 2008, S. 970). Jeder Mensch hat seine eigenen Positionierungen und Erfahrungen, aber auch überlieferte Konzepte und Narrative, die Kategorisierungsprozesse konditionieren.

Soziale Kategorisierung erfolgt nicht nur durch die Begegnung mit anderen, sondern manchmal auch durch bloße Vorstellung. Robert Miles (1989) beschreibt dies als Kategorisierung des »imaginierten Anderen«, im Gegensatz zu dem »erlebten Anderen« (wobei »erlebt« – *experienced* – sich hier auf direkte Beobachtung oder Interaktion bezieht). Die Laiendemografie von Diversität und Diversifizierung ist somit immer eine Mischung aus Imagination, Beobachtung sowie Fremdinterpretationen, die über soziale Netzwerke (online und offline) sowie Medien vermittelt werden.

Wie auch immer Diversität und Diversifizierung in der Gesellschaft definiert werden, ein Kernmerkmal sozialer Kategorisierungen ist nahezu immer das, was Rogers Brubaker als *Gruppismus* (*groupism*) bezeichnet. Dabei handelt es sich um »die Tendenz, diskrete, scharf abgegrenzte, intern homogene und extern begrenzte Gruppen als Grundbestandteile des sozialen Lebens zu betrachten« (Brubaker 2002, S. 164). Dementsprechend führe Gruppismus zu »der Tendenz, die soziale und kulturelle Welt als ein vielfarbiges Mosaik aus einfarbigen ethnischen, *racial* oder kulturellen Blöcken darzustellen« (ibid.). Viele öffentliche Auffassungen von Diversität betrachten die Gesellschaft tatsächlich als ein Set aus Gruppen, die klare Grenzen haben, in ihren Werten und Praktiken homogen sind und an andere, ähnlich konzipierte Gruppen stoßen. Es wurde untersucht, wie Gruppismus in unterschiedlichem Maße die Vorstellungen, Gefühle und Einstellungen der Menschen sowie die Grenzen und Kriterien für die Einbeziehung von *Ingroups* und *Outgroups* untermauert (siehe Levine und Campbell 1972). Individuen nehmen andere als Mitglieder ihrer eigenen oder einer anderen sozialen Gruppe wahr und verhalten sich ihnen gegenüber entsprechend. Manche halten dies für einen grundlegenden Akt der sozialen Kognition (Macrae und Bodenhausen 2001).

Gruppismus passt gut zu dem, was Amartya Sen (2006, S. 20) als die Annahme einer »singulären Zugehörigkeit« (*singular affiliation*) bezeichnet – also die Überzeugung, dass jede Person in erster Linie nur einer Kategorie oder einem Kollektiv angehört, »nicht mehr und nicht weniger«. Diese Annahme ist weit verbreitet und in vielen Öffentlichkeiten beliebt, insbesondere bei kommunitaristischen Denker:innen und politischen Akteuren. Sen schreibt:

> Die Feinheiten pluraler Gruppen und multipler Loyalitäten [in Kapitel 6 dieses Buches ausführlicher erörtert] werden ausgelöscht, wenn jede Person als in genau eine Zugehörigkeit eingebettet betrachtet wird. Die Fülle des Menschenlebens wird ersetzt durch eine schablonenhafte Begrenztheit, die darauf besteht, dass jede Person in nur einem organischen Gebilde »situiert« ist. (Ibid.)

Dazu kommt meines Erachtens Folgendes: Viel gesellschaftliches Gedankengut in Bezug auf Gruppenzugehörigkeit und singuläre Zugehörigkeit beruht auf der Vorstellung eines begrenzten »Kuchens«, der in Stücke geschnitten und (ungleich) an angebliche Gruppen verteilt wird – es handelt sich also um *Nullsummen-Gruppismus.* Wenn eine andere Gruppe in den Genuss von öffentlich zugänglichen Ressourcen wie Arbeitsplätze, Wohnraum, staatliche Unterstützung, Rechte oder Schutzgesetze kommt, muss die eigene Gruppe automatisch einen (wenn auch vielleicht nicht sofort erkennbaren) proportionalen Nachteil erleiden – so geht dieses Verständnis. Daraus folgt das Gefühl gruppenbezogener Ungerechtigkeit; der Verdacht, dass andere Gruppen »unverdienterweise« Ressourcen erhalten oder »sich vordrängen« (Hochschild 2018). Diese Sicht der sozialen Welt sowie der sozioökonomischen und politischen Ressourcen führt zu einem sehr konflikthaften, wettbewerbsbasierten öffentlichen Verständnis von Diversität und Diversifizierung. So hat Robert Reich beispielsweise für die USA beschrieben, wie »die weiße Arbeiterklasse von konservativen Republikaner:innen und Trump-Fans [...] zum Glauben verführt wurde, dass das, was für Schwarze und Latinos gut ist, für sie selbst schlecht sein müsse; dass die Weißen einen sozialdarwinistischen Kampf zu gewinnen hatten« (2021).

Vor allem in einem komplexen gesellschaftlichen Umfeld kann sich das Verständnis von sozialen Kategorien und Gruppismus jedoch auf viele Kriterien beziehen. In dem an unserem Max-Planck-Institut angesiedelten Projekt »Diversität und Kontakt« (Schönwälder et al. 2016) hat ein multidisziplinäres Team ethnografische Forschung und eine dreiwellige Paneluntersuchung mit 2500 Individuen kombiniert, um alltägliche Begegnungen und Einstellungen zu Unterschieden in 50 Nachbarschaften in 16 deutschen Städten zu untersuchen. Auf die Frage nach »den Menschen in der eigenen Nachbarschaft« und danach, ob und wie »divers« diese sind, unterschieden die Befragten ein breites Spektrum an sozialen Merkmalen. Als »divers« wurden nicht nur Menschen anderer nationaler Herkunft bezeichnet (von etwas über der Hälfte der Befragten); auch unterschiedliche Altersgruppen, soziale Schichten, Familienformen, Lebensstile und Überzeugungen wurden miteinbezogen. Im Alltag wird »Diversität« also zumindest in Deutschland offenbar nicht nur in Bezug auf Ethnie und Herkunft gedacht, sondern anhand vieler sozialer Kategorien.

Es ist jedoch bekannt, dass Menschen bei vielen alltäglichen Begegnungen mit ihrem sozialen Umfeld dazu neigen, eine Kategorie unter vielen auszuwählen (Prati et al. 2021). Die Ethnizität ist ein wichtiger Blickwinkel, durch den soziale Unterschiede betrachtet werden. Konzepte der Ethnizität verbinden Gruppismus mit *Kulturalismus*:

> [Im Rucksackmodell] wird »Kultur« als ein Paket kollektiver Verhaltensweisen, moralisch-ästhetischer Eigenschaften und »Bräuche« definiert (oft als »kulturelles Gepäck« der Migrant:innen bezeichnet), die auf eine nicht ganz klare Weise von Generation zu Generation weitergegeben werden. Am besten solle dieses Paket zwar zu einer bestimmten geografischen Herkunft passen, bleibe aber trotzdem von der Geschichte oder einem wechselnden Kontext weitgehend unberührt und verleihe den Gefühlen, Werten, Praktiken, sozialen Beziehungen, Vorlieben und dem eigentlichen Charakter der »Dazugehörenden« eine besondere Qualität. (Vertovec 1996b, S. 51)

Während eine anthropologische Sicht der Kultur Offenheit, Wandel und Flexibilität betont, betrachtet diese Art von Volkskulturalismus die Kultur als eine Reihe von geschlossenen, unveränderlichen, »vererbbaren« Unterschieden (siehe auch Stolcke 1995; Baumann 1996, 1999).

Gruppismus und Kulturalismus sind auch Schlüsselelemente der sozialen Konstruktion von *»race«* (siehe u.a. Omi und Winant 1986, Lewes 2003, Saperstein et al. 2013). Im Rahmen des Begriffs *»race«* werden Merkmale – insbesondere Phänotypen – von vielen Menschen als grundlegende biologische und physikalische (und daher »natürliche«) Kategorien verstanden. In vielen Ländern werden verschiedene, unterschiedlich gewichtete Merkmale wie Hautfarbe, Abstammung sowie soziokulturelle Aspekte wie Sprache als *race-Marker* verwendet (Schachter et al. 2021). In diesem Zusammenhang sprechen Sozialwissenschaftler:innen von Rassifizierung – einem Prozess, der wahrgenommene kulturelle Gruppen als quasi biologische Entitäten definiert (siehe unter anderem Murji und Solomos 2005; Gans 2017; Hochman 2019). Wie Loïc Wacquant schreibt,

> Rassifizierung bedeutet *Naturalisierung* – Geschichte wird in Biologie verwandelt, kulturelle Unterschiede in Wesensunterschiede. Es bedeutet *Verstetigung* – es wird behauptet, diese Unterschiede seien über die Vergangenheit, Gegenwart und Zukunft hinweg beständig, wenn nicht sogar unveränderlich. Es bedeutet *Homogenisierung* – alle Mitglieder der rassifizierten Kategorie werden als ähnlich wahrgenommen, als ob sie eine dauerhafte essenzielle Qualität teilten, die eine ungleiche Behandlung ihrer Mitglieder im symbolischen, sozialen und physischen Raum rechtfertigt. (2022, S. 78, Hervorhebung im Original)

Rassifizierung ist oft im Spiel, wenn es um Kategorien wie Muslim:innen, Irish Travellers (Pavees) oder amerikanische Latinx geht. Dabei sind rassifizierte Kategorien aber auch mehrdeutig. Ali Rattansi (2020, S. 65) weist darauf hin, dass »*race*« und rassifizierte Kategorien in öffentlichen Imaginationen zu verschiedenen Anteilen aus biologischen und kulturellen Vorstellungen von Unterschied, Überlegenheit und Unterlegenheit bestehen. »Rassismus und Rassifizierung sind *Prozesse*, die stets weitergehen«, so Rattansi (ibid.), »und die sich von Situation zu Situation und während verschiedener historischer Perioden ändern und wandeln können« (Hervorhebung im Original).

Alltägliche Kategorisierungen sozialer, ethnischer oder rassifizierter Gruppen werden ständig verdinglicht, essenzialisiert und stereotypisiert. »Laiendemografien« nach diesen Kategorien sind zudem durchdrungen von Annahmen in Bezug auf Gender, stratifiziert durch Vorstellungen über sozioökonomische und symbolische Status und Rangordnungen sowie verräumlicht – so dass Kategorien der Differenz »mentale Landkarten« von Diversität und Diversifizierung schaffen (einschließlich der Frage, wo sich die eigene imaginierte *In-group* innerhalb dieser stratifizierten Topografie befindet).

Solche Auffassungen werden in öffentlichen Diskursen und Darstellungen auf unterschiedliche Weise formuliert, reproduziert und verstärkt. Diese Phänomene als Fragen des öffentlichen Verständnisses, der sozialen Konstruktion, der mentalen Bilder und des politischen Diskurses zu diskutieren, bedeutet nicht, sie als irreal abzutun. Im Gegenteil: »*race*-basierte Ausdrucksweisen, Ideologien, Narrative, Kategorien und Klassifizierungssysteme sowie rassifizierende Sicht-, Denk-, Sprech- und Rahmungsweisen sind real und haben Konsequenzen« (Brubaker 2002, S. 168). Dies gilt auch für andere soziale Kategorien. Öffentliche Auffassungen von Diversität und Diversifizierung, die ihrerseits auf begrifflichen Kategorien beruhen, sind sehr wohl greifbar: Sie konditionieren unmittelbar die Rahmen, in denen Menschen ihre soziale Welt wahrnehmen, Einstellungen entwickeln und handeln.

Konzeptualisierungen

Ich möchte an dieser Stelle hervorheben, dass die öffentlichen Auffassungen von und Einstellungen zu *Diversität* und *Diversifizierung* nicht mit denen zur *Einwanderung* identisch sind. Sie hängen aber durchaus zusammen, überlappen sich und beeinflussen sich gegenseitig.

Es gibt mittlerweile einen beachtlichen Textkorpus zum Thema öffentliche Meinung und Einwanderung (siehe unter anderem Rustenbach 2010; Vertovec 2011; Dražanová 2020; Kustov et al. 2021). Öffentliche Ansichten über Einwanderung sind von einer Reihe von Bedenken geprägt, insbesondere: wirtschaftlich (die übliche Vorstellung ist ein geschlossener und eingeschränkter Arbeitsmarkt); kulturell (vor allem die Sorge um die Entstehung nicht assimilierbarer kultureller Enklaven von Minderheiten mit radikal abweichenden Moralvorstellungen, Praktiken und Werten; dazu Angst um die »Verwässerung« oder »Zerstörung« der landesspezifischen Kultur); sozial-institutionell (angenommene Belastung der Schulen, des Gesundheitswesens und der Sozialfürsorge); sicherheitsbezogen (vor allem

Ängste vor einem möglichen Anstieg von Kriminalität und Terrorismus).

Diese auf Einwanderung fokussierten Annahmen können durchaus mit dem öffentlichen Verständnis von Diversität und Diversifizierung in Verbindung gebracht werden: Viele Menschen nehmen an, dass die migrationsbedingte Diversifizierung – mit all ihren wirtschaftlichen, kulturellen, sozial-institutionellen und sicherheitsbezogenen Aspekten – die Nationalidentität, die wirtschaftliche Dynamik und den sozialen »Zusammenhalt« gefährdet. Um diesen vermeintlichen Zerfallsprozessen entgegenzuwirken, bemühen sich Nationalstaaten um Debatten, Politiken und Programme zur Erleichterung der »Integration« von Einwander:innen (selbst ein sehr umstrittenes Konzept in der heutigen Migrationsforschung: siehe unter anderem Bertossi 2011; Meissner und Heil 2020; Vertovec 2020a; Karimi und Wilkes 2021; Favell 2022).

Es ist vor allem die kulturelle Dimension der Einstellungen zur Einwanderung, die sich mit den öffentlichen Annahmen zu Diversität und Diversifizierung überschneidet. Sie steht oft an erster Stelle, wenn man von Einwanderung und ihren Auswirkungen spricht. Dies bestätigt der Wirtschaftsnobelpreisträger David Card: Bei der Untersuchung von Daten der Europäischen Sozialerhebung in 20 Ländern stellten er und sein Team fest, dass nur etwa 20 Prozent der Einstellungen zur Einwanderung wirtschaftliche Fragen wie Auswirkungen auf die Löhne betreffen. Bei 80 Prozent geht es um kulturelle Fragen wie das Zusammenleben mit Menschen, die eine andere Sprache, Religion oder Kultur haben (in Coy 2021; siehe auch Van Hootegem und Meuleman 2019). Einwanderung wird also oft als ein Prozess verstanden, der ein Land mit immer mehr (vorwiegend rassifizierten) kulturellen Unterschieden konfrontiert.

Wie zu Beginn dieses Kapitels erwähnt, zeigen Umfragen jedoch, dass die meisten Menschen der Idee der Diversität als Gegebenheit eher wohlwollend gegenüberstehen. Viele verstehen Diversität als eine »gute Mischung«, die eine Gesellschaft kulturell bereichert, »bunter« macht und die Kreativität anregt (vergleiche Byrne 2006). Der Gedanke an Diversifizierung als Prozess (insbesondere migrationsbedingt) kann jedoch schnell zu der Befürchtung führen, dass ein Land oder Ort »zu divers« wird und eine Kaskade negativer Auswirkungen auslöst. Dabei geht es nicht um die Anzahl der Neuankömmlinge sondern um die Vervielfältigung ihrer Unterschiede. Eine solche Aussicht kann ein tiefes Unbehagen hervorrufen: Gesellschaftliches Chaos wird befürchtet (Foroutan 2019). Es wird also davon ausgegangen, dass der positive Begriff der Diversität – die »gute Mischung« – eine Obergrenze oder zumindest ein bestimmtes Gleichgewicht haben muss.

»Zu viel« Diversität war das proklamierte Kernproblem in einem berüchtigten Artikel von David Goodhart (2004). Er schrieb, dass ein gewisses Maß an ethnischen, *racial* und kulturellen Unterschieden zwar keine große Gefahr für eine Gesellschaft darstelle, dass eine sich ständig weiter diversifizierende Population aber automatisch zu einer Erosion kollektiver Normen und Identitäten führen müsse. Die Bereitschaft, Ressourcen zu teilen, gegenseitige Verpflichtungen unter Bürger:innen, das öffentliche Wohlwollen und das gemeinsame Selbstverständnis würden also zwangsläufig zerfallen. Im Mittelpunkt dieser Sichtweise steht die Annahme, dass Menschen ihre Steuern und kollektiven Güter nur mit »ihresgleichen« teilen wollen. Wenn also immer mehr Menschen mit immer mehr sozialen (und vor allem ethnischen) Unterschieden hinzukommen, müsse die Solidarität schwinden, die einem Wohlfahrtsstaat zugrunde liegt.

Wer die Ursprünge der Soziologie kennt, denkt an dieser Stelle vielleicht daran, was Émile Durkheim als »mechanische Solidarität« bezeichnete (2014 [1893]). Durkheim postuliert, dass in historisch früheren, einfacheren, kleinteiligen Gesellschaftstypen der soziale Zusammenhalt durch die Homogenität der Werte, Traditionen und Lebensstile der Individuen geschaffen und aufrechterhalten wurde (»Mechanisch« bezieht sich hier auf die Austauschbarkeit von Teilen aus denen eine Maschine besteht.) Dies unterschied er von der »organischen Solidarität«, die seines Erachtens den Charakter des sozialen Zusammenhalts in der modernen, industriellen Großgesellschaft kennzeichnet. Bei dieser letzteren Art von Solidarität, so Durkheim entsteht der Zusammenhalt durch die gegenseitige Abhängigkeit von beruflich spezialisierten Individuen, die durch Gesetze und Institutionen überwacht wird. (»Organisch« bezieht sich auf die speziellen Funktionen von Organen, aus denen ein Körper besteht.) Solche öffentlichen Auffassungen von Diversität und Diversifizierung, die von Beiträgen wie Goodharts untermauert werden, gehen davon aus, dass die einzig gültige Idee von Solidarität diejenige ist, die Durkheim als »mechanisch« bezeichnete.

Die Beziehung zwischen ethnischer Diversität, Solidarität und sozialer Wohlfahrt wurde von den Wirtschafts- und Politikwissenschaften eingehend untersucht. So wurde erörtert, ob diversere Nationalstaaten oder Kommunen tatsächlich weniger für die Wohlfahrt ausgeben: Wenn ja, könnte das heißen, dass Diversität in der Tat der sozialen Solidarität schadet. Ein internationaler Überblick über Studien in diesem Bereich zeigt jedoch keinen starken Zusammenhang und fast keine Kausalität zwischen ethnischer Diversität und Sozialhilfeausgaben (Stichnoth und Van der Straeten 2013). Dies wurde auch in einer detaillierten Analyse der lokalen Ausgaben in US-Städten über fünfzig Jahre deutlich, woraufhin Daniel Hopkins (2011, S. 69) zu dem Schluss kommt, dass »ethnische und *racial* Diversität die Bereitstellung öffentlicher Güter nicht durchgängig dämpft. Tatsächlich waren die Auswirkungen der Diversität in den letzten Jahren für die meisten Ausgabenkategorien unbedeutend und für das Gesundheitswesen positiv.«

Abgesehen von den tatsächlichen Ausgaben zeigt jedoch eine Reihe von Studien einige Nachweise für negative Auswirkungen von ethnischer Diversität und Diversifizierung auf die Einstellungen zur Umverteilung von öffentlichen Geldern und Ressourcen – die Evidenz ist jedoch insgesamt schwach bis uneindeutig. Zum Teil liegen die unklaren Ergebnisse wohl an verzerrenden Faktoren. So könnte es sein, dass Menschen in einem sich diversifizierenden Umfeld Umverteilung skeptisch gegenüberstehen, weil sie gleichzeitig mit wirtschaftlichen Problemen, Einkommensstagnation oder der Schrumpfung des Arbeitsmarktes konfrontiert sind – also mit Bedingungen, die über die Diversifizierung hinausgehen. Außerdem sind Gebiete, die sich diversifizieren, in der Regel auch durch hohe Fluktuation, also viele Zu- und Abwanderungen, gekennzeichnet. Dies führt zu Unsicherheiten und wechselnden Erwartungen in Bezug auf lokale soziale Strukturen – nicht zuletzt, wenn die Befragten selbst darüber nachdenken, ob sie bleiben oder gehen sollen. Solche Veränderungen und Unsicherheiten können die Unterstützung langfristiger Investitionen in den eigenen Wohnort mit öffentlichen Mitteln verringern. Diese Dynamiken werden in den meisten Studien über Diversität und soziale Wohlfahrt nicht berücksichtigt. Vielleicht ist auch die Endogenität ein Schwachpunkt einiger Untersuchungen: Es könnte sein, dass Orte, die mehr öffentliche Mittel ausgeben, einfach nur überproportional Weiße anziehen, während Orte mit niedrigen Ausgaben eine immer diversere Population aufweisen. Diese Prozesse finden statt, noch bevor Einstellungen zu Diversität und öffentlichen Ausgaben sich formen (Hopkins 2009).

Insgesamt zeigt die sozialwissenschaftliche Literatur, dass Diversität nicht zwangsläufig die öffentlichen Investitionen untergräbt oder die Unterstützung für die soziale Wohlfahrt verringert – schnelle Diversifizierung aber mitunter schon. Die Auswirkungen des politischen Diskurses sind dabei ein Schlüsselfaktor – und einer, der im Zusammenhang mit den anderen hier beschriebenen Reaktionen auf Diversifizierung berücksichtigt werden sollte. Wenn ein Zuwachs an Menschen anderer *race* oder Ethnie in einem bestimmten Gebiet öffentlich heftig diskutiert wird, insbesondere auf eine verfestigende und negative Weise, wirkt sich dies stark auf die lokalen Einstellungen zur Diversifizierung aus. Negative Einstellungen gegenüber öffentlichen Ausgaben (für diverse Andere) entstehen vor allem in Zeiten und Kontexten, wenn bestimmte Framings, Darstellungen sowie rassifizierende und ethnisierende Rhetorik eine Vorstellung von Diversifizierung als Bedrohung konstruieren und verstärken. Diese Narrative werden von politischen Akteuren manipuliert und häufig in den öffentlichen Medien reproduziert. Erik Bleich, Irene Bloomraad und Els de Graauw betonen: »Die Relevanz von Framing und Repräsentation liegt auf der Hand: Wir müssen verstehen, wie verschiedene Gruppen dargestellt werden und inwieweit Mediendarstellungen die öffentliche Meinung, die politische Mobilisierung und politische

Ergebnisse beeinflussen« (2015, S. 862). Im Hinblick auf die Diversifizierung vermitteln rechte Framings ein Gefühl des »politisierten Wandels« der sozialen Kontexte, was negative Reaktionen auf neuankommende Andere hervorruft (Hopkins 2007).

Schätzungen

Goodharts soeben zitierter Artikel von 2004 propagierte die Idee, dass es einen Kipppunkt für tolerierbare Diversität gibt – ein Schritt weiter im Diversifizierungsprozess, und es wird »zu viel«. Ein tatsächliches Idealniveau wurde nie beschrieben, und es wurde auch nicht begründet, warum es eine solche demografische Schwelle geben sollte. Dennoch schwingt in öffentlichen Annahmen über Diversität und Diversifizierung häufig die Vorstellung eines »Zuviel«, einer fatalen Grenze, mit. Dies war im Vorfeld des Brexit-Referendums im Vereinigten Königreich offenkundig. Am 16. Juni 2016, nur wenige Tage vor der Abstimmung, startete der Vorsitzende der UKIP (United Kingdom Independence Party), Nigel Farage, eine landesweite Plakatkampagne für den Brexit. Das inzwischen berüchtigte Plakat zeigte ein Foto einer langen Schlange überwiegend nichtweißer Menschen und den Slogan »*Breaking point: the EU has failed us all. We must break free of the EU and take back control of our borders*« (Am Rande des Zusammenbruchs: Wir müssen uns von der EU lösen und die Kontrolle über unsere Grenzen zurückerobern). Das Foto zeigt Menschen an der Grenze zwischen Kroatien und Slowenien, die von der Polizei zu einem Flüchtlingslager eskortiert werden – eine lange, geschwungene Linie, die »einen starken Eindruck von unerbittlichem Menschenandrang vermittelt« (Faulkner et al. 2021, S. 202). Es war die ausdrückliche Absicht der UKIP, die Öffentlichkeit zu misinformieren, indem sie den Eindruck erweckte, dass Menschenmassen auf dem Weg nach Großbritannien waren. Das Stichwort »*Breaking point*« (auch technischer Terminus für »Bruchstelle«, »Festigkeitsgrenze«) spielt auf genau dieses befürchtete »Zuviel« an: Es wird suggeriert, ein Übermaß müsse zu einer Nationalkatastrophe führen. Das Plakat vermittelte den Eindruck, überrollt zu werden – nicht nur vom schieren Andrang, sondern auch von einer Welle tiefgreifender kultureller Unterschiede. Da es sich hauptsächlich um erwachsene männliche syrische und afghanische Asylsuchende handelt, implizieren die meisten Gesichter auf dem »*Breaking point*«-Plakat auch grundsätzlich (insbesondere aus der islamfeindlichen Perspektive), dass es sich um Muslime handelt. Das Bild und die Botschaft suggerieren gleichzeitig eine Masseneinwanderung, die zwangsweise die öffentlichen Ressourcen überfordert, und eine Diversifizierung, die das Weißsein schwächt und die britische Identität bedroht (siehe Durrheim et al. 2018).

So können die öffentlichen Auffassungen von Diversität und Diversifizierung durch Diskurse über den politischen Wandel manipuliert werden. Die Vorstellungen von einem Kipppunkt bleiben vage. In der Regel handelt es sich nicht um einen bestimmten Scheitelpunkt, eine feste Grenze oder ein bekanntes Verhältnis, sondern um einen relativen Wert, der die Grenze zwischen sozialer Ordnung und Chaos markieren soll. Jede Veränderung der Population, die als unverhältnismäßig – zu groß, zu schnell, zu vielfältig oder scheinbar unaufhörlich – wahrgenommen oder dargestellt wird, kann aufgrund der inhärenten Vorstellungen über die mutmaßlichen Folgen von Übermaß negative Einstellungen auslösen (Banulescu-Bogdan et al. 2021). Öffentliche Einstellungen können von populistischen Autor:innen und Politiker:innen manipuliert werden, die jede Art von Diversifizierung als die Überschreitung eines imaginären Kipppunkts präsentieren.

Aber spielt die Größe denn etwa keine Rolle? Was ist, wenn eine bestimmte Gruppe von Neuankömmlingen einfach als zu groß betrachtet wird? Yolande Pottie-Sherman und Rimal Wilkes (2017) haben eine Meta-Analyse von 55 Studien über die relative Größe von Migrant:innengruppen und das Ausmaß negativer Reaktionen auf sie durchgeführt. Sie stellten eine beträchtliche Vielfalt von Studienergebnissen fest, die auf keinen eindeutigen Kausalzusammenhang hinauslaufen. Das vielleicht wichtigste Ergebnis dieser Meta-Analyse war die Feststellung, dass »nicht die tatsächliche, sondern die wahrgenommene Größe den größten und beständigsten Effekt auf Vorurteile hatte« (ibid., S. 244). Das heißt, wenn Menschen *den-*

ken, eine bestimmte Gruppe sei sehr groß – zu groß für eine »gute Mischung«? –, können sich negative Einstellungen gegenüber dieser Gruppe entwickeln.

Was wir mit Bestimmtheit wissen, ist, dass die Größe und der Zuwachs von Migrant:innen- und Minderheitengruppen oft und erheblich überschätzt werden (Sides und Citrin 2007; Duffy und Frere-Smith 2014; Hopkins et al. 2018). Alberto Alesina und seine Kolleg:innen bestätigten dies in einer Studie mit 24 000 Befragten aus sechs Ländern (Frankreich, Deutschland, Italien, Schweden, Großbritannien und USA). »In allen Ländern«, so fanden sie heraus, »überschätzen die Befragten die Gesamtzahl der Einwander:innen erheblich, denken, dass die Einwander:innen kulturell und religiös weiter von ihnen selbst entfernt und wirtschaftlich schwächer sind – weniger gebildet, häufiger arbeitslos und stärker von staatlichen Transferleistungen abhängig –, als es der Fall ist« (2023, S. 1). Ihre Studie unterstreicht, dass nicht nur die Größe, sondern auch andere soziale Unterschiede häufig falsch eingeschätzt werden. Weiterhin finden sie Folgendes:

> Die Fehleinschätzung der Einwander:innen-Anzahl ist bei allen Befragtengruppen weit verbreitet, sowohl bei den politischen Linken als auch bei den Rechten. Auch die Zusammensetzung der Gruppen wird von den Befragten systematisch falsch eingeschätzt. Sie glauben, dass Einwander:innen kulturell weiter von den Einheimischen entfernt sind: So überschätzen sie beispielsweise den Anteil der muslimischen Einwander:innen stark, und unterschätzen den christlichen Anteil. Auch in Bezug auf das Bildungs- und Einkommensniveau der Einwander:innen und ihre Abhängigkeit vom Wohlfahrtsstaat des Aufnahmelandes sind falsche Vorstellungen weit verbreitet. Die größten Fehleinschätzungen haben Befragte mit niedrigem Bildungsniveau, die in Sektoren mit vielen Einwander:innen arbeiten, Befragte ohne Hochschulbildung, Frauen sowie politisch rechte Befragte. Während Menschen aus dem linken und rechten politischen Spektrum den Anteil der Einwander:innen in gleichem Maße falsch

> einschätzen, haben sie aber sehr unterschiedliche Ansichten über die Zusammensetzung der Gruppen und ihren Beitrag zum Aufnahmeland. (Ibid., S. 3)

Fehleinschätzungen über Diversifizierung werden weitgehend in einer öffentlichen Sphäre genährt und gesammelt, die eine »Welt der Fehlinformationen« darstellt. Alesina und sein Team schreiben: »Während die Medien falsche Vorstellungen über die Anzahl der Einwander:innen nicht unbedingt beeinflussen, können sie wahrgenommene kulturelle Unterschiedlichkeit betonen« (ibid., S. 22). Darüber hinaus weisen sie darauf hin, dass einwanderungsfeindliche Parteien einen Anreiz haben, in der Öffentlichkeit Informationen zu manipulieren und kulturelle Stereotypisierung zu fördern.

Wie Pottie-Sherman und Wilkes betonen, sind es nicht die tatsächlichen, sondern die angenommenen Zahlen, die häufig negative Einstellungen hervorrufen (aus einer Vielzahl von Gründen, die weiter unten beschrieben werden). Negative Einstellungen werden durch die von Alesina et al. festgestellte Dynamik verschärft, dass auch die kulturelle Distanz von Migrant:innen zum Zielland oft überschätzt wird. Häufig werden falsche Wahrnehmungen sowohl der Gruppengröße als auch der kulturellen Distanz absichtlich manipuliert. Es hat sich jedoch gezeigt, dass die Bereitstellung korrekter Informationen über die tatsächlichen (in der Regel viel kleineren) Gruppengrößen kaum öffentliche Einstellungen beeinflusst, wenn diese sich bereits auf Narrative von »zu viel« und »zu divers« stützen (Hopkins et al. 2018). In der Tat können solche Fehleinschätzungen oft eine Folge negativer Einstellungen sein und nicht umgekehrt.

Zudem gilt Folgendes: Je abstrakter die Zahlen – je mehr sie über den Lebenskontext eines Individuums hinausgehen –, desto stärker wird die Größe einer Migrant:innen- oder Minderheitengruppe überschätzt. Umfragen zeigen, dass Menschen Einwanderung und Diversifizierung für ein Problem in ihrem Land halten, aber nicht in ihrem lokalen Umfeld. »Es gibt eine deutliche Wahrnehmungslücke zwischen der Bedeutung der Einwanderung als landesweites Thema und für das Individuum persönlich«, stellt das Meinungsforschungsinstitut Ipsos-MORI fest (Duffy und Frere-Smith 2014, S. 88). In Sachsen beispielsweise, wo die Zahl der im Ausland geborenen Menschen im Vergleich zu anderen Teilen Deutschlands verschwindend gering ist, gaben nur 17 Prozent an, ein lokales Problem im Zusammenhang mit Diversifizierung zu sehen. Dennoch sagten 58 Prozent der Befragten, dass die deutschlandweite Diversifizierung die Gefahr einer Überfremdung birgt (Sachsen 2016). Menschen projizieren also nicht einfach von dem kleinen Maßstab auf den großen, sondern gehen oft davon aus, dass auf einer größeren Ebene die Phänomene sich verändern. Im Gegenzug entstehen Ängste, wenn Menschen denken, dass da draußen (landesweit) etwas Schreckliches droht und auf dem Weg in ihre eigene lokale Umgebung ist. Auch hier gilt: Wenn die Eliten landesweit Ängste vom ethnischen und *racial* Wandel schüren, werden entsprechende Interpretationen und Rhetoriken auf lokaler Ebene rekapituliert.

Eine Reihe von Ergebnissen in Deutschland zeigt, dass unter Weißen Einheimischen ein wahrgenommener Anstieg des Anteils ethnischer Minderheiten – der im Widerspruch zu den tatsächlichen Daten steht – zu Gefühlen der Gruppenbedrohung führt sowie zu starken ausgrenzenden Einstellungen gegenüber den Ausländer:innen. »Je höher die wahrgenommene Gruppengröße«, so das Forschungsteam, »desto ausgeprägter sowohl das Gefühl der Bedrohung als auch die ausländerfeindlichen Einstellungen« (Semyonov et al. 2004, S. 681). Thomas Pettigrew et al. kommen zu dem Schluss: »Bedrohung ist eine Wahrnehmungsfrage; es kommt darauf an, für wie groß Menschen die Outgroup halten. Das Gefühl der Bedrohung kann daher leicht von Politiker:innen und Massenmedien manipuliert werden« (2010, S. 635; siehe auch Wagner et al. 2006).

Die Bereitschaft, *right-wing*-Interpretationen der Diversifizierung zu übernehmen, wird in Eric Kaufmanns kontroversem Buch *Whiteshift* (2018) diskutiert. Vielen seiner Schlussfolgerungen und Empfehlungen stimme ich keinesfalls zu (vor allem nicht der These, dass Politiker:innen dem Groll der Weißen mit Akzeptanz begegnen oder gar nachgeben sollten). Interessant finde ich jedoch Kaufmanns Durchsicht der Forschung, in der er feststellt, dass »der Konsens von über 200 Fachpublikationen (eine umfassende Stichprobe aus dem Jahr 2016) besagt, dass eine Zunahme der Diversität fast immer zu einer erhöhten Unterstützung von Einwanderungsgegner:innen und Rechtsextremismus führt« (ibid., S. 165). »Ethnischer Wandel ist das Reizthema«, betont Kaufmann, »nicht das Niveau der Diversität« (ibid., S. 18). Dies deckt sich mit der Bewertung von Hopkins (2009, S. 175), wonach »die Auswirkungen der Diversität in *Communities* besonders ausgeprägt sind, die plötzliche demografische Veränderungen durchlaufen haben – und nicht in *Communities*, die schon lange divers sind«. Wir dürfen nicht vergessen, dass Reaktionen auf Diversifizierung in hohem Maße von der Wahrnehmung und dem Diskurs abhängen – und daher beeinflussbar sind. Wir dürfen nicht den Fehler machen, zu glauben, die demografischen Bedingungen und Veränderungen selbst würden die Menschen zu bestimmten Reaktionen »zwingen«.

Effekte konzeptioneller Rahmungen

Menschen lesen und interpretieren soziale Veränderungen, die um sie herum stattfinden – oder die sie erwarten –, auf sehr unterschiedliche Weisen. Einstellungen zu Einwander:innen und Menschen anderer Ethnien und *races* beruhen nicht nur auf Erfahrungen und vermeintlichen Bedrohungen, sondern auch auf bestimmten Botschaften (einschließlich »Hundepfeifen-Politik«), Framings, Narrativen und selektiven Bildern, die den öffentlichen Raum durchdringen (Helbling 2014; Thorbjørnsrud 2015; Bos et al. 2016; Haynes et al. 2016). Diese werden zunehmend durch soziale Medien verstärkt und verbreitet (Ekman 2019; de Saint Laurent et al. 2020; Nortio et al. 2021). An sich diversifizierenden Orten werden abwertende und bedrohungsbasierte Diskurse politischer Eliten von Einheimischen aufgegriffen (Hopkins 2009). Der Bildungshintergrund, sozioökonomische Umstände, Vorstellungen von jüngerer und älterer Geschichte sowie multiple Selbstidentifikationen wirken zusammen und machen einige Individuen anfälliger für bestimmte Botschaften, Framings, Narrative und selektive Bilder (Matthes und Schmuck 2017).

In einer vielschichtigen Analyse der Europäischen Sozialerhebung seit 2002 haben Arno Van Hootegem und Bart Meuleman zusammen mit einem großen Team (Ambrosini et al. 2019) untersucht, wie Menschen in Europa auf die sogenannte »Flüchtlingskrise« von 2015 reagiert haben. Sie schlussfolgern:

> [...] ein plötzlicher Zustrom von Asylsuchenden löst nicht zwangsläufig oder automatisch Bedrohungswahrnehmungen in der Mehrheitsbevölkerung aus. Laut unseren Ergebnissen scheinen vielmehr das politische Klima und die Mediendiskurse über Einwanderung und Asyl relevant – das Framing, das die politischen Eliten und die Medien verwenden. Auch frühere Studien zeigen: Von den Medien und politischen Parteien verwendete konzeptionelle Rahmungen beeinflussen die Einstellungen gegenüber Einwander:innen. (Van Hootegem und Meuleman 2019)

»Großer Austausch«, ein Kampfbegriff der neuen Rechten, ist ein solches Framing. Dieses unverhohlen rassistische Narrativ geht davon aus, dass Migration und hohe Geburtenraten bei nichtweißen Menschen den westlichen Gesellschaften gezielt aufgezwungen werden, um Weiße mit Nicht-Weißen »auszutauschen« (siehe zum Beispiel Bowles 2019). Diese Prämisse bezieht sich nicht nur auf genetische und andere rassifizierende, sondern häufig auch auf ethnisch-kulturelle Vorstellungen. So behauptet Björn Höcke, ein deutscher Politiker und Vorsitzender einer rechtsextremen Fraktion innerhalb der Partei Alternative für Deutschland (AfD), Deutschland drohe der »Volkstod« durch die »Flüchtlingsinvasion« sowie »Afrikanisierung, Orientalisierung und Islamisierung« (in Amann 2019). Diese nun internationalisierte Sichtweise der Diversifizierung soll ein Gefühl des Unbehagens oder gar der Wut über eine angebliche politisch herbeigeführte Verschiebung hervorrufen (Weiße würden laut Höcke Arbeitsplätze und Wählerstimmen an Nicht-Weiße verlieren); es geht aber um noch mehr – um Panik vor einem ultimativen »Genozid« an den Weißen. Darüber hinaus soll die Theorie des »Großen Austauschs« ein starkes Gefühl der Viktimisierung hervorrufen – das Gefühl, dass bestimmte Menschen bewusst gegen Deutschland vorgehen und dass sie gefunden und gestoppt werden müssen.

Bereits die Wahrnehmung von Diversifizierungsprozessen vermischt sich häufig mit den Interpretationen weiterer gleichzeitiger sozialer, kultureller und wirtschaftlicher Prozesse – im Falle der Gegenreaktionen auf Diversifizierung zum Beispiel mit Wahrnehmungen anderer urbaner Themen wie Postindustrialisierung, Gentrifizierung, Konflikt und Kriminalität, Wohnraummangel sowie lokale Machtverhältnisse (siehe Jensen 2017). Zusammen kann all das als ein höchst bedrohliches Bündel von Entwicklungen im Sozialumfeld erscheinen, auf die man nur wenig Einfluss hat. Wer meint, überwältigenden und unkontrollierbaren Prozessen ausgesetzt zu sein, die sich direkt auf die eigene Lebenssituation auswirken, empfindet oft Ängste und Unsicherheiten – was die Sichtweise auf die Menschen beeinflusst, die man damit in Verbindung bringt. In ihren Experimentalstudien fanden David Sherman et al. (2009) heraus, dass Menschen bei Ungewissheit über sich verändernde persönliche Verhältnisse und Kontexte eher dazu neigen, Marker ihrer *Ingroup*-Identität zu betonen und *Ingroup*-Entitativität (etwa: Gruppenzusammenhalt) zu empfinden; gleichzeitig werden *Outgroups* stärker als »außerhalb« und »anders« empfunden. Für einige bedeutet die *ethno-racial* Diversifizierung eine zusätzliche Variable der Unsicherheit innerhalb dieser Palette von kontextuellen Veränderungen – und dies kann zu *Ingroup*-Voreingenommenheit, *Outgroup*-Stereotypisierung, Misstrauen und sogar Hass gegenüber den außenstehenden Anderen führen.

Robert Putnams (2007) ebenso berühmte wie umstrittene Analyse der sozialen Reaktionen auf Diversität und Diversifizierung bezeichnet den Rückzug in eine enge *Ingroup* unter Bedingungen der Diversifizierung als »*hunkering down*« (in Deckung gehen, sich ducken). Laut Putnam führe ein höheres Maß an Diversität (im Rahmen der amerikanischen *race*-Klassifizierung: *White, Black, Asian, Hispanic*) dazu, dass Menschen sich aus dem sozialen Leben zurückziehen und grundsätzlich weniger vertrauensvoll werden. Dabei behauptet Putnam, dass Menschen nicht nur Fremden und *Outgroup*-Mitgliedern, sondern auch ihren eigenen Nachbarn und *Ingroup*-Mitgliedern weniger Vertrauen entgegenbringen, wenn ihr Umfeld sich diversifiziert. Er vermutet also, dass geteilte Ethnie und *race* soziales Vertrauen und sozialen Zusammenhalt fördern, während diesbezügliche Heterogenität dieses Vertrauen auflöst. (Aufgrund dieser Annahme ist Putnam vorgeworfen worden, den sozialen Zusammenhalt nur auf die Weise zu sehen, die Durkheim als mechanisch bezeichnet; siehe Portes und Vickstrom 2011). In seiner sogenannten »*constrict theory*« (etwa »Verengungstheorie«, »Einschränkungstheorie«) folgert Putnam, Diversifizierung habe negative soziale Auswirkungen für alle. Sobald wir sehen, dass »Einstellungen innerhalb und außerhalb der Gruppe nicht wechselseitig aufeinander bezogen sein müssen, sondern unabhängig voneinander variieren können«, so Putnam, »müssen wir zumindest in logischer Hinsicht die Möglichkeit zulassen, dass Diversität die Solidarität *sowohl* innerhalb *als auch* außerhalb der Gruppe verringert, also das Sozialkapital beider Arten schmälert – *sowohl bonding* [Bindungen innerhalb der Gruppe] *als auch bridging* [Brücken zwischen den Gruppen]« (ibid., 144, Hervorhebung im Original).

Putnams Studie hat eine lebhafte Debatte und zahlreiche weitere Fachpublikationen hervorgebracht, deren Großteil seine Daten, Methoden, Annahmen und Analysemethoden hinterfragt (nützliche Übersichten finden sich zum Beispiel bei Portes und Vickstrom 2011; Sturgis et al. 2011; van der Meer und Tolsma 2014). Es entstanden auch sehr viele verwandte Forschungsprojekte (eine recht aktuelle Meta-Analyse der von Putnam angeregten Arbeiten über ethnische Diversität und soziales Vertrauen findet 87 Studien: Dinesen et al. 2020). Insgesamt kommt die Mehrheit eher zu dem Schluss, dass Diversifizierung tatsächlich das lokale Niveau des sozialen Vertrauens verringert – wobei diese Mehrheit nicht groß ist und »soziales Vertrauen« ein recht schwammiges Konzept bleibt. Ein Vorbehalt in diesem von Putnam angestoßenen Forschungsfeld ist jedoch besonders hervorzuheben: Die begleitenden oder sogar primär ausschlaggebenden Auswirkungen von wirtschaftlicher Ungleichheit, Benachteiligung und Deprivation müssen auch betrachtet werden. Im Einklang mit den Ergebnissen zahlreicher Studien betont James Laurence (2011, S. 70), dass »Diversität sowohl positive als auch negative Auswirkungen auf den sozialen Zusammenhalt hat; es ist die Benachteiligung, die sich negativ auswirkt und sowohl das Sozialkapital als auch die interethnischen Beziehungen unterminiert«.

Wie unterschiedlich die Annahmen in der Öffentlichkeit und wie gemischt die sozialen Auswirkungen von Diversifizierungsprozessen auch sein mögen – es lässt sich nicht von der Hand weisen, dass große Teile vieler Populationen negativ auf Diversifizierung (oder auch die bloße Aussicht darauf) reagieren. Die negativen Reaktionen reichen von stiller Unzufriedenheit und mildem Nörgeln im eigenen sozialen Umfeld über feindseliges Verhalten in der Öffentlichkeit und bis hin zu unverhohlen rassistischen und xenophoben politischen Aktionen. Was sind die Gründe für solche negativen Reaktionen?

Theorien der negativen Reaktionen

Um negative Reaktionen auf Diversifizierung (oder besser gesagt, auf den Eindruck, es finde Diversifizierung statt) besser zu verstehen, kann man zunächst auf zahlreiche etablierte sozialwissenschaftliche Theorien zurückgreifen. Eine der relevantesten ist die Theorie des ethnischen Wettbewerbs (*ethnic competition*), laut welcher benachbarte ethnische Gruppen, die groß sind oder wachsen und ähnliche sozialstrukturelle Positionen einnehmen, antagonistisch werden, da sie um knappe Ressourcen wie Arbeitsplätze, Wohnraum, Schulen und staatliche Unterstützung konkurrieren (zum Beispiel Gonzalez-Sobrino 2016). Einen ähnlichen Zugang bietet die Konflikthypothese (*conflict hypothesis,* zum Beispiel Tajfel und Turner 1979), die besagt, dass die Feindseligkeit gegenüber *Outgroups* zunimmt und die Toleranz abnimmt, wenn die Größe der *Outgroups* wächst.

Viele Ansätze zu negativen Reaktionen werden unter der *group threat theory* (Gruppenbedrohungstheorie) zusammengefasst. Diese umfasst eine Reihe von Möglichkeiten, wie Mitglieder einer *Ingroup* negative Einstellungen gegenüber *Outgroups* entwickeln, wenn sie glauben, dass Letztere eine Herausforderung für ihr Wohlergehen darstellen – sei es in Bezug auf Ressourcen, symbolischen Status oder die eigene Identität (Riek et al. 2006). Im Hinblick auf Diversifizierung hieße dies, dass die wachsende Zahl von *Outgroups* wie ethnischen Minderheiten zu mehr Ressentiments, Wut und Angst führt (Quillian 1995). Dies liegt an dem Glauben, dass die *Ingroup* überwältigt wird (beispielsweise in Bezug auf Wohnraum, Arbeitsplätze und Wählerstimmen) und dass ihre wirtschaftliche Position und ihre sozialen Privilegien reduziert werden (Oliver und Wong 2003). Es entsteht ein Gefühl der Angst, da die Mitglieder der *Ingroup* eine Verringerung der eigenen Überzahl, des Gruppenstatus, des politischen Gewichts oder der symbolischen Dominanz erwarten (Major et al. 2016). Wer den aktuell höheren sozialen und wirtschaftlichen Status der eigenen Gruppe als legitim betrachtet (basierend auf den eigenen Normen, Werten und Moralvorstellungen), fühlt sich durch Diversifizierung eher bedroht (Outten et al. 2018). Daraus resultierende Gefühle gegenüber Neuankömmlingen führen mitunter direkt zu einer verstärkten Unterstützung konservativer Ideologien und einwanderungsfeindlicher Politiken (Craig et al. 2018a, 2018b). Darüber hinaus können Angehörige dominanter Gruppen, die sich für normative Repräsentant:innen bedeutender Kategorien halten (wie Weiße, die sich als stellvertretend für ihren Nationalstaat betrachten), sich besonders bedroht fühlen – eine zunehmende Diversität bedroht unter Umständen den Anspruch, repräsentativ oder »prototypisch« für ihr Land zu sein (Danbold 2018).

Ein eindrucksvolles Beispiel für das Zusammenspiel all dieser Faktoren – insbesondere der wahrgenommenen Diversifizierung und des drohenden Verlustes von symbolischer Dominanz und Prototypstatus – findet sich in Jennifer Richesons Analyse der heutigen politischen Dynamik in den USA. Auf die neuesten Forschungsergebnisse auf diesem Gebiet gestützt, schreibt sie:

> Einiges von dem, was wir [bei dem Aufstand in Washington, D. C., im Januar 2021] erlebt haben, spiegelt die Angst, die Wut und die Weigerung, ein »Amerika« zu akzeptieren, in dem weiße (christliche) Amerikaner:innen ihre Vorherrschaft verlieren, sei es politisch, materiell und / oder kulturell – dafür gibt es sehr schlüssige und überzeugende Nachweise. Ich verwende hier den Begriff

> Vorherrschaft (*dominance*), weil es sich nicht einfach um Statusverlust handelt. Es ist ein Machtverlust. Eine größere Diversität der Ethnien, *races* und Religionen in einem demokratischen Land wie den USA erfordert, dass Weiße den Interessen und Anliegen dieser Minderheiten entgegenkommen.
> [Trump] nutzte die weiß-nationalistischen Gefühle seiner Fringe-Wähler:innen und machte es zum Hauptpunkt seiner Kampagne, das Weißsein als richtiges Amerikanisch-Sein wieder in den Mittelpunkt zu rücken und damit implizit die Forderungen nach größerer *racial* Gerechtigkeit zu delegitimieren, sei es in der Polizeiarbeit oder in anderen wichtigen Bereichen des amerikanischen Lebens. (in Edsall 2021)

Raum und Ort haben oft auch viel mit negativen Reaktionen auf Diversifizierung zu tun, einschließlich reaktionärer Politik. Hier kommt der »*Halo effect*« ins Spiel: eine geografisch orientierte sozialwissenschaftliche Theorie über den Zusammenhang zwischen *right-wing*-Überzeugungen und dem Gefühl der Bedrohung durch Diversität und Diversifizierung. »Halo« bezieht sich dabei auf eine *ethnoracial* homogenere Zone rund um ein oder am Rande eines Gebiets mit hoher Diversität. Handelt es sich bei diesen Halo-Zonen um Gebiete mit einer hohen Konzentration von Weißen, so würden dort diversitätsfeindliche Einstellungen umso mehr zunehmen, je stärker sich ein angrenzendes Gebiet diversifiziert (Bowyer 2008; Evans und Ivaldi 2020; Miller und Grubesic 2021). Jens Rydgren und Patrick Ruth (2013, S. 718) beschreiben das Phänomen folgendermaßen: »Fremdenfeindlichkeit und einwanderungsfeindliche Einstellungen sind am häufigsten in Gebieten anzutreffen, die an Stadtteile mit einem hohen Anteil an Einwander:innen angrenzen, nicht aber innerhalb solcher Stadtteile. Das macht diese Gebiete am Rande häufig zum Nährboden für eine *right-wing* populistische Mobilisierung«. Auch Kaufmann (2014) weist darauf hin, dass einwanderungsfeindliche Stimmungen und die Unterstützung von *right-wing*-Politik nicht im Zusammenhang mit »drohender« Diversifizierung innerhalb der eigenen unmittelbaren Umgebung stehen, sondern in einem nahe gelegenen Gebiet. »Signifikante Diversität in der eigenen Stadt oder größeren Gemeinde«, vermutet er, »verstärkt die Bedrohungswahrnehmung, weil man das Gefühl hat, dass Einwander:innen bald weitreichende Veränderungen in der eigenen Lokalität herbeiführen könnten« (ibid., S. 272). Kaufmann fasst den *Halo effect* so zusammen: »Der Widerstand gegen Einwanderung ist am größten, wenn Einwander:innen in der Nähe sind – aber nicht in unmittelbarer Nähe« (ibid.). An vielen Orten in den USA scheint der *Halo effect* bei der jüngsten politischen Mobilisierung der Republikaner:innen eine Rolle gespielt zu haben (Miller und Grubesic 2021). Das Phänomen steht auch im Einklang mit sozialpsychologischen Erkenntnissen über Befürchtungen hinsichtlich bevorstehender Veränderungen, die *Outgroup*-Vorurteile aktivieren (Hamilton und Bishop 1976).

Besondere kontextspezifische, demografische und geografische Faktoren betreffen die Auswirkungen einer *geringfügigen, aber schnellen Diversifizierung*. Dieses Phänomen wurde von einer der ersten Theoretikerinnen des ethnischen Wettbewerbs, Susan Olzak (1992), erforscht. Sie postulierte, das Gefühl »ethnischer Bedrohung« in einer Mehrheitsbevölkerung – also ein erhöhtes Wettbewerbsbewusstsein und Angst um den Status der *Ingroup* – werde häufiger durch den jüngsten (sei es auch geringfügigen) Zuwachs ethnischer Minderheiten ausgelöst als durch die stabile Präsenz einer oder mehrerer großen Minderheitengruppen. Scheinbar plötzliche Änderungen der ethnischen Diversität, selbst minimale, reichen also aus, um bei der derzeitigen Mehrheit Angst und Bestürzung auszulösen. Dieses Phänomen scheint bei den amerikanischen Präsidentschaftswahlen 2016 eine Rolle gespielt zu haben. Unmittelbar vor der Wahl verkündete eine Schlagzeile des *Wall Street Journal*: »*Places Most Unsettled by Rapid Demographic Change Are Drawn to Donald Trump*« (»Vom raschen demografischen Wandel am meisten verunsicherte Orte sind von Donald Trump angezogen«; Adamy und Overberg 2016). Dort heißt es: »Kleinstädte im Mittleren Westen haben sich seit Beginn einer Einwanderungswelle im frühen 21. Jahrhundert so schnell diversifiziert wie kaum ein anderer Teil der USA. Die daraus resultierenden kulturellen Veränderungen scheinen politische Orientierungen zu beeinflussen.« Sie mutmaßten, dass Menschen in sich rapide diversifizierenden Orten häufiger für Trump stimmen würden. Bei den Vorwahlen zumindest war dies der Fall: »Er gewann 73 Prozent der [Bezirke], in denen sich die Diversität seit 2000 mindestens verdoppelt hat, und 80 Prozent der [Bezirke], in denen der Index der Diversität um mindestens 150 Prozent gestiegen ist«. Interessanterweise weist der Artikel auf weitere wichtige Fakten hin, die in politischen Analysen oft übersehen werden: »Die Arbeitslosigkeit ist in den sich schnell diversifizierenden Bezirken tatsächlich niedriger als im Land insgesamt – die Sorge um verlorene Arbeitsplätze sollte die Wählerschaft in diesen Gebieten also weniger belasten. In Bezirken, in denen sich die Diversität mindestens verdoppelt hat, liegt die Arbeitslosigkeit im Durchschnitt bei 4,5 Prozent, verglichen mit 4,9 Prozent landesweit« (ibid.).

Eine Reihe von Analysen zeigt, dass Menschen aus Orten, die sich in letzter Zeit stark diversifiziert haben, rapide auf Trumps Seite gewechselt sind, angefangen mit seiner ersten Wahl im Jahr 2016 bis hin zum Sturm auf das Kapitol am 6. Januar 2021 (Pape 2021). Natürlich gibt es viele Gründe für jede Wahlentscheidung; die Reaktionen auf den demografischen Wandel sind nur einer davon (Hill et al. 2019) Dennoch macht der Kolumnist der *New York Times* Thomas B. Edsall (2017) hier eine wichtige Beobachtung:

> Am besten schnitt Trump in Bundesstaaten und Gemeinden ab, wo die große Mehrheit von Weißen in jüngster Zeit mit einem relativ geringen Zuwachs an Minderheiten, vor allem Einwander:innen, konfrontiert wurde. Auch wenn die absoluten Zahlen gering sind, war die Wachstumsrate oft außergewöhnlich hoch: So bedeutet die Änderung des Anteils von Nicht-Weißen an der Bevölkerung von 2 Prozent zu 6 Prozent eine Wachstumsrate von 200 Prozent.

Neben Gebieten mit tatsächlich messbarem demografischen Wandel war Trump auch dort populär, wo Diversifizierung zwar nicht wirklich erheblich war, aber als rapide, signifikant und problematisch wahrgenommen und/oder von den politischen Eliten beschrieben wurde. »Ich glaube, es geht um das Unbekannte«, räumte eine republikanische Aktivistin aus Iowa ein, gefragt, warum ihre Nachbarn sich mit der Aussicht auf mehr Diversität unwohl fühlen, »es ist eher ein wahrgenommenes als ein tatsächliches Problem« (in Keating und Karklis 2016). Trumps Rhetorik war eine erfolgreiche Mischung aus weit verbreiteten *racial* Ressentiments (vor allem die Sorge Weißer über den sozioökonomischen Wettbewerb mit Minderheiten) und Ängsten im Zusammenhang mit den Unwägbarkeiten der Diversifizierung – Framings, die »gegenüber sozial stigmatisierten Gruppen gezogene Grenzen verstärkten« (Lamont et al. 2017, S. S173). Diese Strategie fand großen Anklang bei der Weißen amerikanischen Arbeiterklasse (siehe Gest 2016).

Eine geringfügige, aber schnelle Diversifizierung kann nicht nur Unbehagen hervorrufen – das Gefühl der Bedrohung führt mitunter zu offener Feindseligkeit gegenüber *Outgroups*. So beschreibt Kaufmann, wie »ein rascher ethnischer Wandel, insbesondere an Orten mit wenig Diversitätserfahrung, tendenziell mit einer Radikalisierung der Weißen und einem erhöhten rechtsextremen Wahlverhalten einhergeht« (2014, S. 272). Für das Vereinigte Königreich zeigt Kaufmann, dass die Unterstützung für die rechtsextreme British National Party (BNP) in Wahlbezirken am stärksten ist, die 2001 hauptsächlich von Weißen Brit:innen bevölkert waren, in denen jedoch der Anteil ethnischer Minderheiten in den 2000er Jahren schnell anstieg (obwohl er im Vergleich zu anderen Teilen Londons immer noch recht gering ist). In niederländischen Gebieten, in denen der Anteil ethnischer Minderheiten in jüngster Zeit gestiegen ist, wurden populistische, rechte Parteien laut Michael Savelkoul et al. (2017) ebenfalls häufiger gewählt. Auch hier könnte es allerdings wieder um wahrgenommene Veränderungen gehen, ob nun den Tatsachen entsprechend oder nicht. Wie H. Robert Outten et al. (2012, S. 15) betonen, »hat die bisherige Forschung gezeigt, dass sowohl die tatsächliche Zunahme der relativen Größe der nichtweißen Population als auch die Wahrnehmung der relativen Gruppengröße mit der Einschätzung der Bedrohung zusammenhängt«. In beiden Fällen – also auf der Grundlage tatsächlicher oder eher imaginärer *ethnoracial* Veränderungen – nutzen rassistische und rechtsextreme Politiker:innen solche Wahrnehmungen häufig aus, um Ressentiments zu schüren, den Antagonismus zu verschärfen und Stimmen zu gewinnen.

Wie bereits gesagt, finden Diversifizierungsprozesse nicht in luftleerem Raum statt; sie entwickeln sich oft parallel zu anderen Prozessen, und es ist ihr Zusammenspiel, das viele Menschen bewegt. Das Magazin *The Economist* (2017) untersuchte in einer aufschlussreichen Studie das sogenannte »*migrantland*«. Dieses Wort bezeichnet eine breite Sammlung kleinerer Städte in England, wo die Population der Einwander:innen am stärksten und am schnellsten zugenommen hatte. »*Migrantland*« wurde an Orten wie Boston an der Ostküste von Lincolnshire veranschaulicht, wo diese Population zwischen 2005 und 2015 von etwa 1000 (etwa ein:e von fünfzig Einwohner:innen) auf 16000 (ein:e von vier) angestiegen ist. Für das gesamte »*migrantland*« bestätigt die Studie den Zusammenhang zwischen Orten mit einem deutlichen Zufluss der Einwander:innen und der Anzahl der Pro-Brexit-Stimmen beim Referendum. Die Analyse von *The Economist* zeigt jedoch auch, dass diese Orte gleichzeitig unter vielen anderen Problemen gelitten haben, darunter Lohnverfall (teilweise aufgrund des Wettbewerbs mit Einwander:innen), Rückgang des verarbeitenden Gewerbes, Verschwinden von Arbeitsplätzen im öffentlichen Sektor und erheblicher Abbau öffentlicher Dienstleistungen. Geschürt durch gezielte fremdenfeindliche Brexit-Kampagnen, wurden die entsprechenden Ressentiments unter den Einwohner:innen des »*migrantland*« auf Ausländer:innen gelenkt – statt auf die grundlegend problematischen Zustände, die jüngsten Sparmaßnahmen oder breitere Trends der regionalen sozioökonomischen Benachteiligung (siehe auch Sobolewska und Ford 2020).

Nun kommen wir zu einer negativen Reaktion auf die Diversifizierung, die meiner Meinung nach in der Fachliteratur (vor allem in Bezug auf die populistische Neue Rechte) nicht annähernd genug Aufmerksamkeit findet – nämlich *sprachbezogene Ängste und Unsicherheiten*. In der Sozialpsychologie und Soziolinguistik ist gut belegt, dass viele Menschen emotional negativ reagieren, wenn sie eine Sprache hören, die sie nicht verstehen, oder auch ihre eigene Sprache mit starkem Akzent oder Fehlern. Es entstehen mitunter Gefühle von Unbehagen, Ungeduld, Frustration, Irritation und Stress (siehe Cargile et al. 1994; Spencer-Rodgers und McGovern 2002; Blommaert et al. 2012). Viele empfinden Begegnungen mit Menschen, die einen starken Akzent und / oder eine eingeschränkte Kompetenz in der Mehrheitssprache vorweisen, als kognitiv verwirrend, emotional belastend und schlichtweg unangenehm. Sie betrachten diese Menschen mitunter als nicht vertrauenswürdig, abnormal und ignorant. Solche Reaktionen fördern Praktiken der Marginalisierung, Diskriminierung, Exklusion und Stigmatisierung von denen, die sprachlich (und auch oft rassifiziert) als anders empfunden werden.

Studien zeigen, wie linguistische Phänomene in mehrsprachigen Kontexten hierarchisiert werden. Es gibt nicht nur eine Hierarchie der Sprachen (Englisch, Französisch und Deutsch haben dabei oft den höchsten Stellenwert – höher, zum Beispiel, als Spanisch in den USA, Türkisch in Deutschland, Urdu in Großbritannien oder Arabisch in Frankreich), sondern auch von Sprachkompetenzen, Repertoires und Registern in diversen Kontexten. Als eingeschränkt empfundene Sprachfähigkeiten sind deutlich im Nachteil (Bresnahan et al. 2002; Rannut 2010; Lippi-Green 2011). Diese Erkenntnisse sind wichtig für die Arbeit im Bereich der sprachlichen Diskriminierung und der Linguaphobie. Auch hier geht es um die Sprachrepertoires, Kompetenzniveaus und Akzente von Individuen – insbesondere, wenn ihre Herkunftssprache in der wahrgenommenen Hierarchie eher unten angesiedelt ist. Arbeiten zu Gehörlosigkeit und Gebärdensprache zeigen ähnliche Formen der sprachlichen Diskriminierung auf (siehe Kusters et al. 2017).

Die Feindseligkeit gegenüber der wachsenden sprachlichen Superdiversität äußert sich häufig in Aussagen, die sehr standardisiert und formelhaft sind, wenn nicht gar direkt politischen Reden entnommen wurden (Musolff 2019). Argumentationsstrategien oder »Topoi«, die sprachliche Unterschiede anprangern, werden in rechten Medien regelmäßig reproduziert (Wright und Brookes 2019). Beispiele für Linguaphobie gibt es im Vereinigten Königreich zuhauf.

So hat der UKIP-Vorsitzende Nigel Farage einmal behauptet, dass »man in vielen Teilen Englands kein Englisch mehr hört«. Nach dem Brexit und dem damit verbundenen Anstieg der Fremdenfeindlichkeit im Sommer 2016 häuften sich die Berichte über Menschen, die in öffentlichen Verkehrsmitteln, in Geschäften oder auf den Straßen britischer Städte belästigt oder angegriffen wurden, weil sie »kein Englisch sprechen« (Cain 2018). Es kam so weit, dass ein Mann in Essex ermordet wurde, weil er Polnisch sprach (Smith 2016). Für viele Menschen bedeutet Diversifizierung nicht nur ethnischen und *racial* Wandel, sondern auch wachsendes sprachliches Chaos, kommunikatives Unbehagen und die Erosion der sprachlichen nationalen Identität.

Angesichts dieser weit verbreiteten Ansichten über die Bedrohung der Landessprache durch zunehmende Diversifizierung plädiert Mary-Louise Pratt (2003) dafür, Mythen und falschen Vorstellungen über Ein- und Mehrsprachigkeit entgegenzuwirken, um »eine neue öffentliche Vorstellung von Sprache« zu schaffen. Wenn die Öffentlichkeit mehr über dynamische und grenzüberschreitende Sprachpraktiken wüsste, so Pratt, würde sie erkennen, dass die hinzukommenden »sprachlich Anderen« weder potenzielle Feinde noch minderwertige Mitglieder der Gesellschaft sind. Schließlich, so glaubt sie, können Ansichten über Sprache (und ihre Beziehung zur Nationalidentität) sich ändern. Im Zuge der zunehmenden sprachlichen Diversifizierung plädieren auch Fiona Copland und Joanna McPake (2021) in Anlehnung an Pratt für eine neue öffentliche Vorstellung von Sprache (in ihrem Fall insbesondere in Großbritannien nach dem Brexit). Sie sehen die Notwendigkeit eines öffentlichen Programms, das mit korrekten Informationen den Stereotypen entgegenwirkt, den monolingualen Zentrismus hinterfragt und anerkennt, dass Mehrsprachigkeit in der Gesellschaft existiert und wertvoll ist. Auch das öffentliche Verständnis von anderen Aspekten der Diversität und Diversifizierung könnte Gegenstand von öffentlichen Programmen gegen die negativen Reaktionen sein. Solche Programme könnten sich auch auf positive Reaktionsmöglichkeiten stützen, die im Folgenden beschrieben werden.

Andere Reaktionen

Ein Gegengewicht zu den Theorien über das Gefühl der Bedrohung durch Diversifizierung findet sich in der sogenannten Kontakttheorie (*contact theory*). Diese betont den Unterschied zwischen der bloßen Begegnung mit (oder auch lediglich Vorstellung von) Diversität und Diversifizierung – und der tatsächlichen sozialen Kommunikation mit *Outgroup*-Mitgliedern. Der erste Fall (*exposure*, etwa: Begegnung) wird wie folgt definiert: »sich in der Nähe von Menschen verschiedener Herkünfte aufhalten und diese beiläufig beobachten«; Kontakt hingegen als »Formen der sozialen Interaktion, wie Gespräche mit Menschen anderer Herkunft« (Dinesen und Sønderskov 2015, S. 553). Dabei wird oft eine weitere Stufe unterschieden: enge Freundschaften und dauerhafte soziale Netzwerke mit Anderen, die über bloßen Kontakt (eher flüchtige Begegnungen oder schwache soziale Bindungen) hinausgehen.

Die Kontakttheorie basiert auf der Arbeit von Gordon Allport (1954) und besagt, dass persönlicher Kontakt mit Mitgliedern einer *Outgroup* Vorurteile gegenüber dieser Gruppe abbauen kann. Dies funktioniere laut Allport aber nur unter bestimmten Bedingungen, darunter: ein gleichwertiger Status der Gruppen innerhalb der Kontaktsituation; gemeinsame Ziele der Kontaktpersonen; ein Teamgefühl oder zumindest kein Konkurrenzgefühl; Unterstützung übergeordneter Instanzen. Allport räumte auch ein, dass Ungleichheiten die positive Wirkung von Kontakten schmälern oder ganz verhindern können. Es gibt viele Publikationen zur Kontakttheorie, einschließlich zahlreicher sozialpsychologischer Studien, die ihre Gültigkeit auf verschiedene Weisen testen oder auch hinterfragen (siehe den Überblick in Vertovec 2021). Insgesamt gibt es jedoch beträchtliche Belege dafür, dass Kontakt unter geeigneten Bedingungen tatsächlich Vorurteile abbaut und die Interaktion über verschiedene soziale Grenzen hinweg verbessert (siehe insbesondere eine Meta-Analyse von 515 Kontaktstudien: Pettigrew und Tropp 2006). Es wurde viel dazu herausgefunden, welche Kontaktarten (einschließlich indirektem und imaginärem Kontakt) wann und wie funktionieren (zum Beispiel Turner et al. 2007; Hewstone 2009, 2015; Christ et al. 2014). In verschiedenen Kontexten und insbesondere bei Diversifizierung kann der Kontakt zwischen Mitgliedern einer *Ingroup* und ihrer *Outgroups* gegenseitige Einstellungen und soziale Praktiken positiv verändern.

Die Reaktion auf Diversifizierung ist aber kein Entweder-oder: Es lässt sich nicht sagen, dass Menschen in den *Outgroups* entweder nur eine Bedrohung sehen – oder kontaktbedingt rein positive Einstellungen entwickeln (vergleiche Amin 2002). Wie die Arbeit von James Laurence zeigt, »können mit zunehmender Diversität sowohl Prozesse der Bedrohung als auch des Kontakts auftreten« (2014, S. 1328; siehe auch Pettigrew et al. 2010). Seine Analysen des UK Citizenship Survey zeigen zum Beispiel:

> [...] eine zunehmende Diversifizierung der Gemeinschaft wirkt sich negativ auf interethnische Einstellungen aus, allerdings nur bei Individuen ohne interethnische Bindungen. Auf Menschen, die solche Bindungen haben, hat zunehmende Diversität keine Auswirkungen – das heißt, der Kontakt mildert die negative Wirkung der Diversität in der Gemeinschaft. [...] Wenn die Diversität in einer Gemeinschaft zunimmt, kommen sowohl die Bedrohungs- als auch die Kontakthypothese zum Tragen« (Ibid., S. 1332).

Die Kontakthypothese kann natürlich nur zum Tragen kommen, wenn auch tatsächlich soziale Interaktionen stattfinden. Viele sozialpsychologische Studien gehen davon aus, dass zunehmende Diversität viel mehr Möglichkeiten für positive Kontakte bietet – und dass ihre Nutzung zu weitreichenden, positiven Auswirkungen führt. Forschungsergebnisse legen nahe, das Leben in diversen Wohngebieten sei tatsächlich mit weniger Vorurteilen verbunden, da der Kontakt zwischen den Gruppen zunimmt und die Bedrohung durch *Outgroups* als geringer wahrgenommen wird (Wagner et al. 2006; Pettigrew et al. 2010; Schlüter und Scheepers 2010; Schönwälder et al. 2016). Viele Projekte lokaler Verwaltungen (insbesondere unter dem Banner des Interkulturalismus) stützen sich direkt auf die Kontakttheorie und zielen darauf ab, Bedingungen für positive Kontakte zu schaffen, die wiederum zu besseren Beziehungen in Nachbarschaften und Städten führen (siehe zum Beispiel Zapata-Barrero 2017).

Angesichts der Diversifizierung können Menschen aber auch à la Putnam »in Deckung gehen« (*hunker down*) und Kontakte vermeiden. Selbst dann können trotzdem positive, sogar regelmäßige Kontakte stattfinden, man sollte sich aber nicht automatisch darauf verlassen. Dazu muss man beachten, dass es verschiedene Arten von Kontakten gibt, und dass Menschen am selben Ort sich sehr darin unterscheiden, wie viel Kontakt sie zu *Outgroups* haben (Lichter et al. 2017). Es überrascht auch nicht, dass manche Kontakterfahrungen eher als negativ empfunden werden (Barlow et al. 2012; Graf et al. 2014; Hayward et al. 2017). Dies hängt damit zusammen, was Ash Amin (2013, S. 5) den »dunkleren Aspekt der alltäglichen Begegnungen mit Unterschied« nennt. Negative (möglicherweise als unerwünscht, unangenehm, aggressiv oder feindselig empfundene) Kontakterfahrungen können viele Auswirkungen haben – von einem stärkeren Abkapseln über intensivierte Vorurteile bis hin zu verstärkten, expliziten Formen rassistischer Gefühle und Verhaltensweisen. Negative Kontakte können auch politische Auswirkungen haben, beispielsweise den Boden für einen rassistischen / fremdenfeindlichen öffentlichen Diskurs bereiten und bei Wahlen einen Rechtsruck initiieren. In diesem Zusammenhang zeigt die Forschung, dass bei vielen Menschen in neu diversifizierten Gebieten negative Kontakterfahrungen mit Einwander:innen unmittelbar die Neigung erhöhten, für den Brexit zu stimmen (Meleady et al. 2017).

Zahlreiche Studien über Diversität und Kohäsion zeigen jedoch: Das Gefühl der Bedrohung und der Charakter der alltäglichen Kontakte hängen oft mit den sozioökonomischen Verhältnissen und dem Grad der Benachteiligung zusammen. Wenn Gruppen um knappe gemeinsame Ressourcen konkurrieren, wird die Auffälligkeit von Unterschieden verstärkt. Die Machtverhältnisse zwischen den Gruppen – die häufig Ungleichheit, Machtdifferenzen, soziale Stratifzierung und geografische Segregation widerspiegeln – beeinflussen ihrerseits Kontakte und Einstellungen. Der relative sozioökonomische Status hat auch einen direkten Einfluss darauf, wie Menschen auf den *»halo effect«* und auf geringfügige, aber rasche Diversifizierung reagieren. Die Forschung zeigt: Wenn ein sich diversifizierendes Gebiet schlechte sozioökonomische Indikatoren aufweist, unterstützen (Weiße) Menschen in einem angrenzenden Gebiet, das entweder ebenso benachteiligt oder besser gestellt ist, häufiger rechte Parteien (Sümeghy 2021).

Ökonomische Segregation ist nach wie vor eine der stärksten sozialen Trennlinien: Je unterschiedlicher der sozioökonomische Status, umso weniger Kontakt (siehe zum Beispiel van Ham et al. 2018). Selbst diversitätsfreundlich orientierte, relativ wohlhabende junge Weiße, die bewusst in superdiverse Viertel ziehen (wobei sie zu ihrer Gentrifizierung beitragen), haben oft nur wenig tatsächlichen Kontakt mit sozioökonomisch und *ethnoracial* Anderen (Blokland und van Eijk 2010).

Wie verändern Diversifizierungsprozesse eine sozioökonomische Schicht? Laurence (2014, S. 1344) liefert eine überzeugende Beschreibung:

> In benachteiligten Gemeinschaften begünstigt die zunehmende Begegnung (*exposure*) mit ethnischen *Outgroups* negative Einstellungen ihnen gegenüber (also ein Nachweis für die Bedrohungshypothese). Mit zunehmender Diversität entwickeln Individuen jedoch häufiger interethnische Bindungen, und wenn solche Bindungen da sind, scheinen Individuen (auch in benachteiligten diversen Gemeinschaften) keine negativen Auswirkungen zu erleben (also ein Nachweis für die Kontakthypothese).

Aber auch hier dürfen wir nicht einfach annehmen, Reaktionen seien entweder rein negativ oder positiv. Laurence' Beobachtung, dass negative Erfahrungen und Einstellungen positiven weichen können, ist richtig, aber nicht hinreichend: Wir müssen viele differenziertere Begegnungen mit und Reaktionen auf Diversifizierung betrachten.

> Viele, wenn nicht gar die meisten, urbanen Begegnungen lassen sich nicht als positiv oder negativ beschreiben, vor allem wenn sie

> flüchtig sind; oft sind es neutrale »Nicht-Ereignisse«. Dies ist weitgehend auf die städtische gegenseitige Gleichgültigkeit zurückzuführen, wie sie in der Stadtforschung seit Simmel bekannt ist. Die Charakteristika solcher Begegnungen sind oft unklar und schwierig zu beschreiben. Häufig schwingen Aspekte wie Ungewissheit, Mehrdeutigkeit, Unbeholfenheit, Verlegenheit, Missverständnisse, Ängste, Argwohn oder Misstrauen mit – größtenteils wohl aufgrund unklarer sozialer Kategorien und sozialräumlicher Muster. Eine solche Grauzone des Spektrums ist besonders wahrscheinlich unter den Bedingungen der Diversifizierung, wenn Menschen mit neuen, eher undefinierten Eigenschaften in städtischen Umgebungen ankommen. (Vertovec 2015d, S. 256)

Kontakte oder sogar relativ gleichgültige »distanzierte Koexistenz« (Schönwälder et al. 2016, S. 231) können Einstellungen gegenüber *Outgroups* positiv verändern. Das heißt aber noch nicht, dass mentale Grenzen und Vorstellungen von sozialer Differenz sich auflösen. Trotz des Kontakts und positiver Einstellungen neigen Menschen zum Schubladendenken in Bezug auf andere Gruppen anderer Ethnien und *races* im nachbarschaftlichen Alltag. So beschreibt Talja Blokland (2003), dass es in sich diversifizierenden Stadtvierteln durchaus »realistische Konflikte« gibt, die oft auf dem Wettbewerb um explizite Ressourcen wie die Nutzung öffentlicher Räume beruhen. So werden »Bedrohungen im Rahmen von ›wir‹ versus ›sie‹ entlang ethnischer Linien formuliert; so wird Unterschied organisiert und Zusammenhalt bewahrt« (ibid., S. 19). Diese Dynamik ist allgemein bekannt und illustriert die Bedrohungstheorie. Blokland weist jedoch auch auf »nicht realistische Konflikte« hin, wenn es in einer Nachbarschaft keine tatsächliche Konkurrenz oder Bedrohung gibt, Menschen jedoch oft »Vorurteile anwenden, um ein umfassendes, verständliches und handhabbares Bild des lokalen sozialen Milieus wiederzuerlangen« (ibid., S. 20). Gruppistische, kulturalistische und rassifizierende Annahmen über Diversität und Diversifizierung bilden also Schablonen, die regelmäßig reproduziert und verfestigt werden, sei es in einem Konflikt- oder einem Kontaktkontext.

Aber selbst schablonenbasierte soziale Interaktionen und Einstellungen müssen nicht negativ oder schädlich sein. Wir wissen, dass in sich wandelnden, superdiversen Kontexten eine enorme Vielfalt an sozialen Unterschieden zu einem normalen Teil des Alltags wird (Wessendorf 2014; Crul 2016; Schönwälder et al. 2016). Dies heißt keineswegs, dass Superdiversität ein »glückliches« Sozialumfeld bedeutet (wie einige Kritiken das Konzept darstellen). Im Gegenteil: Studien zur Normalität der städtischen Superdiversität betonen stets die fortwährende Präsenz von Rassismus und anderen Feindseligkeiten. Die Idee der Normalität unterstreicht nur, dass Superdiversität und diverser werdende Kontexte oft den unhinterfragten und unangefochtenen Hintergrund des Lebens von Menschen stellen, in dem Unterschiede das soziale Leben nicht unbedingt behindern. In solchen Kontexten finden sowohl negative als auch positive Interaktionen statt, wobei letztere tendenziell die allgemeinen Einstellungen gegenüber Anderen verbessern, wie auch immer diese definiert werden. Manchmal bedeutet das Leben in der Superdiversität, dass die sozialen Grenzen bestimmter »Gruppen« verhärten; manchmal lösen sie sich auf.

Im Einklang mit meiner Betonung der Rolle öffentlicher Darstellungen von Diversität und Diversifizierung sollten wir auch beobachten, wie die Themen kontextuell gerahmt werden. So haben wir in der bereits erwähnten Studie »Diversität und Kontakt« des Max-Planck-Instituts Folgendes festgestellt: »In einem Viertel, dessen bunte Mischung als besonders attraktiv wahrgenommen wird, finden Interaktionen zwischen den Gruppen am häufigsten statt, und die Unterstützung von Diversität ist am höchsten. In einem anderen Viertel gehen Verfallsnarrative mit einer distanzierten Einstellung gegenüber Einwander:innen einher« (Schönwälder et al. 2016, S. 234).

Kontextabhängige Einstellungen werden auch auf eventuelle zukünftige Diversifizierung projiziert. »Wie Individuen auf tatsächliche Diversität reagieren«, schreiben Maureen Craig et al. (2018b, S. 211), »kann beeinflussen, wie sie auf prognostizierte Diversität reagieren. So fühlen sich Weiße, die bereits in einem recht diversifizierten Umfeld leben, durch die prognostizierten demografischen Veränderungen eher nicht bedroht und setzen sich möglicherweise sogar für eine integrativere gesellschaftliche Politik ein.« Solche Zukunftsorientierungen können auch mit verhaltens- oder wertebasierten Erwartungen einhergehen. So haben Felix Danbold und Yuen Huo (2021) herausgefunden, dass Mitglieder aktuell dominanter Gruppen überraschende Toleranz gegenüber aktueller Diversität und auch gegenüber sozialem Wandel zeigen, solange sie für die Zukunft eine gewisse Assimilation der *Outgroups*, also eine Kulturveränderung in die eigene Richtung, erwarten.

Dieses Kapitel hat stets die Rolle der Gruppenkategorisierung hervorgehoben. Kategorisierung ist eine natürliche menschliche Fähigkeit – doch Gruppismus, Kulturalismus und Rassifizierung sind Tendenzen, die soziale Grenzen einfrieren, vermeintliche Gruppenmerkmale stereotypisieren und Beziehungen zwischen den Mitgliedern der ständig konstruierten und reproduzierten sozialen Kategorien beeinträchtigen. Xuechunzi Bai, Miguel Ramos und Susan Fiske (2020) haben kürzlich in den renommierten *Proceedings of the National Academy of Sciences* wichtige Forschungsergebnisse über Kategorisierung und Reaktionen auf Diversifizierung veröffentlicht, die aufzeigen, was diesen negativen Tendenzen entgegenwirken kann. Bei der Analyse von Längsschnittdaten von über 12 000 Menschen in 46 Ländern auf sechs Kontinenten stellten sie zunächst fest, dass in homogeneren Umgebungen differenziertere Stereotypen von *Outgroups* produziert werden. Das heißt, je weniger Gruppen in dem eigenen Umfeld wahrgenommen werden, desto deutlicher und signifikanter sind die Ansichten über die angenommenen Unterschiede zu einem selbst. Mit zunehmender Diversität werden mehr Ähnlichkeiten zwischen *Outgroups* und *Ingroups* wahrgenommen und dargestellt. Diese Wahrnehmung von Gemeinsamkeiten dient wiederum dazu, Vorurteile abzubauen und das subjektive Wohlbefinden zu fördern. Bai et al. haben also herausgefunden:

> Diversität verringert paradoxerweise die wahrgenommenen Gruppenunterschiede […] Wenn die tatsächliche Diversität zunimmt, können Menschen dank mehr Begegnungen und Erfah-

> rungen die zuvor übertriebenen Stereotypen abschwächen und latente tiefe Gemeinsamkeiten zwischen den Gruppen erkennen, die letztlich einen Puffer gegen Bedrohung bilden und mit der Zeit zu positiveren Gruppenbeziehungen führen. (Ibid., S. 12748)

Ihre Schlussfolgerung ist besonders zu betonen: »Vielleicht passt sich der menschliche Verstand an soziale Diversität an, indem er seine symbolischen Karten des sozialen Gruppenspektrums verändert, Überlappungen wahrnimmt und sich auf positive zukünftige Beziehungen zwischen den Gruppen vorbereitet. Menschen können sich auf Diversität einstellen« (ibid., S. 12741). Dennoch räumen die Autor:innen ein, dass solche Ergebnisse nicht zwangsläufig erfolgen – nicht zuletzt, weil Machtdynamiken im Spiel bleiben und historisch mächtige Gruppen nur ungern ihre Vorherrschaft aufgeben. Daher sind ihre Schlussfolgerungen nicht blindlings optimistisch, sondern beziehen mit ein, dass superdiverse Kontexte weiterhin durch Segregation, Ungleichheit, gruppenbezogene Feindseligkeit und Konflikte herausgefordert werden. Dennoch zeigen die Ergebnisse von Bai, Ramos und Fiske, dass öffentliche Annahmen über Diversität und Diversifizierung formbar sind und eher zur Verbesserung der Kategorisierungen, Einstellungen und Interaktionen tendieren.

Fazit

Kapitel 4 erörterte eine Reihe von Diversifizierungsarten, die derzeit in Gesellschaften weltweit zu beobachten sind. Dazu gehören migrationsbedingte Veränderungen der Eigenschaften globaler Migrant:innen und demografische Veränderungen der Verhältnisse in verschiedenen Populationskategorien, insbesondere in Bezug auf Alter und Geografie. Hier, in Kapitel 5, wurden darauf aufbauend einige der Reaktionen auf Diversifizierung (ob migrations- oder demografisch bedingt) untersucht. Diese beruhen auf bestimmten Wahrnehmungen und Einstellungen, die wiederum weitgehend von öffentlichen Annahmen über Diversität und Diversifizierung abhängen – und diese ihrerseits von stark kontextualisierten Prozessen der sozialen

Kategorisierung. Kategorien sind konzeptionell, aber ihre Auswirkungen sind real, beobachtbar in Interaktionsmustern und Formen der Ungleichheit.

Gruppismus, singuläre Zugehörigkeit, Kulturalismus und Rassifizierung sind Tendenzen der sozialen Kategorisierung, aufgrund derer die Gesellschaft oft als eine Sammlung begrenzter und verschieden charakterisierter Gruppen betrachtet wird, die um eingeschränkte Ressourcen konkurrieren. Dies geht einher mit der impliziten Annahme, dass nur Homogenität den sozialen Zusammenhalt gewährleisten kann, soll oder muss (ähnlich Durkheims »mechanischer Solidarität«). Öffentliche Annahmen über Diversität und Diversifizierung sowie über soziale Kategorien werden nicht nur durch persönliche Erfahrungen und Beobachtungen geprägt, sondern auch durch Informationen, Darstellungen und Narrative in den öffentlichen Bereichen (insbesondere in den Massen- und sozialen Medien sowie im politischen Diskurs). Dazu gehören auch öffentliche Fehlinformationen und strategische politische Kommunikationen, die bewusst versuchen negative Ansichten und Reaktionen hervorzurufen. Folglich ist es oft die wahrgenommene und nicht die tatsächliche Diversifizierung, die negative Reaktionen auslöst. Menschen, die sich (aus verschiedenen Gründen) durch Diversifizierung bedroht fühlen, sind anfälliger für Fehlinformationen und politische Manipulation.

Es gibt viele Auslöser für und Arten von negativen Reaktionen auf Diversifizierungsprozesse. Die meisten haben mit einem Gefühl der Bedrohung zu tun, das die Mitglieder einer *Ingroup* empfinden. Bedrohungsängste beruhen oft auf der Annahme, dass die *Ingroup* an ihrem Wohnort zahlenmäßig unterlegen sein wird. Häufig sind solche Gefühle verbunden mit einer schwammigen Vorstellung von einem Schwellenwert zwischen »guter Diversität« und »zu viel Diversität«. Vage wie diese Befürchtung ist, schafft sie doch Ängste vor einem Prestigeverlust der Gruppe, einem Wettbewerb um Ressourcen (von Arbeitsplätzen über öffentliche Mittel bis hin zur Nutzung von Institutionen) und dem Verlust von Gemeinsamkeiten und soziokulturellem Zusammenhalt durch eine Vervielfältigung kultureller Unterschiede. Bedrohungsängste führen leicht zu Ressentiments,

Wut und der Selbstzuschreibung der Opferrolle – vor allem wenn sie durch (beispielsweise fremdenfeindliche, rassistische, populistische und rechtsradikale) politische Diskurse erzeugt, gefördert, manipuliert, kanalisiert und reproduziert werden.

Viele Publikationen (einige davon irreleitend) befassen sich mit der Studie von Robert Putnam (2007), die behauptet, dass Diversifizierung das Niveau von Vertrauen und sozialem Zusammenhalt sowohl innerhalb als auch zwischen Gruppen senkt. Eine klare Einschränkung, wenn nicht gar Widerlegung, dieser Theorie ergibt sich aus Arbeiten, die einen stärkeren beziehungsweise verstärkenden Effekt der wirtschaftlichen Benachteiligung auf die Verringerung von Vertrauen und sozialem Zusammenhalt aufzeigen. Darüber hinaus weisen zahlreiche Studien nach, dass negative Reaktionen in einem sich diversifizierenden Umfeld zwar tatsächlich auftreten, letztlich aber durch positivere Einstellungen und Verhaltensweisen ersetzt werden, wenn es zu mehr Kontakt zwischen Gruppen / Kategorien kommt.

Um es noch einmal zusammenzufassen: Reaktionen auf Diversifizierung beruhen in erster Linie auf ihrer Wahrnehmung – und diese auf Kategorisierung, Darstellung und Diskurs. In Kapitel 4 wurde eine Reihe von Arten und Merkmalen der Diversifizierung beschrieben. Zusammengenommen bilden sie das, was wir unter Superdiversität verstehen. Dennoch sind es vor allem Aspekte der Ethnie und *race*, die in erster Linie das öffentliche Verständnis von Diversifizierung bestimmen, Annahmen prägen und Einstellungen konditionieren. Eine Schlüsselbotschaft dieses Buches lautet: Wir müssen anerkennen, dass sowohl die tatsächlichen als auch die konzeptionellen Phänomene immer vielfältiger werden – also sowohl soziale Konfigurationen und Interaktionen als auch ihre Repräsentationen.

Bai et al. verdienen hier eine wiederholte Erwähnung: Sie haben festgestellt, dass sich Menschen auf der ganzen Welt an Diversifizierung anpassen, indem ihr Verstand »seine symbolischen Karten des sozialen Gruppenspektrums verändert, Überlappungen wahrnimmt und sich auf positive zukünftige Beziehungen zwischen den Gruppen einstellt« (Bai et al. 2020, S. 12741). In der Tat können sich öffentliche Annahmen über Diversität und Diversifizierung ändern, und das tun sie auch. Ist es möglich, gruppistische, kulturalistische, rassifizierte öffentliche Annahmen zu überwinden, die sich fast ausschließlich auf »*ethnoracial*« Kriterien konzentrieren, die durch rechtsgerichtete politische Framings so leicht zu manipulieren sind? Können soziale Kategorien und Differenznarrative demontiert und rekonstruiert werden? Wie können Menschen die zunehmend komplexen Merkmale der Diversität und Diversifizierung – also der Superdiversität – erkennen, ohne sich bedroht zu fühlen? Welche sozialen Auswirkungen könnte ein solcher konzeptioneller Wandel haben? All diese Fragen deuten auf eine Anerkennung neuer Formen sozialer Komplexität.

6

SOZIALE KOMPLEXITÄT

Ralph Grillo (2015, 2) hat überzeugend dafür plädiert, »Superdiversität als eine Form der Komplexität« zu sehen. Ich stimme dem voll und ganz zu. In den vorangegangenen Kapiteln wurden bereits einige Ideen über Komplexität und ihre Beziehung zur Superdiversität angesprochen. Mein ursprünglicher Artikel über Superdiversität (in Kapitel 2 wiedergegeben) weist auch darauf hin, dass einige meiner ersten Überlegungen von Ideen zur kulturellen Komplexität inspiriert waren. In Kapitel 3 wurde festgestellt: Das breite sozialwissenschaftliche Interesse an Superdiversität ist aus einer Sehnsucht nach neuen Konzepten, einer neuen Art, über Diversität zu sprechen, und nach neuen Ansätzen für die Erforschung und das Verständnis heutiger Formen von Komplexität und komplexer sozialer Transformationen entstanden. Kapitel 4 untersuchte Diversifizierungsprozesse rund um verschiedene soziale Kategorien, vor allem in Bezug auf sich verändernde Migrations- und demografische Muster. Diese wurden als emergente Prozesse zunehmender Komplexität beschrieben, die sich auf städtische und landesweite soziale Konfigurationen auswirken. In Kapitel 5 wurden verschiedene Reaktionen auf Diversifizierungsprozesse angesichts sich wandelnder sozialer Wahrnehmungen, Kategorisierungen und Einstellungen diskutiert, die besonders anfällig für den Einfluss politischer Rhetoriken, Bilder und Diskurse sind. Diese Reaktionen zeigen, dass sowohl die Kategorien als auch das entsprechende soziale und diskursive Feld immer komplexer werden. Wie passen all diese Prozesse zusammen? Warum und wie lassen sich solche Entwicklungen sinnvollerweise als »soziale Komplexität« beschreiben?

Die Anthropologie sozialer und kultureller Komplexität

Meine Ausführungen beginnen mit Überlegungen zu meiner eigenen Disziplin, der Sozialanthropologie. Die Untersuchung »komplexer Gesellschaften«, die sich seit ihrem Ursprung im 19. Jahrhundert bis Mitte des 20. Jahrhunderts stark ausgeweitet hat, ist ein einflussreiches Teilgebiet der Anthropologie (siehe zum Beispiel Eisenstadt 1961; Banton 1966; Kushner 1969). Dieses Teilgebiet vertrat lange eine historische, evolutionäre Sicht auf die Entwicklung bestimmter Gesellschaftstypen. »Fortschritt« in diesen Diskursen wird im Sinne von Perioden beschrieben: von primitiven Kollektiven zu Stämmen, zu Chiefdoms und schließlich zu Staaten. Die meisten Typologien und Theorien komplexer Gesellschaften beinhalten Merkmalslisten von integrierten Systemen oder Subsystemen mit sozialen, wirtschaftlichen, politischen und religiösen Komponenten. Darin finden sich oft Aspekte wie Technologien, Architektur, berufliche und handwerkliche Spezialisierung, Bewässerung und Landnutzung, Kapital, materielle Kultur und Kriegsführung. Je mehr Merkmale angekreuzt werden können, desto komplexer sei die Gesellschaft. Solche Listen wurden zum Vergleichen von Gesellschaften verwendet – sowohl historisch als auch in der Gegenwart. Vor etwa fünfzig Jahren erstellte beispielsweise Robert Carneiro (1967) eine Aufstellung von 205 Merkmalen, anhand deren angeblich die Komplexität von 100 Gesellschaften gemessen, verglichen und eingestuft werden konnte. Dieser Ansatz ist sehr umstritten. Zum Beispiel wird oft von Theoretikern angezweifelt, inwieweit die Entwicklung komplexer sozialer Systeme von Merkmalen wie Bevölkerungsgröße und räumliche Dichte beeinflusst wird. Neben technologischen und materiellen Aspekten ist dieser Bereich der Anthropologie aber vornehmlich auf die Analyse von Mustern sozialer Beziehungen und deren Einfluss auf verschiedene wirtschaftliche, ökologische und kulturelle Merkmale fokussiert.

Mit diesem Fokus stehen Fragen der *sozialen Organisation* beziehungsweise der Gesetzmäßigkeiten und Strukturen sozialer Beziehungen im Mittelpunkt vieler anthropologischer Überlegungen zu »komplexen Gesellschaften«. Zu diesen Fragen gehören insbesondere Formen sozialer Schichtung und Hierarchie, die Vorstellungen von Status, Rang, Macht, Vorherrschaft und politischer Ordnung umfassen (Barth 1972). Es wurde sogar angedeutet, dass in diesem Bereich Komplexität als Synonym für Hierarchie verwendet wird (Graeber und Wengrow 2021, S. 515). Diese Auslegung ist wahrscheinlich zu oberflächlich, nicht zuletzt, weil die meisten Forschenden eine weiter gefasste Interpretation von sozialer Komplexität benutzen. Zum Beispiel werden nicht alle sozialen Interaktionen als allein hierarchisch stratifiziert gesehen. Neben den vertikalen gibt es auch horizontale Differenzierungen (man denke an Berufe, die statusmäßig gleichwertig sind; vergleiche Pool 2012). Jedenfalls hat sich das Verständnis von Komplexität in der Anthropologie komplexer Gesellschaften darauf konzentriert, wie Gesellschaften mit zunehmender Größe und Spezialisierung sozial und politisch funktionieren – unter anderem durch die Organisation und Stratifizierung von unterschiedlich differenzierten Gruppen.

Die Erforschung und Theorie komplexer Gesellschaften ist in der heutigen Anthropologie weitgehend aus der Mode gekommen – vielleicht, weil sie inhärent unbequeme, wenn nicht gar falsche Annahmen über vermeintlich einfache(re), evolutionär weniger entwickelte Gesellschaften macht. Besonders heikel wird dies, weil die Darstellung solcher angeblich weniger fortgeschrittenen Gesellschaften rassifiziert werden kann. Insbesondere im Hinblick auf die Entstehung großer Staatssysteme ist die Erforschung komplexer Gesellschaften in der Archäologie aber trotz deutlicher Kritik (siehe Yoffee 2005; Pauketat 2007; Graeber und Wengrow 2021) immer noch recht stark vertreten (siehe zum Beispiel Smith 2011, 2021; Ross und Steadman 2017).

Eine andere Art von Komplexität – wenn auch nie ausdrücklich als solche bezeichnet – bezieht sich im anthropologischen Kanon auf die sogenannten »pluralen Gesellschaften« (siehe zum Beispiel

Benedict 1962; Smith 1965; Kuper und Smith 1969). Die Studien in diesem inzwischen überholten Bereich, der sich ebenfalls zentral mit Fragen der sozialen Organisation befasste, konzentrierten sich auf koloniale und postkoloniale Gesellschaften als Ansammlungen von Bevölkerungssegmenten, die jeweils durch ihre sozialen Institutionen (Familienformen, soziale Netzwerke, Religion, Sprache) geprägt waren. Dies wurde mit der Untersuchung ethnischer Aspekte in Verbindung gebracht. Bei der Analyse pluralistischer Gesellschaften in diesem Sinne ging es in der Regel um Fragen des interethnischen Ressourcenwettbewerbs, Muster des wirtschaftlichen Austauschs, rechtliche Vorkehrungen, Unterschiede im Zugang zu Rechten sowie in Modalitäten der sozialen und politischen Eingliederung.

Der bekannte norwegische Anthropologe Fredrik Barth interessierte sich ebenfalls dafür, wie Menschen in einer Vielzahl von scheinbar diskreten sozialen und kulturellen Sphären leben. Während Barth für seine Theorien über verschiedene Formen der sozialen Organisation bekannt wurde (siehe Eriksen 2015), insbesondere für seinen Beitrag zur Ethnizität und zu ethnischen Grenzen (Barth 1969), betrachtete er in seinen späteren Schriften ausdrücklich den Charakter sozialer und kultureller Komplexität (Barth 1989, 1993). In dieser Arbeit konzentrierte er sich weniger auf die soziale Organisation an sich als vielmehr auf die Koexistenz, das Zusammenfließen und die Vermischung von Bedeutungssystemen. Sein ethnographisches Beispiel war Bali, wo hinduistische, muslimische, indigene Bala Aga, »moderne« westliche und hexereifokussierte Weltanschauungen, soziale Beziehungen und kulturelle Praktiken zu finden sind. In solchen Kontexten, so Barth (1989, S. 130), »nehmen Menschen an mehreren, mehr oder weniger diskrepanten Diskursuniversen teil; sie konstruieren verschiedene, partielle und gleichzeitige Welten, in denen sie sich bewegen; ihre kulturelle Wirklichkeitskonstruktion entspringt nicht einer Quelle; sie ist nicht aus einer Ganzheit«. Damit wichen technologie- und beziehungsorientierte Vorstellungen von Komplexität einer neuen Perspektive: der Analyse von Konzeptfeldern und Klassifizierungen. Barth vermutete, dass komplexe Gruppierungen, Anordnungen und Mischungen von Bedeutungen entstehen, weil

Bedeutungen grundsätzlich mit der diskreten »Erfahrungskonstellation« (*constellation of experience*) des Individuums verbunden sind (ibid., S. 134). Er betont, dass Bedeutungen in einer Population ungleich verteilt sind: Akteure sind immer sozial positioniert, und entsprechend werden auch die Interpretationen von Situationen und Ereignissen konstruiert.

Dies ist auch die Kernaussage von Ulf Hannerz' *Cultural Complexity* (Hannerz 1992). Bereits zu Beginn dieses Werkes räumt Hannerz ein, dass: »der Begriff ›komplex‹ an sich intellektuell ungefähr so attraktiv ist wie das Wort ›chaotisch‹ (*messy*)« (1992, S. 6). Dennoch stellt er fest: »Einer der Vorzüge [des Begriffs] ist gerade sein nüchternes Beharren darauf, dass wir zweimal nachdenken sollten, bevor wir eine simple, essenzialistische Charakterisierung irgendeiner Kultur akzeptieren« (ibid.). In Anlehnung an Max Weber und Clifford Geertz plädiert Hannerz für das Studium der Kultur als: (1) einer Frage der Ideen und Denkweisen (»die gesamte Palette von Konzepten, Behauptungen, Werten und dergleichen, die Menschen innerhalb einer sozialen Einheit teilen, sowie ihre verschiedenen charakteristischen Mentalmodi, also ihre Arten, mit Ideen umzugehen«, ibid, S. 7), (2) Formen, die Bedeutungen externalisieren und zugänglich machen (Modi öffentlicher Kommunikation), und (3) ihrer sozialen Verteilung (wie Bedeutungen in einer geschichteten Population verbreitet werden und die sozialen Beziehungen durchdringen). Barth folgend, betont auch Hannerz, dass eine ungleiche Verteilung von Bedeutungen und anderen kulturellen Elementen innerhalb einer Population damit zusammenhängt, dass die Akteure zueinander unterschiedlich positioniert sind. Diese Perspektive kommt in seinem ganzen Buch zu tragen, wenn er die Konturen und Dynamiken der Prozesse betrachtet, die er »soziale Organisation von Bedeutung« nennt:

> Menschen handhaben Bedeutungen *von ihrem Platz* in der sozialen Struktur aus. Zu jedem Zeitpunkt ist jede Person von einem Strom extern verfügbarer, kulturell geprägter Bedeutungen umgeben, die beeinflussen, wie diese Person ihre Erfahrungen und Absichten ordnet. Dennoch empfängt sie nicht nur passiv alle ver-

> fügbaren Bedeutungen und betrachtet sie auch nicht im Stillen. Sobald eine Person beginnt, sich ein Bild von sich selbst und ihrer Welt zu machen sowie davon, was wünschenswert ist und was nicht, setzt sie sich auch praktisch, intellektuell und emotional aktiv mit der konkreten eigenen Situation auseinander. Sie befasst sich vor allem mit Bedeutungen, die sich auf ihre eigenen Erfahrungen und Pläne beziehen, auf die eigenen Beziehungen zu anderen Menschen sowie die eigenen materiellen Bedürfnisse und Interessen. Wenn nötig, wird die Person die ihr zur Verfügung stehenden Bedeutungen erweitern oder modifizieren, improvisatorisch und innovativ »auf der Grundlage« dieser Bedeutungen handeln statt »in vollem Einklang« mit ihnen. Die praktische Vernunft des Menschen hat also ein kulturelles Fundament, aber wenn er auf vorhandene Bedeutungen zurückgreift, können ihre Formen variieren und sich verändern. (Ibid., S. 65, Hervorhebung im Original)

Hannerz bezeichnet diesen auf der sozialen Position basierenden Prozess als »Perspektivierung von Bedeutung«, die »weniger Replikation von Uniformität, weniger weitreichende kulturelle Gemeinsamkeiten impliziert« (ibid., S. 66). Kultur und Gesellschaft werden also gesehen als

> ein Netzwerk von Perspektiven, die kontinuierlich offene kulturelle Formen produzieren. Damit ist die Perspektivierung von Bedeutung ein starker Motor für die Schaffung kultureller Diversität innerhalb der komplexen Gesellschaft. Man könnte es eine Polyphonie nennen, wenn verschiedene Stimmen gleichzeitig erklingen; eine Konversation, wenn es eher leise und einvernehmlich zugeht; eine Debatte, wenn man die Streitigkeiten betonen will; oder auch eine Kakophonie, wenn man vor allem Chaos feststellt. (Ibid.)

So definiert, basiert Komplexität zwar weiterhin auf Merkmalen der sozialen Organisation, wird aber auch zu einer Funktion des Ausdrucks sowie der Produktion, Innovation, Verteilung und Rezeption von Bedeutungen innerhalb einer sozial differenzierten Population. Thomas Hylland Eriksen (2007) stützt sich auf Hannerz und erweitert seine Arbeit, indem er ebenfalls die Bedeutungsbildung als ein Schlüsselmerkmal von Komplexität hervorhebt und insbesondere betrachtet, wie Identitäten und Gruppenzugehörigkeiten, Kriterien der Inklusion und Exklusion sowie der Grad der Gruppeneinbindung auf sehr unterschiedlichen Grundlagen oder Prinzipien konstruiert werden.

Die wichtigsten Erkenntnisse aus dieser Reihe anthropologischer Perspektiven – also der von Barth, Hannerz und Eriksen vertretenen Anthropologie kultureller Komplexität – sind die folgenden: Bedeutung und soziale Organisation sind nicht voneinander getrennt, sondern konstituieren sich gegenseitig. Dabei sind Bedeutungen und Perspektiven oft eine Frage der sozialen Position, da Bedeutungen durch soziale Interaktionen bedingt werden und aus ihnen entstehen, sind diese folglich auch ungleich verteilt.

Sozialwissenschaft und Komplexität

Schon vor der Jahrtausendwende ist die Idee der Komplexität – als ein Konglomerat von Ansätzen, Konzepten und Begriffen – in vielen Sozialwissenschaften auf Interesse gestoßen (siehe insbesondere Byrne 1998; Thrift 1999; Urry 2003, 2005; Jörg 2011). Komplexität ist dabei sowohl ein wissenschaftliches Feld als auch eine konzeptionelle Perspektive beziehungsweise Framing – aber kein einheitliches Theoriegebäude (siehe Byrne und Callaghan 2013). Die Herangehensweise der Komplexitätsforschung entstammt weitgehend der Physik, Mathematik, Biologie und anderen Naturwissenschaften; es werden Verbindungs- oder Assemblage-Systeme untersucht, die Anordnung von Teilen zu einem Ganzen. Zentralerweise bedeuten systemische Ganzheiten hier mehr als die Summe ihrer Teile: Die dynamische Interaktion und Interdependenz der Komponenten schafft etwas, das durch die Analyse der Komponenten allein nicht verstanden werden kann. Ausgehend von dem Grundgedanken, »mehr« bedeute »anders«

(*more is different*: Philip Anderson, in Page 2015, S. 27), wird angenommen, dass mit der Anzahl der Elemente in einem System auch die Interaktionen und Interdependenzen – und damit der Grad der Komplexität – zunehmen beziehungsweise sich diversifizieren. Ein weiteres Grundprinzip ist, dass einfache Regeln auf der Mikroebene zu Komplexität auf der Makroebene führen können.

Viele Sozialwissenschaftler:innen fühlten sich von der Komplexitätsforschung angezogen, nicht zuletzt, weil sie Begrifflichkeiten, einen Ansatz und mögliche Methodiken suchten, um zu neuen Verständnissen sozialer Phänomene und Prozesse zu gelangen. Dies ähnelt den Gründen für die steigende Popularität des Superdiversitätskonzepts, wie in Kapitel 3 untersucht. So beschreibt beispielsweise der Soziologe David Byrne, dass ihn der Komplexitätsansatz anzog, weil dieser »ein neues Vokabular und eine auf diesem Vokabular basierende Gesamtsicht bietet, die als konzeptioneller Rahmen dienen kann« (1998, S. 5). Zu den Schlüsselbegriffen der Komplexitätsforschung gehören: Mehrfachkausalität, Nichtlinearität, Emergenz, Selbstorganisation, Kipppunkte und Schwellenphänomene, komplexe adaptive Systeme, Rückkopplung, Instabilität, Turbulenz, Chaos und Ungewissheit.

Als Komplexität in den 1990er und 2000er Jahren in zahlreichen sozialwissenschaftlichen Disziplinen rasch zu einem Schlüsselbegriff wurde, zeigten sich unterschiedliche Auffassungen und Verwendungen der sie konstituierenden Konzepte. Allgemein wurden diese in sogenannte »harte« und »weiche« Ansätze unterteilt (Cilliers und Preiser 2010); die letzteren werden auch *soft* oder »metaphorisch« genannt. In vielen grundlegenden Aspekten entspricht dies dem Unterschied zwischen »der US-amerikanischen Herangehensweise an soziale Komplexität, die Methoden aus der Physik und der angewandten Mathematik automatisch auf die soziale Welt zu übertragen neigt (Santa-Fe-Stil), einerseits und der europäischen Tradition andererseits, die eine viel deutlichere Beziehung zu philosophischen Argumenten hat« (Byrne und Callaghan 2013, S. 9). Im Rahmen des harten Ansatzes werden gern Methoden wie Computational Social Science, Simulationen und agentenbasierte Modellierung benutzt –

und zwar beispielsweise in Bezug auf Phänomene wie Wahldynamiken, Verkehr, Unruhen, Spielplätze, Aktienmärkte oder Pandemien (wie Covid-19). Der weiche / metaphorische Ansatz produziert eher interpretative und konzeptionelle Arbeiten, einschließlich der Auseinandersetzung mit Philosophie (Cilliers 2007), der Postmoderne (Cilliers 2002) und der Assemblage-Theorie (DeLanda 2019).

Diese unterschiedlichen Auffassungen von Komplexität in den Sozialwissenschaften teilen aber auch gewisse Anliegen, und zwar vor allem Fragen zum Charakter »komplexer Systeme, die aus situierten, adaptiven, diversifizierten Individuen bestehen, deren Interaktionen Strukturen höherer Ordnung (Selbstorganisation) und Funktionalitäten (Emergenz) hervorbringen« (Page 2015, S. 22). Wie robust und langlebig sind solche Systeme? Welche Muster und Strukturen bilden sich, wenn sich Komponenten oder Akteure verändern? Und wie werden diese Muster und Strukturen im Laufe der Zeit komplexer? Diese Fragen gehen auch mit allgemeinen Interessen der Komplexitätsforschung einher, in Sachen Gleichgewicht und Zufallsverteilung sowie den Auswirkungen der Interdependenz und Diversität von Komponenten und Akteuren (siehe Page 2010).

Das Konzept der Superdiversität steht im Einklang mit vielen sozialwissenschaftlichen Ansätzen zur Komplexität (insbesondere mit den metaphorischen). Zunehmende Diversifizierungen auf verschiedenen Ebenen, die sich insbesondere aus der heutigen Migration ergeben, steigern die Komplexität. In der Sprache der Komplexitätsforschung lassen sich die Gründe dafür wie folgt zusammenfassen: die Zahl der Akteure nimmt zu (durch die Intensivierung und Veränderung von Migrationsströmen), zugleich verstetigen sich vielfältige Differenzierungsmerkmale (wie Ethnizität, Gender, Alter, Rechtsstatus), dabei kommt es zu Interdependenzen zwischen diesen Merkmalen (die zu spezifischen Kombinationen von Migrationsmustern führen) und den Eigenschaften der neuen physischen und der sozialen Räume, wo wir Migrant:innen finden (bereits diversifizierte und meist urbane Migrationskontexte). Bei den sozialen Dynamiken und Tendenzen der Interaktion, die sich aus der Superdiversität ergeben, handelt es sich somit um emergente, selbstorganisierte, komplexe adaptive Systeme (einschließlich der in Kapitel 5 beschriebenen gemischten Reaktionen, wobei Bedrohung und Diskriminierung häufig zumindest teilweise dem Kontakt und positiven Einstellungen weichen). Innerhalb solcher Systeme sind die Verläufe der sozialen Ergebnisse jedoch ungewiss, unvorhersehbar und nichtlinear.

Eine weitere sozialwissenschaftliche Sichtweise auf Komplexität stammt von Danilo Zolo:

> [Komplexität ist] die kognitive Situation, in der sich Akteure befinden, seien es Individuen oder soziale Gruppen. Bei ihren Versuchen, sich zu orientieren – also zu ordnen, vorherzusagen, zu planen, zu manipulieren –, konstruieren sie Beziehungen, die sie auf ihre Umwelt projizieren. Je nach den Umständen sind diese mehr oder weniger komplex, genauso wie ihre tatsächliche Verbindung mit der Umwelt. (1992, S. 2-3)

Zolo fügt den sozialwissenschaftlichen Ansätzen zur Komplexität also neben den sozialen Dynamiken und Prozessen eine kognitive Dimension hinzu. In Anlehnung an Zolo muss anerkannt werden, dass Menschen über verschiedene mentale Konstrukte ihrer komplexen Umgebung und der Beziehungen zu ihren Komponenten verfügen: Dies trägt zur Gesamtkomplexität eines sozialen Umfelds bei. Scott Page (2015, S. 6) schlägt vor: »Denken Sie daran, dass Individuen in einem komplexen System lokal verortet sind; sie haben wahrscheinlich unterschiedliche Informationen und Erfahrungen. Diese Diversität der Situationen bringt Diversität der Interpretationen hervor. Diversität erzeugt also Diversität.« (Page [2007] betont sogar, dass kognitive Diversität für bessere Problemlösung in Gruppen von Vorteil ist.) Diese Perspektive ist meines Erachtens verwandt mit Ideen über den Zusammenfluss und die Komplexität der Bedeutungen und sozialen Positionen, wie sie Barth, Hannerz und Eriksen beschreiben.

Superdiversität wird häufig als eine Frage der Migrant:innenpopulationen und ihrer sich verändernden, multidimensionalen, aber weitgehend strukturellen Merkmale diskutiert. Zu den komplexitätsrelevanten Qualitäten der Superdiversität gehören aber auch die vielfältigen Bedeutungskonstellationen, die von Menschen *in Bezug auf* diese Merkmale ausgehandelt und reproduziert werden. Für alle Menschen, die sich in diversen Kontexen finden, sind soziale Positionen von Belang, da diese die individuellen Bedeutungskonstellationen konditionieren.

Ausgehend von diesen Studien und Begrifflichkeiten geht es hier vor allem darum, soziale Komplexität in Bezug auf mehrere relevante Komponenten zu sehen: soziale Organisation, individuelle Bedeutungen und soziale Beziehungen (siehe Vertovec 2021). Unter den Bedingungen der Superdiversität (die als multiple Kausalitäten betrachtet wird, die auf unterschiedliche Weise eine zunehmende Anzahl, Diversifizierung und gegenseitige Interdependenzen auslösen) werden unvorhersehbare nichtlineare Prozesse der Selbstorganisation in Gang gesetzt, durch die neue Muster der sozialen Organisation, der Bedeutung und der sozialen Beziehungen entstehen.

Wir leben in einer Zeit der Ungewissheit, in der viele verwobene komplexe Konfigurationen, Repräsentationen und Begegnungen gleichzeitig im Wandel sind. Heutige Superdiversität und soziale Komplexität umfassen nicht nur fortlaufende Diversifizierungen (und variable Reaktionen darauf), sondern auch die Veränderung und Anfechtung grundlegender sozialer Kategorien und ihrer Bedeutungen, die allen Konfigurationen, Repräsentationen und Begegnungen zugrunde liegen. Wir sehen dies an der *Black-Lives-Matter*-Bewegung, am Trans-Aktivismus und an anderen Forderungen nach Anerkennung, Rechten und Gleichstellung; an der allgegenwärtigen Aufmerksamkeit für Diversität – die mittlerweile eine 8 Milliarden Dollar schwere »Diversitätsindustrie« (Newkirk 2019) hervorgebracht hat; an der Zunahme von antirassistischen Publikationen und Schulungen; an der Beschäftigung mit Weißsein, Weißem Privileg und Weißem Nationalismus; an großen Fortschritten bei der Repräsentation von Schwulen und Lesben (die aber vielerorts auf »*Don't say gay*«-Politik trifft); an Begriffen wie »*wokeness*«, »*cancel culture*« und »*culture wars*«.

Dies sind nur einige wenige öffentlichkeitswirksame Manifestationen davon, wie sich die Bedeutungen sozialer Kategorien und der Stellenwert von Unterschieden verändern. Dazu kommen die in

Kapitel 5 beschriebenen Reaktionen auf Diversifizierung – und die sich wandelnden Bedeutungen bestimmter Schlüsselkategorien, die im Folgenden diskutiert werden.

Die Salienz von Unterschieden

Gegenwärtig verändern verschiedene Arten der Diversifizierung und Neukategorisierung die Gesellschaften in aller Welt. Im 21. Jahrhundert ist »die Welt in mehreren Dimensionen und auf vielen Ebenen sehr viel diverser, gekennzeichnet durch die Salienz von Differenzen und wie sich diese dynamisch überschneiden« (Jones und Dovidio 2018, S. 45). Der veränderliche und schwankende öffentliche Stellenwert von Schlüsselkategorien des Unterschieds ist eine grundlegende Komponente heutiger sozialer Komplexität, die sich insbesondere auf den Bereich der Bedeutung auswirkt – aber auch auf soziale Strukturen und zwischenmenschliche Beziehungen. Ein signifikantes Beispiel ist, wie in vielen Ländern der Welt die Kategorie *race* an Bedeutung zunimmt (mit unterschiedlichen Konzeptualisierungen) und wie diese in Bezug gesetzt wird mit Fragen der sozialen Gerechtigkeit, Zugang zu Gesundheitswesen und allgemeineren Ungleichheiten. Wir sehen dies beispielsweise an dem Bewusstsein für Konzepte des Schwarzseins (*Blackness*) und dem Anschein einer globalen Sensibilisierung für rassistische Diskriminierung, insbesondere im Zuge der intensiven Berichterstattung zu Morden durch die Polizei und dank der *Black-Lives-Matter*-Bewegung; an Konzepten des Weißseins (*Whiteness*), insbesondere in Bezug auf Weiß-nationalistischen Rechtspopulismus; sowie an Konzepten des Asiatisch-Seins (*Asianness*), insbesondere in Bezug auf antiasiatische Vorurteile im Zusammenhang mit der Covid-19-Pandemie. Neben dem Verständnis von *race* gab es auch bemerkenswerte Veränderungen in der Sprache über Menschen mit Behinderungen (Thomas 2015) und in der Darstellung von LGBTQ*-Personen und -Beziehungen im Fernsehen (Albertson 2018).

Die Idee der sozialen Unterschiedlichkeit basiert natürlich auf Prozessen der sozialen Kategorisierung, die im vorigen Kapitel besprochen wurden. Positive differenzbasierte Selbstidentifizierungen werden oft gleichermaßen durch das, *was* die Differenz ausmacht, *und* das, was sie *nicht* ausmacht, beschrieben (Woodward 1997). Wer sich auf Differenz beruft, tut dies in der Regel durch die Unterscheidung, Hervorhebung, Mobilisierung und Aufwertung der eigenen (oft intersektionellen) Unterschiede von einer konventionellen, vermeintlich normativen Kategorie (wie beispielsweise Weiß, heterosexuell, Mittelschicht, mittleres Alter, männlich). Darüber hinaus wird Differenz als das Ergebnis des Zusammenwirkens mehrerer sozialer Prozesse verstanden (West und Fenstermaker 1995), die nicht nur zu Unterscheidungsmerkmalen führen, sondern auch zu inhärenten Diskrepanzen in Bezug auf soziale Erfahrung, Position und Macht (Barrett 1987).

In der Öffentlichkeit bezieht sich soziale Differenz in der Regel auf Klassifizierungsrubriken wie *race* und / oder Ethnie, Gender, Religion, Sprache, Sexualität, Behinderung und Alter. Jede dieser Rubriken beinhaltet eine Reihe von Begriffen, Markern, Symbolen, Merkmalen und Identitäten – sowohl Selbstbeschreibungen (*Ingroup*-Kriterien) als auch Fremdzuschreibungen (*Outgroup*-Kriterien) – für die Kategorisierung, Definition und Darstellung von bestimmten Menschengruppen (siehe Plaut 2010; Jones et al. 2014; Vertovec 2015). Um zu verstehen, wie Unterscheidungen geformt, definiert und hinterfragt werden, sollte man jede Kategorie der Differenz im Hinblick auf ihre Bedeutungen, Überschneidungen, Einschränkungen und Prozesse untersuchen. In vielen Diskursen und Trainingsformaten zu Diversität werden alle Unterschiede behandelt, als seien sie gleich in ihrer Art und / oder in ihren Folgen – diese Tendenz gilt es zu vermeiden. Jede Kategorie, jedes Kriterium und jeder Marker der Differenz (und jede ihrer Überschneidungen) hat eine einzigartige Geschichte der Diskriminierungserfahrungen, der selbst- und fremdbeschriebenen Bedeutungen und der diskreten sozialen, wirtschaftlichen und politischen Ergebnisse (vergleiche Delgado und Stefancic 2017).

Grundsätzlich sind Kategorien der Differenz aus sozialwissenschaftlicher Sicht gesellschaftlich, kontextuell und historisch konstruiert; ihre Grenzen und »Inhalte« werden kontinuierlich ausgehandelt. Dies bedeutet aber keineswegs, dass sie sich als »irreal« abtun lassen; im Gegenteil: Menschen investieren ihre persönlichen Identitäten, Netzwerke, Werte und Emotionen in Kategorien der Differenz. Gleichzeitig sind es diese Kategorien, anhand derer Menschen diskriminiert werden, und daher werden Kategorien auch zu Quellen des Widerstands und der Mobilisierung. Auch hier gilt (wie bereits im vorigen Kapitel hervorgehoben): Wir konstruieren Bedeutungskategorien, um uns in unseren sozialen Welten zurechtzufinden – ihre *Auswirkungen* aber sind sehr real.

Der Begriff »Salienz« (*salience*) bezieht sich auf den Stellenwert von und das Bewusstsein für ein Thema in der eigenen Wahrnehmung und/oder in der Öffentlichkeit (zu dem letzten Bereich gehört das Ausmaß der Berichterstattung in den Mainstream-Nachrichten und den sozialen Medien sowie die Intensität der öffentlichen Debatte, nicht zuletzt in Wahlkampfzeiten; vergleiche Higgins 1996; Moniz und Wlezien 2020); im Folgenden wird häufig synonym das Wort »Stellenwert« verwendet. Wenn Salienz zu- oder abnimmt, können auch Beschreibungen und Narrative sowie ihr relatives Gewicht sich verändern. In Bezug auf den Stellenwert von Differenz gehören folgende Aspekte der Kategorien dazu: ihre Arten, Grenzen und ihr Platz in verschiedenen Narrativen (ob historisch oder aktuell), ihr Aufstieg, Fall, ihre Neudefinition und Neuaneignung und ihre Abwesenheit oder Prävalenz im öffentlichen Raum sowie ihre Rolle bei sozialen und politischen Mobilisierungen durch Mitglieder der Kategorien selbst oder durch ihre Kontrahent:innen.

Der heute im Wandel begriffene Stellenwert von Differenz ist ein wesentlicher Faktor sozialer Komplexität. Es handelt sich um eine Reihe von Prozessen mit vielen Ursachen, Ausprägungen, Bedeutungen, Indikatoren und Folgen, einige relativ verallgemeinerbar, andere kontextspezifisch. Um gegenwärtige und zukünftige Dynamiken gesellschaftlicher Komplexität besser zu verstehen, müssen wir sozialwissenschaftliche Arbeit leisten, die »soziale Kategorien, Differenzierungsprozesse und Ergebnisse in sozialen, politischen, wirtschaftlichen und geographischen Bereichen untersucht. Dazu gehört die Hinterfragung von Vorannahmen und als selbstverständlich vorausgesetzten Kategorien, Einheiten, Merkmalen und Variablen der ›Differenz‹« (Vertovec 2015a, S. 10). In der empirischen Forschung und der Gesellschaftstheorie sind auf diesem Gebiet bereits erhebliche Fortschritte erzielt worden. Nichtdestotrotz leben wir in einer Zeit, in der soziale Kategorisierungen stark kritisiert werden – und in der gleichzeitig unsere Zukunft geprägt ist durch komplexe Zusammenhänge wie die Klimakrise, zunehmenden sozioökonomischen und politischen Druck und damit einhergehende wachsende Ungleichheiten. Zum jetzigen Zeitpunkt besteht darum ein tiefgreifender Bedarf, die Veränderbarkeit sozialer Kategorien und ihre Auswirkungen auf die soziale Organisation und Interaktion zu erforschen, zu analysieren und zu theoretisieren.

Der variierende Stellenwert der Differenz, den wir heute beobachten, geht auf bedeutenden und langfristigen kulturellen Wandel zurück. Der anhaltende Trend wird von Pippa Norris und Ronald Inglehart unter anderem in ihrem Buch *Cultural Backlash* (2019) beschrieben. Auf der Grundlage einer umfangreichen Studienreihe zeichnen Norris und Inglehart die Revolution kultureller Werte in postindustriellen Gesellschaften der letzten fünfzig Jahre nach, insbesondere zwischen den Generationen. Laut ihren Ergebnissen kommt die Öffentlichkeit immer besser mit multiethnischen Umgebungen aus; der Säkularismus nimmt zu; religiöse Identitäten und Werte spielen eine immer geringere Rolle in der Öffentlichkeit; fluide Identitäten in Bezug auf Gender und Sexualität finden mehr Anerkennung. Insgesamt geht der Trend also zu einer »Akzeptanz der Gleichstellung in Bezug auf Gender, *race* sowie die Rechte der LGBTQI-Gemeinschaft. Diese weitreichenden Veränderungen haben eine wachsende Toleranz gegenüber diversen Lebensstilen, Religionen und Kulturen gefördert.« (Ibid.)

In jüngster Zeit haben diese kumulierten Prozesse und Ergebnisse des kulturellen Wandels jedoch laut Norris und Inglehart den Punkt erreicht, an dem sie eine konservative Gegenbewegung (*backlash*) auslösen – eine defensive Reaktion auf einen starken und stabilen Trend. Die Reaktion äußert sich in Populismus und autoritärer Politik sowie in der klaren Artikulation von gegensätzlichen Ansichten und Narrativen in Bezug auf Einwanderung und *ethnoracial* Diversität, in Bezug auf Religion (versus Säkularismus) sowie auf Sexualität und Gender (insbesondere in den neuen *right-wing* sozialen und öffentlichen Medien). Im Mittelpunkt all dieser Entwicklungen – also des langfristigen liberalen kulturellen Wandels und der neueren Gegenreaktion – stehen Kategorien der gesellschaftlichen Differenz. Die soziopolitische Bedeutung der Unterschiede, also ihr Stellenwert, ist in jüngster Zeit in die Höhe geschnellt – sowohl dank Befürwortung als auch dank unverblümter Kritik. Insbesondere die reaktionäre Kommunikation von *right-wing* sozialen Netzwerken, Internetseiten und Nachrichtenorganisationen sorgt dafür, dass das Thema »Unterschied« ganz oben auf der politischen Agenda bleibt. Die Salienz sozialer Kategorien wirkt sich damit, wie in Kapitel 5 erörtert, unmittelbar auf das öffentliche Verständnis von Diversität und Diversifizierung aus.

Konzepte und Kategorien der Differenz sind jedoch nicht starr sondern verändern sich ständig. Bei einer Reihe von Schlüsselkategorien können wir beobachten, dass die Modi und Prozesse des Wandels sich unterschiedlich entwickeln und auswirken.

Die Vielfältigkeit, Vermischung, Erschaffung und Aufhebung von sozialen Kategorien

Die Bedeutungskomplexität hat sich immens erhöht, seit viele grundlegende Kategorien der Differenz zu zentralen Themen der öffentlichen Debatte wurden – wobei sie sich gleichzeitig erweiterten, vervielfältigten und vermischten. Die Öffentlichkeit konnte also direkt das Entstehen, Auflösen und Verschmelzen von Kategorien beobachten. Um nur einige Beispiele zu nennen:

Beschreibungen und Konzeptualisierungen von *racial* Kategorien (als Merkmale und Grenzen der Zugehörigkeit) wurden weltweit durch einschneidende Ereignisse wie den Tod von George Floyd umgestaltet. In vielen Gesellschaften ist auch die Zahl der Menschen die sich in Bezug auf Ethnie und *race* als *mixed* bezeichnen, enorm gestiegen; Volkszählungen, bei denen man »Ethnizität« oder »*race*« angeben muss, lassen inzwischen oft mehr als ein Kästchen ankreuzen

Es gibt zahlreiche Glaubenspraktiken, die weit über die Grenzen der etablierten Religionskategorien hinausgehen, und auch zahlreiche neue Gender-Kategorien. Das Akronym LGBTQI (**L**esbisch, **G**ay, **B**i, **T**rans, **Q**ueer, **I**ntersex) ist heute allgemein bekannt; das Spektrum wird dabei immer wieder um weitere Möglichkeiten erweitert. Im Bereich der Sprache gibt es nicht nur viele multilinguale Orte (so werden an Londoner Schulen über 300 Sprachen gesprochen), sondern in Verbindung damit auch viel mehr multilinguale Menschen – und zahlreiche sprachliche Merkmale und Praktiken, die sich nur schwer in herkömmliche linguistische Kategorien einordnen lassen.

Neben der sozialen Kategorisierung im Alltag und den staatlichen Formen der Klassifizierung (in Kapitel 5 erörtert) werden Kategorien auch durch die Aktivität sozialer Bewegungen oder sogenannter Identitätspolitik erschaffen und gestaltet (siehe unter anderem Alcoff und Mohanty 2006). Kategorienbasierte soziale Bewegungen müssen definieren, für wen sie sprechen und was sie verändern wollen, um Diskriminierung, Ungleichheit oder Verfolgung zu bekämpfen und Anerkennung zu erlangen. »Für Anhänger:innen einer standardisierten Identitätspolitik«, schreibt Ange-Marie Hancock (2007, S. 65), »dienen einheitliche Kategorien dazu, Menschen in eine politische Gruppe einzubinden, die auf einem einheitlichen Set von Erfahrungen basiert.« Dies führt oft unmittelbar zu der Reduktion, Verdinglichung, Abgrenzung, Positionierung und der wissentlichen Exklusion mancher Menschen, die sich selbst gern zu einer Gruppe zählen würden. Durch strategischen Essenzialismus (Spivak 1996) nimmt eine unterdrückte Gruppe selbstbewusst und zielgerichtet bestimmte Stereotypen über sich selbst an – um das eigene Anliegen zu betonen, aber auch, um Strukturen der Dominanz aufzubrechen oder zu untergraben. Auch auf diese Weise werden Kategorien geschaffen und umgestaltet. Dieser Prozess ergibt sich aus »einem allgemeinen Dilemma der Identitätspolitik: Feste Identitätskategorien sind die Grundlage sowohl für Unterdrückung als auch für politische Macht« (Gamson 1995, S. 390).

Natürlich untermauert die Schaffung oder Aufrechterhaltung fester sozialer Kategorien viele Weltanschauungen, insbesondere Ansichten über soziale Realitäten. In ihrer Studie über den Brexit und die britische Politik beobachten Maria Sobolewska und Robert Ford im Vereinigten Königreich eine grundlegende Spaltung zwischen »Identitätskonservativen« und »Identitätsliberalen«, die weitgehend auf dem Verständnis sozialer Kategorien beruht:

> Die ethnozentrische Weltanschauung der Identitätskonservativen (*identity conservatives*) hat zwei Aspekte: Bindung an *Ingroups* und Feindseligkeit gegenüber *Outgroups.* Sie haben klare Vorstellungen darüber, wer »dazugehört«, und hegen starkes Misstrauen gegenüber Gruppen, die sie als extern ansehen. Liberale, die Identität als eine Frage der Überzeugung betrachten (*conviction identity*), finden diese Weltanschauung und entsprechende politische Haltungen moralisch falsch; die Bekämpfung des Ethnozentrismus und der damit verbundenen Feindseligkeit gegenüber Außenstehenden ist für sie ein zentraler politischer Wert. Diese Überzeugung spiegelt sich im Einsatz für die Verankerung antidiskriminierender gesellschaftlicher Normen wider. (2020, S. 7)

Der steigende und fallende Stellenwert von Differenz, wie er sich in politischen Debatten und im Wahlverhalten spiegelt, beruht laut Sobolewska und Ford weitgehend auf den Spannungen rund um diese konkurrierenden Weltanschauungen.

Rogers Brubaker hat über viele Jahre hinweg Entwicklungen in Bezug auf besonders wichtige soziale Kategorien wie *race* und Ethnizität, Nationalismus, Gender, Religion und Sprache nachgezeichnet. In Bezug sowohl auf die sich verändernde Salienz der Unterschiede als auch die Veränderlichkeit von Kategorien stellt er fest (2016a, S. 416): »Grundlegende kategoriale Rahmen sind zum Gegenstand selbstbewusster Debatten, kritischer Hinterfragung, strategischer Entscheidungen und politischer Behauptungen geworden – und haben damit ihre Selbstverständlichkeit und scheinbare Natürlichkeit verloren.« Während bestimmte gesellschaftliche Kräfte versuchen, eine Reihe von sozialen Kategorien zu stabilisieren und zu verfestigen, beobachtet Brubaker:

> Die kumulative – und in den letzten Jahren immer schnellere – Destabilisierung grundlegender kategorialer Rahmen hat den Spielraum für Wahlmöglichkeiten und Selbstgestaltung im Bereich von Geschlecht, Gender und Sexualität erheblich erweitert. Im Bereich von *race* und Ethnizität sind die Veränderungen zwar schwächer, doch ist auch hier der Wahl- und Gestaltungsraum gewachsen – dank der komplexer werdenden Landschaft, immer mehr Ehen zwischen Menschen verschiedener Ethnien und *races* sowie dank der Infragestellung der vorherrschenden Kategorisierungssysteme durch *multiracial* Aktivist:innen und andere Gruppen, die nach offizieller kategorialer Anerkennung streben. (Ibid., S. 434)

Diese Themen erhalten aktuell viel öffentliches Interesse und wissenschaftliche Aufmerksamkeit, der Vorlauf der einschlägigen sozialwissenschaftlichen Forschung war aber recht lang. Vor allem in den 1990er Jahren begannen zahlreiche Forschende, ihre Unzufriedenheit mit den linearen Assimilations- und Akkulturationsmodellen in der Migrationsforschung zu artikulieren. In der Folge entstanden Kritiken an singulären Konzepten der Gruppen- oder Kulturzugehörigkeit; es wurden neue Konzepte eingeführt, um vielfältigere Perspektiven und ein kategorienübergreifendes Verständnis zu fördern. Unter anderem: Intersektionalität (Crenshaw 1991); segmentierte Assimilation (*segmented assimilation*: Portes und Zhou 1993); Ethnizität als Option (Waters 1990); Postethnizität (Hollinger 1995); Bindestrich-Identität (zum Beispiel Verkuyten 2004); Kreolisierung (zum Beispiel Hannerz 1987); Hybridität (zum Beispiel Werbner und Modood 1997); Third Space (Bhabha 1994); zwischen zwei Kulturen (zum Beispiel Watson 1997); Bikulturalismus oder duale Identität (zum Beispiel Yamada und Singelis 1999); *multiculture* (zum Beispiel Gilroy 1993); prononzierte vs. verschwimmende soziale Grenzen (Alba 2005); Anti-Essenzialismus (zum Beispiel Fraser und Ploux 2005); Transnationalismus (zum Beispiel Glick Schiller et al. 1992); Diaspora (zum Beispiel Cohen 1997) und Kosmopolitismus (zum Beispiel Vertovec und Cohen 2002). All das sind, wie bereits erwähnt, wichtige Vorläufer, wenn nicht gar direkte Anregungen für das Konzept der Superdiversität.

Jetzt, ein paar Jahrzehnte später, erleben wir jedoch einen immer größeren Wandel der Kategorien (»*categorical flux*«: Song 2021). Brubaker (2016b, S. 5) beschreibt die gegenwärtige Periode als ein Zeitalter der destabilisierten Identitäten (*age of unsettled identities*), in dem »etablierte Kategorien auf spektakuläre Weise hinterfragt werden«. Ich würde es etwas anders formulieren: Wir leben in einem Zeitalter umkämpfter Kategorien der sozialen Differenz: *age of contested categories of social difference*. Nicht nur werden diese Kategorien immer vielfältiger und unschärfer (wobei es sich nicht nur um Selbstzuschreibungen handelt, auch wenn manche Identitätskonzepte es suggerieren) – diese Prozesse rufen auch unterschiedliche kategoriale Gegenreaktionen hervor: das Backlash-Phänomen, das Norris und Inglehart beschreiben. In vielen Gesellschaften hat es einen aktiven Pushback gegen die »Destabilisierung« (*unsettling*) von Kategorien gegeben, und vor allem konservative Kräfte sind heute bemüht, die Bedeutung bestimmter Kategorien festzuschreiben sowie die Diversifizierung ihrer Gesellschaften aufzuhalten.

In den folgenden Abschnitten werden einige Beispiele dafür angeführt, wie Kategorien sich in letzter Zeit verändert haben.

race / Ethnizität

Obwohl Forschende seit langem betonen, dass es sich bei *race* um eine sozial konstruierte, historisch und kontextuell bedingte Kategorie handelt, kann der Begriff außerhalb der Wissenschaft »für einige nur als unveränderliches Konstrukt Bedeutung haben« (Bobo 2018, S. 211). Der Wunsch nach Unveränderlichkeit gehört zum Backlash gegen die Destabilisierung von Differenz. Definitionen und Beschreibungen dessen, was *race* ausmacht, können sich aber über die Zeit und den Kontext hinweg verändern; auch innerhalb einzelner Kategorien von *race* sind Klassifizierungen fließend. Ein Nachweis dafür findet sich in Lauren Davenports (2020) Überblick über die Bedeutungen von *race*, in dem sie regelmäßig Begriffe wie flexibel, unbeständig, destabilisiert und ungenau (*flexible, impermanent, unsettled, imprecise*) verwendet und für eine »kontinuumartige, weniger kategorisierende«

Sichtweise plädiert (ibid., S. 222). Viele Forschende sprechen heute von *racial fluidity*. Fluidität findet sich darin, wie Menschen andere und sich selbst über die Zeit und in verschiedenen Kontexten unterschiedlich beschreiben, einordnen und identifizieren, in der uneinheitlichen Bestimmung der Zugehörigkeit zu bestimmten Kategorien sowie in dem fließenden Übergang von Kategoriegrenzen (Telles und Paschel 2014). Aufgrund dieser Fluidität und Unbeständigkeit von Zuschreibungen und Grenzlinien betonen Forschende wie Wendy Roth (2016) die Multidimensionalität von *race* als Konzept und von Identifizierungen auf der Grundlage von *race*.

So können wir beispielsweise beobachten, »wie Menschen, die traditionell als ›Schwarz‹ oder ›afrikanischer Abstammung‹ klassifiziert wurden, aktiv die Bedeutungen von *race* umgestaltet haben« (Thomas und Clarke 2006, S. 2). Wenn Menschen, die sich als Schwarz identifizieren, weltweit Erfahrungen austauschen, wird nicht nur die Fluidität und Multidimensionalität der Kategorie offenkundig – die Bedeutung von Schwarzsein wird auch aktiv neu gedacht. Ein Beispiel dafür liefert die Schriftstellerin Chimamanda Ngozi Adichie, die beschreibt, wie sie nach ihrer Migration aus Nigeria in die Vereinigten Staaten lernen musste, *Schwarz* zu werden (Bady 2013). Für sie steht fest: Unterschiede in den historischen Hintergründen, im Kontext sowie in der Übernahme von negativen Stereotypen prägen die vielfältigen Bedeutungen des Schwarzseins:

> Aber es gibt eben verschiedene Arten, Schwarz zu sein, es gibt verschiedene *blacks*. Ich identifiziere mich inzwischen sehr gerne als Schwarz […] Aber meine Erfahrung ist anders. Meine Erfahrung des Schwarzseins unterscheidet sich von der afroamerikanischen, und für mich ist es immer noch ein Lernprozess, denn es gibt Dinge, die ich nicht verinnerlichen kann. […] Ich wünschte, es gäbe mehr Verständnis für die vielen verschiedenen *blacks* und die vielen Variationen von Schwarzsein. (Ibid.)

Diese Verweise auf Variationen (*permutations*) sowie Fluidität und Multidimensionalität decken sich auch mit Marcelle Medfords (2019)

Überlegungen zur Schwarzen Vielfältigkeit/»Schwarzen Multiplizität« (*Black multiplicity*). Medford beschreibt dieses Konzept am Beispiel der Geschichte der Interaktionen zwischen Afroamerikaner:innen und Schwarzen Einwander:innen aus Subsahara-Afrika, der Karibik und Lateinamerika:

> Schwarze Multiplizität bezieht sich auf die zahlreichen analytischen Unterscheidungen, die Schwarze Menschen voneinander trennen. Schwarze Identitäten lassen sich nicht auf einzelne demografische Dimensionen reduzieren. Es reicht nicht, zwischen der Schwarzen Mittelschicht, dem Schwarzen Süden oder Schwarzen Einwander:innen zu unterscheiden. Mit anderen Worten: Schwarze Multiplizität bedeutet nicht einfach Schwarze Diversität. Wir wissen, dass Schwarze Menschen, wie jede andere rassifizierte Gruppe, unglaublich divers sind. Aber die bloße Dokumentation der Typologien und der Bandbreite der Unterschiede zwischen Schwarzen Menschen reicht nicht aus, um die analytischen Wechselwirkungen zwischen verschiedenen soziokulturellen und strukturellen Faktoren zu erfassen, die Schwarze Multiplizität hervorbringen.
>
> [...] Wie Intersektionalität ist Schwarze Multiplizität ein analytischer Rahmen für die Erforschung von Komplexitäten; damit steht sie im Gegensatz zu monolithischen Konstruktionen von Schwarzsein. Es reicht nicht, Schwarze Diversität anzuerkennen, was *race* immer noch als einen Masterstatus ansieht, und erst dann zusätzliche Aspekte wie Gender, Sexualität, Behinderung, Klasse, Migration und andere Variablen miteinzubeziehen. Wenn wir von Multiplizität sprechen, gehen wir davon aus, dass eine Reihe von Variablen in Narrativen über das Schwarzsein bereits eingebettet ist. (Ibid., S. 3)

Medfords Interesse an der Komplexität von Schwarzsein entspricht dem Anliegen dieses Kapitels, soziale Komplexität als eine Dynamik zwischen Bedeutung, sozialer Organisation und Interaktion zu untersuchen. Ähnliche Überlegungen motivieren auch Lawrence Bobo

(2018, S. 214), der in Anerkennung der »kontinuierlich ausgehandelten und umkämpften Muster menschlicher sozialer Organisation mit oft kontextuell variablen Bedeutungen« dafür plädiert, »*race* als ein komplexes, sich anpassendes System« zu beschreiben.

Die uneinheitlichen und veränderlichen Muster der Kategorisierungen, die die Erschaffung und Auflösung von »*race*« rund ums »Schwarzsein« ausmachen, finden sich auch – mitunter noch intensiver – bei panethnischen Bezeichnungen wie *Asian*, *Latinx*, *MENA* (*Middle East and North African*), *Native American* beziehungsweise *First Nations*, *Pasifika* (Völker der pazifischen Inseln) und BIPOC (*Black, Indigenous and People of Color*). Diese Kategorien setzen sich an sich bereits aus anderen sozialen Kategorien zusammen, welche wiederum jede eigene Vielfältigkeit und Multidimensionalität vorweisen.

Zusätzlich zu einzelnen Kategorien von *race* erleben wir gleichzeitig einen bemerkenswerten Zuwachs an »*mixed*« Bevölkerungen sowie an Konzepten von »*mixedness*« (wie in Kapitel 4 beschrieben) – ebenfalls Prozesse zunehmender Kategorienüberschreitung (Song 2021). Diese Entwicklung äußert sich nicht nur in der zunehmenden Anzahl von Menschen, die bei Volkszählungen mehrere Kästchen bei »*race*« und »Ethnizität« ankreuzen, sondern auch in der zunehmenden Anzahl der Kategorien selbst. Dies spiegelt sich beispielsweise in den Debatten über Änderungen der Methoden für die Erstellung solcher Statistiken wider (Aspinall 2023). Gerade für den Kontext der migrationsbedingten Diversifizierung hat Peter Aspinall (2009, S. 1432) gezeigt, wie »Volkszählungsprogramme darauf hindeuten, dass die Klassifizierungen von Ethnizität und *race* immer komplexer werden«. In vielen Ländern beschäftigen sich Statistikämter mit der Frage, wie die zunehmende Diversität und das wachsende Vielfaltsbewusstsein der Menschen erfasst werden können. So wird dafür plädiert, Umfragen zur Ethnizität komplexer zu gestalten, um Daten über Ungleichheit und Diskriminierung besser aufzuspüren und zu verfeinern. In Ländern wie dem Vereinigten Königreich und den USA, wo Statistiken zu den Kategorien *race* und Ethnizität erhoben werden, wurden inzwischen zusätzliche Kategorien eingeführt; die Befragten können nun zudem mehrere Kästchen ankreuzen. In den USA sind heute mindestens 57 Kombinationen von *race* und Ethnizität möglich; im Vereinigten Königreich bis zu 80 Kombinationen.

Trotz dieser Optionenvielfalt möchten viele Menschen überhaupt nicht zwischen kategorisierten Zugehörigkeiten wählen:

> Sie bestehen stattdessen auf eigens zusammengesetzten Identitäten, die sich als multiethnisch oder *multiracial* definieren lassen. Anstatt einen Aspekt ihrer Herkunft einem anderen unterzuordnen, akzeptieren viele multiethnische Individuen nicht nur die Vielfalt ihrer Herkunft, sondern postulieren auch aktiv die eigene Vielfältigkeit oder konstruieren eine einzigartige Identität, die ihrem vielfältigem Hintergrund Rechnung trägt. (Campbell und Hartmann 2007, S. 253)

Viele Menschen kombinieren oder experimentieren heute für ihre Selbstidentifizierung frei mit sozialen Kategorien. »In der heutigen, wohl toleranteren Welt können Menschen mit komplexer kultureller und *racial* Herkunft fließender und spielerischer damit umgehen, wie sie sich selbst bezeichnen« (Funderberg 2013). Ein Beispiel ist Özlem Türeci – eine der Gründerinnen des Covid-19-Impfstoffunternehmens BioNTech –, die sich selbst eine »preußische Türkin« genannt hat (Oltermann 2020). Ein anderes Beispiel ist Tiger Woods, der sich selbst als »Cablinasian« bezeichnete, eine Verschmelzung aus *Caucasian, Black, Indian* und *Asian* (»Sein Vater, Earl, war afroamerikanisch-chinesisch-indianischer Abstammung. Seine Mutter, Kultida, ist thailändisch-chinesisch-niederländischer Herkunft.« [Younge 2010]). Der starke Zuwachs an derart vielfältigen Menschen und die damit einhergehende Aufhebung, Aushöhlung oder Vermischung von Kategorien lassen ein fluideres Bild neuer demografischer Realitäten erahnen, die konventionelles Kategorisieren in Gesellschaften weltweit hinterfragen.

Kategorische Identifizierung als Selbstbezeichnung bringt dennoch gewisse Herausforderungen. In den letzten Jahren wurden die Fluidität und die Vielfalt wichtiger sozialer Kategorien zwar zunehmend gewürdigt, doch gibt es hier offenbar auch Hürden, wenn nicht gar Grenzen – so etwa in Bezug auf Konzepte, die sich als »*transracial*« bezeichnen lassen (Brubaker 2016a, 2016b). Sowohl öffentlich als auch akademisch ist der Fall der Rachel Dolezal am meisten diskutiert – einer Frau, die sich als Schwarze identifiziert, wobei diese Selbstidentifizierung aber auf Widerspruch stößt. Ausgehend von Dolezals Geschichte plädierte die Philosophin Rebecca Tuval (2017) für die Gültigkeit der Kategorie »*transracial*« und zog Parallelen zum Transgender-Konzept am Beispiel von Caitlyn Jenner, einer bekannten Transfrau. Laut Tuval sollten Menschen, die ihre *race*-Kategorie ändern möchten, genauso in ihrer persönlichen Entscheidung akzeptiert werden wie Menschen, die selbst ihre Gender-Kategorie wählen möchten. Tuvals Artikel stieß auf massive Kontroversen, Kritik und persönliche Angriffe sowohl in den sozialen Medien als auch in akademischen Foren, auch unter progressiven Autor:innen, Feminist:innen und kritischen Schwarzen Wissenschaftler:innen (siehe ⟨https://en.wikipedia.org/wiki/Hypatia_transracialism_controversy⟩). Während Tuval eine Symmetrie zwischen den Kategorien *transracial* und *transgender* sah, wiesen andere auf tiefe Asymmetrien, verbunden mit lebenslangen Vorurteilserfahrungen, Abstammung, Positionalität und Macht, kollektivem Schaden und *white privilege*. Ohne die soziale Konstruktion und die Fluidität von Kategorien zu bestreiten, argumentieren einige Forschende sogar für eine strengere und eindeutigere Einordnung auf der Grundlage von *race*. Diese könne ihrem Erachten nach kategoriebezogene, akkumulierte Formen der Ungleichheit nachvollziehbarer machen (Dembroff und Payton 2020). Eine solche Sichtweise könnte man wiederum als strategischen Essenzialismus lesen.

Brubaker gibt einen fundierten Überblick über den aktuellen Stand:

> Natürlich werden essenzialistische Auffassungen von *race* als tiefe, authentische und unveränderliche Identität weiterhin in der Populärkultur und auch in wissenschaftlichen Arbeiten artikuliert. Sie prägen nach wie vor das Alltagsverständnis und die Alltagspraktiken vieler Menschen […] Selbstverständlich sind die Möglichkei-

> ten, alternative Identitäten zu wählen, verändern oder unkonventionell auszudrücken, nach wie vor ungleich verteilt […]. Und doch werden Kategorien wie *race* und ethnische Klassifizierung immer weniger strikt durch die Abstammung bestimmt – dank zunehmender Bedeutung von *mixing* und zunehmendem allgemeinen Bewusstsein für die Konstruiertheit, Künstlichkeit und Elastizität ethnischer Schubladen. Dies erweitert erheblich den Raum für Zugehörigkeitswahl, Selbstbestimmung und Selbsttransformation. (2016b. S. 145-146)

Gender und Sexualität

Das akademische Fachgebiet rund um das Thema *Gender* hat sich vor allem seit den 1970ern stark entwickelt und eine umfangreiche Fachliteratur produziert. Viele Jahre lang wurde dabei davon ausgegangen, dass »Geschlecht« (*sex*) biologische Unterschiede bezeichnet, während »Gender« eine Reihe kulturell bedingter Bedeutungen und Normen betrachtet, die mit dem biologischen Geschlecht verbunden sind. Sexualität als Begriff bezieht sich auf die Art und Weise, wie »Individuen und Gruppen körperlichen Empfindungen und Gefühlen Bedeutung verleihen, erotische Handlungen zu sexuellen Identitäten machen und Normen bezüglich akzeptablen und inakzeptablen Sexualitäten schaffen« (Seidman 2006, S. 3).

In jüngerer Zeit hat sich die wissenschaftliche Aufmerksamkeit auch einer Untersuchung fluider und multipler Kategorien von Gender und Sexualität zugewandt. Dies hat wiederum eine Gegenreaktion ausgelöst, die diese Kategorien fixieren möchte. Diese neuere Forschung widmet sich Konzepten wie »*Custom Gender*« und anderen Formen der persönlichen Selbstgestaltung, die durch neue Medien, Technologien und Prozesse der Kommodifizierung unterstützt werden. Auf der Grundlage früherer Ansätze wie Judith Butlers (1990) Gedanken zur Performativität von Gender, Steven Seidmans (1997) Arbeiten zu Queering oder Harriet Bradleys (2007) Ideen zu »Gendering« ist inzwischen ein neues Feld sozialer Differenzierungskategorien und -praktiken entstanden, die es sozialwissenschaftlich zu untersuchen gilt. So bietet Facebook 71 Identitäten an beziehungsweise Optionen, um das eigene Gender und die sexuelle Orientierung im Profil anzugeben. Dazu gehören unter anderem die Bezeichnungen Pangender, Transfrau, Transmann, Transmensch, Mann zu Frau, Genderqueer, geschlechtslos und Cisgender. Das Akronym LGBTQI für lesbische, schwule, bisexuelle, transsexuelle, queere und intersexuelle Leben und Identitäten ist inzwischen geläufig; manchmal kommen bis zu vierzehn Buchstaben dazu, um andere Kategorien miteinzubeziehen, oder einfach ein »+« oder ein »*« als Hinweis auf weitere mögliche geschlechtliche und sexuelle Selbstidentifizierungen.

Die Bezeichnung »trans-« hat hier tiefgreifende transformative Implikationen. Um wieder Brubaker zu zitieren:

> Die Kategorien »Transfrau« und »Transmann« beziehen sich offensichtlich auf die Kategorien »Frau« und »Mann«. Dennoch kann »Transfrau« nicht einfach mit »Frau« gleichgesetzt werden; es geht aber auch nicht um eine Position zwischen Mann und Frau. Die Kategorie bezeichnet eine neue Position, die nicht nur binäre Logik transzendiert (entweder Frau oder Mann beziehungsweise »einmal Frau, immer Frau«; »einmal Mann, immer Mann«), sondern auch den eindimensionalen bipolaren Rahmen, durch den wir die Möglichkeiten von Gender als solches konstruieren und imaginieren. Die Kategorien »Transfrau« und »Transmann« – und noch deutlicher die Kategorie »trans« selbst – transzendieren also nicht nur die *Binarität von Gender*, sondern auch sein *Kontinuum*. (2016b, S. 115, Hervorhebung im Original)

Die jüngsten politischen und öffentlichen Entwicklungen zu diesem Thema zeigen: Transgender-Kategorien finden immer mehr Anerkennung. Wie die *Washington Post* nach dem Wahlsieg von Joe Biden schrieb, »erlebte die Transgender-*Community*, wie der neue Präsident sie in seiner Siegesrede ausdrücklich erwähnte – als erster gewählter US-Präsident der Geschichte […]. Ein klarer symbolischer Gegensatz zu der vorherigen Regierung, die vier Jahre lang immer wieder Schutzmaßnahmen für Transmenschen aufgehoben hat – ob in der Gesundheitsversorgung, bei der Beschäftigung in Behörden, in Gefängnissen, Obdachlosenunterkünften und anderen mit föderalen Mitteln geförderten Wohneinrichtungen« (Schmidt und Wax-Thibodeux 2020). Der Artikel führt zudem an, dass in einer USA-weiten Umfrage mehr als 6 von 10 Befragten angaben, dass sie die Rechte von Transmenschen jetzt stärker unterstützen als vor fünf Jahren. Mehr als 8 von 10 Amerikaner:innen befürworteten den Schutz von LGBTQI+-Personen in Bezug auf die Arbeitswelt und im Wohnungswesen (ibid.).

Gleichzeitig gibt es aber auch erheblichen Widerstand; viele Menschen wollen die Rechte von Schwulen, Lesben und anderen nicht-heteronormativen Personen einschränken sowie binäre Vorstellungen von Gender stärken (siehe Hesse 2022). »Eine starke globale Bewegung« hat zwar »die Rechtslage von Lesben, Schwulen, Bisexuellen und Transgender-Personen (LGBT) auf der ganzen Welt verbessert«, doch zählte Human Rights Watch (2022) auch 68 Länder, in denen einvernehmliche gleichgeschlechtliche Beziehungen zwischen Erwachsenen per Gesetz verboten sind; in 37 Ländern sind Transmenschen de facto kriminalisiert (Wareham 2020). Auch in den USA gibt es verschiedenste Versuche, die Diskussion über Geschlechteridentität und sexuelle Orientierung in den Schulen einzuschränken und die Teilnahme von Transfrauen im Sport zu verbieten. Über 100 Gesetzesentwürfe in 33 Bundesstaaten zielen darauf ab, die Rechte von Transmenschen im ganzen Land zu beschränken (Krishnakumar 2021). Dan Cassinos (2022) Forschungen zeigen, wie die Betonung binärer Gender-Definitionen in den USA die Identifikation als Republikaner:in verstärkt und damit Wählerstimmen einbringt:

> Kein Wunder, dass die Republikaner:innen es auf Transmenschen abgesehen haben. Sie verkörpern die Idee, das Geschlecht sei weder bei der Geburt festgelegt noch unerbittlich an die Biologie gebunden. Der bloße Gedanke daran, dass Geschlecht kompliziert, nichtdichotom sein könnte, bedroht jede Person, die alle säuber-

> lich in Mann und Frau unterteilen will. Transmenschen anzugreifen ist für republikanische Politiker:innen also eine gute Taktik, um ihre Basis zu sichern. Wenn eine Auffassung von Gender als fest, unveränderlich und binär mit dem republikanischen Selbstverständnis verbunden ist, sichert der Angriff auf jede andere Genderidentität die Unterstützung der Anhängerschaft. (Ibid.)

Religion

Auch in Bezug auf religiöse Kategorien auf individueller und kollektiver Ebene ist Zugehörigkeit unklar definiert, die Grenzen zwischen Gruppen sind unscharf, und es gibt viele Menschen, die sich mit mehr als einem Glauben verbunden fühlen. Expert:innen beobachten, wie »sich die religiöse Diversität in all diesen Aspekten verändert, komplexer wird und intersektional mit anderen Kategorien der Diversität zusammenspielt« (Beyer und Beaman 2019).

So ist beispielsweise die religiöse Diversifizierung in Brasilien vor allem durch die Expansion und Ausdifferenzierung neuer Gruppen der christlichen Pfingstbewegung gekennzeichnet und kaum durch das Aufkommen neuer Religionen. Vielerorts übersteigt die interne Diversifizierung *innerhalb* religiöser Traditionen Unterschiede *zwischen* diesen (ibid.). Religiöse Diversifizierung wird begünstigt durch »Religionsmärkte« (siehe zum Beispiel Stark 2007) und die Tendenz zu einem *Do-it-yourself*-Flickenteppich aus persönlicher Spiritualität, Glauben und religiöser Identität (Wuthnow 1998).

An vorderster Front sozialwissenschaftlicher Analysen der Religion steht die Suche nach neuen Perspektiven, die der gesellschaftlichen und politischen Bedeutung neuer Formen des Glaubens und der religiösen Zugehörigkeit Rechnung tragen können. In diesem Zusammenhang muss die Forschung zur religiösen Diversität auch die beträchtliche Zahl von Menschen berücksichtigen, die – insbesondere in modernen westlichen Gesellschaften – keiner Religion angehören (in Großbritannien, beispielsweise, identifizieren sich inzwischen die meisten so). Bei der Betrachtung der heutigen Religionskategorien geht es nicht nur um zahlreiche langjährige Religionstraditionen, sondern auch um die vielfältigen Modi und offenen Formen der Zugehörigkeit und des religiösen Lebens.

»Die Diversität der religiösen Diversitäten greift tief und weit« (Bouma et al. 2022, S. 14): Dazu gehöre unter anderem »die Diversität in der Organisation von Religion, religiösen Identitäten, der Religionsgeschichte, Religionspolitik, religiöser Bildung, religiösen Ansichten zur Sexualität, ganz zu schweigen von der Diversität der Kontexte, Sprachen, Bräuche und Regierungsformen« (ibid., S. 3). Diese Entwicklungen haben die Forschung zu etlichen neuen Konzepten inspiriert, darunter Weltanschauungskomplexität (*worldview complexity*: Bouma et al. 2022), multiple Säkularitäten (*multiple secularities*: Wohlrab-Sahr und Burchardt 2012) und religiöse Superdiversität (*religious superdiversity*: Burchardt und Becci 2016).

Der Gegentrend – also die Festigung und Fixierung religiöser Grenzen und Zugehörigkeiten – geht oft von populistischen und identitären Gruppen aus. Diese wollen häufig nicht nur missionieren, sondern auch eine religiös begründete Zivilisation (beispielsweise »die christliche Welt« oder die muslimische Umma), orthodoxe Identitäten, ikonoklastische Reaktionen und Formen des Fundamentalismus stärken. Prozesse der Religionsdiversifizierung und die Reaktionen darauf in Kontexten des religiösen Nationalismus (siehe zum Beispiel van der Veer 2021) müssten viel intensiver erforscht werden. Zu den Reaktionen gehören auch formelle und informelle Versuche, religiösen Pluralismus nicht anzuerkennen oder ihn einzuschränken. Religiöse Gewalt ist natürlich auch in Kontexten der Diversität ein zentrales Thema; eine wichtige Frage dabei ist, wie religiöse Symbole und Ideologien für Gewalt mobilisiert werden (siehe Gorski und Türkmen-Dervişoğlu 2013).

Religion als Kategorie sozialer Differenz ist in vielen Gesellschaften nach wie vor eine wichtige Grundlage gesellschaftlicher Trennlinien. So zeigt beispielsweise eine aktuelle Umfrage des Woolf Institute unter 11 700 Erwachsenen in England, dass Einstellungen zur Religion die negative Wahrnehmung anderer stärker beeinflussen als Ethnizität oder Staatszugehörigkeit (Sherwood 2020) – vor allem weil Religion oft als eine Art »Rote Linie« bezüglich der zugeschriebenen Werte wahrgenommen wird. Die Studie ergab auch, dass sich die Einstellungen innerhalb kleinerer Glaubensgemeinschaften von Generation zu Generation stark verändern. Dabei erwies sich die Bereitschaft, Ehen mit Andersgläubigen einzugehen, als ein Schlüsselindikator für die schwächere Ausprägung von religiösen Kategorien.

Ein stärkeres Gruppenbewusstsein und höherer Stellenwert von Religion kann durch das Auftreten neuer Religionen oder eine Migration von Angehörigen einer weitgehend monoreligiösen Gesellschaft (wie Pakistan) in eine multireligiöse Gesellschaft (wie das Vereinigte Königreich) gefördert werden. Das gilt auch für Kontexte, in denen Angehörige verschiedener Traditionen innerhalb einer Weltreligion aufeinandertreffen (wie polnische und mexikanische Katholik:innen in den USA oder indonesische und marokkanische Muslim:innen in den Niederlanden). In Kontexten religiöser Vielfalt und damit einhergehenden gesteigerten Gruppenbewusstseins werden Minderheiten oft dazu angeregt, sich aktiver in der Politik zu beteiligen und für Anerkennung und Bürgerrechte zu kämpfen. Dies wiederum kann zu der Einstellung führen, die ich oben als strategischen Essenzialismus bezeichne.

Sprache

In Kapitel 3 haben wir untersucht, wie die Soziolinguistik und die linguistische Anthropologie mit dem Konzept der Superdiversität arbeiten, um das Verständnis von Sprache zu ändern – von einem stabilen, begrenzten Gebilde hin zu offenen, gemischten und dynamischen kommunikativen Phänomenen. Einige der anregendsten Arbeiten in diesem Bereich befassen sich derzeit damit, wie sprachliche Kategorien dynamisch überschritten und umgewandelt werden. Dabei geht es nicht nur darum, die zunehmende Komplexität neuer und wachsender Formen der Ko-Präsenz mehrerer Sprachen und der wachsenden Mehrsprachigkeit von Menschen in verschiedenen Kontexten zu beleuchten, sondern auch um emergente und selbstorganisierte sprachliche und kommunikative Praktiken. Infolgedessen plädieren viele Forschende für eine offenere Sichtweise auf Sprache als kumulatives Repertoire von nur partiell geteilten Strukturen, Lexika, Stilen, Registern und Genres – die oft aus verschiedenen Quellen stammen und zu unterschiedlichen Graden beherrscht werden.

Laut Blommaert und Backus (2013, S. 14) geht es bei den Implikationen des Konzepts der Superdiversität für die Linguistik um:

> (a) eine zunehmende Problematisierung des traditionellen Konzepts von »Sprache« – als geteilt, begrenzt, gekennzeichnet durch tiefgreifende stabile Strukturen; (b) eine zunehmende Konzentration auf »Sprache« als ein emergentes, dynamisches Muster von Praktiken, die semiotische Ressourcen auf bestimmte Weisen verwenden – häufig erfasst durch Begriffe wie »*languaging*«, »Polylingualismus« und so weiter; (c) eine Loslösung solcher Formen des »*languaging*« von etablierten Assoziationen mit bestimmten Gruppen – wie »Sprechgemeinschaften« oder »Kulturen«; (d) die Betrachtung solcher Gruppen nur in Bezug auf emergente Muster semiotischen Verhaltens mit unterschiedlichem Stabilitätsgrad – »Sprechgemeinschaften« können groß oder klein sein, beständig oder extrem flüchtig: Sie erscheinen, sobald Menschen in der Praxis ein Muster gemeinsamer Indexikalitäten etablieren; (e) und die Betrachtung der Bewegung einzelner Menschen durch viele Sprechgemeinschaften in polyzentrischen Sozialumgebungen, gekennzeichnet durch das Vorhandensein und die Verfügbarkeit multipler (aber oft stratifizierter) Normativitätsfokusse. […] Die Stabilität der etablierten Sprachkonzepte kann angesichts der intensiven Vermischung und Vermengung in superdiversen (gesprochenen und geschriebenen) Kommunikationsformen nicht mehr aufrechterhalten werden.

Die Soziolinguistik verfügt seit langem über wichtige Konzepte zur Erörterung von Formen der Sprachverschmelzung wie Pidgin- und Kreolsprachen, Heteroglossie, *Code-Switching* und *Crossing*. In den letzten Jahren wurden zahlreiche Konzepte und Perspektiven entwickelt, um die Vermischung und Verwischung sprachlicher Kategorien sowie die Entstehung, Kreativität und Fülle neuer sprachlicher Formen und Praktiken in Kontexten zunehmender sprachlicher Komplexität zu verstehen. Dazu gehören Konzepte wie: »Metrolingualismus« (in diesem Rahmen wird argumentiert, dass »Mehrsprachigkeit nicht nur eine Pluralität von Sprachen ist, sondern vielmehr ein kreativer Raum des Sprachenschaffens, in dem Regeln und Grenzen überschritten und verändert werden«: Pennycook und Otsuji 2015, S. 16); »gegenwärtige urbane Vernakularsprachen«, »Codemeshing« und »flexible Zweisprachigkeit«. Von besonderem Interesse ist hier das Konzept des »*translanguaging*« (zum Beispiel García und Wei 2014). Dieser Begriff umfasst die Erkenntnis, dass Sprechende ein breites sprachliches und semantisches Repertoire einsetzen – und zwar ohne Rücksicht auf Regeln und Grenzen. Er führt weg von der Kategorisierung in sich geschlossener »Sprachen« und zu einem Fokus darauf, wie Individuen innerhalb komplexer soziokultureller Umgebungen semiotisches Material verwenden, schaffen, vermischen und interpretieren. »Translanguaging unterscheidet sich von Code-Switching dadurch, dass es nicht einfach um den Wechsel zwischen zwei Sprachen geht, sondern um die Konstruktion und Verwendung origineller und komplexer, miteinander verbundener diskursiver Praktiken durch Sprechende – Praktiken, die sich nicht ohne Weiteres der einen oder der anderen Sprache nach den traditionellen Definitionen zuordnen lassen, sondern das gesamte semiotische Repertoire der Person anzapfen« (Creese und Blackledge 2018b, S. xxxiii). Solche Phänomene sind beispielsweise das *Rinkebysvenska* in Stockholm (Stroud 2004), das *Kiezdeutsch* in Berlin (Heyd et al. 2019) und das *Jafaican* oder *Multicultural English* in London (Cheshire et al. 2011).

Das öffentliche und staatliche Verständnis von Sprache und sprachlicher Diversität hinkt den neuesten Erkenntnissen der Soziolinguistik und Sprachanthropologie meilenweit hinterher. Die kategorisierende Vorstellung von festen, begrenzten Sprachen ist weiterhin vorherrschend. Viele öffentliche Organisationen stellen zwar Material zu Themen wie Bildung, Gesundheit, Wahlen, Politik und Gesellschaft in einigen Sprachen der Einwander:innen zur Verfügung, doch wird stets von einer sprachlichen Assimilierung und letztlich von einer intergenerationalen Ersetzung der Herkunftssprachen durch die Sprache des Aufnahmelandes ausgegangen – für viele ist dies sogar eine normative Forderung. Zunehmend ist es nicht nur eine Erwartung, sondern eine Pflicht, dass Einwander:innen die offizielle(n) Landessprache(n) lernen, sprechen und ihre Angelegenheiten in dieser Sprache regeln. So wird ein gewisses Niveau des Spracherwerbs vorausgesetzt, um die Staatsbürgerschaft zu erlangen und einen Integrationskurs zu bestehen. In den letzten Jahren haben viele Regierungen die Sprachanforderungen im Zuge dieser assimilatorischen Wende in der Politik verschärft (siehe Blackledge 2005). Ein aktuelles Beispiel ist ein umstrittener Erklärungsentwurf an die EU-Innenminister:innen von Emmanuel Macron (der wohl auf diese Weise über den wachsenden Einfluss rechtsradikaler Strömungen Herr werden wollte), laut welchem Migrant:innen unbedingt die Sprache ihrer neuen Heimatländer lernen müssen (Boffey 2020). Dies ist zwar in gewisser Hinsicht keine unangemessene Erwartung (auch die meisten Migrant:innen selbst bestätigen, dass sie die Sprache der Aufnahmegesellschaft besser beherrschen möchten), doch mit den vorgeschlagenen Maßnahmen und dem Framing betont dieser Aufruf ein Verständnis von Sprache als kategorial fixiert, abgegrenzt und fremdbestimmt – was Diskriminierung und soziale Schichtung verstärken kann. Migrant:innen, die ihre eigenen Sprachen sprechen, die hybride Repertoires oder *translanguaging* verwenden, werden damit als »unwissend«, »nicht integriert«, »nicht teilhabewillig« abgestempelt.

Ein ebenfalls spannender Bereich der Kategorisierung sprachlicher Unterschiede betrifft den Einfluss von digitalen Technologien und Diasporamedien auf Fälle von »linguistischer Bricolage« wie *translanguaging*. Technologische Entwicklungen haben »neue, spezialisierte Kommunikationsformen auf digitalen Plattformen hervorgebracht, die neue Möglichkeiten der Performance von Identitäten sowie neue Kommunikationsnormen mit sich bringen und neue Arten der semiotischen Arbeit in neuen Genres und Registern erfordern, die auf visueller Kompetenz basieren« (Blommaert 2014, S. 8). Dazu gehören die Verwendung von Übersetzungsapps und -services wie Google Übersetzer, die Einbindung von Emojis und anderen Symbolen sowie der digitalen Signatur. Im Folgenden wird dieser bedeutende Bereich der digitalen Bildung sozialer Kategorien näher beleuchtet.

Alexandra Jaffe, die sich ebenfalls mit der Komplexität und dem Wandel kategorischer Bedeutungen befasst, schreibt: »Wenn wir Superdiversität als eine Ansammlung von Taktiken oder Haltungen betrachten, so ist sie unter anderem auf die *Spannung zwischen* konventionellen, essenzialistischen, ›alten‹ Formen sprachlicher und kultureller Authentizität und ›transaktionalen‹ (›emergenten‹) Formen der Authentifizierung und Identifizierung zurückzuführen« (2016, S. 15, Hervorhebung im Original). Dazu gehöre die »Konstruktion von Agency [Handlungsmacht] und die Destabilisierung von Gewissheiten und Orthodoxien in Bezug auf Ort, Sprache und Kultur, die den Kern einer superdiversen Haltung ausmacht« (ibid.).

Intersektionalität und komplexe Ungleichheiten

Dieses Zeitalter der umkämpften Kategorien verändert die soziale Organisation der Unterschiede tiefgreifend – und von Gesellschaft zu Gesellschaft unterschiedlich. Die Folgen sind tiefgreifend: für das Alltagsleben und für soziale Interaktionen, für gesellschaftliche Schichtung und Ungleichheit, für Rechte, politische Repräsentation und Gesetz und für die Politik und Verwaltung. Komplexitätsbedingte Veränderungen der Bedeutungen sozialer Kategorien sind nicht auf einzelne Bereiche beschränkt, sondern umfassen in erheblichem Maße ihr Zusammenspiel.

Seitdem das Konzept der Intersektionalität – vor allem seit Kimberlé Crenshaws Arbeit (1991) – in der akademischen Welt Einzug gehalten hat, wird die kumulative Wirkung sozialer Kategorien diskutiert und theoretisiert. Viele Jahre lang befasste sich der Großteil der einschlägigen Literatur mit dem Zusammenspiel von Gender, *race* und Klasse (Lutz 2015). Dabei sind zwei Herausforderungen von besonderer Bedeutung für unsere aktuelle Diskussion über Komplexität und soziale Kategorien.

Eine davon bezieht sich auf die Stabilität und Fluidität (oder Unschärfe, Hancock 2007) von sozialen Kategorien. Wie können intersektionale Dynamiken und Ergebnisse ausgewertet werden, wenn der Charakter der wechselseitig bedingten Kategorien selbst in Frage steht? Eine mögliche Lösung könnte darin bestehen, sowohl Stabilität als auch Fluidität anzuerkennen: soziale Kategorien als Konstrukte zu betrachten, die sich im Laufe der Zeit verändern, deren Bedeutungen sich jedoch für bestimmte Zeiträume, insbesondere in sozialen Institutionen, »festsetzen« und spezifische Konsequenzen erzeugen (Walby et al. 2012). Eine verwandte Perspektive wird von Leslie McCall (2005) vertreten, um die Herangehensweise an Kategorien zu überdenken und »die Komplexität der Intersektionalität« zu verstehen. Dabei identifiziert sie drei unterschiedliche Ansätze. Erstens spricht sie von antikategorialer Komplexität (*anticategorical complexity*), die auf der Dekonstruktion von Kategorien beruht (dabei wird das soziale Leben als »irreduzibel komplex« betrachtet, »mit multiplen und fließenden Bestimmungen von Subjekten und Strukturen – so dass feste Kategorien nur vereinfachende soziale Fiktionen sein können, die im Prozess der Differenzherstellung auch Ungleichheiten produzieren«, ibid., S. 1773). McCall beschreibt einen zweiten Ansatz als intrakategoriale Komplexität (*intracategorical complexity*) – den wohl konventionellsten unter den drei Ansätzen: Die Kategorien werden als gegeben akzeptiert, wobei Grenzüberschreitungen sowie Vermischungen untersucht werden. Der dritte Ansatz, den McCall selbst favorisiert, bezieht sich auf die interkategoriale Komplexität (*intercategorical complexity*): Hier werden feste Kategorien nur als ein vorläufiger Ausgangspunkt benutzt, um ihre Wechselbeziehungen und ihr Verhältnis zu Ungleichheiten zu dokumentieren. Mit dieser Methode kommt McCall zu »dem komplexen Ergebnis, dass keine einzelne Dimension der Ungleichheit die vollständige Struktur der vielfältigen, ineinandergreifenden und widersprüchlichen Ungleichheitsdimensionen zulänglich beschreiben kann« (ibid., S. 1791).

Ein weiterer für uns relevanter Aspekt im Zusammenhang mit Intersektionalität hat mit der Diversifizierung und Vervielfältigung von Kategorien zu tun. Hier urteilt McCall (2005), der Zugang der Intersektionalität und andere aktuelle soziologische und feministische Theorien seien »nicht in der Lage, den aktuellen Kontext komplexer

Ungleichheit vollständig zu erfassen« (2005, S. 1795), insbesondere »die Komplexität, die entsteht, wenn sich das Analyseobjekt auf mehrere Dimensionen des sozialen Lebens und auf mehrere Analysekategorien ausweitet« (ibid., S. 1772). Sie fordert daher einen neuen Blick auf die Konstruktionen, Rollen, Interaktionen und Veränderungen von Kategorien, um besser zu verstehen, wie sie komplexe Ungleichheiten hervorbringen (siehe auch McCall 2001). Ähnlich bezieht sich Sylvia Walby (2007) direkt auf die Komplexitätstheorie, um sich mit Konzepten der Intersektionalität und der komplexen sozialen Ungleichheiten auseinanderzusetzen. Sie schreibt:

> Die traditionelle Sozialtheorie befasste sich mit der Klassenungleichheit, konnte es aber kaum schaffen, gleichzeitig Gender, Ethnie, Alter, Religion, Nationalität, sexuelle Orientierung und Behinderung zu berücksichtigen – geschweige denn, ihre gegenseitige Konstitution an Schnittpunkten. Darüber hinaus sind diese sozialen Beziehungen komplexer als die Klasse: Hier geht es nicht nur um Ungleichheit, sondern auch um Unterschied; es wird also problematisch, einen Standard aufzustellen und Ungleichheit daran zu messen. (2009, S. 2)

Genau »diese komplizierte Kombination von Ungleichheit und Differenz« soll das Konzept der »komplexen Ungleichheiten« (*complex inequalities*) ihrer Meinung nach erfassen (2009, S. 18). Indem sie die Diskussion auf soziale Kategorien und die soziale Organisation der Differenz lenkt, stellt Walby die Analyse von Unterschieden und komplexen sozialen Ungleichheiten ins Zentrum der Gesellschaftstheorie.

Um die Sozialtheorie voranzubringen, müssen wir uns auch darüber im Klaren sein, dass sich der Charakter des Sozialen selbst radikal wandelt. Wie bereits in unserem kurzen Überblick aktueller soziolinguistischer Ideen angedeutet, werden Kategorien der Differenz und komplexe Ungleichheiten heute durch die Verknüpfung von Online-/Offline-Identitäten und -Praktiken noch viel komplexer.

Online- und Offline-Identitäten

Mit dem Aufkommen sozialer Medien und anderer wichtiger Technologien (insbesondere Internet, Smartphones und GPS) hat sich der Charakter des Sozialen verändert – und damit auch das Wesen sozialer Kategorien und sozialer Komplexität. Menschen haben nun erstaunlich vielfältige Möglichkeiten und Modi, soziale Kategorien und ihre Bedeutungen durch das alltägliche, ja oft ständige Engagement in den Praktiken, Identitäten, Foren, Netzwerken und Bewegungen der sozialen Medien (neu) zu gestalten und aufzuwerten. Die Bedeutung digitaler Technologien, Identitäten und Praktiken wurde auch direkt mit dem Konzept der Superdiversität verknüpft, zum Beispiel im Hinblick auf Muster des Sprachwandels (Androutsopoulos und Juffermans 2014), Gesundheitsverhalten (Samkange-Zeeb et al. 2020) und die Lebenswelten von Migrant:innen (Palmberger 2023).

Als das Internet und die sozialen Medien aufkamen und immer mehr genutzt wurden, fragten sich viele, wie die »virtuellen« Online-Welten und -Praktiken die »reale« Offline-Welt beeinflussen würden. Heute neigt die Sozialwissenschaft dazu, diese binäre Unterscheidung aufzuheben: Online- und Offline-Welten werden als kontinuierlich und ineinandergreifend betrachtet. »Wir leben im Online-Offline-Nexus«, schreiben Jan Blommaert und sein Team. »Die beiden Zonen verfügen zwar über ihre eigenen Merkmale, doch haben sie sich gegenseitig stark beeinflusst und müssen als *ein* soziokultureller, wirtschaftlicher und politischer Lebensraum betrachtet werden« (Blommaert et al. 2019, S. 1).

Ähnlich wie das Telefon zu einem essenziellen und alltäglichen Bestandteil sozialer Beziehungen wurde, wird »das Soziale« heute für immer mehr Individuen auf der ganzen Welt über ein Spektrum »polymedialer«, digitaler Technologien und Plattformen (Madianou und Miller 2013). Allerdings manifestieren sich verschiedene Arten und Dimensionen sozialer Beziehungen in diesen Polymedien auf unterschiedliche Weise. Forschung und Theorie weisen auf eine »skalierbare Sozialität« (*scalable sociality*) digitaler Technologien wie soziale Medien hin (Miller et al. 2016): Individuen sind durch verschiedene Online-Praktiken mit mehr oder weniger Privatsphäre, mehr oder weniger Intimität, in unterschiedlichen kleineren oder größeren Gruppen eingebettet. Von zentraler Bedeutung für das Konzept der skalierbaren Sozialität ist es auch, dass Menschen auf digitalen Plattformen verschiedene Facetten von Identitäten und verschiedene Arten der Selbstdarstellung an den Tag legen. Einige davon haben mit sozialen Rollen zu tun (beispielsweise Tochter, Kollege, Freiwillige), andere mit sozialen Kategorien der Differenz (beispielsweise *race* / Ethnizität, Nationalität, Gender, Sexualität, Behinderung). Gerade weil soziale Medien diese Identitäten und Selbstdarstellungen skalierbar machen, werden Menschen tendenziell flexibler in Bezug auf ihre Online-Identität und ihre Orientierungen an Gruppen und Kategorien (ibid.).

Identitäten und soziale Kategorien werden den Menschen manchmal auch durch algorithmisch konfigurierte Daten der digitalen Technologien zugeschrieben – mitunter auf rassistische und ausgrenzende Weise (Benjamin 2019). Dennoch schreiben viele den sozialen Medien mit ihren unzähligen Plattformen und *Communities* eine tiefgreifende Macht zu, das Selbst oder Selbste in vielfältigen Formen zu gestalten, zu kuratieren, zu präsentieren und zu performen (Lupton 2014). Wayne Brekhus (2020, S. 125) stellt fest: »Online-Plattformen erhöhen das Potenzial für selektive Selbstdarstellung, weil das Interface die Sender:innen und Empfänger:innen von Informationen physisch trennt; den Akteuren wird möglich, Informationen zu überarbeiten, was ihnen beträchtliche Kontrolle über die Darstellung ihrer Identität gibt.« Das bedeutet nicht automatisch eine Vervielfältigung von gefälschten oder erfundenen Identitäten. Einige Online-Plattformen, wie beispielsweise Webforen und Online-Spiele, umfassen in der Tat völlig anonyme, manchmal auch weitgehend erfundene Identitäten. Andere Plattformen hingegen »werden zu einem essenziellen Ort der Selbstentfaltung und der Aushandlung von Identitäten und Beziehungen« (Fuhse 2018, S. 90). Eine Studie zeigt beispielsweise, wie LGBTQI+-Studierende soziale Medien nutzen, um ihre Identitäten zu erkunden, zu verbergen, zu schützen und auszudrücken (Talbot et al. 2020). Anstatt eine gefälschte Identität zur Schau zu stellen, so zeigt diese Studie, können soziale Medien einen Raum bieten, in dem Menschen Vertrauen aufbauen, wichtige Facetten ihrer selbst ausdrücken zu können.

Nutzer:innen können auf verschiedenen Plattformen und nach diversen sozialen Skalen Teilaspekte des Spektrums ihrer persönlichen Identität darstellen. Auf Facebook wird diese Modalität häufig genutzt, um die eigene Vielfältigkeit zu bündeln und im Gesamten darzustellen, anstatt sie auszuweiten. Wie Jan Fuhse erklärt:

> Während die Konstruktion reiner Online-Identitäten [in Webforen und Spielen] von der Offline-Welt abgekoppelt ist, machen soziale Netzwerke ganze Personen mit ihren vielfältigen Verstrickungen sichtbar. Meine Kolleg:innen bekommen meine Partyfotos zu sehen, und Leute, mit denen ich Sport treibe, müssen sich auf einmal mit meinen politischen Ansichten auseinandersetzen, die in Posts, Shares, Likes und Online-Diskussionen zum Ausdruck kommen. In gewisser Weise sorgen soziale Netzwerke für eine Verschmelzung unserer vielfältigen sozialen Identitäten zu einer facettenreichen Darstellung. (2018, S. 91)

Auch bei Twitter kommt es zu »Kontextkollaps«: Anstelle der Präsentation unterschiedlicher Selbste tritt hier die Performance einer einzigen, überprüfbaren Identität gegenüber dem imaginären Publikum, gleichwohl manche Menschen dennoch zahlreiche Konten, Pseudonyme und falsche Identitäten verwenden (Marwick und Boyd 2011).

Das Management multipler Identitäten oder *shape shifting* (Davidson und Joinson 2021) in sozialen Online- und Offline-Welten führte zu einer erheblichen Zunahme des »vernetzten Individualismus« (*networked individualism*: Lee Rainie und Barry Wellman 2012). Insbesondere in der »neuen Nachbarschaft« der sozialen Medien zeichnet sich vernetzter Individualismus dadurch aus, »dass Menschen mehr als verbundene Individuen und weniger als eingebettete Gruppenmitglieder funktionieren« (ibid., S. 12). Weitaus umfassender, als Georg Simmel (1908) in seinen Schriften über die Gesellschaft als eine »Kreuzung sozialer Kreise« (siehe unten) es sich je vorgestellt hat, haben Menschen zunehmend vielfältige, partielle Zugehörigkeiten in verschiedenen Online-Netzwerken. Man könnte sagen, das inhärent multiple Individuum kann so über verschiedene Plattformen hinweg mehrere uniplexe (jeweils auf nur einer Rolle oder Identität basierende) Beziehungen mit schwachen Bindungen unterhalten. Auch Rainie und Wellman untersuchen den Charakter multipler Online-Identitäten:

> Indem sie sich zwischen Beziehungen und Milieus bewegen, können vernetzte Individuen komplexe Identitäten formen – je nach Leidenschaften, Überzeugungen, Lebensstilen, beruflichen Verbindungen und Interessen, Hobbys oder anderen persönlichen Merkmalen. Diese Beziehungen sind oft kontextabhängig, was vernetzten Individuen die Möglichkeit bietet, unter verschiedenen Umständen unterschiedliche Gesichter zu zeigen, insbesondere online. (2012, S. 15)

So erörtern Rainie und Wellman die Idee eines vernetzten Selbst (*networked self*) – »eines Ichs, das in verschiedenen Situationen neu konfiguriert wird, wenn Menschen Kontakte suchen, sich verbinden und verschiedene Aspekte ihres Selbst betonen« (ibid., S. 126). Sie und viele andere Forschende sind besonders an der Identität in den sozialen Medien interessiert, doch stehen diese Ideen über Online-Aspekte hinaus in direktem Zusammenhang mit einem wichtigen Zweig der Sozialpsychologie, nämlich der Theorie der komplexen sozialen Identität.

Komplexe soziale Identität

Der Begriff Identität – ein besonders vages, aber auch vieldiskutiertes sozialwissenschaftliches Konzept – bezieht sich im weitesten Sinne auf spezifische Verständnisse von Gruppen und Individuen (Brubaker und Cooper 2000; Jenkins 2004; Appiah 2018). Durch Selbst- und Fremddefinitionen werden Identitätskategorien kontinuierlich kontextuell wie auch historisch konstituiert und neu bestimmt. Dieser doppelte Prozess lässt sich auch beschreiben als »eine Interaktion zwischen der Fremdzuschreibung (*assignment*) – was andere sagen, wer wir sind – und der Selbstbestimmung (*assertion*) – wer oder was wir selbst behaupten zu sein« (Campbell und Hartmann 2007, S. 75). Die sozialen Grenzen von Identitätskategorien, ihre gesellschaftlichen und politischen Ansprüche und die vermuteten Eigenschaften oder das »kulturelle Material« innerhalb dieser Kategorien werden von einer Reihe von sozialen und politischen Prozessen beeinflusst (siehe unter anderem Barth 1969; Lamont und Molnár 2002; Wimmer 2008).

Wie im vorangegangenen Kapitel und weiter oben erörtert, konzentriert sich das öffentliche Verständnis von Identitätskategorien oft auf das, was Amartya Sen (2006) als »singuläre Zugehörigkeit« (*singular affiliation*) beschreibt: Viele Facetten und Kategorien werden also auf eine einzige reduziert. Sen selbst geht über eine solche eindimensionale Interpretation hinaus:

> In unserem Alltag sehen wir uns als Mitglieder einer Vielzahl von Gruppen – wir gehören zu ihnen allen. Staatsbürgerschaft, Wohnort, geografische Herkunft, Gender, Klasse, Politik, Beruf, Beschäftigung, Essgewohnheiten, Sportinteressen, Musikgeschmack, soziale Verpflichtungen usw. machen uns zu Mitgliedern verschiedener Gruppen. Jedes der Kollektive, zu denen eine Person gleichzeitig gehört, verleiht ihr eine besondere Identität. Keines kann als ihre einzige Identität oder einzige Mitgliedskategorie angesehen werden. (Ibid., S. 4-5)

Diese endemischen sozialen Verhältnisse werden von der Autorin Zadie Smith eindrücklich beschrieben:

> Mein Problem ist, ich kann mir das Wort *Community* nicht im Singular denken. Existieren nicht alle in einem Venn-Diagramm aus überlappenden Zugehörigkeiten und Interessen? Ich bin Schwarz, ich bin weiblich, Ehefrau, Mutter, Britin, Europäerin – jedenfalls im Moment noch – dazu Londonerin, New Yorkerin, Schriftstellerin, Feministin, Jamaikanerin der zweiten Generation, Angehörige der afrikanischen Diaspora, *Game-of-Thrones*-Fan, Akademi-

> kerin, *Comedy*-Nerd, Theorie-Geek, Hip-Hop-Hörerin und so weiter.
> Ich bin glücklich, all das zu sein, und jeder Mensch, ganz egal woher er kommt, wird – zumindest nach einigem Nachdenken – eine ähnliche Vielzahl von Communities auflisten können. Manchmal spürst du die Anziehungskraft bestimmter Verbindungen dabei stärker, besonders wenn ein Aspekt deiner eigenen Identität besonders umkämpft ist. (2018)

Solche Kategorien, allgemein als »multiple Identitäten« bezeichnet (*multiple identities*; siehe Verkuyten 2014), sind oft verschachtelt, intersektional oder hybrid. Im Regelfall müssen Individuen situationsbedingt Entscheidungen zwischen teilweise konkurrierenden Identitäten treffen, abhängig von den spezifischen Umständen und individuellen Absichten. Auf diese Weise stehen multiple Identitäten in direktem Zusammenhang mit dem Konzept der »situativen Identität« (*situational identity*; siehe die Übersicht von Okamura 1981).

Im Alltag wechseln Menschen bewusst oder unbewusst ihre multiplen situativen Identitäten – wie das Wort schon sagt, je nach Situation oder wenn sich eine Möglichkeit dafür ergibt. Dies ist eine recht banale Feststellung, ja eine Art Binsenweisheit. Es wird jedoch selten in vollem Umfang erkannt, dass die Möglichkeit eines solchen Identitätswechsels oft ein Privileg ist – damit wird anerkannt, dass man an einer bestimmten Situation vollwertig teilnimmt oder sie sogar bestimmt. Doch wie der Journalist Gary Younge beschreibt, fehlt Menschen oft die Chance, ihre eigenen Identitätskategorien zu wählen und zu gestalten:

> Wir haben zu jeder Zeit Zugang zu vielen Identitäten, einschließlich *race*, Sexualität, Gender, Nationalität, Klasse und Religion. Diese Identitäten sind alles andere als neutral, sondern wurzeln in materiellen Verhältnissen, die Macht und Privilegien verleihen. Diese Machtverhältnisse sind jedoch nicht starr. Sie haben einen fließenden Charakter, sind von Natur aus dynamisch und daher in der Praxis komplex.

> Wir entscheiden selbst, welche Identitäten wir wann und zu welchen Zwecken geltend machen. Aber diese Entscheidungen finden nicht in einem Vakuum statt. Sie werden durch die Umstände geprägt und durch Krisen verschärft. Wir können bestimmten Identitäten das Wort erteilen – aber manchmal wählen die Identitäten uns. (2005)

Dieses situationsbedingte Korsett bestimmter sozialer Kategorien wird besonders akut, wenn es um die Rechtsstatus geht, die zur Stratifizierung von Migrant:innen dienen (siehe Kapitel 4). Solche staatlich auferlegten Kategorien, die öffentliche Einrichtungen, Dienstleistungen und Zuwendungen bestimmen, sind selten offen für Fluidität und Flexibilität.

Wenn Younge »nicht in einem Vakuum« schreibt, bezieht er sich darauf, was die Sozialwissenschaft soziales Feld nennt – ein unmittelbares Umfeld von Machtverhältnissen, Beziehungen, Bedeutungen und Erwartungen. In definierten Kontexten beinhaltet die Wahl der situativen Identität die soeben diskutierte Spannung zwischen Fremdzuschreibung und Selbstbestimmung, die sich zwischen den Druckfronten stratifizierter Sozialstrukturen, Repräsentationen und Interaktionen aufbaut (Vertovec 2021). Bei der Beurteilung solcher Spannungen und der damit verbundenen Identitätsentscheidungen geht es um Konzepte wie Positionalität, Stigma, Privileg, Anerkennung und Stimme.

Im Allgemeinen sind sich die Menschen bewusst, dass andere unterschiedliche Gruppenidentitäten haben und dass der Charakter dieser Gruppen variiert (sich also beispielsweise auf Familie, Beruf, Interessen oder ethnische Herkunft beziehen kann). Sie wissen auch, dass die Wahrnehmung der Entitativität oder des Gruppenzusammenhalts sich ebenfalls unterscheidet (Lickel et al. 2000). Die Sozialpsychologie befasst sich mit einer Anzahl an grundlegenden Interpretationen, mit deren Hilfe die Vielzahl kategorialer Unterschiede zwischen Menschen im Alltag bewältigt wird (zum Beispiel McGarty 2006; Schmid und Hewstone 2010; Gaertner und Dovidio 2014). Dazu gehört die Unterscheidung zwischen einer Hierarchie von untergeordneten und umfassenden Kategorien (beispielsweise Berliner:in-Deutsche-Europäer:in) einerseits und dem dualen Identitätsmodell (beispielsweise Deutscher *und* gleichzeitig Europäer) andererseits. Dennoch finden Individuen es oft schwer, multiple Identitäten zu erkennen, zu bewältigen oder zueinander in Beziehung zu setzen. Das betrifft nicht nur Orientierungen an anderen, sondern auch die potenziell unterschiedlichen Wege, wie sie verschiedene Gruppenzugehörigkeiten in ihr Selbstverständnis integrieren – und, besonders wichtig, welchen Unterschied das für ihre Einstellungen und ihr Verhalten gegenüber anderen macht.

Aus diesen Überlegungen heraus entstand der wichtige Bereich der *multiplen sozialen Kategorisierung* (Crisp und Hewstone 2006, 2007; Prati et al. 2021) und der *Theorie der komplexen sozialen Identität* (Miller et al. 2009; Brewer 2010; Schmid und Hewstone 2011). Das Feld wurde durch die bahnbrechenden Arbeiten der Psychologinnen Sonia Roccas und Marilynn Brewer (2002) begründet. Indem sie sich auf große soziale Kategorien und symbolische Gemeinschaften (statt auf persönliche Bindungen und Rollen, wie beispielsweise innerhalb der Familie) konzentrierten, stellten sie heraus, wie Individuen Informationen über die eigenen vielfältigen Identitätskategorien erkennen, darstellen und interpretieren. So können Menschen die Kategorisierungen einer *Ingroup* in einer Dimension teilen und in anderen Dimensionen nicht. Dies spiegelt sich nicht immer in dem Selbstverständnis eines Individuums wider – dieses kann aus einer einzigen Kategorie bestehen oder aus einem Set überlappender Aspekte (beispielsweise »katholische italienische Frau«). Je mehr ein Individuum die eigenen multiplen Identitäten als distinkt und nicht automatisch überlappend begreift, desto höher sei demnach die Komplexität seiner sozialen Identität. Roccas und Brewer erklären:

> Die tatsächliche Komplexität multipler, sich teilweise überlappender Gruppenzugehörigkeiten kann sich in der subjektiven Darstellung der multiplen Identitäten des Individuums widerspiegeln, muss es aber nicht. Eine Frau, die sowohl weiß als auch Christin ist, könnte zum Beispiel denken, dass ihre religiöse *Ingroup* haupt-

> sächlich aus weißen Menschen besteht, obwohl es objektiv viele nichtweiße Christ:innen gibt. Umgekehrt kann sie ihre *race-Ingroup* als überwiegend christlich betrachten, obwohl viele Weiße in Wirklichkeit anderen Religionen angehören. Indem die Person die subjektive Inklusivität beider *Ingroups* auf den überlappenden Anteil der Mitglieder reduziert, bewahrt sie eine relativ vereinfachte Identitätsstruktur. Wenn sie aber die sich nicht überschneidenden Aspekte der eigenen *Ingroups* anerkennt und akzeptiert, ist ihre subjektive Identitätsstruktur inklusiver und komplexer. (Ibid., 89)

Wenn Individuen sich in vereinfachte, singuläre Zugehörigkeitskategorien einordnen (»wir« gegen »sie«), haben sie demnach eine niedrigere Komplexität in ihrer sozialen Identität. Diese Menschen glauben, dass ihre *Ingroup*-Kategorien ähnlich sind und sich überschneiden. Je mehr sie sich aber der eigenen Zugehörigkeit zu vielfältigen, differenzierten, sich nicht deckenden Kategorien bewusst werden, desto höher wird die Komplexität ihrer sozialen Identität; sie betrachten ihre *Ingroup*-Kategorien dann als wesentlich distinkter.

Eine hochkomplexe soziale Identität hat bedeutsame Auswirkungen – schließlich geht es hier nicht nur um das Selbstverständnis, sondern auch um die Beziehungen zu anderen. Umfangreiche Forschung hat gezeigt, dass positive Einstellungen gegenüber anderen umso wahrscheinlicher sind, je weniger sich Menschen auf einzelne soziale Kategorien verlassen und je mehr sie sich der eigenen Komplexität bewusst sind (Brewer und Pierce 2005; Crisp und Hewstone 2007; Miller et al. 2009; Schmid et al. 2009). Katharina Schmid und Miles Hewstone fassen die Ergebnisse wie folgt zusammen:

> Wenn Individuen sich weniger auf eine einzige Kategorie verlassen, fällt die Wahrscheinlichkeit der *Intergruppen*-Diskriminierung, und die Wahrscheinlichkeit positiver Einstellungen zu anderen Gruppen steigt. […] Wenn Individuen ihre multiplen *Ingroups* weniger exklusiv, sondern differenzierter und komplexer wahrnehmen, erkennen sie auch die komplexen multiplen Zugehörigkeiten anderer. Kurzum, Individuen mit einer höheren Kom-

> plexität ihrer soziale Identität sind sich bewusst, dass jeder andere Mensch eine oder mehrere *Ingroups* mit ihnen teilen, aber gleichzeitig auch multiplen *Outgroups* angehören kann. Diese erhöhte kognitive Komplexität sollte sich in positiveren gruppenübergreifenden Wahrnehmungen und Einstellungen manifestieren. (2011, S. 82-3)

Die wachsende Erkenntnis der eigenen Selbstkategorisierungen führt also zu einem wachsenden Bewusstsein für die multiplen Zugehörigkeiten anderer, was nachweislich positive Einstellungen fördert. Umgekehrt kann auch ein positiver sozialer Kontakt mit Anderen das Bewusstsein für die Komplexität der sozialen Identität im Allgemeinen fördern (Schmid et al. 2009; Schmid und Hewstone 2010). Mehr noch, ein sozial diversifiziertes Umfeld kann das Bewusstsein für die eigenen multiplen, sich nicht überschneidenden sozialen Kategorien erhöhen oder zumindest die Möglichkeit dazu bieten – und dadurch eine höhere Komplexität der sozialen Identität fördern (Schmid und Hewstone 2011; Prati et al. 2021).

Im Rahmen des Projekts »*Diversity and Contact*« des Max-Planck-Instituts analysierten Katharina Schmid, Miles Hewstone und Ananthi Al Ramiah groß angelegte landesweite Umfragen in Deutschland und Großbritannien. Befragte, die in einer diverseren Nachbarschaft leben, haben tatsächlich eine komplexere soziale Identität aufzuweisen sowie weniger *Ingroup*-Voreingenommenheit und soziale Distanz. Die Projektergebnisse »zeigen, dass ein diverses Umfeld beeinflussen kann, wie wir über uns selbst und unsere verschiedenen sozialen Gruppenzugehörigkeiten komplexer, differenzierter und inklusiver denken können, was sich wiederum positiv auf die Beziehungen zwischen den Gruppen auswirkt« (ibid., S. 141). Ähnliche Ergebnisse wurden auch für die USA festgestellt (Miller et al. 2009). Diese Ergebnisse entsprechen auch der in Kapitel 5 beschriebenen Arbeit von Bai, Ramos und Fiske, laut welcher die Begegnung mit mehr sozialer Diversität weltweit Stereotypen und singulär kategorisierende Denkweisen aufbricht, was einen »mehrdimensionalen mentalen Raum« erschafft (2020, S. 12742).

Solche Analysen lassen weitreichende soziale Konsequenzen vermuten. Francesca Prati et al. kommen auf der Grundlage eines umfassenden Überblicks des Stands der Forschung zu dem Schluss, dass diese »durchgängig die Wirksamkeit von Strategien zeigen, die zur Berücksichtigung der Komplexität anderer oder der eigenen Person ermutigen und damit die Diskriminierung von *Outgroups* verringern«. Sie fassen Potenziale zusammen, die sich aus diesem Bereich der Sozialpsychologie ergeben:

> In den heutigen multikulturellen Gesellschaften, mit immer mehr Möglichkeiten für interkulturelle Kontakte, fördert eine kognitive Fähigkeit, über die singuläre soziale Kategorisierung hinauszugehen, soziale Integration sowie den Aufbau neuer »Allianzen« mit Mitgliedern verschiedener Gruppen. Forschung zur Mehrfachkategorisierung und komplexen sozialen Identität zeigt: Selbst Individuen, die zur einfachen Kategorisierung sozialer Gruppen neigen, haben doch die kognitive Fähigkeit, mit sozialer Komplexität und Inkonsistenz umzugehen, um andere und sich selbst genauer zu bewerten. Auch wenn diese Fähigkeit mehr kognitive Ressourcen erfordert als der Einsatz von Heuristiken, kann sie, wie andere kognitive Fähigkeiten auch, durch Übung verbessert werden. (2021, S. 56)

Superdiverse Kontexte und die Bedingungen für positive Kontakte können genutzt werden, um »die kognitive Fähigkeit zu verbessern, mit Komplexität in verschiedenen Kontexten umzugehen« (ibid.).

Das Bewusstsein für komplexe soziale Identitäten wirkt sich jedoch nicht immer automatisch positiv aus. Zunächst einmal haben manche Menschen ein großes Bedürfnis beziehungsweise Interesse daran, den Status quo aufrechtzuerhalten – also eine Darstellung der Gesellschaft als ein Set einfacher, singulärer, oft gruppistisch, kulturalistisch und rassifizierend definierter Kategorien (Roccas und Brewer 2002). Dazu kommt: Wenn Menschen so behandelt werden, als gehörten sie nur einer einzigen Kategorie an, haben sie kaum Chancen, das eigene Bewusstsein für komplexe soziale Identität zu schärfen. Es hat sich auch gezeigt, dass bei einer langjährigen oder verschärften Wahrnehmung von Gruppenbedrohung (wie in Kapitel 5 erörtert) Individuen weniger dazu neigen, die eigenen komplexen Mehrfachkategorien zu berücksichtigen, und sich häufiger auf eine einzige saliente Identitätskategorie konzentrieren (Schmid und Hewstone 2011).

In einer komplexer werdenden sozialen Welt, wie sie dieses Buch beschreibt, liegt der Wert eines komplexeren Verständnisses sozialer Kategorien auf der Hand. Um es mit Marilynn Brewer zu sagen:

> Was wir jetzt brauchen, ist ein besseres Verständnis der institutionellen Arrangements, der Sozialpolitik und der Ideologien, die eher komplexe als einfache soziale Identitäten fördern. Pluralistische Gesellschaften bieten das Potenzial für komplexe Mehrfachidentitäten – aber segregierte Lebensformen, diskriminierende Praktiken im Bereich von Recht, Politik und Wirtschaft sowie politische Machtspiele können die Verwirklichung dieses Potenzials beeinträchtigen. (2010, S. 28)

Einmal mehr müssen wir bedenken, dass nicht alle Menschen gleichermaßen frei sind, die Vielfalt der eigenen kategorischen Identitäten zu erwägen – insbesondere wenn sie in benachteiligten sozialen Verhältnissen leben oder identitätsbasierter Ungleichheit oder Bigotterie ausgesetzt sind. Alle Formen von Ungleichheit und Vorurteilen sollen natürlich an und für sich bekämpft werden; zusätzlich braucht es aber auch Maßnahmen zur Förderung einer komplexen sozialen Identität. »In diesem Sinne«, postulieren Prati et al. (2021, S. 78), »sollten Interventionen zur multiplen und antistereotypischen Kategorisierung die Nutzung und die Zugänglichkeit immer komplexerer Denkweisen über *Outgroup*-Mitglieder erhöhen, um diskriminierende Verhaltensweisen zu reduzieren«. Mit direktem Bezug zu Superdiversität und Diversifizierungsprozessen berufen sie sich auf zahlreiche Forschungsergebnisse, wenn sie sagen: »Etwas so Einfaches wie die Betrachtung der eigenen Identität aus mehreren Blickwinkeln kann das Denken weniger starr machen, und dies wiederum erhöht die Aufgeschlossenheit in einer Gesellschaft, die immer diverser wird« (ibid., S. 77).

Fazit

Es gibt seitens der wissenschaftlichen Community zahlreiche Plädoyers für die Praxis von »Komplexitätsdenken«, also die Berücksichtigung von Komplexität in heutigen gesellschaftlichen Phänomenen (zum Beispiel Urry 2003; Cilliers 2007; Stirling 2010; Cairney und Geyer 2017). Dies ist besonders wichtig in Anbetracht der Zunahme und Entwicklung von Kontexten mit und Erscheinungsformen von Superdiversität. Diesbezüglich benennt Blommaert (2013) das eigentliche Problem: »Es handelt sich um ein Problem der Vorstellungskraft: Wie stellen wir uns diese neuen Formen der Komplexität vor?«

In diesem Kapitel habe ich eine breite Palette von Materialien vorgestellt, die meines Erachtens gemeinsam wesentliche Merkmale der heutigen sozialen Komplexität kennzeichnen. In Anlehnung an bestimmte Schulen der Sozialanthropologie weise ich zunächst darauf hin, dass Komplexität veränderte Formen der sozialen Organisation umfasst. Diese haben mit Mustern sozialer Beziehungen, Schichtungen und Ungleichheiten sowie mit Macht zu tun – oft in Bezug auf ganze kategorisierte soziale Gruppen. Und so habe ich mich in diesem Kapitel auf den Aspekt konzentriert, welche Bedeutungen soziale Kategorien für soziale Komplexität haben. Hier geht es mir um zwei Dimensionen. Die erste betrifft die sich verändernden Bedeutungen dieser Kategorien – daher spreche ich von ihrer Vielfältigkeit, Vermischung, Erschaffung und Auflösung (in diesem Fall in Bezug auf *race* und Ethnizität, Gender und Sexualität, Religion und Sprache). Diese werden mitunter kontinuierlich verhandelt – und die Verhandlungen werden durch die Verknüpfung von Online- und Offline-Darstellungen des Selbst noch komplizierter.

Die zweite Dimension betrifft die vielfältigen sozialen Kategorien, die jeder und jedem innewohnen – die Komplexität der individuellen sozialen Identität. Manche Menschen sind sich der eigenen multiplen, diskreten Identitätskategorien bewusster, andere verlassen sich eher auf eine einzelne Identitätskategorie, um sich selbst und andere einzuordnen. Die Forschung zeigt, dass Individuen mit einem komplexeren Verständnis der eigenen sozialen Identitäten zu positiveren Einstellungen gegenüber anderen neigen – vor allem weil sie die Komplexität der sozialen Identitäten *anderer* erkennen. Die Unterschiede zwischen Individuen mit mehr und solchen mit weniger Bewusstsein für komplexe soziale Identität sowie die damit verbundenen Perspektiven und sozialen Beziehungen tragen ihrerseits auch zur gesellschaftlichen Komplexität bei. Daher ist es mir wichtig zu betonen, dass soziale Komplexität sich *von komplex organisierten Gesellschaften* über *komplex organisierte Bedeutungssysteme* bis hin zu *komplex organisierten Individuen* erstreckt (vergleiche auch Brekhus 2020, S. 102).

Warum diese Phänomene als soziale Komplexität bezeichnen? Wie einige andere Sozialwissenschaftler:innen beantworte ich Blommaerts Frage »Wie stellen wir uns diese neuen Formen der Komplexität vor?« mit der metaphorischen Heranziehung der Komplexitätsforschung. In den Natur- und Technikwissenschaften befasst sich die Komplexitätstheorie mathematisch und empirisch damit, was passiert, wenn Systeme (und Systeme von Systemen) immer komplexer werden – wenn mehr Komponenten, mehr Differenzierung, mehr Beziehungen und Interdependenzen sowie größere Unsicherheiten und emergente Organisationsformen entstehen. Superdiversität, so schlage ich vor, umfasst ähnliche Dynamiken. Dazu gehören: mehr Komponenten (mehr Menschen durch Migration oder demografischen Wandel), mehr Differenzierung (sich verändernde soziale Variablen), mehr Beziehungen und Interdependenzen (neue Muster sozialer Variablen und zwischenmenschlicher Interaktionen) sowie größere Unsicherheiten und emergente Organisationsformen, die sich daraus ergeben (neue soziale und räumliche Arrangements, Ungleichheiten, soziale Bewegungen und politische Konflikte oder Kompromisse).

Worin besteht der Hauptunterschied zwischen der naturwissenschaftlichen Komplexitätstheorie und der sozialen Komplexität unter den Bedingungen der Superdiversität? Meine Antwort lautet: in menschengemachten Bedeutungen. Dazu gehören soziale Kategorien,

Bilder und Repräsentationen sowie unterschiedliche Auffassungen innerhalb diverser Öffentlichkeiten. Wie wir bereits erörtert haben, sind Bedeutungen in Bezug auf soziale Kategorien (einschließlich Selbstidentifikationen) nicht nur sozial konstruiert und veränderlich, sondern werden auch kontinuierlich von der sozialen Positionierung abgeleitet und durch sie interpretiert und gelebt. Dabei ist diese Positionierung ihrerseits kein singulärer Fixpunkt, sondern steht im Verhältnis zu den jeweiligen Settings, Netzwerken und Interaktionen, in denen sie mobilisiert wird. Hannerz (1992, S. 66) nennt dieses Verhältnis »Perspektivierung von Bedeutung« (*perspectivation of meaning*). Es handelt sich um eine entscheidende Dimension der sozialen Komplexität, die sich aus den Mustern der sozialen Organisation ergibt und zu ihnen beiträgt (Vertovec 2021).

In seinem bemerkenswerten Essay »The Uses of Diversity« betonte Clifford Geertz (1986) seinen seit langem etablierten Ansatz zur Kultur als Symbolsystem. Dabei hebt er ein interaktionistisches Verständnis hervor, das Bedeutungen, Positionalitäten und soziale Beziehungen als Zusammenspiel erkennt:

> Bedeutung in Form von interpretierbaren Zeichen – Tönen, Bildern, Gefühlen, Artefakten, Gesten – entsteht nur innerhalb von Sprachspielen, Diskursgemeinschaften, intersubjektiven Bezugssystemen, Formen der Weltschaffung; [...] sie entsteht im Rahmen konkreter sozialer Interaktion, in der ein Du und ein Ich etwas als ein Etwas definieren – und nicht in irgendeiner geheimen Grotte im Kopf; und [...] Bedeutung ist durch und durch historisch, geschmiedet im Laufe von Ereignissen. (1986, S. 112-13)

Das Zusammentreffen von Menschen, die ihre Unterschiede ausleben, ermöglicht daher »nicht eine Konvergenz der Ansichten, sondern eine Vermischung« und damit (wie auch sozialpsychologische Studien nachweisen) die Möglichkeit, unsere Meinung und sogar unseren Verstand zu verändern (»*quite literally changing our minds*«: ibid., S. 114). Die Geschichte jedes Menschen und jeder Gesellschaft ist die Geschichte einer solchen allmählichen Veränderung. Eine derart ergebnisoffene, multiplexe, synkretistische Definition von Bedeutung, so Geertz, ist ein »Feind der Neigung, Menschen auf separaten kulturellen Planeten anzusiedeln« (ibid., S. 119). Eine solche Neigung umfasst auch das, was dieses Buch als singuläre Zugehörigkeit, Gruppismus, Kulturalismus und Rassifizierung bezeichnet. Barth (1989, S. 124) vertritt in diesem Zusammenhang eine ähnliche Perspektive wie Geertz, wenn er das Leben in Gesellschaften diskutiert, die durch komplexe kulturelle Konfigurationen und Bedeutungssysteme gekennzeichnet sind. In solchen Kontexten – die heute allgegenwärtig sind, vor allem in Städten auf der ganzen Welt – beinhaltet das Leben mit sozialer Komplexität laut Barth »eine Vielfalt, Inkonsistenz und Streitbarkeit, die jedem kritischen Versuch standhält, sie zu charakterisieren« (1989, S. 124). Wir sollten soziale Komplexität also als dynamisch und ungewiss betrachten.

Was entsteht hier in Bezug auf die Selbstorganisation innerhalb eines komplexen adaptiven Systems? Page weist darauf hin, dass »Anpassung auf der Ebene der einzelnen Entitäten stattfinden kann, wie es in einem sozialen System der Fall ist, oder auf der Bevölkerungsebene [...] In sozialen Systemen treten beide Arten von Veränderungen auf« (2015, S. 25). Innerhalb der Entität des Individuums bedeutet Anpassung, dass multiple soziale Kategorien mitsamt ihren Beziehungen umgestaltet werden. Auf der Bevölkerungsebene bezieht sich diese Emergenz meines Erachtens darauf, wie sich die Salienz der Differenz verändert (Salienz sowohl im Sinne der Zunahme von Diversität als auch bezogen auf den reaktionären Ethnozentrismus), wie soziale Kategorien sich (um)gestalten und wie multiple, intersektionelle oder, mit McCall (2001), komplexe Ungleichheiten (*complex inequality*) strukturiert werden.

Eine weitere emergente Eigenschaft sozialer Komplexität, die sich sowohl auf das Individuum als auch auf die Gesellschaft erstreckt, ist die massive Vervielfachung des Phänomens, das Simmel (1908) als die moderne »Kreuzung sozialer Kreise« bezeichnete – mit Kreisen bezeichnete Simmel die Vielzahl an möglichen Gruppenzugehörigkeiten, in die Individuen gleichzeitig eingebettet sein können (siehe auch Broćić und Silver 2021). An der Wende zum 20. Jahrhundert beobachtete er, wie rasch sich die europäische Stadtgesellschaft veränderte, und stellte fest, dass Menschen zunehmend mit zahlreichen, diversifizierten und weit verstreuten Gruppen verbunden waren – von der Familie über Freunde bis hin zu Berufs- und Interessengruppen. In modernen Gesellschaften, so stellte er fest, tritt der Mensch »in den Schnittpunkt vieler Kreise« (Simmel 1908, S. 413); das heißt, Individuen können letztlich auf »eine unermessliche Möglichkeit von individualisierenden Kombinationen« (ibid., S. 424) an Gruppenzugehörigkeiten zugreifen. Dabei haben keine zwei Menschen auf der Welt genau die gleichen ineinandergreifenden »Schnittpunkte« an Gruppenzugehörigkeiten. Solche multiplen und diversifizierten Verbindungen, so glaubte Simmel, sollten reichere und diversere Persönlichkeiten hervorbringen. Gleichzeitig würde die Entwicklung neuer Netzwerke und Assoziationsmuster Menschen zusammenbringen, die bestimmte Interessen teilen, während sie in anderer Hinsicht sehr unterschiedlich bleiben. Während diverse Verbindungen und Gruppenzugehörigkeiten zu Spannungen und konkurrierenden Loyalitäten führen können, sieht er diese doch insgesamt als stabilisierend für die Gesellschaft – ähnlich dem, was in der Anthropologie als die Kraft von »Querverbindungen« (*cross-cutting ties*) bezeichnet wird, die häufig Konflikte verhindern und Versöhnung fördern (siehe Kang 1976). »Die Hauptstärke von Simmels Modell«, so Mairo Diani (2000, S. 394), »liegt wohl in seiner Fähigkeit, den doppelten Charakter sozialer Zugehörigkeiten zu erkennen […]: Individuen differenzieren ihre Persönlichkeit durch mehrfache Gruppenzugehörigkeiten; gleichzeitig sind Gruppen insofern distinkt, als sie aus der Konvergenz bestimmter Individuen resultieren – aber durch gemeinsame Mitglieder sind sie gleichzeitig verbunden.« Die heutigen Verhältnisse – vor allem digitale Technologien, die Zeit und Raum schrumpfen lassen – haben die Möglichkeiten für vernetzte Gruppenbeziehungen auf ein neues Niveau gehoben. Mehr denn je besteht die Gesellschaft »aus einem Geflecht von vernetzten Individuen, die in spezialisierten, fragmentierten, spärlich miteinander verbundenen und durchlässigen Netzwerken agieren« (Rainie und Wellman 2012, S. 21).

Das Konzept der Superdiversität bezieht sich auf eine Reihe von gesellschaftlichen Verhältnissen und Prozessen, die gemeinsam die Formen der sozialen Organisation verändern. Diese Verhältnisse sind in den sich wandelnden Bedeutungen multipler sozialer Kategorien und durch sie hervorgebrachten gesellschaftlichen Beziehungen begründet und beeinflussen beide in Wechselwirkung. Soziale Kategorien aller Art sind heute einem enormen Wandel unterworfen – einem Wandel, der von Vielfältigkeit, Vermischung, Erschaffung und Auflösung charakterisiert ist. Soziale Kategorien und Beziehungen umfassen inzwischen zudem einen scheinbar nahtlosen Übergang von Online- und Offline-Modalitäten. Das Konzept der sozialen Komplexität widmet sich den gegenseitig abhängigen Beziehungen und Prozessen zwischen diesen Elementen, die die gesamten soziologischen Skalen durchkreuzen. Komplexitätsdenken (*complexity thinking*) – ein Ansatz, eine Reihe von Werkzeugen und ein den Naturwissenschaften entlehntes Vokabular zur Konzeptualisierung dieser Bedeutungs- und Beziehungsvielfalt – ist nicht nur für die Sozialwissenschaft von Wert, sondern auch für jeden Menschen. Komplexitätsdenken hilft, die Gesellschaft und sozialen Wandel auf eine kohärentere Weise zu betrachten, andere wertzuschätzen und sich selbst zu verstehen.

7 SCHLUSS

Der Begriff Superdiversität bezieht sich auf den Prozess der migrationsbedingten Diversifizierung verschiedener sozialer und rechtlicher Merkmale und auf die sozialen Konfigurationen, die aus diesem Prozess entstehen. Die Einführung dieses Konzepts im Jahr 2007 fand Anklang in allen Bereichen der Sozialwissenschaften, wobei Forschende ihn übernahmen, um Facetten der Diversifizierung und der entsprechenden sozialen Transformationen über migrationsbedingte hinaus zu beschreiben sowie ineinandergreifende multivariate Merkmale, die aus diesen Prozessen resultieren, und ihre Herausforderungen für spezifische sozialwissenschaftliche Methoden. Für viele Sozialwissenschaftler:innen bietet das Konzept eine Möglichkeit, über bestimmte Arten, Modi oder Orte der wachsenden Komplexität zu sprechen, in denen neue, facettenreiche, miteinander verwobene und voneinander abhängige Ansammlungen sozialer Phänomene sichtbar werden.

Deshalb habe ich mich in diesem Buch mit folgenden Aspekten des Themas Superdiversität befasst: Gründe und Formen der Auseinandersetzung mit diesem Konzept in der Forschung; Modalitäten der Weiterentwicklung von Diversifizierungsprozessen; Reaktionen auf Superdiversität und Diversifizierung in bestimmten Öffentlichkeiten sowie die Zusammensetzung von sozialen Kategorien, die an solchen Reaktionen beteiligt sind; relevante Rahmenbedingungen für das Nachdenken über Superdiversität und soziale Komplexität in Anlehnung an ausgesuchte Ansätze, Perspektiven und Begriffe der naturwissenschaftlichen Komplexitätstheorie.

Der von mir benutzte Komplexitätsansatz befasst sich unter anderem mit dem Zusammenspiel vielfältiger Ursachen, Prozesse und Ergebnisse der Migration, mit den nachfolgenden nichtlinearen oder unvorhersehbaren Entwicklungen in Politik, Wirtschaft und Gesellschaft – sowie mit der Emergenz neuer Organisationsformen auf verschiedenen Ebenen (wie Gesellschaftsordnung, gemeinsame soziale Kategorien und individuelle Identitäten). Solche Sachverhalte als komplex zu betrachten und zu beschreiben soll sie jedoch keinesfalls verschleiern. »Komplexität bedeutet nicht, dass es keine Muster oder erkennbaren Tendenzen gibt« (Castles et al. 2014, S. 52). Ganz im Gegenteil: Die umfangreiche und ständig wachsende Literatur zur Superdiversität beschreibt komplexe neue Muster sozialer, kultureller, religiöser und sprachlicher Phänomene an vielen Orten der Welt. Diese globalen Prozesse und Ergebnisse sind dabei sehr unterschiedlich. Wie ich bereits angedeutet habe, führen »die Schichten und Verflechtungen ›alter‹ und ›neuer‹ Diversitäten [...] in verschiedenen Städten und ihren spezifischen Kontexten zu wechselnden Mustern von Vorurteilen, Segregation, Ungleichheit und Zwietracht – aber auch zu emergenten Praktiken der Zusammenarbeit, Freundlichkeit, Weltoffenheit und Geselligkeit« (Vertovec 2015c, S. 2).

Die soziale Komplexität der Superdiversität hat viele Facetten: unterschiedliche Ursachen, Prozesse und Ergebnisse der Migration, unvorhersehbare Entwicklungen in Politik, Wirtschaft und Gesellschaft sowie die Emergenz neuer Organisationsformen. Stets ist dabei der Kontext von Bedeutung. Zu den prägenden Kontextaspekten gehören unter anderem: staatliche Politik und offizielle Klassifizierungen; politische Debatten (insbesondere über Rassismus und Fremdenfeindlichkeit), historische Narrative über die Nation und die Anderen; Formen, Orte und Quellen der Macht; Konzepte von Persönlichkeit und Subjektivität sowie die fortlaufende Entwicklung der sozialen Kategorien, die Gruppenidentitäten und individuellen Performanzpraktiken zugrunde liegen. So vielfältig, wie die Ursachen, Zwischenstufen und Folgeprozesse auch sind, lässt sich doch sagen, dass sich die Diversifizierung global verbreitet. In der Folge entstehen und verändern sich soziale, wirtschaftliche, politische und kulturelle

Muster im Lichte kontextspezifischer Phänomene. Superdiversität spielt sich an verschiedenen Orten, zu verschiedenen Zeiten und in verschiedenen Tempi unterschiedlich ab. Sie kann soziale Strukturen und Ungleichheiten reproduzieren, hinterfragen oder verändern.

Die Dynamik der Superdiversität und der damit einhergehenden sozialen Komplexität, insbesondere im Zusammenhang mit der Migration, wird sich mit Sicherheit auch in Zukunft fortsetzen. Wie in Kapitel 4 erörtert, beruht diese Entwicklung auf einer Reihe vielfältiger, sich überlappender, voneinander abhängiger und wechselseitig bedingter Prozesse, die beeinflussen, welche Menschen sich wann, wie und wohin bewegen. Aufgrund dieser verschiedenen Einflüsse werden Migrations- und Diversifizierungsprozesse weltweit weiterhin von großen Diskrepanzen und Ungewissheiten geprägt sein. Diese bringen kontextabhängige Phänomene rund um soziale, wirtschaftliche, politische, demografische und ökologische Faktoren mit sich. Das letzte Thema ist besonders akut: Der Klimawandel wird auch die anderen Faktoren hinter Migration tiefgreifend beeinflussen. Seine nachteiligen sozialen und wirtschaftlichen Folgen, die unterschiedliche Bevölkerungsgruppen und soziale Kategorien betreffen, werden erhebliche politische Unruhen auslösen. Die Ursachen, Prozesse und Ergebnisse, die sich auf die potenzielle Zukunft von Migration und Diversifizierung auswirken, sind dabei inhärent ungewiss – sowohl kurz- als auch langfristig, sowohl lokal als auch global (siehe Bijak und Czaika 2020). Menschen auf der ganzen Welt werden migrieren müssen, um zu überleben. Gleichzeitig wird in den rasch alternden Gesellschaften der Industrieländer ein akuter Arbeitskräftemangel zur Anpassung der Migrationspolitik und -steuerung führen. Meines Erachtens werden hier neue oder überarbeitete Programme temporärer und zirkulärer Migration eine große Rolle spielen – wahrscheinlich ähnlich denen, die bereits in Singapur laufen, »insbesondere im Hinblick auf die ›gesicherte Kurzzeitigkeit‹, physisch kontrollierte Begrenzung, eingeschränkte Interaktion mit Einheimischen und, falls nötig, Modalitäten für eine einfache und schnelle Ausweisung« (Vertovec 2020b). Solche Systeme, die den Bedürfnissen der Arbeitgeber dienen, verschärfen zwangsläufig die Diskriminierung und Ausbeutung von

Migrant:innen. Uns erwartet also höchstwahrscheinlich sowohl die fortschreitende weltweite Diversifizierung der Gesellschaften durch Migration – als auch die fortgesetzte Verankerung gruppenbezogener Ungleichheiten, nicht zuletzt durch restriktive staatliche Maßnahmen und Rechtsstatusvorgaben.

Die fortschreitende Diversifizierung und die damit einhergehende destabilisierte Superdiversität werden auch öffentliche Reaktionen hervorrufen. Wie in Kapitel 5 beschrieben, sind diese Reaktionen oft negativ und beruhen auf einem Verständnis von Gruppenkategorien, das sich aus gruppistischen, singulären Zugehörigkeiten sowie kulturalistischen und rassifizierenden Konzeptualisierungen zusammensetzt. Solche Auffassungen stehen in direktem Zusammenhang mit Bedrohungsnarrativen, Nullsummenvorstellungen, Ängsten vor »zu viel Diversität« und Formen der Linguaphobie, die von politischen Akteuren erfunden, geschürt und gesteuert werden. Negative Einstellungen, mitunter sogar Feindseligkeiten sowie eingebettete und begleitende soziale Schichtungen werden durch solche öffentlichen Auffassungen noch verstärkt. Zahlreiche Forschungsarbeiten zeigen jedoch: Auch positive Reaktionen auf Diversifizierung und Superdiversität sind möglich, wenn nicht gar wahrscheinlich. Menschen können ihre Wahrnehmungen und Einstellungen gegenüber Differenz und Diversität durchaus anpassen. Diese sind vor allem dann positiv, wenn die Bedingungen für den Kontakt stimmen – es reicht oft aber auch, lediglich einem breiten Spektrum an sozialen Kategorien ausgesetzt zu sein. Negative Narrative und Framings im öffentlichen Raum können jedoch positive Interaktionen, Beziehungen, Ansichten und Einstellungen zu sozialen Unterschieden erschweren.

In Kapitel 6 wurde das Konzept der sozialen Komplexität untersucht – ein weiterer Ansatz zum Verständnis von Superdiversität und Diversifizierung. Das Kapitel postuliert drei verschiedene Arten oder Schichten von Komplexität, die aufeinander aufbauen und sich gegenseitig beeinflussen: die Komplexität der Gesellschaftsordnung, der sozialen Kategorien und schließlich der eigenen Identität. In ihrer Gesamtheit beeinflussen diese Schichten auch soziale Strukturen der Stratifizierung, Alltagspraktiken und Interaktionen (Vertovec 2021).

Die Komplexität der Gesellschaftsordnung ist ein klassisches anthropologisches Thema des 20. Jahrhunderts. In diesem heute weitgehend aus der Mode gekommenen Bereich geht es um eine evolutionäre Betrachtung sozialer Strukturen und darum, wie Menschen (häufig auch Gruppen) nach Status und Macht hierarchisch eingeordnet werden. Die Anthropologen Barth, Hannerz und Eriksen waren Schlüsselfiguren, die betonten, wie die Gesellschaftsordnung kulturelle Bedeutungen, ihre gegenseitigen Positionen und ihre Vermischungen konditioniert. Diese Erkenntnisse erinnern uns daran, die Komplexität von Bedeutungen zwischen den sozialen Kategorien sowie innerhalb jeder Kategorie zu berücksichtigen. Dabei wird betont, dass diese Kategorisierungen den Menschen nicht nur helfen, die Welt zu klassifizieren und sich in ihr zu orientieren, sondern auch alle Interaktionen und sozialen Strukturen erheblich mitgestalten.

Soziale Kategorien sind immer im Fluss. Dies ist heute offenkundiger denn je, da mehrere wichtige Aspekte wie *race*, Gender, Sexualität, Religion und Sprache immer fluider werden. Auch das Bewusstsein für multiple, situierte persönliche Identitäten jedes Einzelnen führt uns die Komplexität vor Augen. Arbeiten zur Theorie der komplexen sozialen Identität zeigen, dass dieses Bewusstsein für die eigene Zugehörigkeit zu distinkten sozialen Kategorien von Mensch zu Mensch unterschiedlich stark ausgeprägt ist. Manche Menschen haben mehr Kenntnis von den unterschiedlichen sozialen Kategorien, mit denen sie sich identifizieren, andere weniger. In umfangreichen Untersuchungen wurde festgestellt, dass die Förderung einer komplexeren sozialen Identität (also des Bewusstseins für die eigenen Mehrfachzugehörigkeiten) zu positiveren Einstellungen gegenüber anderen führen kann. Komplexe soziale (Selbst-)Identitäten sind ein Gräuel für manipulative Politiker:innen und andere Akteure, die soziale Kategorien vereinfachen und fixieren wollen – in der Regel im Sinne dessen, was wir als singuläre Zugehörigkeit, Gruppismus, Kulturalismus, Rassifizierung und Sprachgebundenheit besprochen haben. Einfache Kategorien unterstützen starre soziale Strukturen und Hierarchien; komplexe Kategorien können dazu dienen, sie aufzubrechen.

Die migrationsbedingte Diversifizierung betrifft jede Art oder Ebene sozialer Komplexität und erschafft immer komplexere Formen der Superdiversität. Menschen, die mit unterschiedlichen, mehrdimensionalen, sich überschneidenden Merkmalen und Kategorien in einem Land ankommen, werden zunächst in bestimmte, oft räumlich manifestierte Positionen in sozialen Schichtungssystemen eingeteilt. Manchmal werden die Merkmale der Migrant:innen zu einer Herausforderung für das System; manchmal dominiert eindeutig das System (wie bei irregulären Migrant:innen). Die Auswirkungen der Migration auf die Komplexität sozialer Kategorien sind ebenfalls erheblich. Wie Mihaela Vieru feststellt, »bedeutet groß angelegte, multiple Migration auch mehr Diversität, mehrere Identitäten, sich überlappende gesellschaftliche Zugehörigkeiten, geografisch verteilte Diaspora-*Communities* und reiches Human- und Sozialkapital« (2017, S. 1). Stephen Castles, Hein de Haas und Mark Miller machen ebenfalls eine wichtige Beobachtung:

> Einwander:innen können möglicherweise einen besonderen Beitrag zur Entwicklung neuer Identitätsformen leisten. Migrant:innen haben schon immer multiple Identitäten entwickelt, verbunden sowohl mit der Kultur des Herkunftslandes als auch mit der des Ziellandes [...].
>
> Multiple Identitäten werden zu einem weit verbreiteten Merkmal heutiger Gesellschaften; Migrant:innen sind in dieser Hinsicht nicht einzigartig. Ihre Lage drängt sie aber doch besonders stark zu vielschichtigen soziokulturellen Identitäten, die ständig weiterfließen und neu verhandelt werden. [...] Trotz aktueller Konflikte über die Auswirkungen ethnischer Diversität auf nationale Kulturen und Identitäten bietet die Einwanderung Perspektiven für Veränderung. Es könnten neue Identitätsprinzipien entstehen, die weder ausgrenzen noch diskriminieren [...]. (2014, S. 330)

Auf diese und andere Weisen erschaffen die migrationsbedingte Diversifizierung und die daraus resultierenden Formen der Superdiversität eine kaleidoskopische soziale Komplexität, die sich über verschiedene Maßstäbe und Analyseebenen erstreckt. Jeder der hier erörterten Bereiche dieser Komplexität – Gesellschaftsstrukturen, soziale Kategorien mit ihren Bedeutungen sowie individuelle Selbstidentifikationen – besteht aus vielfältigen Ursachen, Prozessen und Ergebnissen. Doch sind sie grundlegend miteinander verknüpft. Als Modi der Komplexität sind sie stets emergent und ungewiss: Nie können wir genau vorhersagen, wie sich die Teile und ihre Arrangements auf das Ganze auswirken. Wie bereits erwähnt, wissen wir aber: Negative öffentliche Stellungnahmen in den Medien und im politischen Diskurs können zu negativen Bewertungen sozialer Prozesse führen, negative Kategorisierungen verhärten, soziale Beziehungen beschädigen und ein umfassenderes Verständnis von sich selbst und anderen einschränken. Können alternative öffentliche Interventionen in Bezug auf Differenz und Diversität in die andere Richtung wirken?

Superdiversität, soziale Komplexität und öffentliche Initiativen

»Die Frage des einundzwanzigsten Jahrhunderts«, wie Stuart Hall (1993, S. 359) scharfsinnig voraussah, wird die Fähigkeit sein, »mit Differenz zu leben«. In Anlehnung an die Diskussionen in diesem Buch will ich betonen: Diese Fähigkeit kann aus einer anderen entstehen – und zwar aus der Fähigkeit, soziale Kategorien mit ihren nichtessenzialistischen, flexiblen, vielfältigen und sich überlappenden Eigenschaften zu begreifen. Wie entwickelt man aber diese Kompetenz? So wie Mary-Louise Pratt (2003) »eine neue öffentliche Vorstellung von Sprache« forderte (siehe Kapitel 5), würden wir gut daran tun, uns für *ein neues öffentliches Verständnis von Diversität und Diversifizierung* einzusetzen. Der folgende Abschnitt bietet einige Ideen dazu.

Eine Art neues öffentliches Verständnis ist bereits seit einigen Jahren im Spiel: Das Konzept der »Diversität« ist in der öffentlichen Sphäre nämlich an erstaunlich vielen Stellen verankert (siehe Vertovec 2015a). »›Diversität‹ steht im Mittelpunkt eines breitgefächerten Korpus von Diskursen, institutionellen Strukturen, Politiken und Praktiken in der Wirtschaft, in öffentlichen Einrichtungen, beim

Militär, an Universitäten und in freien Berufen. [...] unsere Zeit ist durchdrungen von Diversitätsdiskursen« (Vertovec 2012, S. 287). Dies ist nicht nur in den Gesellschaften des globalen Nordens der Fall, sondern entwickelt sich allmählich auch im globalen Süden ähnlich. »Diversität« in diesem Sinne umfasst öffentliche und gesellschaftliche Begrifflichkeiten, Aktivitäten und institutionelle Strukturen, die auf dem Konzept der Anerkennung und Wertschätzung sozialer Differenz basieren. Mehrdeutig und polysemisch, ist dieses Konzept doch normativ. Der Begriff »Diversität« lässt zudem offen, wer gegenüber wem als anders oder »divers« gilt. Trotz der Unschärfe des Konzepts und der sehr unterschiedlichen Ansätze, Ziele und Ausrichtungen von Politiken, Programmen und institutionellen Arrangements hat dieser Diskurs durchaus kumulative soziale Auswirkungen. Meines Erachtens (Vertovec 2012) hat der anhaltende und allgegenwärtige Diskurs über »Diversität« die soziale Imagination verändert. Bei diesem letzten Begriff stütze ich mich auf Charles Taylors Definition: »die Art und Weise, wie Menschen sich ihre soziale Existenz vorstellen, wie sie mit anderen zusammenleben, was und wie es zwischen ihnen und ihren Mitmenschen abläuft, die üblichen und normalerweise erfüllten Erwartungen sowie die tieferen normativen Konzepte und Bilder, die diesen Erwartungen zugrunde liegen« (2007, S. 23). Natürlich sensibilisiert der Diskurs über Diversität nicht notwendigerweise und automatisch alle – tatsächlich gibt es, wie in diesem Buch erörtert, genug Diskurse, Narrative und politische Agenden, die sich aktiv gegen Diversität als etwas Akzeptiertes und Positives wehren.

Leider kann ein Großteil des Diversitätsdiskurses mitunter ein starres Verständnis sozialer Kategorien fördern – im Sinne von singulärer Zugehörigkeit, Gruppismus, Kulturalismus, Rassifizierung und Sprachgebundenheit. In der superdiversen und sich weiterhin diversifizierenden Welt von heute müssen wir meines Erachtens weiter gehen – weg von einem Bewusstsein für die Diversität scheinbar abgegrenzter Gruppen und hin zu einem Bewusstsein für die grundsätzliche Komplexität sozialer Identitäten. In diesem Sinne plädiere ich für ein neues öffentliches Verständnis von Diversität und Diversifizierung. Dies entspricht auch der Vision von Bhikhu Parekh, der sich seit langem für die Schaffung eines öffentlichen Raums einsetzt, in dem diverse und oft ausgegrenzte Menschen die Gelegenheit bekommen, »miteinander zu interagieren, die bestehende Kultur zu bereichern und eine neue Konsenskultur zu schaffen, in der sie Spiegelungen ihrer eigenen Identität erkennen« (in Parekh und Bhabha 1989, S. 27). Parekh hat auch den vielfältigen Charakter sozialer Identitäten überzeugend beschrieben – wobei seine Sicht weitgehend mit den Konzepten übereinstimmt, die auch in diesem Buch eine große Rolle spielen, wie die Perspektivierung von Bedeutungen, das Netzwerk von individuellen Zugehörigkeiten und die Relevanz von *Querverbindungen (cross-cutting ties)*:

> Die Bedeutung pluraler sozialer Identitäten für das individuelle und gesellschaftliche Leben ist kaum zu überschätzen. Da jede soziale Identität eine bestimmte Betrachtungsweise der Welt darstellt, bedeuten plurale Identitäten auch plurale Perspektiven, die sich gegenseitig ergänzen und korrigieren und gemeinsam die Möglichkeit einer breiteren, nuancierteren, differenzierteren Weltsicht bieten. Identitäten existieren nicht passiv nebeneinander: Ihre Interaktion pluralisiert jede einzelne von ihnen und verhindert ihre essenzialistische Verdinglichung. Jede soziale Identität verbindet uns mit einer bestimmten Gruppe von Menschen, macht uns zu einem Teil ihres historischen Narrativs und verleiht unserem Leben Sinn und Tiefe. Die Pluralität dieser Identitäten bedeutet mehrere Zugehörigkeiten, Loyalitäten und Sinnquellen; eine Chance, mehrere sich überlappende Narrative über unser Leben zu konstruieren. So wird es klar, dass die Gesellschaft – ja die ganze Menschheit – entlang mehrerer Dimensionen eingeordnet werden kann; wer aus der Sicht der einen Identität fremd oder feindlich erscheint, eignet sich aus der Sicht einer anderen Identität durchaus für Partnerschaft oder Freundschaft. Diese Ansicht hilft, die unausweichliche Komplexität des menschlichen Lebens zu begreifen und sie zu bewältigen, statt zu vereinfachen. (2008, S. 23-24)

Dieser Vision steht die Tatsache im Wege, dass viele Menschen die Pluralität von Identitäten nicht anerkennen, geschweige denn wertschätzen. Nicht nur ist ein schwaches Bewusstsein für das, was Sozialpsycholog:innen komplexe soziale Identitäten nennen, weit verbreitet (siehe Kapitel 6) – mehr noch, Diversifizierung und Superdiversität können den Glauben an einfache, essenzialistische, singuläre Zugehörigkeit *verstärken*, und zwar wenn Menschen sich davon irritiert fühlen und eine Bewältigungsstrategie brauchen (McLennan 1995, S. 90). Auch hier bietet Parekh wertvolle Einsichten:

> Das Gegenteil findet statt, wenn eine einzige Identität dominant wird. Dann sehen Individuen sich selbst, ihre Gesellschaft und die Welt aus einer einzigen Perspektive. Nicht nur nehmen sie viele Aspekte nicht wahr, sondern sie haben auch eine stark verzerrte Sichtweise auf Menschen, die diese Aspekte wahrnehmen. Sie teilen die Menschheit entlang einer einzigen Achse ein, sehen Individuen und Gruppen als Freunde oder Feinde und ignorieren ihre Gemeinsamkeiten und Querverbindungen. […] Sie werden [von der dominanten Identität] besessen, klammern sich verzweifelt daran und sorgen sich ständig, dass ihre Verwässerung oder ihr Verschwinden ihr Leben destabilisieren und ihm jeden Sinn nehmen könnte. Sie verteidigen diese Identität mit aller Kraft gegen äußere Bedrohungen, sehen sie auf eine extrem vereinfachte und letztlich unhaltbare Weise und säubern sie zwanghaft von »fremden« inneren Elementen. (2008, S. 24)

Polarisierende Polymedien verstärken diese Tendenz, sowohl kognitiv als auch sozial. So finden Menschen in geschlossenen, gleichgesinnten, kategorial homogenen sozialen Netzwerken zusammen, sowohl online als auch offline (Tokita et al. 2021). Dieses Bündeln von Einstellungen steht in direktem Zusammenhang mit sozialer und ideeller Fragmentierung, die zur Dysfunktion der Demokratie und zu sozialer Ungerechtigkeit führt. Im Kontext der Diversifizierungsprozesse und der Superdiversität scheint eine Sache sicher: Wenn die essenzialistische Sicht auf soziale Kategorien dominant bleibt, werden negative Folgen in allen Gesellschaftsbereichen nicht auf sich warten lassen.

Positiver und gerechter könnte es zugehen, wenn man realisiert, dass »das Potenzial für Konflikte zwischen Gruppen verringert werden kann, wenn Gesellschaften komplexer und entlang mehrerer, nicht perfekt korrelierter Dimensionen differenziert sind – anstatt entlang einer zentralen, typischerweise ethnischen oder religiösen, Bruchlinie« (Hewstone et al. 2007, S. 108). In anderen Worten: Diversifizierung und Superdiversität können öffentlich identifiziert und auf eine Weise erörtert werden, die »das Potenzial für polarisierende Loyalitäten entlang eines einzelnen Gruppenunterschieds« verringert und dadurch »die Toleranz für *Outgroups* im Allgemeinen« erhöht (ibid.). Dieses Ziel ist zwar idealistisch, aber dennoch wert, ihm nachzugehen. Und wie Scott Page anführt:

> Das Erbauen dieser strahlenden Stadt auf dem Hügel – in der sich unsere verschiedenen Interessen, politischen Überzeugungen, wirtschaftlichen Rahmenbedingungen und kulturellen Identitäten überschneiden, zusammenspielen und gemeinsam eine lebendige, innovative, nachhaltige, tolerante Gesellschaft schaffen – erfordert differenziertes Wissen darüber, wie man selbstverstärkende Interventionen konstruiert. (In Baldassarri und Page 2021, S. 5)

Solche Interventionen für ein neues öffentliches Verständnis von Diversität und Diversifizierung sollten Methoden umfassen, die das Bewusstsein für die Vielfalt und das Zusammenspiel sozialer Kategorien fördern und bestimmte Formen des Komplexitätsdenkens (insbesondere ein Verständnis für multiple Ursachen, Prozesse und Ergebnisse) in Bezug auf das soziale Leben vermitteln. Wie könnten solche Interventionen aussehen? Im Folgenden werden einige Ideen aus den Bereichen öffentliche Politik, Staatsführung, politische Repräsentation und öffentliche Kampagnen skizziert.

Politik

Im Vereinigten Königreich hat der ehemalige Stadtverwaltungschef, Ted Cantle, die unkonstruktiven, wenn nicht gar schädlichen Auswirkungen öffentlicher Politik beobachtet, die auf vereinfachenden, festen sozialen Kategorien (insbesondere ethnischer Herkunft) beruhen. In Politik und Praxis führen solche Kategorien nicht nur zu ungerechten oder fehlgeleiteten Maßnahmen, sondern verstärken auch einseitige Ansichten in der Öffentlichkeit (vergleiche Phillimore 2023). Daraus folgt:

> Die Unterstützung einfacher homogener Identitäten durch Kategorisierung, Finanzierung und Repräsentation muss eingeschränkt und durch heterogenere und vielfältigere Formen ersetzt werden. Wir müssen also akzeptieren, viele unserer bestehenden, vereinfachenden und »gruppistischen« Identitätsformen ändern zu müssen, ebenso wie die Art und Weise, wie sie durch öffentliche Politik instrumentalisiert werden. (Cantle 2016, S. 154)

Der Versuch, sich mit überschneidenden und flexiblen Kategorien zu befassen, ist Teil der größeren Herausforderung in Politik und Staatsführung im Zusammenhang mit sozialer, weiter wachsender Komplexität. Dies ist das zentrale Thema, mit dem sich Peter Scholten (2020) in seinem Buch *Mainstreaming versus Alienation* beschäftigt. Der Untertitel erklärt das Anliegen: *A Complexity Approach to the Governance of Migration and Diversity*. Insbesondere vor dem Hintergrund der Auswirkungen von Migration und Superdiversität untersucht Scholten, wie (vor allem städtische) politische Entscheidungsträger:innen derzeit mit sozialer Komplexität umgehen und wie sie damit umgehen sollten. Die Probleme erstrecken sich auf eine Reihe von Politikbereichen, vom Wohnungsbau über Bildung, Beschäftigung, Sozialfürsorge, Gesundheit und Planung. Für jeden Bereich zeigt Scholten, wie Politiken entgleisen können, wenn Komplexität ignoriert, geleugnet oder nicht bewältigt wird. Maßnahmen greifen dann zu kurz, verfehlen ihre Ziele oder haben möglicherweise sogar unbeabsichtigte negative Folgen. Eines der größten Probleme ist der Glaube daran, das gleiche Modell könne für sehr unterschiedliche Arten und Kategorien von Migrant:innen funktionieren. Angesichts der zunehmenden Vielfalt der Bedürfnisse, der sich überschneidenden Merkmale und der unterschiedlichen sozialen Positionen und Kategorien, die Superdiversität ausmachen, geht diese Rechnung nicht auf. Es gibt auch ernsthafte Dilemmata in der Entwicklung von Maßnahmen, verursacht durch Reibungen zwischen verschiedenen Regierungsebenen und ihren gegensätzlichen Auffassungen von sozialen Phänomenen und Gruppen, durch die Auswirkungen von Etikettierung und Verdinglichung durch offizielle statistische Kategorien sowie durch die Überschätzung der Auswirkungen gruppengerichteter Regierungsinterventionen. Um Superdiversität und andere Formen sozialer Komplexität besser anzugehen, fordert Scholten stattdessen mehr Flexibilität, Reflexivität und Offenheit für Veränderungen in der Politikgestaltung. Er betont die Notwendigkeit des Mainstreamings und der ständigen Beobachtung, Aktualisierung und Neukalibrierung von Politiken und Institutionen in der gesamten Staatsführung angesichts der emergenten »unvorhersehbaren und unkontrollierbaren Dynamik von Migration und Diversität« (ibid., S. 5). Scholtens Empfehlungen passen gut zu anderen komplexitätsbasierten Politikansätzen wie dem von Andy Stirling (2010, 2016), der dafür plädiert, politische Entscheidungsprozesse angesichts der inhärenten Unsicherheit komplexer Systeme plural und konditioniert zu gestalten (siehe auch Geyer und Rihani 2012; Klijn und Koppenjan 2014).

Scholten engagiert sich für eine Perspektive des Complexity Management als Grundlage für den strukturellen Prozess des Mainstreamings von Fragen der Migration und Superdiversität in allen Ressorts und auf allen Ebenen der Regierung, der öffentlichen Einrichtungen und der Gesellschaft im weiteren Sinne. Es liegt in der Natur der heutigen Migrations- und Diversifizierungsprozesse, dass sie nicht als eigenständige Themen angegangen werden sollten, die lediglich »behoben« oder vom Staat gestaltet werden können. Stattdessen erfordern sie eine offene, vernetzte, anpassungs- und reaktionsfähige Politikgestaltung, die sich über alle Bereiche erstreckt. »Gerade wegen der Komplexität der Superdiversität gibt es keine einheitliche Vorgehensweise, kein ›großes Modell‹ für Politiken der Superdiversität« (Scholten 2023).

Auch im öffentlichen Sektor wurden Forderungen laut, die Prävalenz und die lokale Ausprägung von Superdiversität anzuerkennen – also ein Bewusstsein für die multidimensionalen Merkmale von Migrant:innen zu entwickeln, die sie gegenüber anderen Menschen, dem Staat und Institutionen unterschiedlich positionieren. In Kapitel 3 dieses Buches haben wir gesehen, wie Superdiversität in Politik und Staatsführung zu einem unmittelbar relevanten Thema wurde: Forschende und politische Entscheidungsträger:innen aus einer Vielzahl von Bereichen des öffentlichen Dienstes haben Anerkennung dafür gefordert. Dazu gehören Empfehlungen zur Einbeziehung von Superdiversität in Politikfelder wie Bildung (zum Beispiel Guo 2010; Gogolin 2011; Gross 2020; Li et al. 2021), Wohnungswesen (Walters 2015), medizinische Soziologie (Bradby et al. 2017), Gesundheitswesen (Phillimore 2010), Krankenpflege (Culley 2014), die Ausbildung von Arbeitskräften im Gesundheitswesen (Ní Shé und Joye 2018), die Behandlung psychischer Erkrankungen (Kirwan 2022), Unternehmertum (Sepulveda et al. 2011), Kinderschutzdienste (Leitão Ferreira 2021), technische Kommunikation (Cardinal 2022) und Sozialarbeit (van Ewijk 2018). Dabei wird meist eine Veränderung weg von einem verdinglichten, gruppenbezogenen Ansatz angestrebt, insbesondere bei der Erbringung von Dienstleistungen. Auch in einem Bericht des britischen Institute for Public Policy Research (Fanshawe und Sriskandarajah 2010) wurde die sogenannte Abhaken-Methode (*»tick-box« approach*) bei der Erbringung öffentlicher Dienstleistungen heftig kritisiert. Nach einer umfassenden Überprüfung lokaler Praktiken, Expert:innen-Interviews und einer Vielzahl von Fokusgruppensitzungen kam der Bericht zu dem folgenden Schluss:

> Eine der größten Herausforderungen besteht darin, politische Maßnahmen zu entwerfen, die der Komplexität Rechnung tragen, aber dennoch in der Praxis umsetzbar sind. Schließlich besteht eine der attraktivsten Eigenschaften des *tick-box approach* da-

> rin, dass er überlastete, unterbezahlte Beamt:innen relativ einfach überprüfen lässt, wie gut sie in Sachen Gleichstellung vorankommen. Unsere Kernaussage ist: Wir müssen neue Maßnahmen entwickeln, die keine veralteten oder irrelevanten Kategorisierungen anwenden – und die nicht davon ausgehen, dass alle Menschen, die bestimmte Kriterien erfüllen, die gleichen Eigenschaften haben oder das Gleiche benötigen. In Anlehnung an die breitere Diskussion über öffentliche Dienstleistungen brauchen wir einen flexiblen, individualisierten Ansatz, um individuellen Bedürfnissen gerecht zu werden. Wenn wir öffentliche Dienstleistungen personalisieren können, dann können wir auch unseren Ansatz zur Gleichstellung personalisieren. (Ibid., S. 32-33)

Wie Jenny Phillimore (2023) für viele sozialpolitische Bereiche feststellt, sind derzeitige Dienstleistungen unzureichend, weil gruppistische Methoden die superdiverse Komplexität nicht berücksichtigen. Um sie zu verbessern, empfiehlt sie, bei der Gestaltung des Zugangs stets das Ineinandergreifen von diversen Merkmalen und Rechtsstatus miteinzubeziehen.

Zusammen mit einem paneuropäischen Forschungsteam hat Phillimore die Herausforderungen bei der Gestaltung und Umsetzung von Sozialpolitik in einer Reihe von superdiversen Kontexten untersucht. »Die Komplexität von Populationen, insbesondere in Ankunftszonen und anderen stark superdiversen Gebieten«, so das Team, »entzieht sich häufig Versuchen der Beobachtung, Kartierung oder Klassifizierung. Darüber hinaus prägt die Interaktion zwischen verschiedenen Differenzvariablen die Erfahrungen von Individuen und kann zu äußerst komplexen sozialen Problemen führen« (Phillimore et al. 2021, S. 13-14). Das Team fordert einen Rahmenplan für eine »superdiversitätssensible, kritische Sozialpolitik«:

> Diese sollte das Ineinandergreifen aller Variablen berücksichtigen, die sich auf den Zugang von Menschen zu Sozialleistungen auswirken. Dazu gehören unter Umständen Sexualität, Behinderungen, Migrationsstatus, Alter, Bildungsniveau, transnationale

> Verbindungen, Lebensphase, Beschäftigung und mehr. Die Analyse müsste multidimensional sein und sich auf die Intersektionalität mehrerer Variablen konzentrieren sowie darauf, wie diese Überschneidungen die Unterschiede zu erklären helfen, welche die Zugänglichkeit und Nützlichkeit bestimmter Leistungen für bestimmte Individuen und Gruppen bestimmen. Eine solche Analyse würde dazu beitragen, die Defizite des Wohlfahrtsstaates zu erkennen und herauszufinden, wie er in einer Ära der Superdiversität neu konzipiert werden könnte. (Ibid., S. 40-41)

So bemüht sich die britische Stadt Birmingham, Superdiversität und einen komplexen Ansatz für soziale Kategorien in ihre Politik und Verfahren miteinzuschließen. 2012 veröffentlichte sie ein offizielles Diskussionspapier zur sozialen Eingliederung mit dem Titel *Giving Hope, Changing Lives: Making Birmingham an Inclusive City* (Birmingham City Council 2012). Eines der sieben *Commitments*, die der Stadtrat formuliert, lautet (neben der Unterstützung von Familien und Kindern bei der Überwindung von Armut und dem Empowerment zur Selbstgestaltung der Nachbarschaft): »Superdiversität willkommen zu heißen«. Dies umfasst die volle Anerkennung der Tatsache, dass es in der Stadt zu der Zeit mindestens 187 Nationalitäten gab, die mit ihren unendlich variablen Überschneidungen von Statusunterschieden und Bedürfnissen die Politikgestaltung und Verwaltung vor die Aufgabe stellen, ihre Regierungsweise neu zu denken. Folglich »braucht es einen tiefgreifenden Wandel in der Art und Weise, wie die Stadtführung und die Bürger:innen miteinander in Kontakt treten und kommunizieren, wie Pläne für die Stadt gestaltet und wie Dienstleistungen erbracht werden«.

Die »Integration von Einwander:innen« ist ein zentrales Politikfeld, dessen Ansätze aufgrund stark eingeschränkter Vorstellungen von den beteiligten Personen und Prozessen häufig fehlgeleitet und erfolglos sind – ob auf internationaler, nationaler oder kommunaler Ebene (siehe insbesondere Favell 2022). Einheitsmodelle sind weit verbreitet. Hier stellt Scholten fest: »Ein Schlüsselbegriff wie ›Integration‹ entstand nicht nur in enger Beziehung zu Staaten, die interethnische Beziehungen zu kontrollieren versuchen, sondern er reproduziert auch staatszentrische Vorstellungen von gesellschaftlicher Integration, die sich der wachsenden Komplexität von Migration und Diversität entziehen« (2020, S. 197). Bezeichnenderweise wurde dies auch von der Organisation für wirtschaftliche Zusammenarbeit und Entwicklung (OECD) erkannt. Wie bereits in Kapitel 4 angeführt, enthält der OECD-Bericht *International Migration Outlook 2014* einen Abschnitt mit der Überschrift »Die wachsende Diversität der Einwander:innen bedeutet zusätzliche Herausforderungen«, in dem es heißt:

> In den letzten zwei Jahrzehnten ist die Integration zu einer größeren Herausforderung geworden, da die Einwander:innen in der OECD immer diverser werden. Diese Diversität bezieht sich nicht nur auf die Herkunfts- und Zielländer der Einwander:innen, sondern auch auf ihr Bildungsniveau und ihre Kategorisierung in Bezug auf Arbeit, Freizügigkeit, Familienzusammenführung und humanitäre Aspekte. Die Migrationskategorie ist der wichtigste Einflussfaktor für die Integrationsergebnisse [...]. (Ibid, S. 37)

Das heißt also, »da die Migrationsströme in den meisten Ländern immer diverser werden, müssen die Länder ihre integrationspolitischen Instrumente zunehmend anpassen« (ibid., S. 106).

Wie in Kapitel 4 erörtert, kommen Migrant:innen aufgrund eines Zusammenspiels von Faktoren wie den Gründen für ihre Migration, Kanälen und Rechtsstatus in einem Zielland an und sind dann bereits in einem System soziokultureller, wirtschaftlicher und politischer Stratifizierung positioniert. Darüber hinaus sind Migrant:innen selbst in ein komplexes Geflecht von Identitäten, Interessen, Praktiken und sozialen Netzwerken eingebunden. Innerhalb dieses komplexen Gefüges kann ein Neuankömmling mit Migrationshintergrund engagiert an dem neuen Kontext teilnehmen, aber nicht durch einen linearen, einheitlichen Prozess Teil einer singulären, nationalen, soziokulturellen Einheit werden – wie es Integrationspolitik und Debatten über »Integration« oft denken (Favell 2022). Es ist sehr schwierig, das »Integrationsdenken« in der Öffentlichkeit abzubauen (Vertovec 2020c). Durch eine bessere Einbindung in die öffentliche Debatte könnten wir als Sozialwissenschaftler:innen politische Entscheidungsträger:innen aber zur Anerkennung bewegen, dass auch Neuankömmlinge an einem neuen Kontext engagiert teilnehmen können – bloß nicht auf eine unilineare Weise. Idealerweise sollte ein solcher Anstoß ein »Komplexitätsdenken« fördern, einen nichtgruppistischen Blick auf neue Mitglieder der Gesellschaft und auch auf alle anderen Arten von Unterschieden hinsichtlich mehrdimensionaler und ineinandergreifender Merkmale, nichtlinearer Verläufe, diverser und sich überschneidender Netzwerke und Identitäten sowie komplexer und vielfältiger Formen der Stratifizierung, der Machtunterschiede und der Zugehörigkeit.

Dieser Ansatz wird unter anderem von Kelly McKowen und John Borneman (2020) vertreten, die betonen, dass ein besseres Verständnis und die Erleichterung sogenannter »Integrationsprozesse« es erstens erfordern, diese als ungleichmäßig, variierend, intersubjektiv und multiskalar zu betrachten. Zweitens sollten Identitätskategorien als vielfältig, verschachtelt und situativ begriffen werden. Dazu gehört eine Anerkennung von Zugehörigkeiten, die den Nationalstaat dezentriert – also beispielsweise bezogen auf Orte (zum Beispiel innerhalb einer Stadt oder Nachbarschaft), Vereine, Arbeitsplätze, religiöse Gemeinschaften und transnationale Beziehungen. Eine solche Konzeptualisierung versucht, ein gruppistisches Verständnis abzuwehren – ohne abzustreiten, dass Menschen sich meist über Zugehörigkeiten kategorisieren. Drittens sollte das Konzept der Zugehörigkeit offen sein für Interpretationen davon, wie Neuankömmlinge Bedeutungen, Güter, Praktiken und Gewohnheiten in ihr eigenes performatives Repertoire einbauen und damit Koproduktionen gemeinsam mit den langjährigen Einwohner:innen gestalten.

Diese Aufforderung ist sicherlich nicht neu – ja, ihr wurde bereits in bestimmten Veränderungen der Einwanderungspolitik nachgegangen, die 2001 von Rogers Brubaker festgestellt wurden. Dazu gehören »eine Veränderung vom Denken in *homogenen* Einheiten hin zum Denken in *heterogenen* Einheiten«, »eine allgemeine Offenheit gegenüber kultureller Diversität« und »ein Übergang von einem *ganzheitlichen* [...] hin zu einem *disaggregierten* Ansatz, der das Konzept der Assimilation als eigenständigen Prozess verwirft, mehrere Referenzpopulationen berücksichtigt und distinkte Prozesse in verschiedenen Bereichen vorsieht« (Brubaker 2001, S. 543-544, Hervorhebung im Original). In Deutschland beispielsweise werden solche Veränderungen in neuen Politik- und Regierungsansätzen offenkundig, die Eingliederungsmodi mit bewusster Bezugnahme auf die Diversität der Einwander:innen anerkennen – ein Rahmen, den Karen Schönwälder und Phil Triandafilopoulos (2016) als »neuen Differenzialismus« beschreiben. Eine solche Sichtweise auf Einwander:innen und Aufnahmekontexte wird auch von vielen Forschenden vertreten, die sich auf Superdiversität berufen, um neue Komplexitäten von Merkmalen, Gesellschaftsformationen, Identitäten und Zugehörigkeiten von Einwander:innen sowie Inkorporationsmuster zu beschreiben (siehe Meissner und Vertovec 2015; Vertovec 2019; Meissner und Heil 2020). Es ist natürlich bekannt, dass ein großer Teil der Öffentlichkeit bereits zum komplexen Denken über Migration und Diversität fähig ist (Schönwälder et al. 2016). Die Vorstellung von festen Gruppen, die auf einem imaginären singulären Weg Teil einer einheitlichen nationalen Gesellschaft werden sollen, ist längst überholt. Anstatt dieses Integrationsnarrativ zu reproduzieren, wäre es seitens der Politik weitaus realistischer und gerechter, die Komplexität von Migrant:innen anzuerkennen, die sich auf vielfältige Weisen in komplexe Gesellschaften einfügen.

Repräsentation

Die Anerkennung von multiplen und nichtessenzialistischen Gruppenverständnissen ist nicht nur, ja nicht einmal in erster Linie, ein Einwanderungsthema. Sie ist für alle Mitglieder der heutigen komplexen Gesellschaften von Bedeutung, wenn es um politische Repräsentation, soziale Gerechtigkeit und den Abbau struktureller Ungleichheit geht. Diese Sichtweise vertrat auch die politische Philosophin Iris Marion Young. Anstelle traditioneller politischer Strukturen, die auf die Schaffung einer homogenen Öffentlichkeit abzielen, engagierte sie sich für eine partizipative Demokratie der »heterogenen Öffentlichkeit«. »Anstelle eines fiktiven Vertrags«, schrieb Young (1990, S. 116), »brauchen wir partizipatorische Strukturen, in denen echte Menschen mit ihren geografischen, ethnischen, genderspezifischen und beruflichen Unterschieden ihre Perspektiven zu sozialen Fragen innerhalb von Institutionen geltend machen; Strukturen, die diese distinkten Artikulationen fördern«. Was Young vorschwebte, war aber keine vereinfachte »gruppendifferenzierte« Vertretung – ihr war klar, dass jeder Mensch über mehrere Gruppenidentifikationen und -zugehörigkeiten verfügt:

> Unterdrückung wurde oft durch eine Konzeptualisierung von Gruppenunterschieden im Sinne von unveränderlichen essenzialistischen Charakteristika verübt, die bestimmen, was Gruppenmitglieder verdienen oder wozu sie fähig sind, und die Gruppen so vollständig voneinander ausschließen, als hätten sie keine ähnlichen oder sich überschneidenden Eigenschaften. Um nachzuweisen, dass soziale Gruppenunterschiede nicht mit Unterdrückung einhergehen müssen, sollte man Gruppen viel relationaler und fließender konzeptualisieren. (Ibid., S. 47)
>
> Diese Sichtweise der Gruppendifferenzierung als ein vielfältiges, fließendes, veränderliches Zusammenspiel impliziert eine weitere Kritik am Modell des autonomen, vereinheitlichten Selbst. In komplexen, hoch differenzierten Gesellschaften wie der unseren verfügen alle Menschen über mehrere Gruppenidentifikationen. Die Kultur, die Perspektive und die Beziehungen von Privilegien und Unterdrückung dieser verschiedenen Gruppen bilden zudem nicht immer eine Einheit. Daher können Individuen, die zum Teil durch ihre Gruppenzugehörigkeit und -beziehungen konstituiert werden, nicht vereinheitlicht werden; sie sind heterogen und nicht unbedingt konstant. (Ibid., S. 48)

Im Hinblick darauf und auf die Vielzahl von möglichen Interessen eines Einzelnen »durchdringen Gruppenunterschiede das Leben von

Menschen auf vielfältige Weise, was für ein und dieselbe Person in unterschiedlicher Hinsicht Privilegien und Unterdrückung umfassen kann«. (Ibid., S. 42)

Es ist jedoch offenkundig, dass bestimmte Menschen auf der Grundlage von zugeschriebener Gruppenzugehörigkeit dauerhaft diskriminiert und ungleich behandelt werden. Daher plädierte Young dafür, kategorische Gruppen anzuerkennen, allerdings nur im Hinblick auf die strukturellen Ungleichheiten, die sie ertragen müssen, und nicht etwa auf eine angenommene gemeinsame substanzielle Qualität. Sie betonte, dass vermeintliche Gruppen, die auf sozialen Kategorien beruhen, keine essenziellen Eigenschaften, keinen gemeinsamen Charakter besitzen. Menschen innerhalb einer Kategorie können natürlich schon verschiedene Aspekte von Affinitäten, sozialen Beziehungen und Praktiken, ähnlichen Erfahrungen, gemeinsamer Geschichte, sozialem Status und sich überschneidenden Selbstidentitäten teilen. Manchmal gründen sie auch formell organisierte Vereinigungen, um die Entwicklung der benannten Gruppe zu unterstützen, die auf vielen dieser gegenseitigen Beschreibungen beruht. Gruppenkategorien werden also im öffentlichen Diskurs und in öffentlichen Aktivitäten tatsächlich verdinglicht, manchmal auch von vielen ihrer Mitglieder. Diese Elemente sind jedoch weder als gemeinsame essenzielle Attribute zu betrachten, noch müssen sie auf solchen beruhen. Die Schlüssel zur Gruppenzugehörigkeit sind Facetten kategorialer Identifikation, basierend auf sozialen Beziehungen und sozialem Status – nicht auf einem substanziellen, ontologisch gegebenen Attribut oder Attributkatalog. »Was eine Gruppe zu einer Gruppe macht, ist weniger eine Reihe von Merkmalen, die ihre Mitglieder teilen, als die Beziehungen, in denen sie zu anderen stehen.« (Young 2000, S. 90)

Youngs soziales oder affinitätsbasiertes Verständnis von Gruppen (als relational, nicht substanziell) betont, dass kategoriale Gruppengrenzen nicht fest sind. Wie viele der in Kapitel 6 zitierten Autor:innen betont sie, dass Menschen sich über mehrere gruppendifferenzierte Identitäten mit vielen Überschneidungen und schwammigen Grenzen definieren.

> Die wichtigste Kritik an der Vorstellung einer essenziellen Gruppenidentität, die alle Mitglieder teilen sollen, ist jedoch dies: Sie scheint die Differenzierung innerhalb und zwischen den Gruppen zu leugnen. Jeder Mensch steht in Beziehung zu einer Vielzahl von sozialen Gruppen; jede soziale Gruppe wird von anderen durchschnitten. Die Gruppe »Männer« lässt sich nach Klasse, *race*, Religion, Alter usw. differenzieren; die Gruppe »Muslime« nach Gender, Nationalität usw. (Young 2000, S. 88)

Übergreifende, partielle Identitäten kennzeichnen die sozialen Welten der meisten Menschen. Daher sind vermeintliche Gruppen inhärent durch ihre interne Diversität gekennzeichnet. Innerhalb jeder Gruppe teilen die Mitglieder einige Merkmale und andere nicht. In einer Besprechung der Arbeit von Young erklärt Adam Tebble: »Dies wird deutlich, wenn man sich vergegenwärtigt, dass die interne Diversität selbst dynamisch ist; das heißt, kulturelle Gruppen diversifizieren sich stets intern auf immer neue Weisen – oft aufgrund der Interaktion mit anderen Gruppen – und so verändert sich ihr Charakter ständig.« (2002, S. 271) Die Wandelbarkeit von Gruppenkategorien ist eine wichtige Dimension dessen, was ich als soziale Komplexität beschrieben habe. Für die politische Repräsentation und ein allgemeines Verständnis sozialer Kategorien ist es wichtig, gruppenbasierte Diskriminierung zu beschreiben – aber dabei »den sich ständig verändernden Charakter von Gruppen anzuerkennen und niemals ontologische Stagnation oder innere Homogenität vorauszusetzen« (ibid., S. 272). Wie Tebble jedoch zu betonen weiß, ist es schwierig, dieses Gleichgewicht zu erreichen.

Ein entscheidender Weg zu solcher demokratischen Repräsentation besteht darin, eine öffentliche / bürgerliche Kultur zu schaffen, die offene und sich überschneidende soziale Kategorien würdigt. In seiner Forderung nach einer Politik der »gelebten Identität durch Unterschiede« begründet Stuart Hall den nötigen Wandel zu einer solchen politischen Kultur mit der Feststellung, dass »wir alle aus mehreren sozialen Identitäten bestehen, nicht nur aus einer. Wir sind alle auf komplexe Weise durch verschiedene Kategorien und Antagonismen konstruiert, die uns gesellschaftlich in verschiedenen Positionen der Marginalität und Unterordnung verorten können, die aber nicht genau gleich auf uns wirken« (1991, S. 57). Eine Politik, die Menschen über mehrere Identitäten anspricht, ist »das einzige politische Spiel, das den Einheimischen bleibt« (ibid., S. 59).

Diese Aufforderung steht auch im Mittelpunkt von David Hollingers (1995) Konzept des Postethnischen:

> Die postethnische Perspektive erkennt an, dass die meisten Individuen sich in vielen Kreisen gleichzeitig bewegen; dazu, ein Leben zu leben, gehört eine sich stets verändernde Arbeitsteilung zwischen den verschiedenen »Wir«, zu denen sich das Individuum zählt. Welches Gewicht wird in welchen Momenten der Tatsache beigemessen, dass du Pennsylvania Dutch oder Navajo bist – im Vergleich zu deinem Status als Amerikanerin, Anwältin, Frau, Republikanerin, Baptistin und Einwohnerin von Minneapolis? [...] Die Bereitschaft des postethnischen Ansatzes, ethnische Identität als Frage und nicht als Tatsache zu behandeln, unterscheidet diesen auch vom konservativen Ethnozentrismus, für den ethnische Identität eine feste Einheit ist, oft als eine »natürliche«, ursprüngliche Bindung akzeptiert. (Ibid., S. 106-107)

Im Rahmen einer postethnischen Perspektive ist man sich laut Hollinger des Wertes von Gruppenzugehörigkeiten bewusst, wehrt sich aber gegen eine Versteifung der sozialen Kategorien. Ähnlich wie bei bestimmten Ansätzen im Rahmen von Konzepten wie Kosmopolitismus und multiple Subjektivität wird das individuelle politische Subjekt als Mitglied mehrerer Kategorien verstanden, das zwischen vielen Loyalitäten und Interessen navigiert und vermittelt (siehe Vertovec und Cohen 2002).

Damit wird die Identifikation der Menschen mit Gruppen nicht negiert, übersehen, heruntergespielt oder geleugnet. Wie auch Leslie McCalls (2005) Konzept der »interkategorialen Komplexität« plädiert dieser Ansatz dafür, Kategorien vorläufig zu berücksichtigen, um gruppenbezogene Ungleichheiten zu erfassen. Es wird anerkannt, dass die kategoriale Gruppenzugehörigkeit für viele Menschen tatsächlich psychologisch, sozial und emotional wichtig ist – und auch, dass kategoriale Fremdzuschreibungen Ungleichheiten schaffen, aufrechterhalten und reproduzieren. In dieser Perspektive werden Identität und Zugehörigkeit jedoch nicht auf ein eindimensionales, festgelegtes, begrenztes und unveränderliches Verständnis von kategorisierten Gruppen reduziert. Individuen können sich sehr wohl mit einer bedeutenden sozialen Kategorie identifizieren und daraus ein Gefühl der Zugehörigkeit ableiten – aber das ist nicht alles, was eine Person ausmacht. In der Öffentlichkeit muss das Bewusstsein für *Kategorie-Plus* gestärkt werden, also dafür, dass Individuen zwar sowohl laut Fremdzuschreibung als auch laut Selbstidentifizierung zu einer sozialen Gruppe gehören können, dass aber das Individuum und die Kategorie sich niemals vollständig decken: Beide sind dafür zu komplex, zu veränderlich, zu vielfältig. Dieses Bewusstsein ist der Schlüssel zum Aufbrechen des singularisierenden, gruppistischen, kulturalistischen, rassifizierenden Verständnisses von sozialen Kategorien. Es ist außerdem ein Bewusstsein, das ein hohes Maß an komplexer sozialer Identität erfordert und hervorbringt – was, wie in Kapitel 6 dargestellt, sich nachweislich positiv auf Einstellungen und soziale Interaktionen auswirkt.

Eine recht einfache Möglichkeit, mehr Bewusstsein für *Kategorie-Plus* zu schaffen, wurde von Mari Matsuda vorgeschlagen:

> Um die Verflechtung aller Formen von Unterdrückung zu verstehen, nutze ich eine Methode, die ich »*ask the other question*« (»stell die andere Frage«) nenne. Und zwar: Wenn ich etwas sehe, das rassistisch wirkt, frage ich: »Wo ist hier das Patriarchale?« Wenn etwas sexistisch wirkt, frage ich: »Wo ist hier der Heterosexismus?« Wenn etwas homophob wirkt: »Wo sind hier die Klasseninteressen?« Die Arbeit in der Koalition zwingt uns, sowohl nach den offensichtlichen als auch nach den nicht offensichtlichen Machtverhältnissen zu suchen, und hilft uns, zu erkennen, dass keine Form der Unterdrückung jemals allein steht. (1991, S. 1189)

Indem man regelmäßig und routinemäßig fragt, welche Kombinationen oder alternative Gruppen von Kategorien, Faktoren oder Prozessen bei einer bestimmten Situation, einem Trend oder einem Ergebnis im Spiel sein könnten, trainiert man sich an, keine Vereinfachungen zu akzeptieren. Es ist eine Übung in komplexem Denken, die zu einem besseren Verständnis der politischen Repräsentation in Kontexten von Superdiversität und sozialer Komplexität führen sollte – und sogar zu mehr Selbsterkenntnis im Sinne der komplexen sozialen Identität. Solche Denkmanöver innerhalb von und zwischen den Gruppen zu fördern, wäre ein Beitrag zu einer robusten bürgerlichen Kultur, in der vielfältige Zugehörigkeiten vertreten sind.

Informationskampagnen

Vielleicht könnte mehr Bewusstsein für den offenen, fließenden und durchlässigen Charakter sozialer Kategorien und vielfältiger Zugehörigkeiten durch bestimmte Arten von öffentlichen Informationskampagnen gefördert werden. Bei einer Informationskampagne handelt es sich um breitangelegte Kommunikationen, die Überzeugungen, Einstellungen, soziale Normen und Verhaltensweisen in (zumindest einem Segment) der Massenöffentlichkeit beeinflussen sollen (Weiss und Tschirhart 1994). Gesundheitskampagnen sind wahrscheinlich das bekannteste Beispiel für dieses Genre. Jede Kampagne will Probleme und Lösungen öffentlichkeitswirksam darstellen; Ideen, Informationen, kraftvolle Bilder und Argumente werden benutzt, um die Aufmerksamkeit zu steigern, Emotionen zu erregen und Werte oder moralische Verpflichtungen heraufzubeschwören. Das Ziel ist dabei, zugrundeliegendes Wissen, Wahrnehmungen, Interpretationen, Verhaltensweisen und Präferenzen zu verändern.

Informationskampagnen umfassen Botschaften in Rundfunk und Fernsehen, Außenwerbung, Print- und sozialen Medien. In verschiedenen Medien, unter verschiedenen Umständen und auf verschiedene Menschen wirken Medien nachweislich unterschiedlich (Abroms und Maibach 2008; Jeong und Bae 2018). Unabhängig von Medien scheint es, dass direkte Gespräche über das relevante Thema –

zwischen zwei oder mehr Personen, von Angesicht zu Angesicht, aber auch am Telefon oder online – die größten Auswirkungen auf Wissen, Absicht und Verhalten haben. Anstatt nur passiv zu beobachten, »sprechen Menschen, die der Medienbotschaft einer öffentlichen Kampagne ausgesetzt sind, häufiger mit jemandem über das Kampagnenthema, und es ist diese zwischenmenschliche Kommunikation (und nicht die Medienbotschaft an sich), die in erster Linie ihr Bewusstsein und Wissen, ihre Einstellungen und Absichten verändert und das durch die Kampagne geförderte Verhalten erhöht« (Solovei und van den Putte 2020, S. 597-598). Das Ideal ist also: eine öffentliche Kampagne durchführen – und dann die Öffentlichkeit dazu bringen, darüber zu sprechen.

Menschen, die Kampagnen organisieren, wissen bereits sehr gut, dass die bloße Bereitstellung von Informationen zu einem Thema nicht ausreicht, um Einstellungen und Verhalten zu beeinflussen. Auch Mythenbekämpfung ist oft nicht nur wirkungsarm, sondern kann sogar den gegensätzlichen Effekt haben und das angesprochene Phänomen verstärken. Stattdessen versuchen viele öffentliche Kampagnen zu beeinflussen, wie die Öffentlichkeit über ein Thema denkt, indem sie das Framing ändern. Heaven Crawley empfiehlt, dies zu tun, indem man »die Gründe versteht, warum Menschen so denken und sich so verhalten, wie sie es tun« (2009, S. 4).

Einige dieser Gründe zeigt Natalia Banulescu-Bogdan (2022) auf, indem sie zahlreiche Informationskampagnen untersucht, die Regierungen, Interessengruppen und NGOs entwickelt haben, um negativen Narrativen über Migrant:innen entgegenzuwirken. »In den letzten Jahren wurden Dutzende, wenn nicht gar Hunderte von Message-Kampagnen gestartet, um Fremdenfeindlichkeit zu bekämpfen und eine positivere Sichtweise auf Migration zu vermitteln«, sagt sie. »Diese Messages versuchen oft, Solidarität zu fördern, Mitgefühl zu wecken und/oder die Beiträge von Neuankömmlingen hervorzuheben« (ibid., S. 23). Kampagnen, die darauf abzielen, Ansichten zu beeinflussen, können leicht scheitern, auf Widerstand stoßen oder sogar dazu dienen, fremdenfeindliche oder rassistische Ansichten zu verfestigen. Warum? Banulescu-Bogdan verweist auf vier wesentliche

Herausforderungen, wenn es darum geht, die Einstellungen der Öffentlichkeit und die vorherrschenden Narrative zu verändern. Erstens erleichtern die sozialen Medien die Kontrolle über das eigene Informationsumfeld, das Herauspicken von Nachrichten und Ansichten – also die Bildung von Echokammern. Sie machen es leicht, Informationskampagnen auszublenden. Zweitens lassen sich bestehende Überzeugungen und Standpunkte nur sehr schwer ändern, da Menschen gegenteilige Ansichten oft abtun, abwerten oder ignorieren. Drittens betrachten Menschen neue oder alternative Informationen, die mit ihren Überzeugungen im Konflikt stehen, oft als Ausnahmen von der Regel, wenn nicht gar als Fakes. Und schließlich viertens: Viele Überzeugungen und Standpunkte sind in sozialen Identitäten verankert (man erinnere sich an die Erörterung von Bedrohungsnarrativen in Kapitel 5 dieses Buches), die oft auch Werte, Moralvorstellungen und Normen umfassen. Es ist kaum möglich, diese durch Informationen allein zu verändern. In Zeiten großer Unsicherheit, in denen Menschen Angst um ihre eigenen Verhältnisse haben, werden Botschaften, die Empathie oder Mitgefühl für andere wecken sollen, seltener mit Offenheit aufgenommen. Außerdem, so Banulescu-Bogdan weiter, sollten Kampagnenmacher:innen die Gefahr bedenken, die Bedrohung oder den Unmut von Gruppen (und, wie ich hinzufügen möchte, das gruppistische Verständnis) zu verstärken, indem sie unbeabsichtigt kategoriale Unterschiede hervorheben und soziale Grenzen verhärten.

Auch wenn sich wahrscheinlich nicht alle diese Fallstricke vermeiden lassen, können Kampagnen für ein neues öffentliches Verständnis von Diversifizierung und Vielfalt vielleicht mehr leisten als solche, die positivere Einstellungen gegenüber Migrant:innen oder bestimmten sozialen Kategorien vermitteln wollen. Durch die Betonung der Fluidität, Flexibilität und Vielfalt der sozialen Kategorien jedes Menschen könnten alle, die solche Kampagnen sehen, zum Nachdenken darüber angeregt werden, wie solche Botschaften ihre eigenen Positionen und Identitäten berühren. Dies könnte hoffentlich dazu führen, zumindest in einem Teil der Bevölkerung die komplexe soziale Identität in den Vordergrund zu rücken. Es gibt bereits einige Beispiele dafür, wie eine solche breit angelegte Kampagne sich gestalten könnte, die nicht auf das Mitgefühl für Migrant:innen abzielt.

Vor vielen Jahren habe ich eine Reihe von relevanten öffentlichen Kampagnen oder Interventionen in Berlin untersucht (Vertovec 1996a). Es war die Zeit unmittelbar nach der Wende, als Berlin und ganz Deutschland Gegenstand tiefgreifender öffentlicher Reflexionen über ihre kollektiven Identitäten waren. Ich untersuchte Initiativen von drei Berliner Institutionen, die alle ausdrücklich eine Mentalitätsveränderung – eine konzeptionelle Umgestaltung von Identitäten und Formen des Zusammenlebens – anstrebten. Sie umfassten unterschiedliche Versuche, starre Vorstellungen von »Deutschsein« zu dekonstruieren und Weltoffenheit zu fördern. Eine staatliche Initiative war die Plakatkampagne »Was ist Deutsch?«, die überall in der Stadt an Bushaltestellen und U-Bahnhöfen durchgeführt wurde. Die Plakate spielten provokativ und humorvoll mit der nationalen Identität mithilfe von Hunderten oft gereimten kurzen Fragen, inklusive Slang, Witze und Stereotypen (Sauerkraut? Heimatliebe? Volkswagen? Ferienhäuser in Spanien? Bürokratie? Hitlergruß? Putzen?). Eine weitere Initiative war die »Werkstatt der Kulturen« in einer ehemaligen Brauerei, die einen Raum für Begegnungen und die Schaffung neuer Formen von Selbstausdruck im Zusammenspiel der Kulturen bot und kuratierte. Dazu gehörten Ausstellungen und Konferenzen, Nachbarschaftsprojekte, Schulungen (beispielsweise in Fotografie und Filmemachen) und ein Café. Die dritte Initiative war ein Radiosender mit einem eklektischen Weltmusik-Mix, mehrsprachigem Programm und DJs mit ausländischen Akzenten. »Wir sprechen mit Akzent« war sogar einer seiner Werbeslogans – ein Verweis auf die Vielfältigkeit und Hybridität der Stadt. Laut der Leitung des Senders (ibid., S. 392) bestand seine Strategie darin, gute Musik aufzulegen und etwas in den Köpfen der Hörenden zu verändern, ohne dabei mit dem Finger auf sie zu zeigen. Dies sind drei sehr unterschiedliche Experimente, die sich alle für eine Bewegung weg von festen sozialen Kategorien einsetzten.

Etwas später, im Jahr 2010, startete die Antidiskriminierungsstelle des Bundes eine vergleichbare Plakatkampagne. Unter dem Motto

»Vielfalt statt Einfalt – Gemeinsam für Gleichbehandlung« entstand eine Vielzahl von Plakaten zu den Themen Ethnie, Sexualität, Alter, Religion, Gender und Behinderung mit Slogans und Fotos von »ganz normalen Menschen«. Ziel der Kampagne war es, einen Bewusstseinswandel hin zu einer diskriminierungsfreien Kultur in Deutschland zu unterstützen (ADS 2010, S. 10). Um Aufmerksamkeit zu erzeugen und zum Nachdenken und Diskutieren anzuregen, sollten es Plakate sein, »deren Botschaft sich erst auf den zweiten Blick erschließt« (ibid., S. 14). So wurde beispielsweise ein Foto einer Frau mittleren Alters mit Kopftuch mit diesen Worten begleitet: »Diskriminierung? Gebürtige Türkin, Muslimin, Kopftuchträgerin und Frau ... Noch Fragen?« Die Plakate wurden über viele Kanäle verbreitet: ein Internetportal, Newsletter, Broschüren und andere Veröffentlichungen; Besuche bei Vereinen, Universitäten und Schulen (Präsentationen wurden an 1500 Schulen durchgeführt); Plakatwände an öffentlichen Plätzen, darunter 4000 an Bahnhöfen und Flughäfen in 128 Städten bundesweit. Dazu kam über eine Million Gratispostkarten in Kinos, Bars und Restaurants. Einige Zeit später wurde die Kampagne mit einer repräsentativen Stichprobe von Bürger:innen ausgewertet, von denen sich 18 Prozent an die Botschaften erinnerten. Es folgte eine weitere, ähnliche Kampagne der Antidiskriminierungsstelle mit dem Titel »Kein Mensch passt in eine Schublade!« Sechs verschiedene Plakate, jeweils einer Schlüsselkategorie der Differenz gewidmet, zeigten einen Zettelkasten (wie in einer Bibliothek), dessen Schubladen mit Wörtern wie Türken, Russen, Blinde oder Gehörlose beschriftet waren. Diese Kampagnen waren ein höchst innovatives Unterfangen, das weit verbreitete Auffassungen von sozialen Kategorien aufzubrechen, Diskussionen anzuregen und nichtdiskriminierende Perspektiven zu eröffnen suchte.

Eine weitere, sehr wirksame Strategie für öffentliche Kampagnen ist der Einsatz persönlicher Geschichten (Crawley 2009), insbesondere wenn sie es dem Publikum ermöglichen, eigene Schlussfolgerungen zu ziehen (Banulescu-Bogdan 2022). Ein gutes Beispiel für eine persönliche Geschichte zur Kategorienvielfalt entstand nicht durch ein strategisches öffentliches Projekt, sondern dank einer unabhängigen individuellen Initiative. »*Before you call the cops*« (»Bevor Sie die Polizei rufen«) ist ein kurzes Video, 2018 vom Schauspieler und Aktivisten Tyler Merritt gedreht und veröffentlicht. Die Wirkung war zunächst bescheiden, aber im Mai 2020, kurz nach dem Tod von George Floyd und dem berüchtigten Vorfall mit einer Weißen Frau namens Amy Cooper, die einen Notruf tätigte, weil sie sich von einem Schwarzen im Central Park bedroht fühlte (der in Wirklichkeit Vögel beobachtete), ging Merritts Video auf Twitter viral. Es wurde auf YouTube inzwischen über dreihunderttausend Mal aufgerufen und war in der US-weit ausgestrahlten Late-Night-Show *Jimmy Kimmel Live* zu sehen. Das YouTube-Video dieser Kimmel-Vorführung wurde bereits über drei Millionen Mal aufgerufen. Die Mehrheit der Kommentare zeigt, dass die Zuschauer:innen emotional bewegt waren.

Das ganze Video (3 Minuten und 10 Sekunden) besteht ausschließlich darin, dass Merritt – ein sanftmütiger, ernster Schwarzer Mann mittleren Alters mit kurzem grauen Bart und Dreadlocks – in einem dunklen Studio direkt in die Kamera spricht. »Bevor Sie die Polizei rufen, will ich Ihnen etwas erzählen«, sagt er. »Also: Heute Morgen habe ich nach dem Aufwachen erstmal meinen Wecker angeschrien.« Weiter erzählt er, dass seine Eltern aus dem Süden stammen, er aber in Las Vegas aufgewachsen ist und »diese Stadt immer noch liebt«. »Ich hasse Spinnen«, sagt er. »Ich bin Vegetarier – das ist für mich aber kein Grund für Stolz. Ich habe Ziegenyoga gemacht – also darauf bin ich wirklich nicht stolz.« Er kenne jedes Wort aus dem NWA-Album *Straight Outta Compton* sowie aus dem Musical *Oklahoma*; er möge keine Bananen, er sei Christ und lehre an einer Sonntagsschule; er werde oft gefragt, ob er Moslem sei – »das ist schon okay«; Trump hasse er nicht, sondern bete für ihn; er habe eine *multiracial* Familie und sein Vater sei ein Veteran, der ihm beigebracht habe, zu allen Menschen *yes, Sir* beziehungsweise. *yes, Ma'am* zu sagen; er liebe Basketball und Hockey; er sei nie im Gefängnis gewesen, habe nie eine Waffe besessen. »Ich hasse es, dass irgendjemand Angst vor mir haben könnte«, sagt er. »Ich bin ein stolzer Mann … Ich bin ein stolzer Schwarzer Mann. […] Ist irgendetwas davon wirklich wichtig? Nein. Ich wollte nur, dass Sie mich besser kennenlernen … bevor Sie die Polizei rufen.«

Die virale Verbreitung des Videos spricht einerseits für sich. Es wurde oft geteilt und war auch Gesprächsstoff. Eine negative Reaktion auf »*Before you call the cops*« wurde im *New York Times Magazine* vom Autor Thomas Chatterton Williams (2020) veröffentlicht. Williams erkannte zwar die Macht der kontraintuitiven Umkehrung an, kritisierte jedoch Folgendes: »Die spezifische und stark rassifizierte Art und Weise, in der Merritt für seine umfassende Menschlichkeit plädiert, wurzelt doch in einengenden Verweisen auf Hobbys, Ängste und Geschmäcker, die stereotyp als ›nicht Schwarz‹ verstanden werden. ›*Before You Call the Cops*‹ ist humanisierend – aber nur, wenn das Standardgesicht der Menschheit weiß bleibt.« Merritt wende sich mit seinem Plädoyer an ein Weißes Publikum mit der Bitte, Schwarze als einen Teil der Menschheit zu akzeptieren. »Dass alle Amerikaner:innen es würdig sein könnten, zur Menschheit zu gehören, ohne nach Klasse oder *race* eingeteilt zu werden – das wäre eine wirklich radikale Vision.« Online-Kommentare zu Williams' Kritik im *New York Times Magazine* widersprachen ihm meist vehement. Einige davon sind eines Blickes wert, da sie den weit verbreiteten Wunsch zeigen, über feste soziale Kategorien hinauszugehen:

> Wer definiert das Schwarzsein (*Blackness*) denn überhaupt? Gibt es irgendein monolithisches Schwarzsein oder eine Schwarze Kultur, die alle teilen? Sind bestimmte Kriterien zu erfüllen? Ziegenyoga und Birdwatching passen nicht ins Bild? Schwarze Tänzer:innen, einst ausgegrenzt, tragen heute dazu bei, die Ästhetik des Balletts neu zu gestalten. Ist das nicht eine gute Sache? Diese jungen Leute auf der Straße. Sie scheinen sich in ihrer Haut und miteinander wohl zu fühlen. Ich denke, sie widerlegen viele Theorien über *race* und *Community*. – lin
>
> Der Versuch, die Kluft zwischen *races* und Klassen durch die Suche nach dem Gemeinsamen zu überwinden, hat sich für mich schon immer gezwungen angefühlt. Ich werde ganz im Gegenteil von meinen eigenen Vorurteilen oder Annahmen über Klasse und *race* wachgerüttelt, wenn Menschen ihre Einzigartigkeit teilen. Meine Stimme geht an das Recht auf Seltsamkeit, auf Gedankensprünge,

auf persönliche Erinnerungen, darauf, man selbst zu sein, und nicht für eine Gruppe zu sprechen [wörtlich »nicht Abgesandte:r zu sein«]. Und so sprach mich Tyler Merritts Video an: Ich bin weiß, allergisch auf Yoga, ich wache ohne Wecker auf und habe früher vegetarisch gelebt. [...] Wonach ich mich sehne, ist die Kombination aus Ähnlichkeit und Unterschied: die Freiheit, inkonsistent, interessant, undogmatisch, mit anderen Worten einfach menschlich zu sein. – lj

Aber wenn alles immer nur binär ist – »Schwarze« und »Weiße« – reproduzieren wir dann nicht das Problem und die Übergeneralisierung? Wir können von Alter, Gender, Hautfarbe, Nationalität, Behinderung usw. sprechen. Viele Menschen haben eine Geschichte der Unterdrückung, und wenn wir Probleme auf die »Weiße« Kultur reduzieren, ist das genauso ignorant – als ob wir alle gleich wären! Wir sind uns doch nicht gleicher als »Schwarze«. Und was ist Schwarzsein? Wer definiert es? Wer darf sagen, die Geschichte dieses schwarzen Mannes sei nicht »schwarz« genug? – Michelle

Die meiste Kritik der Lesenden hätte mit einem weiteren Wort im Titel beseitigt werden können: *perceived*, »wahrgenommen«. Es sollte heißen, *We Need to Stop Measuring Black Lives by Their Perceived Whiteness* [Wir müssen aufhören, das Leben von Schwarzen an ihrer *wahrgenommenen* Weißheit zu messen]. Dieses eine Wort verdeutlicht den Standpunkt des Autors: Es geht darum, wie Schwarze von Weißen wahrgenommen werden. Darum, dass Schwarze sich oft anstrengen müssen, um zu zeigen, wie ähnlich sie den Weißen sind, um die Unterschiede (die von vielen Weißen sehr unter die Lupe genommen werden) irgendwie zu verwischen oder zu unterdrücken. Dann, und nur dann, ist ihr Leben plötzlich wichtig (*do their lives all of a sudden matter*). – J

Als schwarzer Mensch bin ich es leid, zu lesen, »X sei so weiß«, wenn ich dieses X doch ständig tue und andere schwarze Menschen kenne, die es auch tun. Aktivitäten der Mittelschicht oder einfach alles, was Schwarze in den Innenstädten und mit niedrigem Einkommen nicht tun, wird oft automatisch als »weiß« be-

zeichnet. Schwarze, denen diese Sachen Spaß machen, werden oft sowohl von Schwarzen als auch von Weißen dafür verspottet, dass sie »so tun, als wären sie weiß« (*acting white*). – Lifelong Reader
Aus welchen Gründen auch immer, [es gibt Menschen], die fühlen sich beim ersten Kontakt bedroht. Aber sie können es überwinden, und Merritt gibt ihnen Gründe dafür. Echte Gründe, keine Visionen. Es erfüllt den Zweck, dass diese Gründe nicht in einer exklusiv schwarzen Identität verwurzelt sind, die aus der schwarzen Perspektive [nach ihren Rechten] verlangt. Stattdessen definiert er eine Identität aus weit gefassten Kategorien, die einer »universellen« Menschheit näherkommen. Sie schließen das Schwarzsein nicht aus, aber sie sind auch nicht darauf fixiert. – Mike in MA

Offensichtlich hat die öffentliche Botschaft von »*Before you call the cops*« Menschen in ein Gespräch involviert, möglicherweise das Bewusstsein für Kategorien geschärft und einige Perspektiven verändert – und vielleicht sogar ein Gespür für komplexe soziale Identität geweckt.

Solche öffentlichen Kampagnen oder Interventionen können das Komplexitätsdenken in dem Sinne fördern, wie wir es in diesem Buch diskutiert haben. Thomas Hylland Eriksen befürwortet das Konzept der »Komplexität als Perspektive« (2015, S. 373). »Wenn man von Anfang an Komplexität voraussetzt«, sagt er, »folgen daraus zwangsläufig komplexe Beschreibungen und keine monokausalen Erklärungen oder vereinfachenden Verallgemeinerungen« (ibid.). Wenn Institutionen, Agenturen und wichtige Teile der Medien bessere Praktiken für die Darstellung und Untersuchung komplexer Themen entwickeln, könnten sie die Öffentlichkeit dazu anzuregen, die hier als Superdiversität und soziale Komplexität beschriebenen Phänomene umfassender zu betrachten und tiefer gehende Fragen zu stellen (Vertovec 2017).

Es geht nicht darum, dass alle Menschen die Komplexitätstheorie beherrschen sollen. Man kann davon ausgehen, dass die meisten bereits über die nötigen konzeptionellen und narrativen Werkzeuge verfügen, um ihre eigenen, umfassenderen Bewertungen vorzunehmen. Mit ein wenig Anstoß sollte jede Person in der Lage sein, multifaktorielle Informationen und verwobene Prozesse zu erkennen, zu erfassen und zu durchdenken. Schließlich sind multiple Ursachen, Prozesse und Ergebnisse nicht nur ein Thema in Soziologiekursen für Fortgeschrittene. Wie Jason Mittells (2015) Buch *Complex TV* beschreibt, basiert heute fast jede Fernsehserie auf derlei komplexen Vorstellungen – *Game of Thrones* und *Breaking Bad* sind nur zwei Beispiele. Wenn das Massenpublikum eine komplexe Serie mit mehrsträngigen, ineinandergreifenden Handlungsebenen und zahlreichen mehrdimensionalen Charakteren verfolgen kann, ist es auch in der Lage, Verbindungen zwischen vielen Fakten und Prozessen in Bezug auf Migration, Diversifizierung und soziale Kategorien des Alltags zu sehen.

Fazit

Das Konzept der Superdiversität lenkt die Aufmerksamkeit auf neue Muster der sozialen Konfiguration im Kontext migrationsbedingter Diversifizierung. Es verdeutlicht die Notwendigkeit, die sich verändernden Intersektionalitäten verschiedener Kategorien in der Sozialwissenschaft und der öffentlichen Politik zu würdigen – insbesondere Nationalität, *race* / Ethnizität, Gender, Alter, Rechtsstatus, Religion und Sprache. Die speziellen und höchst unterschiedlichen Arten, auf die sich diese Aspekte im Zuge von Migration, Neuansiedlung und transnationalen Praktiken miteinander verbinden, sind maßgeblich für soziale und räumliche Positionen, Möglichkeiten und Zwänge sowie für die vielfältigen Wege der Eingliederung in Gesellschaften. Die sich verändernden Muster der Superdiversität stehen in direkter Beziehung zu sozialen Strukturen, insbesondere zu verschiedenen Formen der Stratifizierung. Meist dienen bestimmte Kombinationen von Kategorien dazu, Menschen an ganz bestimmten Stellen innerhalb hierarchischer Formationen zu positionieren, also komplexe Ungleichheiten zu erschaffen (McCall 2001; Walby 2007, 2009). Da im Zusammenhang mit Superdiversität mehrere Prozesse mit ungewissen, emergenten Folgen auf verschiedenen Stufen und Ebenen ablaufen, ist es sinnvoll, diese Dynamiken im Rahmen von Komplexitätskonzepten zu betrachten.

Dieses Buch hat viele Ansichten zu Superdiversität rekapituliert, untersucht und aktualisiert. Es plädiert dafür, migrationsbedingte Superdiversität als Teil allgemeiner, breiterer Tendenzen zu mehr Komplexität zu sehen, die Demografie betreffen sowie Entwicklungen in Bezug auf gruppenbasierte und individuelle Kategorien. Der konzeptionelle Rahmen, der diese Themen verbindet, basiert auf der inhärenten Wechselbeziehung zwischen der Gesellschaftsordnung und multiplen ineinandergreifenden sozialen Kategorien. Die Strukturen dieser Ordnung, insbesondere Systeme sozialer, wirtschaftlicher, räumlicher und politischer Stratifizierung, beruhen auf sozialen Kategorien; soziale Kategorien verkörpern und reproduzieren ihrerseits häufig die Gesellschaftsordnung (vergleiche Vertovec 2021). Das Konstruieren von sozialen Kategorien und von Narrativen rund um diese Kategorien bildet den Kern der meisten Reaktionen auf migrationsbedingte Diversifizierungsprozesse und Änderungen im Stellenwert sozialer Unterschiede. All diese Phänomene unterliegen derzeit einer beispiellos wachsenden Komplexität – es gibt mehr Elemente (insbesondere Neuankömmlinge), mehr Variablen sowie neue Arrangements von Wechselbeziehungen und Interdependenzen zwischen den Elementen und Variablen. Auch die Kategorien selbst werden in ihren Kombinationen und Neuformulierungen immer komplexer. Wenn Definitionen und Stellenwerte von Kategorien sich ändern, wirken sich diese Umbewertungen auch auf das individuelle Verständnis der eigenen vielfältigen kategorialen Zugehörigkeit aus. Zusammengenommen bilden die Dynamiken auf jeder dieser Ebenen – Gesellschaftsordnung, gemeinsame soziale Kategorien und individuelle Identitäten – soziale Komplexität.

Vereinfachende und reduktionistische Sichtweisen auf soziale Kategorien erschweren ein tiefer gehendes Verständnis nicht nur von Migration, sondern auch vieler Themen, die heute fast alle Gesellschaften der Welt betreffen. Sie sind die Grundlage für viele Diskriminierungspraktiken, Feindseligkeiten, Konflikte und Ungleichheiten. Soziale Kategorien werden nämlich, wie bereits diskutiert, allzu oft im Sinne von singulärer Zugehörigkeit, Gruppismus, Kulturalismus, Rassifizierung und Sprachgebundenheit aufgefasst. Diese Framings führen zu einer Reihe negativer Reaktionen auf Diversifizierungsprozesse und wachsende Komplexität, insbesondere zur Annahme, die Kategorie, der man sich selbst zugehörig fühlt, sei bedroht. Wenn mehr Menschen soziale Kategorien als offen und plural sehen, kommt es nicht nur der sozialwissenschaftlichen Theorie und dem Verständnis zugute, sondern auch der breiteren nichtakademischen Öffentlichkeit. Amartya Sen schreibt: »Die Hoffnung auf Harmonie in der heutigen Welt liegt zu einem großen Teil in einem klareren Verständnis der Vielfalt menschlicher Identität und in der Beachtung der Tatsache, dass Identitäten sich gegenseitig überschneiden und einer scharfen Trennung entlang einer einzigen harten undurchdringlichen Linie entgegenwirken«. (2006, S. xiv)

Auf der Grundlage der vorangegangenen Untersuchung von Superdiversität und sozialer Komplexität hat dieses letzte Kapitel einige Ideen zur Förderung eines neuen öffentlichen Verständnisses von Diversität und Diversifizierung skizziert, beruhend auf der Anerkennung pluraler Kategorien und allgemein auf Komplexitätsdenken. Ein solches Unterfangen würde vor allem darauf abzielen, den Charakter und die Wirkung zahlreicher kausaler Faktoren und daraus resultierender Prozesse stärker zu berücksichtigen, weniger vereinfachend zu kategorisieren und sich der Komplexität in vielen Bereichen des gesellschaftlichen Lebens stärker bewusst zu werden. Im Einklang mit diesem Ansatz schlage ich (weitgehend in Anlehnung an Peter Scholten und Jenny Phillimore) vor, sich in der Politik und im öffentlichen Sektor nicht auf einzelne Gruppen zu konzentrieren, sich von unilinearen Interpretationen von Prozessen wie »Integration« zu verabschieden und auf soziale Veränderungen offener und flexibler zu reagieren. Unsicherheiten gehören einfach dazu. Als Nächstes wurde, inspiriert von Iris Marion Young, ein Mehrkategorienansatz für politische Identitäten befürwortet. Im Kern geht es dabei darum, die Existenz von Gruppen nicht zu leugnen, sondern anzuerkennen, dass Gruppen als Grundlage für viele Formen der Diskriminierung eine Rolle spielen – gleichzeitig aber zu berücksichtigen, dass sie sich grundsätzlich aus sozialen Beziehungen und Schichtungen (und nicht etwa aus festen, unveränderlichen, essenziellen Eigenschaften) ergeben. Diese Sichtweise geht einher mit der Betonung der vielfältigen sozialen Identitäten innerhalb von Gruppen.

Zusammen mit den Ideen von Stuart Hall, David Hollinger und Leslie McCall unterstützen diese Einsichten einen politischen Ansatz, der nicht auf Gruppismus, sondern auf der Performanz vielfältiger Identitäten und damit verbundener Interessen beruht. Wir brauchen einen komplexitätsbasierten Ansatz für Kategorien – einen *Kategorie-Plus*-Ansatz. Selbstidentifizierte Gruppen sind für Menschen erkennbar wichtig, aber sie sollten nicht als das A und O der politischen Subjektivität dienen. Zu kategorischen Identifikationen gehört immer mehr; es ist immer ein *-Plus* da. Mari Matsudas »andere Frage« zu stellen, ist ein nützlicher Weg, sich dieser Tatsache bewusst zu werden. Auch innovative Informationskampagnen könnten ein neues öffentliches Verständnis von Diversifizierung und Diversität fördern. Viele Probleme lassen sich vermeiden, indem diese Kampagnen sich auf soziale Komplexität beziehen. Sie sollten Menschen also nicht etwa dazu bringen, Andere mehr zu mögen, sondern sich der Fluidität, Flexibilität und Vielfalt sozialer Kategorien – einschließlich der eigenen – bewusst zu werden. Solche Interventionen könnten das Bewusstsein für komplexe soziale Identität erhöhen, und dies hat laut sozialpsychologischen Studien (Kapitel 6) potenziell weitreichende und wertvolle Auswirkungen auf Einstellungen, soziale Beziehungen und allgemeinere Perspektiven in Bezug auf Gesellschaft und soziale Komplexität. Übergreifend könnten solche Informationskampagnen also dazu beitragen, Thomas Hylland Eriksens Idee von »Komplexität als Perspektive« zu vermitteln.

Bestimmte politisierte Framings, selektiv emotionalisierende Diskurse und Bedrohungsnarrative versuchen, Weltanschauungen zu verfestigen, die auf singulärer Zugehörigkeit, Gruppismus, Kulturalismus, Rassifizierung und Sprachgebundenheit basieren. So wird direkt und absichtlich der Versuch behindert, das öffentliche Verständnis von Komplexität, Superdiversität und multiplen sozialen Kategorien zu verändern. Diese Framings, Diskurse und Narrative sind im *right-*

wing Rundfunk, in den sozialen Medien und in der populistischen Politik weit verbreitet. Da aber fast jeder Mensch die eigene multiple Identität zumindest ahnt, sind die Voraussetzungen für Gegenarbeit da. Informationskampagnen und öffentliche Debatten können die komplexe soziale Identität beleuchten und das Bewusstsein für soziale Komplexität auf eine nicht bedrohliche, nachvollziehbare Weise schärfen. So könnten Menschen auch die Netzwerke der Zugehörigkeiten erkennen, die Andere (als Mitglieder einer sozial entfernten Gruppe eingestufte Menschen) mit einem selbst verbinden. Gruppenübergreifende soziale Kontakte wirken sich ebenfalls nachweislich positiv auf soziale Einstellungen aus – und Menschen sind vielleicht eher bereit, sich auf Kontakte einzulassen, wenn sie ihre tatsächlichen oder potenziellen Querverbindungen kennen und akzeptieren lernen.

Die Bekämpfung negativer öffentlicher Rhetorik allein reicht nicht aus, um in Kontexten von Superdiversität und sozialer Komplexität Einstellungen und soziale Beziehungen zu verbessern. Soziale Schichtung und Ungleichheit werden durch negative und vereinfachende Kategorisierungen nicht nur verfestigt und reproduziert, sondern können diese auch untermauern. Das heißt zum Beispiel: Bedrohungsnarrative sind oft erfolgreich, weil manche Menschen bereits prekären sozioökonomischen Verhältnissen ausgesetzt sind. Es kann einfach sein, sie durch Nullsummen-Gruppismus davon zu überzeugen, dass die Anwesenheit eines monolithischen kategorialen Anderen ihre Lage inhärent verschlechtert. In solchen Fällen ist es nicht verwunderlich, wenn antagonistische Einstellungen, feindselige Interaktionen und reaktionäre politische Mobilisierung folgen. Geschickt konzipierte Informationskampagnen für soziale Komplexität müssen solche Situationen strategisch einbeziehen. Vor allem Konzepte überlappender, zusammenspielender, vernetzter Vielfalt können Nullsummen-Denken schwächen, wenn nicht gar auflösen.

Auch ein omnipräsentes Komplexitätsdenken über Superdiversität und soziale Kategorien wird nicht automatisch eine Diversitätsutopie hervorbringen (zu »kollektiver Heterophilie« – der umfassenden Wertschätzung oder sogar Sakralisierung von Unterschieden – siehe Taguieff 2001, S. 26-27). Eine solche Perspektive könnte aber die

Chancen einer Diversitätsdystopie verringern (zu Heterophobie in diesem Sinne, also der negativen Bewertung von Unterschieden, siehe ibid., S. 20-21). Ungleichheit (in Bezug auf sozialen Status, wirtschaftliche Ressourcen, symbolische Repräsentation und politische Stimme) bleibt sowohl ein Schlüsselfaktor künftiger Entwicklungen als auch ihr potenzielles Ergebnis. Migration, Superdiversität und soziale Komplexität werden alle grundlegend von herrschenden Ungleichheiten geprägt und konditioniert. Die Dynamik in jedem dieser miteinander verbundenen Themenbereiche kann Ungleichheiten manifestieren, verändern oder hinterfragen. Im Zuge der fortschreitenden demografischen Diversifizierung könnte die Dauerhaftigkeit kategorialer Ungleichheiten (Tilly 1998; Massey 2007; Castañeda 2017) zum Teil durch eine komplexere Wahrnehmung der genannten Kategorien gemildert werden. Wie in diesem Buch bereits erörtert, werden sich die globale migrationsbedingte Diversifizierung und die daraus resultierenden Formen der Superdiversität fortsetzen und dabei zunehmend durch klimawandelbedingte Modi und Muster beeinflusst werden. Zahlreiche politische Maßnahmen auf internationaler, nationaler und kommunaler Ebene müssen überdacht werden – und zwar im Hinblick auf die Gruppen, die sie ansprechen oder erschaffen. Sonst wird die künftige Superdiversität wahrscheinlich durch neue und tief verwurzelte Formen komplexer Ungleichheit gekennzeichnet sein.

Wie der wunderbare Michael Palin (2003) feststellte: »Im Gegensatz zu dem, was uns viele in der Politik und Religion weismachen wollen, wird die Welt nicht sicherer, indem man Barrieren zwischen den Menschen errichtet. […] Das Armageddon steht nicht vor der Tür. Das wollen uns nur die Leute glauben machen, die für Gewalt stehen. Die Komplexität und Diversität der Welt ist unsere Zukunftshoffnung.« So sollten wir in der Tat denken. Doch dafür braucht es – vor allem wenn dabei auch neue und alte Ungleichheiten verringert werden sollen – faire Formen und Möglichkeiten der Migration sowie mehr Bewusstsein für vielfältige soziale Kategorien, Superdiversität und soziale Komplexität.

BIBLIOGRAPHIE

Abel, G.J. und N. Sander 2014. »Quantifying global international migration flows«, *Science* 343(6178): 1520–22 ⟨https://doi.org/10.1126/science.1248676⟩.

Abroms, L.C. und E.W. Maibach 2008. »The effectiveness of mass communication to change public behaviour«, *Annual Review of Public Health* 29: 219–34 ⟨https://doi.org/10.1146/annurev.publhealth.29.020907.090824⟩.

Abu-Lughod, J.L. 1999. *New York, Chicago, Los Angeles: America's Global Cities*, Minneapolis: University of Minnesota Press.

Ackroyd, P. 2000. *London: The Biography*, London: Vintage.

Acosta-García, R. und E. Martínez-Ortiz 2015. »Mexico through a superdiversity lens: Already-existing diversity meets new immigration«, *Ethnic and Racial Studies* 38(4): 636–49 ⟨https://doi.org/10.1080/01419870.2015.980289⟩.

Adamy, J. und P. Overberg 2016. »Places most unsettled by rapid demographic change are drawn to Donald Trump«, *The Wall Street Journal*, 1. November.

ADS (Antidiskriminierungsstelle des Bundes) 2010. *Bericht über Schwerpunkte und Arbeit der Antidiskriminierungsstelle des Bundes*, Berlin: Antidiskriminierungsstelle des Bundes.

Al-Ali, N., R. Black und K. Koser 2001. »Refugees and transnationalism: the experience of Bosnians and Eritreans in Europe«, *Journal of Ethnic and Migration Studies* 27(4): 615–34 ⟨https://doi.org/10.1080/13691830120090412⟩.

Alba, R. 2005. »Bright vs. blurred boundaries: Second-generation assimilation and exclusion in France, Germany, and the United States«, *Ethnic and Racial Studies* 28: 20–49 ⟨https://doi.org/10.1080/0141987042000280003⟩.

Alba, R. 2020. *The Great Demographic Illusion: Majority, Minority, and the Expanding American Mainstream*, Princeton: Princeton University Press.

Alba, R. und J.W. Duyvendak 2019. »What about the mainstream? Assimilation in super-diverse times«, *Ethnic and Racial Studies* 42(1): 105–24 ⟨https://doi.org/10.1080/01419870.2017.1406127⟩.

Alba, R. und N. Foner 2015. *Strangers No More: Immigration and the Challenges of*

Integration in North America and Western Europe, Princeton: Princeton University Press.

Albertson, C. 2018. *A Perfect Union? Television and the Winning of Same-Sex Marriage*, London: Routledge ⟨https://doi.org/10.4324/9781315207704⟩.

Alcoff, L. M. und S. P. Mohanty 2006. »Reconsidering identity politics: An introduction«, in *Identity Politics Reconsidered*, L. M. Alcoff et al. (Hg.), New York: Palgrave Macmillan, 1-9 ⟨https://doi.org/10.1057/9781403983398_1⟩.

Alesina, A. und E. L. Ferrara 2005. »Ethnic diversity and economic performance«, *Journal of Economic Literature* 43(3): 762-800 ⟨https://doi.org/10.1257/002205105774431243⟩.

Alesina, A., A. Miano und S. Stantcheva 2023. »Immigration and redistribution«, *The Review of Economic Studies*, 90(1): 1-39 ⟨https://doi.org/10.1093/restud/rdac011⟩.

Allen, J. P. und E. Turner 1989. »The most ethnically diverse urban places in the United States«, *Urban Geography* 10(6): 523-539 ⟨https://doi.org/10.2747/0272-3638.10.6.523⟩.

Allport, G. W. 1954. *The Nature of Prejudice*. Reading, MA: Addison-Wesley.

Amann, M. 2019. »Kampf um Alles oder nix«, *Der Spiegel*, 6. September.

Ambrosini, M. 2016. »Superdiversity, multiculturalism and local policies: A study on European cities«, *Policy & Politics* 45(4): 585-603 ⟨https://doi.org/10.1332/030557316x14745534309609⟩.

Ambrosini, M., A. Van Hootegem, P. Bevelander, P. Daphi, E. Diels, T. Fouskas, A. Hellström, S. Hinger, A. Hondeghem, A. Kováts, und A. Mazzola 2019. *The Refugee Reception Crisis: Polarized Opinions and Mobilizations*, Brüssel: Éditions de l'Université de Bruxelles.

Amin, A. 2002. »Ethnicity and the multicultural city: Living with diversity«, *Environment and Planning A* 34: 959-980 ⟨https://doi.org/10.1068/a3537⟩.

Amin, A. 2013. »Land of strangers«, *Identities* 20(1): 1-8 ⟨https://doi.org/10.1080/1070289x.2012.732544⟩.

Anderson, B. 1983. *Imagined Communities: Reflections on the Origin and Spread of Nationalism*, London: Verso.

Anderson, B. 2001. »Different roots in common ground: Transnationalism and migrant domestic workers in London«, *Journal of Ethnic and Migration Studies* 27(4): 673-683 ⟨https://doi.org/10.1080/13691830120090449⟩.

Anderson, B. 2007. »Battles in time: The relation between global and labour mobilities«, Centre on Migration Policy and Society (COMPAS) Working Paper WP-07-55, Oxford.

Anderson, B. und M. Ruhs 2005. »What's in a name? Exploring immigration status and compliance«, Vortrag bei COMPAS Annual Conference, Oxford.

Androutsopoulos, J. und K. Juffermans 2014. »Digital language practices in superdiversity: Introduction«, *Discourse, Context, and Media* 4(5): 1-6 ⟨https://doi.org/10.1016/j.dcm.2014.08.002⟩.

Antonsich, M. 2012. »Exploring the demands of assimilation among White ethnic majorities in Western Europe«, *Journal of Ethnic and Migration Studies* 38(1): 59-76 ⟨https://doi.org/10.1080/1369183x.2012.640015⟩.

Appiah, K. A. 2018. *The Lies that Bind: Rethinking Identity*, London: Profile.

Aptekar, S. 2019. »Super-diversity as a methodological lens: Re-centring power and inequality«, *Ethnic and Racial Studies* 42(1): 53-70 ⟨https://doi.org/10.1080/01419870.2017.1406124⟩.

Arai, L. 2006. »Migrants and public services in the UK: A review of the recent literature«, Oxford: ESRC Centre on Migration, Policy and Society.

Arango, J. 2000. »Explaining migration: A critical view«, *International Social Science Journal* 52(165): 283-296 ⟨https://doi.org/10.1111/1468-2451.00259⟩.

Arnaut, K. 2012. »Super-diversity: Elements of an emerging perspective«, *New Diversities* 14(2): 1-16.

Arnaut, K., J. Blommaert, B. Rampton und M. Spotti 2015. *Language and Superdiversity*, London: Routledge ⟨https://doi.org/10.4324/9781315730240⟩.

Arnaut, K., M. Spotti 2015. »Superdiversity discourse«, in *The International Encyclopedia of Language and Social Interaction*, K. Tracy, T. Sandel und C. Ilie (Hg.), Chichester: Wiley-Blackwell ⟨https://doi.org/10.1002/9781118611463.wbielsi138⟩.

Aspinall, P. J. 2009. »The future of ethnicity classifications«, *Journal of Ethnic and Migration Studies* 35(9): 1417-1435 ⟨https://doi.org/10.1080/13691830903125901⟩.

Aspinall, P. J. 2011. »The utility and validity for public health of ethnicity categorization in the 1991, 2001 and 2011 British Censuses«, *Public Health* 125(10): 680-686 ⟨https://doi.org/10.1016/j.puhe.2011.05.001⟩.

Aspinall, P. J. 2012. »Answer formats in British Census and survey ethnicity questions: Does open response better capture ›superdiversity‹?«, *Sociology* 46(2): 354-64 ⟨https://doi.org/10.1177/0038038511419195⟩.

Aspinall, P. J. 2023. »Capturing superdiversity in official data: How the decennial censuses in Britain are responding«, in *The Oxford Handbook of Superdiversity*, F. Meissner, N. Sigona und S. Vertovec (Hg.), Oxford: Oxford University Press, 191-208 ⟨https://doi.org/10.1093/oxfordhb/9780197544938.013.14⟩.

Aspinall, P. J. und F. Hashem 2011. »Responding to minority ethnic groups' language support needs in Britain«, *Equality, Diversity and Inclusion* 30(2): 145-62.

Aspinall, P. J. und M. Song 2013. »Is race a ›salient[...]‹ or ›dominant identity‹ in the early 21st century: The evidence of UK survey data on respondents' sense of who they are«, *Social Science Research* 42(2): 547-561 ⟨https://doi.org/10.1016/j.ssresearch.2012.10.007⟩.

Back, L. und S. Sinha 2016. »Multicultural conviviality in the midst of racism's ruins«, *Journal of Intercultural Studies* 37(5): 517-532 ⟨https://doi.org/10.1080/07256868.2016.1211625⟩.

Bady, A. 2013. »The varieties of Blackness: An Interview with Chimamanda Ngozi Adichie«, *Boston Review* 10. Juli.

Bai X., M. R. Ramos und S. T. Fiske 2020. »As diversity increases, people paradoxically perceive social groups as more similar«, *Proceedings of the National Academy of Sciences* 117(23): 12741-49 ⟨https://doi.org/10.1073/pnas.2000333117⟩.

Bailey, A. J. 2013. »Migration, recession and an emerging transnational biopolitics across Europe«, *Geoforum* 44: 202-210.

Baker, P. und Y. Mohieldeen 2000. »The languages of London's schoolchildren«, in *Multilingual Capital*, P. Baker and J. Eversley (Hg.), London: Battlebridge, 5-60.

Baldassarri, D. und S. E. Page 2021. »The emergence and perils of polarization«, *Proceedings of the National Academy of Sciences* 118(50) ⟨https://doi.org/10.1073/pnas.2116863118⟩.

Banton, M. (Hg.) 1966. *The Social Anthropology of Complex Societies*, London: Tavistock.

Banulescu-Bogdan, N. 2022. »From fear to solidarity: The difficulty in shifting public narratives about refugees«, Washington, D. C.: Migration Policy Institute.

Banulescu-Bogdan, N., H. Malka und S. Culbertson 2021. »How we talk about migration: The link between migration narratives, policy, and power«, Washington, D. C.: Migration Policy Institute.

Barlow, F. K., S. Paolini, A. Pederson, M. J. Hornsey, J. R. Radke, J. Harwood, M. Rubin und C. G. Sibley 2012. »The contact caveat: Negative contact predicts increased prejudice more than positive contact predicts reduced prejudice«, *Personality and Social Psychology Bulletin* 38, 1629-1643 ⟨https://doi.org/10.1177/0146167212457953⟩.

Barrett, M. 1987. »The concept of ›difference‹«, *Feminist Review* 26(1): 29-41 ⟨https://doi.org/10.1057/fr.1987.18⟩.

Barth, F. 1969. »Introduction«, in *Ethnic Groups and Boundaries*, F. Barth (Hg.), Oslo: Universitetsforlaget, 9-38.

Barth, F. 1972. »Analytical dimensions in the comparison of social organizations«, *American Anthropologist* 74(1-2): 207-220 ⟨https://doi.org/10.1525/aa.1972.74.1-2.02a01720⟩

Barth, F. 1989. »The analysis of culture in complex societies«, *Ethnos* 54: 120-142 ⟨https://doi.org/10.1080/00141844.1989.9981389⟩.

Barth, F. 1993. *Balinese Worlds*, Chicago: University of Chicago Press.

Bauböck, R. 2008. »Beyond Culturalism and Statism: Liberal Responses to Diversity«, EUROSPHERE Working Paper Series (EWP) No. 6, 1-34.

Baumann, G. 1996. *Contesting Culture: Discourses of Identity in Multi-Ethnic London*, Cambridge: Cambridge University Press.

Baumann, G. 1999. *The Multicultural Riddle: Rethinking National, Ethnic and Religious Identities*, London: Routledge ⟨https://doi.org/10.4324/9780203906637⟩.

Baycan, T. und P. Nijkamp 2012. »A socio-economic impact analysis of urban cultural diversity: Pathways and horizons«, in *Migration Impact Assessment*, P. Nijkamp et al. (Hg.), Cheltenham: Edward Elgar, 175-202 ⟨https://doi.org/10.4337/9780857934581.00013⟩.

Beck, U. 2000. *What Is Globalization?* Cambridge: Polity Press.

Beck, U. 2002. »The terrorist threat: World Risk Society revisited«, *Theory, Culture & Society* 19(4): 39-55 ⟨https://doi.org/10.1177/0263276402019004003⟩.

Beck, U. 2004. »Cosmopolitan realism: On the distinction between cosmopolitanism in Philosophy and the Social Sciences«, *Global Networks* 4(2): 131-156 ⟨https://doi.org/10.1111/j.1471-0374.2004.00084.x⟩.

Beck, U. 2011. »Multiculturalism or cosmopolitanism: How can we describe and understand the diversity of the world?«, *Social Sciences in China* 32(4): 52-58 ⟨https://doi.org/10.1080/02529203.2011.625169⟩.

Beine, M., A. Boucher, B. Burgoon, M. Crock, J. Gest, M. Hiscox, P. McGovern, H. Rapoport, J. Schaper und E. Thielemann 2015. »Comparing immigration policies: An overview from the IMPALA database«, *International Migration Review* 50(4): 827-863 ⟨https://doi.org/10.1111/imre.12169⟩.

Bell, D. S. A. 2003. »History and globalization: Reflections on temporality«, *International Affairs* 79(4): 801-814 ⟨https://doi.org/10.1111/1468-2346.00337⟩.

Benedict, B. 1962. »Stratification in plural societies«, *American Anthropologist* 64(6): 1235-1246 ⟨https://doi.org/10.1525/aa.1962.64.6.02a00070⟩.

Benedictus, L. und M. Godwin 2005. »Every race, colour, nation and religion on earth«, *The Guardian*, 21. Januar.

Benjamin, R. 2019. *Race after Technology: Abolitionist Tools for the New Jim Crow*, Cambridge: Polity.

Benton, M. 2013. »The changing face of international migration: Flows are increasingly fluid, diverse, and unconventional«, *Migration information Source*, ⟨www.migrationpolicy.org⟩.

Benton-Short, L., M. D. Price und S. Friedman 2005. »Globalization from below: The ranking of global immigrant cities«, *International Journal of Urban and Regional Research* 29(4): 945-59 ⟨https://doi.org/10.1111/j.1468-2427.2005.00630.x⟩.

Berg, M. L. und N. Sigona 2013. »Ethnography, diversity and urban space«, *Identities* 20(4): 347-360.

Berkeley, R., O. Khan und M. Ambikaipaker 2005. »What is new about the new immigrants in 21st Century Britain?«, York: Joseph Rowntree Foundation.

Bertossi, C. 2011. »National models of integration in Europe: A comparative and critical analysis«, *American Behavioral Scientist* 55(12): 1561-1580 ⟨https://doi.org/10.1177/0002764211409560⟩.

Betts, A. 2013. *Survival Migration: Failed Governance and the Crisis of Displacement*, Ithaca: Cornell University Press.

Bevelander, P. (Hg.) 2020. »Understanding International Migration in the 21st Century: Conceptual and Methodological Approaches«, Sonderausgabe, *Comparative Migration Studies* 8.

Beyer, P. und L. G. Beaman 2019. »Dimensions of diversity: Toward a more complex conceptualization«, *Religions* 10(10) ⟨https://doi.org/10.3390/rel10100559⟩.

Bhabha, H. 1994. *The Location of Culture*, Abingdon: Routledge.

Biehl, K. 2015. »Spatializing diversities, diversifying spaces: Housing experiences and home space perceptions in a migrant hub of Istanbul«, *Ethnic and Racial Studies* 38(4): 596-607 ⟨https://doi.org/10.1080/01419870.2015.980293⟩.

Bijak J. und M. Czaika 2020. »Assessing uncertain migration futures: A typology of the unknown«, Southampton / Krems: University of Southampton / Danube University Krems QuantMig Project Deliverable D1.1.

Birmingham City Council 2012. *Giving Hope, Changing Lives: Birmingham Social Inclusion Process.* Diskussionspapier, Birmingham: Birmingham City Council.

Black, R., W. N. Adger, N. W. Arnell, S. Dercon, A. Geddes und D. S. G. Thomas 2011. »The effect of environmental change on human migration«, *Global Environmental Change* 215, 3-11 ⟨https://doi.org/10.1016/j.gloenvcha.2011.10.001⟩.

Blackledge, A. 2005. *Discourse and Power in a Multilingual World*, Amsterdam: John Benjamins Publishing.

Blackwell, M. und D. Seddon 2004. *Informal remittances from the UK: Values, flows and mechanisms*, Norwich: Overseas Development Group Report to the Department for International Development.

Blanton, R. E. 2015. »Theories of ethnicity and the dynamics of ethnic change in multiethnic societies«, *Proceedings of the National Academy of Sciences* 112(30): 9176-81 ⟨https://doi.org/10.1073/pnas.1421406112⟩.

Bleich, E., I. Bloemraad und E. De Graauw 2015. »Migrants, minorities and the media: Information, representations and participation in the public sphere«, *Journal of Ethnic and Migration Studies* 41(6): 857-873 ⟨https://doi.org/10.1080/1369183x.2014.1002197⟩.

Blokland, T. 2003. »Ethnic complexity: Routes to discriminatory repertoires in an inner-city neighbourhood«, *Ethnic and Racial Studies* 26(1): 1-24 ⟨https://doi.org/10.1080/0141987022000025252⟩.

Blokland, T. und G. van Eijk 2010. »Do people who like diversity practice diversity in neighbourhood life? Neighbourhood use and the social networks of ›diversity-seekers‹ in a mixed neighbourhood in the Netherlands«, *Journal of Ethnic and Migration Studies* 36(2): 313-32 ⟨https://doi.org/10.1080/13691830903387436⟩.

Blommaert, J. 2013a. *Ethnography, Superdiversity and Linguistic Landscapes: Chronicles of Complexity*, Bristol: Multilingual Matters ⟨https://doi.org/10.21832/9781783090419⟩.

Blommaert, J. 2013b. »Citizenship, language and superdiversity: Towards complexity«, Tilburg: *Tilburg Papers in Culture Studies* 45.

Blommaert, J. 2014. »From mobility to complexity in sociolinguistic theory and method«, Kings College London *Working Papers in Urban Language and Literacies* 135.

Blommaert, J. 2015. »Superdiversity old and new«, *Language & Communication* 44(1): 82–89.

Blommaert, J. und A. Backus 2013. »Superdiverse repertoires and the individual«, in *Multilingualism and Multimodality*, I. De Saint-Georges und J.J. Weber (Hg.), Rotterdam: Sense, 11–32.

Blommaert, J. und B. Rampton 2011. »Language and superdiversity«, *Diversities* 13(3): 1–21.

Blommaert, J., S. Leppänen, P. Pahta und T. Räisänen (Hg.) 2012. *Dangerous Multilingualism: Northern Perspectives on Order, Purity and Normality*, New York: Palgrave Macmillan.

Blommaert, J., Y. Lu und K. Li 2019. »From the self to the selfie«, *Tilburg Papers in Culture Studies* 222.

Bobo, L. 2013. »A peek at America's super-diverse future«, *The Root*, 21. März.

Bobo, L.D. 2018. »Race as a complex adaptive system«, *Du Bois Review* 15(2): 211–215 ⟨https://doi.org/10.1017/s1742058x19000043⟩.

Bodenhausen, G.V., S.K. Kang und D. Peery 2012. »Social categorization and the perception of social groups«, in *The Sage Handbook of Social Cognition*, S.T. Fiske und C.N. Macrae (Hg.), London: Sage, 318–336 ⟨https://doi.org/10.4135/9781446247631.n16⟩.

Boffey, D. 2020. »EU draft declaration sets out stricter rules on migrant integration«, *The Guardian*, 9. November.

Bos, L., S. Lecheler, M. Mewafi und R. Vliegenthart 2016. »It's the frame that matters: Immigrant integration and media framing effects in the Netherlands«, *International Journal of Intercultural Relations* 55, 97–108 ⟨https://doi.org/10.1016/j.ijintrel.2016.10.002⟩.

Bouma, G., A. Halafoff und G. Barton 2022. »Worldview complexity: The challenge of intersecting diversities for conceptualising diversity«, *Social Compass* ⟨https://doi.org/10.1177/00377686221079685⟩.

Bowles, N. 2019. »›Replacement theory,‹ a racist, sexist doctrine, spreads in far-Right circles«, *New York Times*, 8. Mai.

Bowyer, B. 2008. »Local context and extreme right support in England: The British National Party in the 2002 and 2003 local elections«, *Electoral Studies* 27(4): 611–620 ⟨https://doi.org/10.1016/j.electstud.2008.05.001⟩.

Bradby H., G. Green, C. Davison und K. Krause 2017. »Is superdiversity a useful concept in European medical sociology?«, *Frontiers in Sociology* 1(17): 1–18 ⟨https://doi.org/10.3389/fsoc.2016.00017⟩.

Bradby, H. 2012 »Race, ethnicity and health: the costs and benefits of conceptualising racism and ethnicity«, *Social Science & Medicine* 76(6): 955–958.

Bradley, H. 2007. *Gender*, Cambridge: Polity.

Brekhus, W.H. 2020. *The Sociology of Identity: Authenticity, Multidimensionality, and Mobility*, New York: John Wiley und Sons.

Bresnahan, M.J., R. Ohashi, R. Nebashi, W.Y. Liu und S.M. Shearman 2002. »Attitudinal and affective response toward accented English«, *Language and Communication* 22: 171-185 ⟨https://doi.org/10.1016/s0271-5309(01)00025-8⟩.

Brettell, C.B. und J.F. Hollified (Hg.) 2014. *Migration Theory: Talking across Disciplines*, London: Routledge, 3. Auflage ⟨https://doi.org/10.4324/9781315814933⟩

Brewer, M.B. 1999. »The psychology of prejudice: Ingroup love and outgroup hate?«, *Journal of Social Issues* 55(3): 429-44 ⟨https://doi.org/10.1111/0022-4537.00126⟩.

Brewer, M.B. 2007. »The social psychology of intergroup relations: Social categorization, ingroup bias, and outgroup prejudice«, in *Social Psychology*, A.W. Kruglanski und E.T. Higgins (Hg.), New York: Guilford Press, 695-715.

Brewer, M.B. 2010. »Social identity complexity and acceptance of diversity«, in *The Psychology of Social and Cultural Diversity*, R.J. Crisp (Hg.), Oxford: Wiley-Blackwell, 11-33.

Brewer, M.B. und K.P. Pierce 2005. »Social identity complexity and outgroup tolerance«, *Personality and Social Psychology Bulletin* 31, 428-437 ⟨https://doi.org/10.1177/0146167204271710⟩.

Broćić, M. und D. Silver 2021. »The influence of Simmel on American Sociology since 1975«, *Annual Review of Sociology* 47: 87-108 ⟨https://doi.org/10.1146/annurev-soc-090320-033647⟩.

Brubaker, R. 2001. »The return of assimilation? Changing perspectives on immigration and its sequels in France, Germany, and the United States«, *Ethnic and Racial Studies* 24(4): 531-548 ⟨https://doi.org/10.1080/01419870120049770⟩.

Brubaker, R. 2002. »Ethnicity without groups«, *Archives Européennes de Sociologie / European Journal of Sociology* 43(2): 163-189 ⟨https://doi.org/10.1017/s0003975602001066⟩.

Brubaker, R. 2009. »Ethnicity, race, and nationalism«, *Annual Review of Sociology* 35: 21-42 ⟨https://doi.org/10.1146/annurev-soc-070308-115916⟩.

Brubaker, R. 2016a. »The Dolezal affair: Race, gender, and the micropolitics of identity«, *Ethnic and Racial Studies* 39(3): 414-48 ⟨https://doi.org/10.1080/01419870.2015.1084430⟩.

Brubaker, R. 2016b. *Trans: Gender and Race in an Age of Unsettled Identities*, Princeton: Princeton University Press.

Brubaker, R. und F. Cooper 2000. »Beyond ›identity‹«, *Theory and Society* 29(1): 1-47 ⟨https://doi.org/10.1023/a:1007068714468⟩.

Budach, G. und I. de Saint-Georges 2017. »Superdiversity and language«, in *The Routledge Handbook of Migration and Language*, S. Canagarajah (Hg.), London: Routledge, 63-78 ⟨https://doi.org/10.4324/9781315754512-4⟩

Burchardt, M. und I. Becci 2016. »Religion and superdiversity: An introduction«, *New Diversities* 18(1): 1-7.

Burdsey, D. 2013. »›The foreignness is still quite visible in this town‹: Multiculture, marginality and prejudice at the English seaside«, *Patterns of Prejudice* 47(2): 95-116 ⟨https://doi.org/10.1080/0031322x.2013.773134⟩.

Busch, B. 2012. »The linguistic repertoire revisited«, *Applied Linguistics* 33(5): 503-523 ⟨https://doi.org/10.1093/applin/ams056⟩.

Butcher, M. 2010. »Navigating ›New‹ Delhi: Moving between difference and belonging in a globalising city«, *Journal of Intercultural Studies* 31(5): 507-524.

Butler, J. 1990. *Gender Trouble: Feminism and the Subversion of Identity*, London: Routledge.

Byrne, B. 2006. »In search of a ›good mix‹: ›Race‹, class, gender and practices of mothering«, *Sociology* 40(6): 1001-1017 ⟨https://doi.org/10.1177/0038038506069841⟩.

Byrne, D. 1998. *Complexity Theory and the Social Sciences: An Introduction*, London: Routledge.

Byrne, D. und G. Callaghan 2013. *Complexity Theory and the Social Sciences: The State of the Art*, London: Routledge.

Cain, S. 2018. »British ›linguaphobia‹ has deepened since Brexit vote, say experts«, *The Guardian*, 28. Mai.

Cairney, P. und R. Geyer 2017. »A critical discussion of complexity theory: How does ›complexity thinking‹ improve our understanding of politics and policymaking?«, *Complexity, Governance and Networks* 3(2): 1-11 ⟨https://doi.org/10.20377/cgn-56⟩.

Calvani, D. 2003. »Initial overview of the linguistic diversity of refugee communities in Cairo«, American University in Cairo. Forced Migration and Refugee Studies Program (FMRS) Working Paper No. 4.

Campbell, S. und D. Hartmann 2007. *Ethnicity and Race: Making Identities in a Changing World*, Thousand Oaks: Pine Forge.

Cantle, T. 2016. »The case for interculturalism, plural identities and cohesion«, in *Multiculturalism and Interculturalism*, N. Meer et al. (Hg.), Edinburgh: Edinburgh University Press, 133-157.

Cardinal, A. 2022. »Superdiversity: An audience analysis praxis for enacting social justice in Technical Communication«, *Technical Communication Quarterly* ⟨https://doi.org/10.1080/10572252.2022.2056637⟩.

Cargile, A. C., H. Giles, E. B. Ryan und J. J. Bradac 1994. »Language attitudes as a social process: A conceptual model and new directions«, *Language & Communication* 14(3): 211-236 ⟨https://doi.org/10.1016/0271-5309(94)90001-9⟩.

Carlsson, H. and R. Pijpers 2021. »Diversity-mainstreaming in times of ageing and migration: Implementation paradoxes in municipal aged care provision«, *Journal of Ethnic and Migration Studies* 47(11): 2396-2416 ⟨https://doi.org/10.1080/1369183X.2020.1857231⟩.

Carneiro, R. L. 1967. »On the relationship between size of population and complexity of social organization«, *Southwestern Journal of Anthropology* 23(3): 234-243 ⟨https://doi.org/10.1086/soutjanth.23.3.3629251⟩.

Cassino, D. 2022. »Why are Republicans so focused on restricting trans lives?«, The Monkey Cage, *Washington Post*, 21. März.

Castañeda, E. (Hg.) 2017. *Immigration and Categorical Inequality: Migration to the City and the Birth of Race and Ethnicity*, New York: Routledge ⟨https://doi.org/10.4324/9781315100371⟩.

Castles, S. 2001. »Studying social transformation«, *International Political Science Review* 22: 13-32 ⟨https://doi.org/10.1177/0192512101221002⟩.

Castles, S. 2010. »Understanding global migration: A social transformation perspective«, *Journal of Ethnic and Migration Studies* 36, 1565-1586 ⟨https://doi.org/10.1080/1369183x.2010.489381⟩.

Castles, S., H. Crawley und S. Loughna 2003. *States of Conflict*, London: Institute for Public Policy Research.

Castles, S., H. de Haas und M. Miller 2014. *The Age of Migration: International Population Movements in the Modern World*, New York: The Guildford Press, 5. Auflage.

Catney, G., N. Finney und L. Twigg 2011. »Diversity and the complexities of ethnic integration in the UK«, *Journal of Intercultural Studies* 32(2): 107-114 ⟨https://doi.org/10.1080/07256868.2011.547171⟩.

Chan, R. S. K. 2020. »Aesthetics of super-diversity: The Cantonese ancestral clan building as a social integration platform«, *Finisterra* 55(113): 45-62 ⟨https://doi.org/10.18055/Finis17553⟩.

Cheshire, J., P. Kerswill, S. Fox und E. Torgersen 2011. »Contact, the feature pool and the speech community: The emergence of Multicultural London English«, *Journal of Sociolinguistics* 15(2): 151-96 ⟨https://doi.org/10.1111/j.1467-9841.2011.00478.x⟩.

Christ, O., K. Schmid, S. Lolliot, H. Swart, D. Stolle, N. Tausch, A. Al Ramiah, U. Wagner, S. Vertovec und M. Hewstone 2014. »Contextual effect of positive intergroup contact on outgroup prejudice«, *Proceedings of the National Academy of Sciences* 111(11): 3996-4000 ⟨https://doi.org/10.1073/pnas.1320901111⟩.

Christensen, A. D. und S. Jensen 2011. »Roots and routes: Migration, belonging and everyday life«, *Nordic Journal of Migration Research* 1(3): 146-155 ⟨https://doi.org/10.2478/v10202-011-0013-1⟩.

Cilliers, P. (Hg.) 2007. *Thinking Complexity*, Mansfield, MA.: ISCE Publishing.

Cilliers, P. 2002. *Complexity and Postmodernism: Understanding Complex Systems*, London: Routledge.

Cilliers, P. und R. Preiser 2010. »Why difference«, in *Complexity, Difference and Identity*, P. Cilliers und R. Preiser (Hg.), Dordrecht: Spring, v-ix.

Clark, W. A. V., E. Anderson, J. Östh und B. Malmberg 2015. »A multiscalar analysis of neighborhood composition in Los Angeles, 2000-2010: A location-based approach to segregation and diversity«, *Annals of the Association of American Geographers* 105(6): 1260-1284 ⟨https://doi.org/10.1080/00045608.2015.1072790⟩.

Clarke, J. und J. Salt 2003. »Work permits and foreign labour in the UK: A statistical review«, *Labour Market Trends* 111(11): 563-574, London: HMSO.

Clergé, O. 2019. *The New Noir: Race, Identity, and Diaspora in Black Suburbia*, Berkeley: University of California Press.

Cogo, A. 2012. »ELF and super-diversity: A case study of ELF multilingual practices from a business context«, *Journal of English as a lingua franca* 1(2): 287-313.

Cohen, R. 1997. *Global Diasporas: An Introduction*, London: University College London Press.

Cohen, R. und C. Fischer (Hg.) 2018. *Routledge Handbook of Diaspora Studies*, London: Routledge ⟨https://doi.org/10.4324/9781315209050⟩.

Cohn, B. S. 1984. »The census, social structure and objectification in South Asia in culture and history of India«, *Folk* 26, 25-49.

Cole, I. und D. Robinson 2003. *Somali Housing Experiences in England*, Sheffield: Centre for Regional Economic and Social Research, Sheffield Hallam University.

Coleman, D. A. und S. Dubuc 2010. »The fertility of ethnic minorities in the UK, 1960s–2006«, *Population Studies* 64(1): 19-41.

Colic-Peisker, V. und K. Farquharson 2011. »A new era in Australian multiculturalism? The need for critical interrogation«, *Journal of Intercultural Studies* 32(6): 579-586 ⟨https://doi.org/10.1080/07256868.2011.618104⟩.

Collyer, M. 2003. »Explaining change in established migration systems: The movement of Algerians to France and the UK«, Brighton: Sussex Migration Working Paper no. 16.

Cooney, M. 2009. »Ethnic conflict without ethnic groups: a study in pure sociology«, *British Journal of Sociology* 60(3): 473-492 ⟨https://doi.org/10.1111/j.1468-4446.2009.01252.x⟩.

Copland, F. und J. McPake 2021. »›Building a new public idea about language‹? Multilingualism and language learning in post-Brexit UK«, *Current Issues in Language Planning* ⟨https://doi.org/10.1080/14664208.2021.1939976⟩.

Coy, P. 2021. »What economists think about immigration doesn't really matter«, *New York Times*, 17. Dezember.

Craig, M. A., J. M. Rucker und J. A. Richeson 2018a. »The pitfalls and promise of increasing racial diversity: Threat, contact and race relations in the 21st century«, *Current Directions in Psychological Science* 27(3): 188-193 ⟨https://doi.org/10.1177/0963721417727860⟩.

Craig, M. A., J. M. Rucker und J. A. Richeson 2018b. »Racial and political dynamics of an approaching ›majority-minority‹ United States«, *Annals, American Academy of Political & Social Science* 677, 204-214 ⟨https://doi.org/10.1177/0002716218766269⟩.

Crawley, H. 2009. *Understanding and changing public attitudes: A review of existing evidence from public information and communication campaigns*, Swansea: Centre for Migration Policy Research.

Crawley, H. 2010. »Moving Beyond Ethnicity: The Socio-Economic Status and Living Conditions of Immigrant Children in the UK«, *Child Indicators Research* 3(4): 547-570 ⟨https://doi.org/10.1007/s12187-010-9071-5⟩.

Creese, A. und A. Blackledge (Hg.) 2018a. *The Routledge Handbook of Language and Superdiversity*, London: Routledge ⟨https://doi.org/10.4324/9781315696010⟩.

Creese, A. und A. Blackledge 2010. »Towards a sociolinguistics of superdiversity«, *Zeitschrift für Erziehungswissenschaft* 13(4): 549-572 ⟨https://doi.org/10.1007/s11618-010-0159-y⟩.

Creese, A. und A. Blackledge 2018b. »Language and superdiversity: An interdisciplinary perspective«, in *The Routledge Handbook of Language and Superdiversity*, A. Creese und A. Blackledge (Hg.), London: Routledge, xxi-xiv ⟨https://doi.org/10.4324/9781315696010⟩.

Crenshaw, K. 1991. »Mapping the margins: Identity politics, intersectionality, and violence against women«, *Stanford Law Review* 43(6): 1241-1299 ⟨https://doi.org/10.2307/1229039⟩.

Crisp, R.J. und M. Hewstone (Hg.) 2006. *Multiple Social Categorization: Processes, Models and Applications*, London: Psychology Press.

Crisp, R.J. und M. Hewstone 2007. »Multiple social categorization«, *Advances in Experimental Social Psychology* 39, 163-254 ⟨https://doi.org/10.1016/s0065-2601(06)39004-1⟩.

Crul, M. 2016. »Super-diversity vs. assimilation: How complex diversity in majority-minority cities challenges the assumptions of assimilation«, *Journal of Ethnic and Migration Studies* 42(1): 54-68 ⟨https://doi.org/10.1080/1369183x.2015.1061425⟩.

Crul, M., J. Schneider und F. Lelie 2013. *Superdiversity: A New Perspective on Integration*, Amsterdam: VU University Press.

Culley, L. 2014. »Nursing and super-diversity«, *Journal of Research in Nursing* 19(6): 453-455 ⟨https://doi.org/10.1177/1744987114548755⟩.

Czaika, M. und C. Reinprecht 2020. »Drivers of migration: A synthesis of knowledge«, IMI Working Paper No. 163, Amsterdam.

Czaika, M. und H. de Haas 2014. »The globalization of migration: Has the world become more migratory?«, *International Migration Review*, 48(2): 283-323 ⟨https://doi.org/10.1111/imre.12095⟩.

DaCosta, J.A. 2020. »Multiracial categorization, identity, and policy in (mixed) racial formations«, *Annual Review of Sociology* 46: 335-353 ⟨https://doi.org/10.1146/annurev-soc-121919-054649⟩.

Dahinden, J. 2009. »Are we all transnationals now? Network transnationalism and transnational subjectivity: the differing impacts of globalization on the inhabitants of a small Swiss city«, *Ethnic and Racial Studies* 32(8): 1365-1386.

Danbold, F. 2018. *Understanding Dominant Group Resistance to Social Change: The Role of Prototypicality Threat*, Doktorarbeit, University of California Los Angeles.

Danbold, F. und Y. Huo 2021. »Welcome to be like us: Expectations of outgroup assimilation shape dominant group resistance to diversity«, *Personality and Social Psychology Bulletin* ⟨https://doi.org/10.1177/01461672211004806⟩.

Datta, K., C. McIlwaine, J. Herbert, Y. Evans, J. May und J. Wills 2009. »Men on the move: Narratives of migration and work among low-paid migrant men in London«, *Social & Cultural Geography* 10(8): 853-873.

Davenport, L. 2020. »The fluidity of racial classifications«, *Annual Review of Political Science* 23: 221-240 ⟨https://doi.org/10.1146/annurev-polisci-060418-042801⟩.

Davidson, B.I. und A.N. Joinson 2021. »Shape shifting across social media«, *Social Media + Society* 7(1): 1-11 ⟨https://doi.org/10.1177/2056305121990632⟩.

de Bock, J. 2015. »Not all the same after all? Superdiversity as a lens for the study of past migrations«, *Ethnic and Racial Studies* 38(4): 583-595 ⟨https://doi.org/10.1080/01419870.2015.980290⟩.

De Fina, A., D. Ikizoglu und J. Wegner (Hg.) 2017. *Diversity and Super-diversity: Sociocultural Linguistic Perspectives*, Washington, D.C.: Georgetown University Press.

de Haas, H. 2021. »A theory of migration: The aspirations-capabilities framework«, *Comparative Migration Studies* 9:8 ⟨https://doi.org/10.1186/s40878-020-00210-4⟩.

de Haas, H., K. Natter und S. Vezzoli 2018. »Growing restrictiveness or changing selection? The nature and evolution of migration policies«, *International Migration Review* 52(2): 324-367 ⟨https://doi.org/10.1111/imre.12288⟩.

de Haas, H., M. Czaika, M. Flahaux, E. Mahendra, K. Natter, S. Vezzoli und M. Villares-Varela 2019. »International migration: Trends, determinants, and policy effects«, *Population and Development Review* 45(4): 885-922 ⟨https://doi.org/10.1111/padr.12291⟩.

de Haas, H., S. Castles und M.J. Miller 2020. *The Age of Migration: International Movements in the Modern World*. London: Macmillan / Red Globe, 6. Auflage.

de Saint Laurent, C., V. Glaveanu und C. Chaudet 2020. »Malevolent creativity and social media: Creating anti-immigration communities on Twitter«, *Creativity Research Journal* 32(1): 66-80 ⟨https://doi.org/10.1080/10400419.2020.1712164⟩.

DeLanda, M. 2019. *A New Philosophy of Society: Assemblage Theory and Social Complexity*, London: Bloomsbury ⟨https://doi.org/10.5040/9781350096769⟩.

Delgado, R. und J. Stefancic 2017. *Critical Race Theory: An Introduction*, New York: New York University Press, 3. Auflage ⟨https://doi.org/10.2307/j.ctt1ggjjn3⟩.

Dembroff, R. und D. Payton 2020. »Why we shouldn't compare transracial to transgender identity«, *Boston Review* 18. November.

DeWind, J. 2009. Diversity Interview, Max-Planck-Institute for the Study of Religious and Ethnic Diversity, ⟨www.mmg.mpg.de/diversity-interviews/dewind⟩.

Dhoest, A., K. Nikunen und M. Cola 2013. »Exploring media use among migrant families in Europe«, *Observatorio* ⟨https://doi.org/10.7458/obs002013663⟩.

Dhoest, A., M. Cola, M. Brusa und D. Lemish 2012. »Studying ethnic minorities' media uses: Comparative conceptual and methodological reflections«, *Communication, Culture & Critique* 5(3): 372-391.

Diani, M. 2000. »Simmel to Rokkan and beyond: Towards a network theory of (new) social movements«, *European Journal of Social Theory* 3(4): 387-406 ⟨https://doi.org/10.1177/13684310022224868⟩.

Dietz, G. 2013. »A doubly reflexive ethnographic methodology for the study of religious diversity in education«, *British Journal of Religious Education* 35(1): 20-35 ⟨https://doi.org/10.1080/01416200.2011.614752⟩.

Dinesen P.T. und K.M. Sønderskov 2015. »Ethnic diversity and social trust: Evidence from the micro-context«, *American Sociological Review* 80(3): 550-573 ⟨https://doi.org/10.1177/0003122415577989⟩.

Dinesen, P.T., M. Schaeffer und K.M. Søderskov 2020. »Ethnic diversity and social trust: A narrative and meta-analytic review«, *Annual Review of Political Science* 23, 441-465 ⟨https://doi.org/10.1146/annurev-polisci-052918-020708⟩.

Dixon, J. und M. Levine (Hg.) 2012. *Beyond Prejudice: Extending the Social Psychology of Conflict, Inequality and Social Change*, Cambridge: Cambridge University Press.

Dovidio J.F. und S.L. Gaertner 2010. »Intergroup bias«, in *Handbook of Social Psychology*, S.T. Fiske et al. (Hg.), Hoboken: Wiley, 1084-1121 ⟨https://doi.org/10.1002/9780470561119.socpsy002029⟩.

Dražanová, L. 2020. »What factors determine attitudes to immigration? A meta-analysis of political science research on immigration attitudes (2009-2019)«, Florenz: EUI Working Paper RSCA 2020/85 ⟨https://doi.org/10.2139/ssrn.3739910⟩.

Drinkwater, S. 2010. »Immigration and the Economy«, *National Institute Economic Review* 213(1): R1-R4 ⟨https://doi.org/10.1177/0027950110380319⟩.

Duarte, J. und I. Gogolin (Hg.) 2013. *Linguistic Superdiversity in Urban Areas: Research Approaches*, Amsterdam: John Benjamins ⟨https://doi.org/10.1075/hsld.2⟩.

Duffy, B. 2021. *Generations: Does When You're Born Shape Who You Are?* London: Atlantic.

Duffy, B. und T. Frere-Smith 2014. *Perception and Reality: Public Attitudes to Immigration*, London: Ipsos MORI.

Durkheim, É. 2014 (1893). *The Division of Labor in Society*, London: Simon and Schuster.

Durrheim, K., M. Okuyan, M.S. Twali, E. García-Sánchez, A. Pereira, J.S. Portice, T. Gur, O. Wiener-Blotner und T.F. Keil 2018. »How racism discourse can mobilize right-wing populism: The construction of identity and alliance in reactions to UKIP's Brexit ›Breaking Point‹ campaign«, *Journal of Community & Applied Social Psychology* 28, 385-405 ⟨https://doi.org/10.1002/casp.2347⟩.

Economist, The 2017. »A portrait of Migrantland«, 15. April.

Edsall, T.B. 2017. »White-on-White voting«, *New York Times*, 16. November.

Edsall, T.B. 2021. »White riot«, *New York Times*, 14. Januar.

Eisenstadt, S.N. 1961. »Anthropological studies of complex societies«, *Current Anthropology* 2(3): 201-222 ⟨https://doi.org/10.1086/200188⟩.

Ekman, M. 2019. »Anti-immigration and racist discourse in social media«, *European Journal of Communication* 34(6): 606-618 ⟨https://doi.org/10.1177/0267323119886151⟩.

Engbersen, G., E. Snel und J. de Boom 2010. »›A van full of Poles‹: Liquid migration from Central and Eastern Europe«, in *A Continent Moving West?*, R. Black et al. (Hg.), Amsterdam: Amsterdam University Press, 115-140 ⟨https://doi.org/10.1515/9789048510979-006⟩.

Erel, U. 2009. *Migrant Women Transforming Citizenship: Life Stories from Britain and Germany*, Farnham: Ashgate.

Erel, U. 2011. »Reframing migrant mothers as citizens«, *Citizenship Studies* 15(6-7): 695-709 ⟨https://doi.org/10.1080/13621025.2011.600076⟩.

Eriksen, T.H. 2007. »Complexity in social and cultural integration: Some analytical dimensions«, *Ethnic and Racial Studies* 30(6): 1055-1069 ⟨https://doi.org/10.1080/01419870701599481⟩.

Eriksen, T.H. 2015. »Cultural complexity«, in *Routledge International Handbook of Diversity Studies* (Steven Vertovec, Hg.), London/New York: Routledge, 371-378 ⟨https://doi.org/10.4324/9781315747224⟩.

Eriksen, T.H. 2015. *Fredrik Barth: An Intellectual Biography*, London: Pluto Press.

Evans, J. und G. Ivaldi 2020. »Contextual effects of immigrant presence on populist radical right support: Testing the »halo effect« on Front National voting in France«, *Comparative Political Studies* 54(5): 823-854 ⟨https://doi.org/10.1177/0010414020957677⟩.

Fanshawe, S. und D. Sriskandarajah 2010. *You Can't Put Me In A Box: Super-diversity and the End of Identity Politics in Britain*, London: Institute for Public Policy Research.

Farrell, C.R. und B.A. Lee 2018. »No-majority communities: Racial diversity and change at the local level«, *Urban Affairs Review* 54(5): 866-897 ⟨https://doi.org/10.1177/1078087416682320⟩.

Faulkner, S., H. Guy und F. Vis 2021. »Right-wing populism, visual disinformation, and Brexit: From the UKIP ›Breaking Point‹ poster to the aftermath of the London Westminster bridge attack«, in *The Routledge Companion to Media Disinformation and Populism*, H. Tumber und S. Waisbord (Hg.), London: Routledge, 198-208 ⟨https://doi.org/10.4324/9781003004431-22⟩.

Favell, A. 2007. »Rebooting migration theory: Interdisciplinarity, globality and transdisciplinarity in migration studies«, in *Migration Theory*, C. Brettell und J. Hollifield (Hg.) 2. Auflage, London: Routledge: 259-282 ⟨https://doi.org/10.4324/9780203950449⟩.

Favell, A. 2022. *The Integration Nation: Immigration and Colonial Power in Liberal Democracies*, Cambridge: Polity.

Finseraas, H., Ø. S. Skorge und M. Strøm 2018. »Does education affect immigration attitudes? Evidence from an education reform«, *Electoral Studies* 55, 131-135 ⟨https://doi.org/10.1016/j.electstud.2018.06.009⟩.

Florida, R. 2002. *The Rise of the Creative Class*, New York: Basic Books.

Fomina, J. 2006. »The failure of British multiculturalism: Lessons for Europe«, *Polish Sociological Review* 156: 409-424.

Foner, N. 1997. »What's new about transnationalism? New York immigrants today and at the turn of the century«, *Diaspora* 6(3): 355-375 ⟨https://doi.org/10.3138/diaspora.6.3.355⟩.

Foner, N. 2017. »What's new about super-diversity?« *Rosbrook* 36(4): 49-57.

Fong, E. und K. Shibuya 2005. »Multiethnic cities in North America«, *Annual Review of Sociology* 31, 285-304 ⟨https://doi.org/10.1146/annurev.soc.31.041304.122246⟩.

Foroutan, N. 2019. *Die postmigrantische Gesellschaft: Ein Versprechen der pluralen Demokratie*, Bielefeld: Transcript ⟨https://doi.org/10.1515/9783839442630⟩.

Foster-Frau, S., T. Mellnik und A. Blanco 2021. »›We're talking about a big, powerful phenomenon‹: Multiracial Americans drive change«, *The Washington Post*, 8. Oktober.

Francis, B., P. Burke und B. Read 2013. »The submergence and re-emergence of gender in undergraduate accounts of university experience«, *Gender and Education* 26(1): 1-17 ⟨https://doi.org/10.1080/09540253.2013.860433⟩.

Fraser, N. und M. Ploux 2005. »Multiculturalism, anti-essentialism, and radical democracy«, *Cahiers du Genre* 39(2): 27-50 ⟨https://doi.org/10.3917/cdge.039.0027⟩.

Freedland, J. 2005. »The world in one city«, *The Guardian*, 15. Juli.

Frey, W. 2015. *Diversity Explosion: How New Racial Demographics Are Remaking America*, Washington, D. C.: Brookings Institution.

Frey, W. 2021. »All recent US population growth comes from people of color, new census estimates show« ⟨www.brookings.edu/research⟩.

Fuhse, J. A. 2018. »New media and socio-cultural formations«, *Cybernetics & Human Knowing* 25(4): 73-96.

Funderberg, L. 2013. »The changing face of America«, *National Geographic*, Oktober.

Gaertner, S. L. und J. F. Dovidio 2014. *Reducing Intergroup Bias: The Common Ingroup Identity Model*, Philadelphia: Psychology Press.

Gamson, J. 1995. »Must identity movements self-destruct? A queer dilemma«, *Social Problems* 42(3): 390-407 ⟨https://doi.org/10.1525/sp.1995.42.3.03x0104z⟩.

Gans, H. J. 2017. »Racialization and racialization research«, *Ethnic and Racial Studies* 40(3): 341-352 ⟨https://doi.org/10.1080/01419870.2017.1238497⟩.

García, O. und L. Wei 2014. *Translanguaging: Language, Bilingualism and Education*, Basingstoke: Palgrave Macmillan ⟨https://doi.org/10.1057/9781137385765⟩.

Garip, F. 2012. »Discovering diverse mechanisms of migration: The Mexico–US Stream 1970-2000«, *Population and Development Review* 38(3): 393-433 ⟨https://doi.org/10.1111/j.1728-4457.2012.00510.x⟩.

Garner, S. 2023. »›Not in a relationship‹: Superdiversity's anomalous disengagement from ›race‹«, in *The Oxford Handbook of Superdiversity*, F. Meissner, N. Sigona und S. Vertovec (Hg.), Oxford: Oxford University Press, 359-376.

Gasser, L. und von Rath, A. 2020. »Race ≠ Rasse: 10 schwierig zu übersetzende Begriffe in Bezug auf *race*.« ⟨https://www.goethe.de/ins/no/de/kul/sup/ac/race.html⟩.

Gaye, N. 2011. *Super Diversity in Canada*, Ottawa: Policy Horizons Canada, Government of Canada.

Gebeloff, R., D. Lu und M. Jordan 2021. »Inside the diverse and growing Asian population in the U.S«., *New York Times*, 21. August.

Geertz, C. 1986. »The uses of diversity«, *Michigan Quarterly Review* 25(1): 105-123.

Geldof, D. 2016. *Superdiversity in the Heart of Europe: How Migration Changes Our Society*, Den Haag: Acco.

Geldof, D., M. Schrooten und S. Withaeckx 2017. »Transmigration: The rise of flexible migration strategies as part of superdiversity«, *Policy & Politics* 45(4): 567-584 ⟨https://doi.org/10.1332/030557317X14972774011385⟩.

Gest, J. 2016. *The New Minority: White Working Class Politics in an Age of Immigration and Inequality*. Oxford: Oxford University Press.

Gest, J., T. Reny und J. Mayer 2018. »Roots of the radical Right: Nostalgic deprivation in the United States and Britain«, *Comparative Political Studies* 51(1): 1694-1719 ⟨https://doi.org/10.1177/0010414017720705⟩.

Geyer, R. und S. Rihani 2012. *Complexity and Public Policy: A New Approach to 21st Century Politics, Policy and Society*, London: Routledge ⟨https://doi.org/10.4324/9780203856925⟩.

Gilroy, P. 1993. *The Black Atlantic: Modernity and Double Consciousness*, Cambridge, MA: Harvard University Press.

GLA [Greater London Authority] 2005a. *London – The World in a City: An analysis of the 2001 Census results*, London: Greater London Authority Data Management and Analysis Group Briefing 2005/6.

GLA [Greater London Authority] 2005b. *Country of Birth and Labour Market Outcomes in London: An analysis of Labour Force Survey and Census data*, London: Greater London Authority Data Management and Analysis Group Briefing 2005/1.

Glick Schiller, N. 1999. »Transmigrants and Nation-States: Something Old and Something New in U.S. Immigrant Experience«, in *Handbook of International Migration: The American Experience*, C. Hirschman, J. DeWind, and P. Kasinitz (Hg.), New York: Russell Sage, 94-119.

Glick Schiller, N., A. Caglar and T.C. Guldbrandsen 2006. »Beyond the ethnic lens: Locality, globality, and born-again incorporation«, *American Ethnologist* 33(4): 612-633.

Glick Schiller, N., L. Basch und C. Blanc-Szanton 1992. »Transnationalism: A new analytic framework for understanding migration«, *Annals of the New York Academy of Sciences* 645(1): 1-24 ⟨https://doi.org/10.1111/j.1749-6632.1992.tb33484.x⟩.

Gluckman, M. 1958. »Analysis of a social situation in modern Zululand«, Rhodes-Livingston Papers No. 28, Manchester: Manchester University Press.

Goebel, Z. 2015. *Language and Superdiversity: Indonesians Knowledging at Home and Abroad*, Oxford: Oxford University Press ⟨https://doi.org/10.1093/acprof:oso/9780199795413.001.0001⟩.

Gogolin, I. 2011. »The challenge of super diversity for education in Europe«, *Education Inquiry* 2(2): 239-249 ⟨https://doi.org/10.3402/edui.v2i2.21976⟩.

Goldstein, J. und A. Morning 2000. »The multiple-race population of the United States: Issues and estimates«, *Proceedings of the National Academy of Sciences* 97(11): 6230-6235 ⟨https://doi.org/10.1073/pnas.100086897⟩.

Gonzalez-Sobrino, B. 2016. »The threat of the ›Other‹: Ethnic competition and racial interest«, *Sociology Compass* 10(7): 592-602 ⟨https://doi.org/10.1111/soc4.12382⟩.

Goodhart, D. 2004. »Too diverse?«, *Prospect* 95: 30-37.

Gorski, P.S. und G. Türkmen-Dervişoğlu 2013. »Religion, nationalism, and violence: An integrated approach«, *Annual Review of Sociology* 39: 193-210 ⟨https://doi.org/10.1146/annurev-soc-071312-145641⟩.

Goździak, E.M. and M.J. Melia 2005. »Promising practices for immigrant integration«, in *Beyond the Gateway*, E.M. Goździak and S.F. Martin (Hg.), Lanham: Lexington, 241-274.

Graeber, D. und D. Wengrow 2021. *The Dawn of Everything: A New History of Humanity*, New York: Farrar, Straus and Giroux.

Graf, S., S. Paolini und M. Rubin 2014. »Negative intergroup contact is more influential, but positive intergroup contact is more common: Assessing contact prominence and contact prevalence in five Central European countries«, *European Journal of Social Psychology* 44: 536-47 ⟨https://doi.org/10.1002/ejsp.2052⟩.

Greatrex, G. und S. Mitchell (Hg.) 2000. *Ethnicity and Culture in Late Antiquity*, Swansea: Classical Press of Wales.

Grillo, R. 2015. »Reflections on super-diversity by an urban anthropologist, or ›Superdiversity so what?‹«, Vortrag bei Academy of Urban Super-Diversity, Berlin.

Grillo, R.D., 1998. *Pluralism and the Politics of Difference: State, Culture, and Ethnicity in Comparative Perspective*, Oxford: Clarendon Press.

Grillo, R. D., 2018. *Interculturalism and the Politics of Dialogue*, Lewes: B and RG Books of Lewes.

Grillo, T. 1995. »Anti-essentialism and intersectionality: Tools to dismantle the master's house«, *Berkeley Women's Law Journal* 10: 16-30.

Gross, B. 2020. »Education for a common identity in times of superdiversity? The example of linguistic diversity and identity«, *Pedagogia e Vita* 78: 124-134.

Gumperz, J. J. 1982. *Discourse Strategies*, Cambridge: Cambridge University Press ⟨https://doi.org/10.1017/cbo9780511611834⟩.

Gumperz, J. J. und D. Hymes (Hg.) 1972. *Directions in Sociolinguistics: The Ethnography of Communication,* London: Blackwell, 35-71.

Guo, S. 2010. »Migration and communities: Challenges and opportunities for lifelong learning«, *International Journal of Lifelong Education* 29(4): 437-47 ⟨https://doi.org/10.1080/02601370.2010.488806⟩.

Hadj Abdou, L. und A. Geddes 2017. »Managing superdiversity? Examining the intercultural policy turn in Europe«, *Policy & Politics* 45(4): 493-510 ⟨https://doi.org/10.1332/030557317x15016676607077⟩.

Hainmueller, J. und M. J. Hiscox 2007. »Educated preferences: Explaining attitudes toward immigration in Europe«, *International Organization* 61(2): 399-442 ⟨https://doi.org/10.1017/s0020818307070142⟩.

Hall, S. 1991. »Old and new identities, old and new ethnicities«, in *Culture, Globalization and the World-System*, A. D. King (Hg.), Basingstoke: Macmillan, 41-68 ⟨https://doi.org/10.1007/978-1-349-11902-8_3⟩.

Hall, S. 1993. »Culture, community, nation«, *Cultural Studies* 7(3): 349-363 ⟨https://doi.org/10.1080/09502389300490251⟩.

Hall, S. M. 2015. »Super-diverse street: A ›trans-ethnography‹ across migrant localities«, *Ethnic and Racial Studies* 38(1): 22-37 ⟨https://doi.org/10.1080/01419870.2013.858175⟩.

Hambye, P. und M. Richards 2012. »The paradoxical visions of multilingualism in education: The ideological dimension of discourses on multilingualism in Belgium and Canada«, *International Journal of Multilingualism* 9(2): 165-188.

Hamilton D. L. und G. D. Bishop 1976. »Attitudinal and behavioral effects of initial integration of White suburban neighborhoods«, *Journal of Social Issues* 32(2): 47-67 ⟨https://doi.org/10.1111/j.1540-4560.1976.tb02494.x⟩.

Hampshire, J. 2013. »An emigrant nation without an emigrant policy: The curious case of Britain«, in *Emigration Nations*, M. Collyer (Hg.), London: Palgrave Macmillan, 302-326.

Hancock, A. M. 2007. »When multiplication doesn't equal quick addition: Examining intersectionality as a research paradigm«, *Perspectives on Politics* 5(1): 63-79 ⟨https://doi.org/10.1017/s1537592707070065⟩.

Hannerz, U. 1987. »The world in creolization«, *Africa* 57(4): 546-559 ⟨https://doi.org/10.2307/1159899⟩.

Hannerz, U. 1992. *Cultural Complexity: Studies in the Social Organization of Meaning*, New York: Columbia University Press.

Hansen, R. und P. Weil 2001. *Towards a European Nationality: Citizenship, Immigration and Nationality Law in the EU*, New York: Palgrave.

Harris, R. 2003. »Language and new ethnicities: Multilingual youth and diaspora«, London: King's College Working Papers in Urban Language and Literacies Nr. 22.

Harris, R. und B. Rampton 2002. »Creole metaphors in cultural analysis: On the limits and possibilities of (socio-)linguistics«, *Critique of Anthropology* 22, 31-51 ⟨https://doi.org/10.1177/0308275x020220010101⟩.

Harzig, C. und D. Juteau 2003. »Introduction: Recasting Canadian and European history in a pluralist perspective«, in *The Social Construction of Diversity*, C. Harzig und D. Juteau (Hg.), Oxford: Berghahn, 1-12.

Hatton, T. 2003. »Explaining trends in UK Immigration«, London: Centre for Economic Policy Research, CEPR Discussion Papers 4019.

Hatziprokopiou, P. 2008. »Strangers as neighbors in the cosmopolis: New migrants in London, diversity, and place«, in *Branding Cities. Cosmopolitanism, Parochialism and Social Change*. S. Donald, E. Kofman und C. Kevin (Hg.), New York: Routledge, 14-27 ⟨https://doi.org/10.4324/9780203884294-7⟩.

Hawkey, K. 2012. »History and super diversity«, *Education Sciences* 2(4): 165-179 ⟨https://doi.org/10.3390/educsci2040160⟩.

Haynes, C., J.L. Merolla und S.K. Ramakrishnan 2016. *Framing immigrants: News Coverage, Public Opinion, and Policy*, New York: Russell Sage Foundation.

Hayward, L.E., L.R. Tropp, M.J. Hornsey und K. Barlow 2017. »Towards a comprehensive understanding of intergroup contact: Descriptions and mediators of positive and negative contact among majority and minority groups«, *Personality and Social Psychology Bulletin* 43, 347-364 ⟨https://doi.org/10.1177/0146167216685291⟩.

Heather, P. 2010. *Empires and Barbarians: The Fall of Rome and the Birth of Europe*, Oxford: Oxford University Press.

Heil, T. 2020. *Comparing Conviviality: Living with Difference in Casamance and Catalonia*, Basingstoke: Palgrave.

Helbling, M. 2014. »Framing immigration in Western Europe«, *Journal of Ethnic and Migration Studies* 40(1): 21-41 ⟨https://doi.org/10.1080/1369183x.2013.830888⟩.

Hesse, M. 2022. »Republicans thought defining a ›woman‹ is easy. Then they tried«, *Washington Post*, 6. April.

Heugh, K. 2013. »Mobility, migration and sustainability: Re-figuring languages in diversity«, *International Journal of the Sociology of Language* 222: 5-32.

Hewstone, M. 2009. »Living apart, living together? The role of intergroup contact in social integration«, *Proceedings of the British Academy* 162, 243-300 ⟨https://doi.org/10.5871/bacad/9780197264584.003.0009⟩.

Hewstone, M. 2015. »Consequences of Diversity for Social Cohesion and Prejudice: The Missing Dimension of Intergroup Contact«, *Journal of Social Issues* 71(2): 417-38 ⟨https://doi.org/10.1111/josi.12120⟩.

Hewstone, M. und R. Brown (Hg.) 1986. *Contact and Conflict in Intergroup Encounters*, Oxford: Blackwell.

Hewstone, M., N. Tausch, J. Hughes und E. Cairns 2007. »Identity, ethnic diversity and community cohesion«, in *Identity, Ethnic Diversity and Community Cohesion*, M. Wetherall et al. (Hg.), Los Angeles: Sage, 102-112 ⟨https://doi.org/10.4135/9781446216071.n9⟩.

Heyd, T., F. von Mengden und B. Schneider (Hg.) 2019. *The Sociolinguistic Economy of Berlin: Cosmopolitan Perspectives on Language, Diversity and Social Space*, Boston: Walter de Gruyter ⟨https://doi.org/10.1515/9781501508103⟩.

Higgins, E. T. 1996. »Knowledge activation: Accessibility, applicability, and salience«, in *Social Psychology: Handbook of Basic Principles*, E. T. Higgins (Hg.), New York: Guildford Press, 133-168.

Hill, A. 2007. »The changing face of British cities by 2020«, *The Observer* 23. Dezember.

Hill, S., D. J. Hopkins und G. A. Huber 2019. »Local demographic changes and US presidential voting, 2012 to 2016«, *Proceedings of the National Academy of Sciences* 116(50): 25023-25028 ⟨https://doi.org/10.1073/pnas.1909202116⟩.

Hiruy, K. und R. A. Hutton 2020. »Towards a re-imagination of the New African Diaspora in Australia«, *African Diaspora* 12(1-2): 153-179 ⟨https://doi.org/10.1163/18725465-bja10010⟩.

Ho, E. L. und L. Kathiravelu 2021. »More than race: a comparative analysis of ›new‹ Indian and Chinese migration in Singapore«, *Ethnic and Racial Studies* ⟨https://doi.org/10.1080/01419870.2021.1924391⟩.

Hochman, A. 2019. »Racialization: A defense of the concept«, *Ethnic and Racial Studies* 42(8): 1245-1262 ⟨https://doi.org/10.1080/01419870.2018.1527937⟩.

Hochschild, A. R. 2018. *Strangers in their Own Land: Anger and Mourning on the American Right*, New York: The New Press.

Hoerder, D. 2002. *Cultures in Contact: World Migrations in the Second Millennium*, Durham: Duke University Press.

Hogg, L. 2011. »Funds of knowledge: An investigation of coherence within the literature«, *Teaching and Teacher Education* 27(3): 666-677.

Hollinger, D. 1995. *Postethnic America: Beyond Multiculturalism*, New York: Basic Books.

Hollingworth, S. und A. Mansaray 2012. *Language Diversity and Attainment in English Schools: A Scoping Study*. London: The Institute for Policy Studies in Education (IPSE), London Metropolitan University.

Hollingworth, S. und K. Williams 2010. »Multicultural mixing or middle-class reproduction? The White middle classes in London comprehensive schools«, *Space and Polity* 14(1): 47-64 ⟨https://doi.org/10.1080/13562571003737767⟩.

Holmes, C. 1997. »Cosmopolitan London«, in *London: The Promised Land?*, A. J. Kershen (Hg.), Aldershot: Avebury, 10-37.

Home Office 2001. *Community Cohesion: A Report of the Independent Review Team* (aka the Cantle Report), London: Home Office.

Home Office 2002a. *Control of Immigration: Statistics United Kingdom 2001*, London: HMSO.

Home Office 2002b. *Migrants in the UK: Their characteristics and labour market outcomes and impacts*, London: Home Office, Research Development and Statistics Occasional Paper Nr. 82.

Home Office 2003. *Building a Picture of Community Cohesion: A guide for local authorities and their partners*, London: Home Office.

Home Office 2004. *The End of Parallel Lives? The Report of the Community Cohesion Panel,* London: Home Office.

Home Office 2005. »An exploration of factors affecting the successful dispersal of asylum seekers«, London: Home Office, Research Development and Statistics Online Report 50/05.

Hopkins, D. J. 2007. »Threatening changes: Explaining where and when immigrants provoke local opposition«, Vortrag bei der jährlichen Tagung der American Political Science Association.

Hopkins, D. J. 2009. »The diversity discount: When increasing ethnic and racial diversity prevents tax increases«, *The Journal of Politics* 71(1): 160-177 ⟨https://doi.org/10.1017/s0022381608090105⟩.

Hopkins, D. J. 2011. »The limited local impacts of ethnic and racial diversity«, *American Politics Research* 39(2): 344-379 ⟨https://doi.org/10.1177/1532673x10370734⟩.

Hopkins, D. J., J. Sides und J. Citrin 2018. »The muted consequences of correct information about immigration«, *The Journal of Politics* 81(1): 315-320 ⟨https://doi.org/10.1086/699914⟩.

Hugo, G. 1996. »Environmental concerns and international migration«, *International Migration Review*, 30(1): 105-131 ⟨https://doi.org/10.1177/019791839603000110⟩.

Human Rights Watch 2022. »#OUTLAWED: »The love that dare not speak its name« ⟨http://internap.hrw.org/features/features/lgbt_laws/⟩.

Humphris, R. 2015. »Race and superdiversity – what are the links?«, Final Report, Institute for Research on Superdiversity [IRiS] Key Concepts roundtable series, University of Birmingham.

Hüwelmeier, G. 2011. »Socialist cosmopolitanism meets global Pentecostalism: charismatic Christianity among Vietnamese migrants after the fall of the Berlin Wall«, *Ethnic and Racial Studies* 34(3): 436-453 ⟨https://doi.org/10.1080/01419870.2011.535547⟩.

IOM (International Organization for Migration) 2003. *World Migration Report 2003: Managing Migration*, Genf: International Organization for Migration.

IOM (International Organization for Migration) 2015. *World Migration Report 2015: Migrants and Cities*, Genf: International Organization for Migration.

IOM (International Organization for Migration) 2020. *World Migration Report 2020*: Genf: International Organization for Migration.

Jacobs, J. M. und R. Fincher 1998. »Introduction«, in *Cities of Difference*, R. Fincher und J. M. Jacobs (Hg.), New York: The Guilford Press, 1–25.

Jacquemet, M. 2011. »Crosstalk 2.0, Asylum and communicative breakdowns«, *Text & Talk* 31(4): 475–97 ⟨https://doi.org/10.1515/text.2011.023⟩.

Jaffe, A. 2016. »What kinds of diversity are super? Hidden diversities and mobilities on a Mediterranean island«, *Language & Communication* 51, 5–16 ⟨https://doi.org/10.1016/j.langcom.2016.06.005⟩.

James, M. 2014. »Whiteness and loss in outer East London: Tracing the collective memories of diaspora space«, *Ethnic and Racial Studies* 37(4): 652–667 ⟨https://doi.org/10.1080/01419870.2013.808761⟩.

JCWI (Joint Council for the Welfare of Immigrants) 2004. *Immigration, Nationality and Refugee Law Handbook*, London: Joint Council for the Welfare of Immigrants.

Jenkins, R. 2004. *Social Identity*, London: Routledge, 2. Auflage ⟨https://doi.org/10.4324/9780203463352⟩.

Jensen, O. 2017. »Superdiversity in the post-industrial city: A comparative analysis of backlash narratives in six European neighbourhoods«, *Policy & Politics* 45(4): 643–660 ⟨https://doi.org/10.1332/030557317x15046028381119⟩.

Jeong, M. und R. E. Bae 2018. »The effect of campaign-generated interpersonal communication on campaign-targeted health outcomes: A meta-analysis«, *Health Communication* 33(8): 988–1003 ⟨https://doi.org/10.1080/10410236.2017.1331184⟩.

Johnston, P. 2006. »Immigrants ›swamping‹ council services«, *Daily Telegraph* 26. Juni.

Jones, D. 2019. *Superdiverse Diaspora: Everyday Identifications of Tamil Migrants in Britain*, Basingstoke: Palgrave.

Jones, J. M. und J. F. Dovidio 2018. »Change, challenge, and prospects for a diversity paradigm in Social Psychology«, *Social Issues and Policy Review* 12(1): 7–56 ⟨https://doi.org/10.1111/sipr.12039⟩.

Jones, J. M., J. F. Dovidio und D. L. Vietze 2014. *The Psychology of Diversity: Beyond Prejudice and Racism*, Oxford: Wiley Blackwell.

Jordan, B. und F. Düvell 2002. *Irregular Migration: The Dilemmas of Transnational Mobility*, Cheltenham: Edward Elgar ⟨https://doi.org/10.4337/9781781950456⟩.

Jörg, T. 2011. *New Thinking in Complexity for the Social Sciences and Humanities*, Dordrecht: Springer ⟨https://doi.org/10.1007/978-94-007-1303-1⟩.

Jørgensen, J. N. 2012. »Ideologies and norms in language and education policies in Europe and their relationship with everyday language behaviours«, *Language, Culture and Curriculum* 25(1): 57-71 ⟨https://doi.org/10.1080/07908318.2011.653058⟩.

Juffermans, K. 2012. »Exaggerating difference: Representations of the Third World Other in PI aid«, *Intercultural Pragmatics* 9(1): 23-45 ⟨https://doi.org/10.1515/ip-2012-0002⟩.

Kaczmarczyk, P. und M. Okólski 2005. *International Migration in Central and Eastern Europe: Current and Future Trends*, New York: United Nations Population Division UN/POP/MIG/2005/12⟩.

Kai, J. 2003. »Toward quality in health care for a diverse society«, in *Ethnicity, Health and Primary Care*, J. Kai (Hg.), Oxford University Press, 27-37.

Kandylis, G., T. Maloutas und J. Sayas 2012. »Immigration, inequality and diversity: socio-ethnic hierarchy and spatial organization in Athens, Greece«, *European Urban and Regional Studies* 19(3): 267-286 ⟨https://doi.org/10.1177/0969776412441109⟩.

Kang, G. E. 1976. »Conflicting loyalties theory: A cross-cultural test«, *Ethnology* 15(2): 201-210 ⟨https://doi.org/10.2307/3773330⟩.

Karimi, A. und R. Wilkes 2021. »A methodological analysis of national models of integration: time to think without the models?«, *Journal of Ethnic and Migration Studies* ⟨https://doi.org/10.1080/1369183X.2021.1990748⟩.

Kathiravelu, L. 2023. »Superdiversity in Highly Regulated Global Cities«, in *The Oxford Handbook of Superdiversity*, F. Meissner, N. Sigona und S. Vertovec (Hg.), Oxford: Oxford University Press, 301-312.

Kaufmann, E. 2014. »›It's the demography, stupid‹: Ethnic change and opposition to immigration«, *The Political Quarterly* 85(3): 267-276 ⟨https://doi.org/10.1111/1467-923x.12090⟩.

Kaufmann, E. 2018. *Whiteshift: Populism, Immigration and the Future of White Majorities*, London: Allen Lane.

Keating, D. und L. Karklis 2016. »The increasingly diverse United States of America«, *New York Times*, 25. November.

Keith, M. 2005. *After the Cosmopolitan? Multicultural Cities and the Future of Racism*, London: Routledge.

Kertzer, D. und D. Arel (Hg.) 2002. *Census and Identity: The Politics of Race, Ethnicity, and Language in National Censuses*, Cambridge: Cambridge University Press.

Khazaei, F. 2018. »Grounds for dialogue: Intersectionality and superdiversity«, *Tijdschrift voor Genderstudies* 21(1): 7-25 ⟨https://doi.org/10.5117/tvgn2018.1.khaz⟩.

Kihato, C., M. Massoumi, B. A. Ruble, P. Subirós und A. M. Garland (Hg.) 2010. *Urban Diversity: Space, Culture, and Inclusive Pluralism in Cities Worldwide*, Baltimore: Johns Hopkins University Press.

King, R. 2012. »Theories and typologies of migration: An overview and a primer«,

Willy Brandt Series of Working Papers in International Migration and Ethnic Relations 3/12, Malmö.

Kirwan, G. 2022. »Superdiversity re-imagined: Applying superdiversity theory to research beyond migration studies«, *Current Sociology* 70(2): 192-209 ⟨https://doi.org/10.1177/0011392120983346⟩.

Kivisto, P. 2005. »Social spaces, transnational immigrant communities, and the politics of incorporation«, in *Incorporating Diversity*, P. Kivisto (Hg.), Boulder: Paradigm, 299-319.

Klijn, E. H. und J. F. Koppenjan 2014. »Complexity in governance network theory«, *Complexity, Governance & Networks* 1(1): 61-70 ⟨https://doi.org/10.7564/14-cgn8⟩.

Koch, G. 2009. »Intercultural communication and competence research through the lens of an anthropology of knowledge«, *Forum Qualitative Sozialforschung* 10(1): Art. 15 ⟨https://doi.org/10.17169/fqs-10.1.1231⟩.

Kofman, E. 1998. »Whose city? Gender, class, and immigrants in globalizing European cities«, in *Cities of Difference*, R. Fincher und J. M. Jacobs (Hg.), New York: The Guilford Press, 279-300.

Kofman, E. 2002. »Contemporary European migrations, civic stratification and citizenship«, *Political Geography* 21, 1035-1054 ⟨https://doi.org/10.1016/s0962-6298(02)00085-9⟩.

Kofman, E. 2004. »Family-related migration: A critical review of European studies«, *Journal of Ethnic and Migration Studies* 30(2): 243-262 ⟨https://doi.org/10.1080/1369183042000200687⟩.

Kofman, E., P. Taghuram und M. Merefield 2005. »Gendered migrations: Towards gender sensitive policies in the UK«, London: Institute for Public Policy Research, Asylum and Migration Working Paper 6.

Kraus, P. A. 2012. »The politics of complex diversity: A European perspective«, *Ethnicities* 12(1): 3-25.

Krishnakumar, P. 2021. »This record-breaking year for anti-transgender legislation would affect minors the most«, 15. April 2021 ⟨https://edition.cnn.com/2021/04/15/politics/anti-transgender-legislation-2021/index.html⟩.

Kuper, L. und M. G. Smith (Hg.) 1969. *Pluralism in Africa*, Berkeley: University of California Press.

Kushner, G. 1969. »The anthropology of complex societies«, *Biennial Review of Anthropology* 6, 80-131.

Kusters, A., D. O'Brien und M. De Meulder 2017. »Innovations in deaf studies: Critically mapping the field«, in *Innovations in Deaf Studies*, A. Kusters, M. De Meulder und D. O'Brien (Hg.), New York: Oxford University Press, 7-52.

Kustov, A., D. Laaker und C. Reller 2021. »The stability of immigration attitudes: Evidence and implications«, *The Journal of Politics* 83(4): 1478-1494 ⟨https://doi.org/10.1086/715061⟩.

Kyambi, S. 2005. *New Immigrant Communities: New Integration Challenges?* London: Institute for Public Policy Research.

Lamont, M. und V. Molnár 2002. »The study of boundaries in the social sciences«, *Annual Review of Sociology* 28, 167-195 ⟨https://doi.org/10.1146/annurev.soc.28.110601.141107⟩.

Lamont, M., B.Y. Park und E. Ayala-Hurtado 2017. »Trump's electoral speeches and his appeal to the American white working class«, *British Journal of Sociology* 68: S153-S180 ⟨https://doi.org/10.1111/1468-4446.12315⟩.

Lamont, M., S. Beljean und M. Clair 2014. »What Is missing? Cultural processes and causal pathways to inequality«, *Socio-Economic Review* 12(3): 573-608 ⟨https://doi.org/10.1093/ser/mwu011⟩.

Lamphere, L. (Hg.) 1992. *Structuring Diversity: Ethnographic Perspectives on the New Immigration*, Chicago: University of Chicago Press.

Lancee, B. und O. Sarrasin 2015. »Educated preferences or selection effects? A longitudinal analysis of the impact of educational attainment on attitudes towards immigrants«, *European Sociological Review* 31(4): 490-501 ⟨https://doi.org/10.1093/esr/jcv008⟩.

Large, P. und K. Ghosh 2006. »Estimates of the population by ethnic group for areas within England«, Office for National Statistics Population Trends 124.

Laurence, J. 2011. »The effect of ethnic diversity and community disadvantage on social cohesion: A multi-level analysis of social capital and interethnic relations in UK communities«, *European Sociological Review* 27(1): 70-89 ⟨https://doi.org/10.1093/esr/jcp057⟩.

Laurence, J. 2014. »Reconciling the contact and threat hypotheses: Does ethnic diversity strengthen or weaken community inter-ethnic relations?«, *Ethnic and Racial Studies* 37(8): 1328-1349 ⟨https://doi.org/10.1080/01419870.2013.788727⟩.

Le Gall, J., C. Therrien und K. Geoffrion 2021. »Beyond borders: The everyday life of transnational mixed families«, in *Mixed Families in a Transnational World*, J. Le Gall et al. (Hg.), London: Routledge, 1-24 ⟨https://doi.org/10.4324/9781003126263⟩.

Lee, J. und F.D. Bean 2010. *The Diversity Paradox: Immigration and the Color Line in 21st Century America*, New York: Russell Sage Foundation.

Lee, K.O. 2017. »Temporal dynamics of racial segregation in the United States: An analysis of household residential mobility«, *Journal of Urban Affairs* 39(1): 40-67 ⟨https://doi.org/10.1111/juaf.12293⟩.

Leitão Ferreira, J.M. 2021. »Children's life in superdiversity contexts: Impacts on the construction of a children's citizenship – the Portuguese case«, *Current Sociology* ⟨https://doi.org/10.1177/0011392120983340⟩.

Leone, M. 2012. »Hearing and belonging: On sounds, faiths, and laws«, in *Transparency, Power and Control: Perspectives on Legal Communication*, V.K. Bhatia, C.A. Hafner, L. Miller und A. Wagner (Hg.), Farnham: Ashgate, 183-197.

Leppänen, S. und A. Häkkinen 2012. »Buffalaxed superdiversity: Representations of the other on Youtube«, *New Diversities* 14(2): 17-33.

Levine, R. A. und D. T. Campbell 1972. *Ethnocentrism: Theories of Conflict, Ethnic Attitudes, and Group Behavior*, New York: John Wiley & Sons.

Lewis, A. E. 2003. »Everyday race-making: Navigating racial boundaries in schools«, *American Behavioral Scientist* 47(3): 283-305 ⟨https://doi.org/10.1177/0002764203256188⟩.

Lewis, P. 2002. *Islamic Britain: Religion, Politics and Identity among British Muslims*, London: I. B. Tauris, 2. Auflage.

Li, G., J. Anderson, J. Hare und M. McTavish 2021. *Superdiversity and Teacher Education: Supporting Teachers in Working with Culturally, Linguistically and Racially Diverse Students, Families and Communities*, London: Routledge ⟨https://doi.org/10.4324/9781003038887⟩.

Liberali, F. C. 2017. »Globalization, superdiversity, language learning and teacher education in Brazil«, in *Initial English Language Teacher Education*, D. L. Banegas (Hg.), London: Bloomsbury Academic, 177-191.

Lichter, D. T. 2013. »Integration or fragmentation? Racial diversity and the American future«, *Demography* 50: 359-391 ⟨https://doi.org/10.1007/s13524-013-0197-1⟩.

Lichter, D. T., D. Parisi und M. C. Taquino 2017. »Together but apart: Do US Whites live in racially diverse cities and neighborhoods?«, *Population and Development Review* 43, 229-255 ⟨https://doi.org/10.1111/padr.12068⟩.

Lickel, B., D. L. Hamilton, G. Wieczorkowska, A. Lewis, S. J. Sherman und A. N. Uhles 2000. »Varieties of groups and the perception of group entitativity«, *Journal of Personality and Social Psychology* 78(2): 223-246 ⟨https://doi.org/10.1037/0022-3514.78.2.223⟩.

Liebler, C. 2016. »On the boundaries of race: Identification of mixed-race children in the United States 1960-2010«, *Sociology of Race and Ethnicity* 2(4): 548-568 ⟨https://doi.org/10.1177/2332649216632546⟩.

Lippi-Green, R. 2011. *English with an Accent: Language, Ideology, and Discrimination in the United States*, London: Routledge ⟨https://doi.org/10.4324/9780203348802⟩.

Lobo, M. 2010. »Interethnic understanding and belonging in suburban Melbourne«, *Urban Policy and Research* 28(1): 85-99 ⟨https://doi.org/10.1080/0811140903325424⟩.

Lockwood, D. 1996. »Civic integration and class formation«, *British Journal of Sociology* 47(3): 531-50.

Lofland, L. H. 1998. *The Public Realm: Exploring the City's Quintessential Social Territory*, New York: de Gruyter ⟨https://doi.org/10.4324/9781315134352⟩.

Loh, S. H. 2022. »The continued relevance of multiculturalism: dissecting interculturalism and transculturalism«, *Ethnic and Racial Studies* 45(3): 385-406 ⟨https://doi.org/10.1080/01419870.2021.1963459⟩.

Longhi, S. 2013. »Impact of cultural diversity on wages, evidence from panel data«, *Regional Science and Urban Economics* 43(5): 797-807 ⟨https://doi.org/10.1016/j.regsciurbeco.2013.07.004⟩.

López Peláez, A., M.V. Aguilar-Tablada, A. Erro-Garcés und R.M. Pérez-García 2022. »Superdiversity and social policies in a complex society: Social challenges in the 21st century«, *Current Sociology* 70(2): 166-192 ⟨https://doi.org/10.1177/0011392120983344⟩.

Lucassen, L., D. Feldman und J. Oltmer (Hg.) 2006. *Paths of Integration: Migrants in Western Europe (1880-2004)*, Amsterdam: Amsterdam University Press ⟨https://doi.org/10.1017/9789048504244⟩.

Lupton, D., 2014. *Digital Sociology*, London: Routledge ⟨https://doi.org/10.4324/9781315776880⟩.

Lutz, H. 2015. »Intersectionality: Assembling and disassembling the roads«, in *Routledge International Handbook of Diversity Studies*, S. Vertovec (Hg.), London: Routledge, 363-370 ⟨https://doi.org/10.4324/9781315747224⟩.

Macrae, C.N. und G.V. Bodenhausen 2001. »Social cognition: Categorical person perception«, *British Journal of Psychology* 92(1): 239-55 ⟨https://doi.org/10.1348/000712601162059⟩.

Madianou, M. und D. Miller 2013. »Polymedia: Towards a new theory of digital media in interpersonal communication«, *International Journal of Cultural Studies* 16(2): 169-187 ⟨https://doi.org/10.1177/1367877912452486⟩.

Madiba, M. 2018. »The multilingual university«, in *The Routledge Handbook of Language and Superdiversity*, A. Creese und A. Blackledge (Hg.), London: Routledge, 504-517 ⟨https://doi.org/10.4324/9781315696010⟩.

Magazzini, T. 2017. »Making the most of super-diversity: Notes on the potential of a new approach«, *Policy & Politics* 45(4): 527-545 ⟨https://doi.org/10.1332/030557317X14972819300753⟩.

Major, B., A. Blodorn und G.M. Blascovich 2016. »The threat of increasing diversity: Why many White Americans support Trump in the 2016 presidential election«, *Group Processes & Intergroup Relations* 21(6): 931-940 ⟨https://doi.org/10.1177/1368430216677304⟩.

Mar-Molinero, C. (Hg.) 2020. *Researching Language in Superdiverse Urban Contexts: Exploring Methodological and Theoretical Concepts*, Bristol: Multilingual Matters ⟨https://doi.org/10.21832/9781788926478⟩.

Martin, P. 2009. »Demographic and economic Trends: Implications for international mobility«, United Nations Development Programme *Human Development Reports*, Forschungsbericht 2009/17, Nairobi.

Martiniello, M. 2004. »How to combine integration and diversities: The challenge of an EU multicultural citizenship«, Vienna: European Monitoring Centre on Racism and Xenophobia, Discussion Paper.

Marwick, A.E. und d. boyd 2011. »I tweet honestly, I tweet passionately: Twitter users, context collapse, and the imagined audience«, *New Media & Society* 13(1): 114-133 ⟨https://doi.org/10.1177/1461444810365313⟩.

Massey, D.S. 2007. *Categorically Unequal: The American Stratification System*, New York: Russell Sage.

Massey, D.S. 2017. »Migration and categorical inequality«, in *Immigration and Categorical Inequality*, E. Castañeda (Hg.), New York: Routledge, 26-43 ⟨https://doi.org/10.4324/9781315100371⟩.

Massey, D.S. und Denton, N.A. 1989. »Hypersegregation in U.S. metropolitan areas: Black and Hispanic segregation along five dimensions«, *Demography* 26(3): 373-391.

Massey, D.S., J. Arango, G. Hugo, A. Kouaouci, A. Pellegrino und J.E. Taylor 1998. *Worlds in motion: Understanding International Migration at the End of the Millennium*, Oxford: Clarendon.

Matejskova, T. 2013. »The Unbearable Closeness of The East: Embodied Micro-Economies of Difference, Belonging, and Intersecting Marginalities in Post-Socialist Berlin«, *Urban Geography* 34(1): 30-35 ⟨https://doi.org/10.1080/02723638.2013.778630⟩.

Matsuda, M.J. 1991. »Beside my sister, facing the enemy: Legal theory out of coalition«, *Stanford Law Review* 43(6): 1183-1192 ⟨https://doi.org/10.2307/1229035⟩.

Matthes, J. und D. Schmuck 2017. »The effects of anti-immigrant right-wing populist ads on implicit and explicit attitudes: A moderated mediation model«, *Communication Research* 44(4): 556-581 ⟨https://doi.org/10.1177/0093650215577859⟩.

Mau, S. 2021. *Sortiermaschinen: Die Neuerfindung der Grenze im 21. Jahrhundert*, München: C.H. Beck ⟨https://doi.org/10.17104/9783406775772⟩.

Mavroudi, E. 2010. »Nationalism, the Nation and Migration: Searching for Purity and Diversity«, *Space and Polity* 14(3): 219-233 ⟨https://doi.org/10.1080/13562576.2010.532951⟩.

Maxwell, R. 2016. »Cultural diversity and its limits in Western Europe«, *Current History* 115(779): 95-101 ⟨https://doi.org/10.1080/13562576.2010.532951⟩.

Mayes, B.R., A. Blanco, Z. Levitt und T. Melinik 2021. »America's demographics are changing. How has your county shifted?«, *The Washington Post*, 1. August.

McCabe, A., J. Phillimore und L. Mayblin 2010. »Below the radar: Activities and organisations in the third sector: a summary review of the literature«, *Third Sector Research Centre Paper* 29, University of Birmingham.

McCall, L. 2001. *Complex Inequality: Gender, Class and Race in the New Economy*, London: Routledge ⟨https://doi.org/10.4324/9780203902455⟩.

McCall, L. 2005. »The complexity of intersectionality«, *Signs* 30(3): 1771-1800 ⟨https://doi.org/10.1086/426800⟩.

McDowell, L. 2013. *Working Lives: Gender, Migration and Employment in Britain, 1945-2007*, London: John Wiley und Sons ⟨https://doi.org/10.1002/9781118349229⟩.

McGarty, C. 2006. »Hierarchies and minority groups: The roles of salience, overlap, and background knowledge in selecting meaningful social categorizations from multiple alternatives«, in *Multiple Social Categorization*, R. J. Crisp und M. Hewstone (Hg.), Hove: Psychology Press, 25-49.

McInerney, J. (Hg.) 2014. *A Companion to Ethnicity in the Ancient Mediterranean*, Chichester: John Wiley and Sons.

McKowen, K. und J. Borneman 2020. »Digesting difference: Migrants, refugees, and incorporation in Europe«, in *Digesting Difference*, K. McKowen und J. Borneman (Hg.), Cham: Palgrave Macmillan, 1-27 ⟨https://doi.org/10.1007/978-3-030-49598-5_1⟩.

McLaren, L., A. Neundorf und I. Paterson 2021. »Diversity and perceptions of immigration: How the past influences the present«, *Political Studies* 69(3): 725-747 ⟨https://doi.org/10.1177/0032321720922774⟩.

McLennan, G. 1995. *Pluralism*, Buckingham: Open University Press.

McNeill, W. H. 1986. *Polyethnicity and National Unity in World History*, Toronto: University of Toronto Press.

Medford, M. M. 2019. »Racialization and Black multiplicity: Generative paradigms for understanding Black immigrants«, *Sociology Compass* 13(7) ⟨https://doi.org/10.1111/soc4.12717⟩.

Meer, N., T. Modood und R. Zapata-Barrero (Hg.) 2016. *Multiculturalism and Interculturalism: Debating the Dividing Lines*, Edinburgh: Edinburgh University Press.

Mehta, S. 2021. »›We need a new commons‹: How city life can offer us the vital power of connection«, *The Guardian*, 23. Dezember.

Meissner, F. 2015. »Migration in migration-related diversity? The nexus between superdiversity and migration studies«, *Ethnic and Racial Studies* 38(4): 556-567 ⟨https://doi.org/10.1080/01419870.2015.970209⟩.

Meissner, F. 2018a. »Mainstreaming and superdiversity: Beyond more integration«, in *Mainstreaming Integration Governance*, P. Scholten und I. van Breugel (Hg.), Basingstoke: Palgrave, 215-233.

Meissner, F. 2018b. »Legal status diversity: Regulating to control and everyday contingencies«, *Journal of Ethnic and Migration Studies* 44(2): 287-306 ⟨https://doi.org/10.1080/1369183x.2017.1341718⟩.

Meissner, F. 2019. »Of straw figures and multi-stakeholder monitoring – a response to Willem Schinkel«, *Comparative Migration Studies* 7, 18 ⟨https://doi.org/10.1186/s40878-019-0121-y⟩.

Meissner, F. und S. Vertovec 2015. »Comparing super-diversity«, *Ethnic and Racial Studies* 38(4): 541-555 ⟨https://doi.org/10.1080/01419870.2015.980295⟩.

Meissner, F. und T. Heil 2020. »Deromanticising integration: On the importance of convivial disintegration«, *Migration Studies* ⟨https://doi.org/10.1093/migration/mnz056⟩.

Meleady, R., C. Seger und M. Vermue 2017. »Examining the role of positive and

negative intergroup contact and anti-immigrant prejudice in Brexit«, *British Journal of Social Psychology* 56(4): 799-808 ⟨https://doi.org/10.1111/bjso.12203⟩.
Menjívar, C. 2006. »Liminal legality: Salvadoran and Guatemalan immigrants' lives in the United States«, *American Journal of Sociology* 111(4): 999-1037 ⟨https://doi.org/10.1086/499509⟩.
Menjívar, C. und L.J. Abrego 2012. »Immigration law and the lives of Central American Immigrants«, *American Journal of Sociology* 117(5): 1380-1421 ⟨https://doi.org/10.1086/663575⟩.
Mennell, J. 2000. »Ethnic and linguistic diversity: The impact on local authority expenditure«, in *Multilingual Capital*, P. Baker und J. Eversley (Hg.), London: Battlebridge, 81-82.
Mikkola, M. 2017. »Gender essentialism and anti-essentialism«, in *The Routledge Companion to Feminist Philosophy*, A. Garry et al. (Hg.), London: Routledge, 168-179.
Miles, R. 1989. *Racism*, London: Routledge ⟨https://doi.org/10.4324/9780203633663⟩.
Miller, D., J. Sinanan, X. Wang, T. McDonald, N. Haynes, E. Costa, J. Spyer, S. Venkatraman und R. Nicolescu 2016. *How the World Changed Social Media*, London: UCL Press.
Miller, J.A. und T.H. Grubesic 2021. »A spatial exploration of the halo effect in the 2016 US presidential election«, *Annals of the American Association of Geographers* 111(4): 1094-1109 ⟨https://doi.org/10.1080/24694452.2020.1785271⟩.
Miller, K.P., M. Brewer und N.L. Arbuckle 2009. »Social identity complexity: Its correlates and antecedents«, *Group Processes and Intergroup Relations* 12: 79-94.
Mitchell, J.C. 1956. »The Kalela dance«, Rhodes-Livingston Papers No. 27, Manchester: Manchester University Press.
Mittell, J. 2015. *Complex TV: The Poetics of Contemporary Television Storytelling*, New York: New York University Press.
Modood, T. 2008. »Is multiculturalism dead?«, *Public Policy Research* 15(2): 84-88.
Mollenkopf, J. und M. Castells 1991. »Conclusion: Is New York a dual city?«, in *Dual City: Restructuring New York*, J. Mollenkopf und M. Castells (Hg.), New York: Russell Sage Foundation, 399-418.
Moniz, P. und C. Wlezien 2020. »Issue salience and political decisions«, in *Oxford Research Encyclopedia of Politics*, W.R. Thompson (Hg.), Oxford: Oxford University Press ⟨https://doi.org/10.1093/acrefore/9780190228637.013.1361⟩.
Monteagudo, H. und F.R. Muniain 2020. »Language and migration. The sociolinguistic and glottopolitical dynamics of the Galician community in Buenos Aires from the nineteenth century to the present day«, *Journal of Multilingual and Multicultural Development* 41(1): 97-107 ⟨https://doi.org/10.1080/01434632.2019.1621878⟩.
Morawska, E. 1999. »The new-old transmigrants, their transnational lives, and eth-

nicization: A comparison of 19th/20th and 20th/21st C situations«, Florence: European University Institute Working Paper EUF Nr. 99/2.

Morning, A. 2015. »Ethnic classification in global perspective: A cross-national survey of the 2000 census round«, in *Social Statistics and Ethnic Diversity*, P. Simon et al. (Hg.), Cham: Springer, 17-37 ⟨https://doi.org/10.1007/978-3-319-20095-8_2⟩.

Morris, L. 2002. *Managing Migration: Civic Stratification and Rights*, London: Routledge ⟨https://doi.org/10.4324/9780203447499⟩.

Morris, L. 2004. »The control of rights: The rights of workers and asylum seekers under managed migration«, London: Joint Council for the Welfare of Immigrants, Discussion Paper.

Morris, L. 2021. *The Moral Economy of Welfare and Migration: Reconfiguring Rights in Austerity Britain*, Montreal: McGill-Queens University Press.

Murji, K. und J. Solomos (Hg.) 2005. *Racialization: Studies in Theory and Practice*, Oxford: Oxford University Press.

Musolff, A. 2019. »Hostility towards immigrants' languages in Britain: A backlash against ›super-diversity‹?«, *Journal of Multilingual and Multicultural Development* 40(3): 257-266 ⟨https://doi.org/10.1080/01434632.2018.1520859⟩.

Nathan, M. und N. Lee 2013. »Cultural Diversity, Innovation, and Entrepreneurship: Firm-level Evidence from London«, *Economic Geography* 89(4): 367-394 ⟨https://doi.org/10.1111/ecge.12016⟩.

Nathan, M., 2011. »The Economics of Cultural Diversity: Lessons from British Cities«, Doktorarbeit, The London School of Economics and Political Science.

Ndhlovu, F. 2016. »A decolonial critique of diaspora identity theories and the notion of superdiversity«, *Diaspora Studies*, 9(1): 28-40 ⟨https://doi.org/10.1080/09739572.2015.1088612⟩.

Neal, S., K. Bennett, A. Cochrane und G. Mohan 2013. »Living multiculture: Understanding the new spatial and social relations of ethnicity and multiculture in England«, *Environment and Planning C: Government and Policy* 31(2): 308-323 ⟨https://doi.org/10.1068/c11263r⟩.

Newall, D., J. Phillimore und H. Sharpe 2012. »Migration and maternity in the age of superdiversity«, *Practising Midwife* 15(1): 20-23.

Newkirk, P. 2019. »Diversity has become a booming business: So where are the results?«, *Time*, 10. Oktober.

Newton, J. und E. Kusmierczyk 2011. »Teaching Second Languages for the Workplace«, *Annual Review of Applied Linguistics* 31: 74-92 ⟨https://doi.org/10.1017/s0267190511000080⟩.

Ní Shé, É. und R. Joye 2018. »The Health Systems Workforce in an Era of Globalised Superdiversity: Exploring the Global Care Chain Landscape in Ireland«. In *Work and Identity*, S. Werth und C. Bronlow (Hg.), Cham: Palgrave Macmillan, 101-116 ⟨https://doi.org/10.1007/978-3-319-73936-6_8⟩.

Nobles, M. 2000. *Shades of Citizenship: Race and the Census in Modern Politics*, Stanford: Stanford University Press.

Noe-Bustamante, L. 2019. »Key facts about U. S. Hispanics and their diverse heritage«, Pew Research Centre ⟨https://www.pewresearch.org/fact-tank/2019/09/16/key-facts-about-u-s-hispanics/⟩.

Nolan, M., D. M. MacRaild und N. Kirk 2010. »Transnational Labour in the Age of Globalization«, *Labour History Review* 75(1): 8-19 ⟨https://doi.org/10.1179/096156510x12568148663764⟩.

Norris, P. und R. Inglehart 2019. *Cultural Backlash: Trump, Brexit, and Authoritarian Populism*, Cambridge: Cambridge University Press.

Nortio, E., M. Niska, T. A. Renvik und I. Jasinskaja-Lahti 2021. »›The nightmare of multiculturalism‹: Interpreting and deploying anti-immigration rhetoric in social media«, *New Media & Society* 23(3): 438-456 ⟨https://doi.org/10.1177/1461444819899624⟩.

OECD (Organization for Economic Co-operation and Development) 2011. *International Migration Outlook 2011*, Paris: OECD Publishing.

OECD (Organization for Economic Co-operation and Development) 2014. *International Migration Outlook 2014*, Paris: OECD Publishing.

OFSTED (Office for Standards in Education) 2003. *The education of asylum-seeker pupils*, Report HMI 453.

Okamura, J. Y. 1981. »Situational ethnicity«, *Ethnic and Racial Studies* 4(4): 452-465 ⟨https://doi.org/10.1080/01419870.1981.9993351⟩.

Oliver, E. J. und J. S. Wong 2003. »Racial context and inter-group prejudice in a multi-ethnic setting«, *American Journal of Political Science* 47(4): 67-82 ⟨https://doi.org/10.1111/1540-5907.00040⟩.

Oliviera, N. und B. Padilla 2017. »Integrating superdiversity in urban governance: The case of inner-city Lisbon«, *Policy & Politics* 45(4): 605-622 ⟨https://doi.org/10.1332/030557317x14835601760639⟩.

Oltermann, P. 2020. »Uğur Şahin and Özlem Türeci: German ›dream team‹ behind vaccine«, *The Guardian*, 10. November.

Olzak, S. 1992. *The Dynamics of Ethnic Competition and Conflict*, Stanford: Stanford University Press.

Omi, M. und H. Winant 1986. *Racial Formation in the United States: From the 1960s to the 1990s*, New York: Routledge.

Oosterlynck, S., G. Verschraegen und R. van Kempen (Hg.) 2019. *Divercities: Understanding Super-diversity in Deprived and Mixed Neighbourhoods*, Bristol: Policy Press.

Osipovič, D. 2010. »Social Citizenship of Polish Migrants in London: Engagement and Non-Engagement with the British Welfare State«, Doktorarbeit, University College London.

Outten, H. R., M. T. Schmitt, D. A. Miller und A. L. Garcia 2012. »Feeling threatened about the future: Whites' emotional reactions to anticipated ethnic demographic changes«, *Personality and Social Psychology Bulletin* 38(1): 14-25 ⟨https://doi.org/10.1177/0146167211418531⟩.

Outten, H.R., T. Lee, R. Costa-Lopes, M.T. Schmitt und J. Vala 2018. »Majority group members' negative reactions to future demographic shifts depend on the perceived legitimacy of their status: Findings from the United States and Portugal«, *Frontiers in Psychology* 9, Article 79 ⟨https://doi.org/10.3389/fpsyg.2018.00079⟩.

Özden, Ç., C. Parsons, M. Schiff und T.L. Walmsley 2011. »Where on earth is everybody? The evolution of global bilateral migration 1960-2000«, *The World Bank Economic Review* 25(1): 12-56 ⟨https://doi.org/10.1093/wber/lhr024⟩.

Page, S.E. 2007. *The Difference: How the Power of Diversity Creates Better Groups, Firms, Schools, and Societies*, Princeton: Princeton University Press.

Page, S.E. 2010. *Diversity and Complexity*, Princeton: Princeton University Press.

Page, S.E. 2015. »What sociologists should know about complexity«, *Annual Review of Sociology* 41, 21-41 ⟨https://doi.org/10.1146/annurev-soc-073014-112230⟩.

Palaiologou, N. und D. Faas 2012. »How ›intercultural‹ is education in Greece? Insights from policymakers and educators«, *Compare* 42(4): 563-584.

Palin, M. 2003. »Letter from London«, Palin's Travels (18. September) ⟨http://palinstravelS.co.uk/static-51?topic=1752undforum=12⟩.

Palmberger, M. 2023. »Migrants and new media: Digital ethnography, transnationalism and superdiversity«, in *The Oxford Handbook of Superdiversity*, F. Meissner, N. Sigona und S. Vertovec (Hg.), Oxford: Oxford University Press, 163-176.

Pape, R.A. 2021. »What an analysis of 377 Americans arrested or charged in the Capitol insurrection tells us«, *The Washington Post,* 6. April.

Parekh, B. 2008. *A New Politics of Identity: Political Principles for an Interdependent World*, Basingstoke: Macmillan.

Parekh, B. und H. Bhabha 1989. »Identities on parade«, *Marxism Today*, Juni, 24-29.

Park, M.Y. 2020. »›I want to learn Seoul speech!‹: Language ideologies and practices among rural marriage-migrants in South Korea«, *International Journal of Bilingual Education and Bilingualism* 23(2): 227-240 ⟨https://doi.org/10.1080/13670050.2017.1351419⟩.

Parker, S.G. und R.J.K. Freathy 2011. »Context, complexity and contestation: Birmingham's Agreed Syllabuses for Religious Education since the 1970s«, *Journal of Beliefs and Values* 32(2): 246-263.

Parkin, D. 2012. »Concluding commentary«, *New Diversities* 14(2): 73-85.

Parsons, G. 1994. *The Growth of Religious Diversity: Britain from 1945*, London: Routledge, 2 Bde.

Pauketat, T.R. 2007. *Chiefdoms and Other Archaeological Delusions*, Lanham, MD: Altamira.

Pavlenko, A. 2018. »Superdiversity and why it isn't: Reflections on terminological innovation and academic branding«, in *Sloganization in Language Education Discourse*, B. Schmenk et al. (Hg.), Bristol: Multilingual Matters, 142-168 ⟨https://doi.org/10.21832/9781788921879-009⟩.

Peach, C. 2005. »The United Kingdom: A major transformation of the religious landscape«, in *The Religious Landscape of Europe*, H. Knippenberg (Hg.), Amsterdam: Het Spinhuis, 44-58.

Pecoud, A. 2010. »What is ethnic in an ethnic economy?« *International Review of Sociology* 20(1): 59-76 ⟨https://doi.org/10.1080/03906700903525677⟩.

Pemberton, S. 2016. »Urban planning and the challenge of super-diversity«, *Policy & Politics* 45(4): 623-641.

Pennycook, A. und E. Otsuji 2015. *Metrolingualism: Language in the City.* London: Routledge ⟨https://doi.org/10.4324/9781315724225⟩.

Perrons, D., A. Plomien und M. Kilkey 2010. »Migration and uneven development within an enlarged European Union: Fathering, gender divisions and male migrant domestic services«, *European Urban and Regional Studies* 17(2): 197-215.

Pettigrew, T.F. und L.R. Tropp 2006. »A meta-analytic test of intergroup contact theory«, *Journal of Personality and Social Psychology* 90(5): 751-783 ⟨https://doi.org/10.1037/0022-3514.90.5.751⟩.

Pettigrew, T.F., U. Wagner und O. Christ 2010. »Population ratios and prejudice: Modelling both contact and threat effects«, *Journal of Ethnic and Migration Studies* 36, 635-650 ⟨https://doi.org/10.1080/13691830903516034⟩.

Pew Research Center 2016. »Europeans Fear Wave of Refugees Will Mean More Terrorism, Fewer Jobs« ⟨www.pewresearch.org⟩.

Pew Research Center 2020. »Attitudes Toward Diversity in 11 Emerging Economies« ⟨www.pewresearch.org⟩.

Pew Research Center 2021. »Diversity and Division in Advanced Economies« ⟨www.pewresearch.org⟩.

Phillimore, J. 2010. »Approaches to health provision in the age of super-diversity: Accessing the NHS in Britain's most diverse city«, *Critical Social Policy* 31(1): 5-29 ⟨https://doi.org/10.1177/0261018310385437⟩.

Phillimore, J. 2013. »Housing, Home and Neighbourhood Renewal in the Era of Superdiversity: Some Lessons from the West Midlands«, *Housing Studies* 28(5): 682-670 ⟨https://doi.org/10.1080/02673037.2013.758242⟩.

Phillimore, J. 2023. »Social Policy and Superdiversity: An Agenda for Addressing Racisms and Inequalities«, in *The Oxford Handbook of Superdiversity*, F. Meissner, N. Sigona und S. Vertovec (Hg.), Oxford: Oxford University Press, 121-134.

Phillimore, J., H. Bradby, T. Brand, B. Padilla und S. Pemberton 2021. *Exploring Welfare Bricolage in Europe's Superdiverse Neighbourhoods*, London: Routledge ⟨https://doi.org/10.4324/9781003111504⟩.

Phillimore, J., J. Thornhill, M. Uwimana, und Z. Latif 2011. *Delivering in the Age of Superdiversity*, Birmingham: Department of Health.

Phillimore, J., N. Sigona und K. Tonkiss (Hg.) 2020. *Superdiversity, Policy and Governance in Europe: Multi-scalar Perspectives*, Bristol: Policy Press.

Phillimore, J., N. Sigona und K. Tonkiss 2017. »Superdiversity, policy and governance in Europe«, *Policy & Politics* 45(4): 487-491 ⟨https://doi.org/10.1332/030557317X15076320392001⟩.

Phillips, D. 2007. »Ethnic and racial segregation: a critical perspective«, *Geography Compass* 1(5): 1138-1159.

Piekut, A. und P. Rees 2011. »Living with Difference: Mapping Diversity in Leeds and Warsaw«, Vortrag bei International RC21 conference, Amsterdam.

Pinkerton, C., G. Mclaughlan und J. Salt 2004. *Sizing the illegally resident population in the UK*, London: Home Office Online Report 58/04.

Pisarevskaya, A., P. Scholten und Z. Kaşlı 2021. »Classifying the diversity of urban diversities: An inductive analysis of European cities«, *Journal of International Migration and Integration* ⟨https://doi.org/10.1007/s12134-021-0081-z⟩.

Plaut, V. C. 2010. »Diversity science: How and why difference makes a difference«, *Psychological Inquiry* 21: 77-99 ⟨https://doi.org/10.1080/1047840X.2010.492750⟩.

Pool, C. A. 2012. »The formation of complex societies in Mesoamerica«, in *The Oxford Handbook of Mesoamerican Archeology*, D. L. Nichols und C. A. Pool (Hg.), Oxford: Oxford University Press, 169-187 ⟨https://doi.org/10.1093/oxfordhb/9780195390933.013.0012⟩.

Poppleton, S., K. Hitchcock, K. Lymperopoulou, J. Simmons und R. Gillespie 2013. *Social and public service impacts of international migration at the local level.* London: The Home Office.

Portes A. und E. Vickstrom 2011. »Diversity, social capital, and cohesion«, *Annual Review of Sociology* 37, 461-479 ⟨https://doi.org/10.1146/annurev-soc-081309-150022⟩.

Portes, A. und M. Zhou 1993. »The new second generation: Segmented assimilation and its variants«, *The Annals of the American Academy of Political and Social Science* 530(1): 74-96 ⟨https://doi.org/10.1177/0002716293530001006⟩.

Portes, A., L. E. Guarnizo und P. Landolt 1999. »The study of transnationalism: pitfalls and promise of an emergent research field«, *Ethnic and Racial Studies* 22(2): 217-237 ⟨https://doi.org/10.1080/014198799329468⟩.

Pottie-Sherman, Y. und R. Wilkes 2017. »Does size really matter? On the relationship between immigrant group size and anti-immigrant prejudice«, *International Migration Review* 51(1): 218-250 ⟨https://doi.org/10.1111/imre.12191⟩.

Prati, F., R. J. Crisp und M. Rubini 2021. »40 years of multiple social categorization: A tool for social inclusivity«, *European Review of Social Psychology* 32(1): 47-87 ⟨https://doi.org/10.1080/10463283.2020.1830612⟩.

Pratt, G. 1998. »Grids of difference: Place and identity formation«, in *Cities of Difference*, R. Fincher und J. M. Jacobs (Hg.), New York: The Guilford Press, 26-48.

Pratt, M.-L. 2003. »Building a new public idea about language«, *Profession* 2003: 110-119 ⟨https://doi.org/10.1632/074069503x85472⟩.

Prewitt, K. 2002. »Does ethno-racial classification have a future in policymaking?«, *Public Affairs Report* 44 (1): 16-19.

Prewitt, K. 2005. »Racial classification in America: Where do we go from here?«, *Daedalus* 134 (1): 5-17 ⟨https://doi.org/10.1162/0011526053124370⟩.

Pui-ling, L. 2000. »An indicator for health needs of minority ethnic communities in the capital«, in *Multilingual Capital*, P. Baker und J. Eversley (Hg.), London: Battlebridge, 83.

Putnam, R. 2007. »E pluribus unum: Diversity and community in the twenty-first century – the 2006 Johan Skytte Prize«, *Scandinavian Political Studies* 30(2): 137-174 ⟨https://doi.org/10.1111/j.1467-9477.2007.00176.x⟩.

Quillian, L. 1995. »Prejudice as a response to perceived group threat: Population composition and anti-immigrant and racial prejudice in Europe«, *American Sociological Review* 60: 586-611 ⟨https://doi.org/10.2307/2096296⟩.

Raco, M. und T. Taşan-Kok 2020. »A Tale of Two Cities: Framing urban diversity as content curation in London and Toronto«, *Cosmopolitan Civil Societies* 12(1): 43-66 ⟨https://doi.org/10.5130/ccs.v12.i1.6835⟩.

Rainie, H. und B. Wellman 2012. *Networked: The New Social Operating System*, Cambridge, MA: MIT Press ⟨https://doi.org/10.7551/mitpress/8358.001.0001⟩.

Ram, M., T. Jones, P. Edwards, A. Kiselinchev, L. Muchenje und K. Woldesenbet 2012. »Engaging with super-diversity: New migrant businesses and the research-policy nexus«, *International Small Business Journal* 31(4): 337-356 ⟨https://doi.org/10.1177/0266242611429979⟩.

Ramadan, T. 2011. *On Superdiversity*, Berlin: Sternberg Press.

Ramos, M.R., M.R. Bennett, D.S. Massey und M. Hewstone 2019. »Humans adapt to social diversity over time«, *Proceedings of the National Academy of Sciences* 116(25): 12244-12249 ⟨https://doi.org/10.1073/pnas.1818884116⟩.

Rampton, B. 2005. *Crossing: Language und Ethnicity among Adolescents*, Manchester: St Jerome Press, 2. Auflage.

Rampton, B. 2017. *Crossing: Language and Ethnicity among Adolescents*, London: Routledge, 3. Auflage ⟨https://doi.org/10.4324/9781315205915⟩.

Rampton, B., R. Harris und C. Leung 1997. »Multilingualism in England«, *Annual Review of Applied Linguistics* 17, 224-241 ⟨https://doi.org/10.1017/s0267190500003366⟩.

Rannut, M. 2010. *Linguistic Human Rights: Overcoming Linguistic Discrimination*, Berlin: Walter de Gruyter.

Rattansi, A. 2020. *Racism: A Very Short Introduction*, Oxford: Oxford University Press, 2. Auflage ⟨https://doi.org/10.1093/actrade/9780198834793.001.0001⟩.

Reardon, S.F. und G. Firebaugh 2002. »Measures of multigroup segregation«, *Sociological Methodology* 23: 33-67 ⟨https://doi.org/10.1111/1467-9531.00110⟩.

Reich, R. 2021. »Texas freeze shows a chilling truth – how the rich use climate change to divide us«, *The Guardian,* 21. Februar.

Reid, C. und A. Sriprakash 2012. »The possibility of cosmopolitan learning: Reflecting on future directions for diversity teacher education in Australia«, *Asia-Pacific Journal of Teacher Education* 40(1): 15-29.

Richardson, K. und R. Fulton 2010. »Towards culturally competent advocacy: Meeting the needs of diverse communities«, Better Health Briefing Paper 15. Kidderminster: British Institute of Race Equality in Advocacy Services.

Riek, B. M., E. W. Mania und S. L. Gaertner 2006. »Intergroup threat and outgroup attitudes: A meta-analytic review«, *Personality and Social Psychology Review* 10(4): 336-353 ⟨https://doi.org/10.1207/s15327957pspr1004_4a⟩.

Rishbeth, C. 2016. »Landscape Experience and Migration: Superdiversity and the Significance of Urban Public Open Space«, Doktorarbeit, University of Sheffield.

Robinson, D. und K. Reeve 2005. *The Experiences and Consequences of New Immigration at the Neighbourhood Level: Reflections from the evidence base*, Projektbericht, York: Joseph Rowntree Foundation.

Roccas, S. und M. B. Brewer 2002. »Social identity complexity«, *Personality and Social Psychology Review* 6(2): 88-106 ⟨https://doi.org/10.1207/s15327957pspr0602_01⟩.

Ros i Solé, C. 2013. »Cosmopolitan speakers and their cultural cartographies«, *The Language Learning Journal* 41(3): 326-339 ⟨https://doi.org/10.1080/09571736.2013.836349⟩.

Rosbrook-Thompson, J. 2018. »Understanding difference amid superdiversity: Space, ›race‹ and granular essentialisms at an inner-city football club«, *Sociology* 52(4): 639-654 ⟨https://doi.org/10.1177/0038038516660039⟩.

Rosenau, J. N. 2003. *Distant Proximities: Dynamics beyond Globalization*, Princeton: Princeton University Press.

Ross, J. C. und S. R. Steadman 2017. *Ancient Complex Societies*, London: Routledge ⟨https://doi.org/10.4324/9781315305639⟩.

Roth, W. D. 2016. »The multiple dimensions of race«, *Ethnic and Racial Studies* 39(8): 1310-1338 ⟨https://doi.org/10.1080/01419870.2016.1140793⟩.

Rubdy, R. und S. L. McKay 2013. »›Foreign workers‹ in Singapore: Conflicting discourses, language politics and the negotiation of immigrant identities«, *International Journal of the Sociology of Language* 222, 157-185 ⟨https://doi.org/10.1515/ijsl-2013-0036⟩.

Rudiger, A. 2006. »Integration of new migrants: Community relations«, in *New Migrants and Refugees*, S. Spencer (Hg.), Oxford: ESRC Centre on Migration, Policy and Society (COMPAS), Bericht für das Home Office.

Ruhs, M. 2011. »Openness, Skills and Rights: An empirical analysis of labour immigration programmes in 46 high and middle income countries«, Centre on Migration, Policy and Society (COMPAS) Working Paper WP–11-88, Oxford.

Ruhs, M. und P. Martin 2008. »Numbers vs. rights: Trade-Offs and guest worker programs«, *International Migration Review* 42(1): 249-265.

Rustenbach, E. 2010. »Sources of negative attitudes toward immigrants in Europe: A multi-level analysis«, *International Migration Review* 44(1): 53-77 ⟨https://doi.org/10.1111/j.1747-7379.2009.00798.x⟩.

Rydgren, J. und P. Ruth 2013. »Contextual explanations of radical right-wing support in Sweden: Socio-economic marginalization, group threat, and the halo effect«, *Ethnic and Racial Studies* 36(4): 711-728 ⟨https://doi.org/10.1080/01419870.2011.623786⟩.

Sachsen 2016. *Sachsen-Monitor 2016* ⟨www.staatsregierung.sachsen.de⟩.

Sainsbury, D. 2006. »Immigrants' Social Rights in Comparative Perspective: Welfare Regimes, Forms of Immigration and Immigration Policy Regimes«, *Journal of European Social Policy* 16(3): 229-244 ⟨https://doi.org/10.1177/0958928706065594⟩.

Salt, J. 2004. *International Migration and the United Kingdom: Report of the United Kingdom SOPEMI Correspondent to the OECD 2004*, London: Migration Research Unit, University College London.

Salt, J. 2005. »Types of migration in Europe: Implications and policy concerns«, Vortrag bei der European Population Conference, Strasbourg.

Salway, S., R. Barley, P. Allmark, K. Gerrish, G. Higginbottom und G. Ellison 2011. *Ethnic diversity and inequality: ethical and scientific rigour in social research*, York: Joseph Rowntree Foundation.

Samkange-Zeeb, F., L. Borisova, B. Padilla, H. Bradby, J. Phillimore, H. Zeeb und T. Brand 2020. »Superdiversity, migration and use of internet-based health information – results of a cross-sectional survey conducted in 4 European countries«, *BMC Public Health*, 20(1): 1-12 ⟨https://doi.org/10.1186/s12889-020-09329-6⟩.

Sandercock, L. 2003. *Cosmopolis II: Mongrel Cities of the 21st Century*, London: Continuum.

Sanjek, R. 1998. *The Future of Us All: Race and Neighborhood Politics in New York City*, Ithaca: Cornell University Press.

Saperstein, A., A.M. Penner und R. Light 2013. »Racial Formation in perspective: Connecting individuals, institutions, and power relations«, *Annual Review of Sociology* 39, 359-378 ⟨https://doi.org/10.1146/annurev-soc-071312-145639⟩.

Savelkoul, M., J. Laméris und J. Tolsma 2017. »Neighbourhood ethnic composition and voting for the radical right in The Netherlands: The role of perceived neighbourhood threat and interethnic neighbourhood contact«, *European Sociological Review* 33(2): 209-224 ⟨https://doi.org/10.1093/esr/jcw055⟩.

Sayer, A. 1997. »Essentialism, social constructionism, and beyond«, *The Sociological Review* 45(3): 453-487 ⟨https://doi.org/10.1111/1467-954x.00073⟩.

Schachter, A., R. D. Flores und N. Maghbouleh 2021. »Ancestry, color, or culture? How Whites racially classify others in the U.S«., *American Journal of Sociology* 126(5): 1220-1263 ⟨https://doi.org/10.1086/714215⟩.

Schiller, N. G. und A. Çağlar 2009. »Towards a comparative theory of locality in Migration Studies: Migrant incorporation and city scale«, *Journal of Ethnic and Migration Studies* 35(2): 177-202 ⟨https://doi.org/10.1080/13691830802586179⟩.

Schiller, N. G., A. Çağlar und T. Guldbrandsen 2006. »Beyond the ethnic lens: Locality, globality, and born-again incorporation«, *American Ethnologist* 33(4): 612-633 ⟨https://doi.org/10.1525/ae.2006.33.4.612⟩.

Schinkel, W. 2018. »Against ›immigrant integration‹: For an end to neo-colonial knowledge production«, *Comparative Migration Studies* 6(1): 1-17 ⟨https://doi.org/10.1186/s40878-018-0095-1⟩.

Schlüter, E. und P. Scheepers 2010. »The relationship between out-group size and anti-outgroup attitudes: A theoretical synthesis and empirical test of group threat and intergroup contact theory«, *Social Science Research* 39: 285-295 ⟨https://doi.org/10.1016/j.ssresearch.2009.07.006⟩.

Schmid, K. und M. Hewstone 2010. »Combined effects of intergroup contact and multiple categorization: Consequences for intergroup attitudes in diverse social contexts«, in *The Psychology of Social and Cultural Diversity*, R.J. Crisp (Hg.), Oxford: Wiley-Blackwell, 299-321 ⟨https://doi.org/10.1002/9781444325447.ch13⟩.

Schmid, K. und M. Hewstone 2011. »Social identity complexity: Theoretical implications for the social psychology of intergroup relations«, in *Social Cognition, Social Identity, and Intergroup Relations*, R. Kramer et al. (Hg.), Philadelphia: Psychology Press, 77-102.

Schmid, K., M. Hewstone, N. Tausch, E. Cairns und J. Hughes 2009. »Antecedents and consequences of social identity complexity: Intergroup contact, distinctiveness threat, and outgroup attitudes«, *Personality and Social Psychology Bulletin* 35(8): 1085-1098 ⟨https://doi.org/10.1177/0146167209337037⟩.

Schmidt, G. 2012. »›Grounded‹ politics: Manifesting Muslim identity as a political factor and localized identity in Copenhagen«, *Ethnicities* 12(5): 603-622 ⟨https://doi.org/10.1177/1468796811432839⟩.

Schmidt, S. und E. Wax-Thibodeux 2020. »How a Biden presidency could advance transgender rights – and lead to backlash«, *Washington Post* 17. November.

Scholten, P. 2020. *Mainstreaming versus Alienation: A Complexity Approach to the Governance of Migration and Diversity*, Basingstoke: Palgrave Macmillan ⟨https://doi.org/10.1007/978-3-030-42238-7⟩.

Scholten, P. 2023. »The governance of superdiversity; a complexity perspective«, in *The Oxford Handbook of Superdiversity*, F. Meissner, N. Sigona und S. Vertovec (Hg.), Oxford: Oxford University Press, 377-388.

Scholten, P. und I. van Breugel (Hg.) 2018. *Mainstreaming Integration Governance: New Trends in Migrant Integration Policies in Europe*, Basingstoke: Palgrave ⟨https://doi.org/10.1007/978-3-319-59277-0⟩.

Schönwälder, K. und T. Triandafilopoulos 2016. »The new differentialism: Responses to immigrant diversity in Germany«, *German Politics* 25(3): 366-380 ⟨https://doi.org/10.1080/09644008.2016.1194397⟩.

Schönwälder, K., S. Petermann, J. Hüttermann, S. Vertovec, M. Hewstone, D. Stolle, K. Schmid und T. Schmitt 2016. *Diversity and Contact: Immigration and Social Interaction in German Cities*, Basingstoke: Palgrave Macmillan ⟨https://doi.org/10.1057/978-1-137-58603-2⟩.

Seidman, S. 1997. *Difference Troubles: Queering Social Theory and Sexual Politics*, Cambridge: Cambridge University Press ⟨https://doi.org/10.1017/cbo9780511557910⟩.

Seidman, S. 2006. »Theoretical perspectives«, in *Handbook of the New Sexuality Studies*, S. Seidman et al. (Hg.), London: Routledge, 3-13.

Seltzer, J.A. und J.J. Yahirun 2014. »Diversity in old age: The elderly in changing economic and family contexts«, in *Diversity and Disparities*, J. Logan (Hg.), New York: Russell Sage Foundation, 270-305.

Semyonov, M., R. Rajman, A.Y. Tov und P. Schmidt 2004. »Population size, perceived threat and exclusion: A multiple indicators analysis of attitudes toward foreigners in Germany«, *Social Science Research* 33(4): 681-701 ⟨https://doi.org/10.1016/j.ssresearch.2003.11.003⟩.

Sen, A. 2006. *Identity and Violence: The Illusion of Destiny*, London: Allen Lane.

Sepulveda, L., S. Syrett und F. Lyon 2011. »Population superdiversity and new migrant enterprise: The case of London«, *Entrepreneurship & Regional Development* 23(7-8): 469-497 ⟨https://doi.org/10.1080/08985620903420211⟩.

Sharma, S. 2018. »Superdiversity in Delhi: A historical understanding«, in *The Routledge Handbook of the Governance of Migration and Diversity in Cities*, T. Caponio et al. (Hg.), London: Routledge, 275-285 ⟨https://doi.org/10.4324/9781351108478-27⟩.

Shahshahani, S. 2002. »To cross or not to cross the boundaries in a small multi-ethnic area of the city of Tehran«, in *Urban Ethnic Encounters*, A. Erdentug und F. Colombijn (Hg.), London: Routledge, 160-173 ⟨https://doi.org/10.4324/9780203218778⟩.

Sherman, D.K., M.A. Hogg und A.T. Maitner 2009. »Perceived polarization: Reconciling ingroup and intergroup perceptions under uncertainty«, *Group Processes & Intergroup Relations* 12(1): 95-109 ⟨https://doi.org/10.1177/1368430208098779⟩.

Sherwood, H. 2020. »Religious intolerance is ›bigger cause of prejudice than race,‹ says report«, *The Observer*, 15. November.

Sides, J. und J. Citrin 2007. »European opinion about immigration: The role of identities, interests and information«, *British Journal of Political Science* 37(3): 477-504 ⟨https://doi.org/10.1017/s0007123407000257⟩.

Silverstein, M. 2015. »How language communities intersect: Is ›superdiversity‹ an incremental or transformative condition?«, *Language & Communication* 44: 7-18 ⟨https://doi.org/10.1016/j.langcom.2014.10.015⟩.

Simic, A. 2019. »The role of superdiverse home country cities in helping migrants negotiate life in superdiverse host country cities«, *Geoforum* 107: 179-187 ⟨https://doi.org/10.1016/j.geoforum.2019.07.015⟩.

Simmel, G. 1908. *Soziologie. Untersuchungen über die Formen der Vergesellschaftung.* Leipzig: Verlag von Duncker und Humblot.

Simon, P., V. Piché und A. A. Gagnon (Hg.) 2015a. *Social Statistics and Ethnic Diversity: Cross-National Perspectives in Classifications and Identity Politics*, Cham: Springer ⟨https://doi.org/10.1007/978-3-319-20095-8⟩.

Simon, P., V. Piché und A. A. Gagnon 2015b. »The making of racial and ethnic categories: Official statistics reconsidered«, in *Social Statistics and Ethnic Diversity: Cross-National Perspectives in Classifications and Identity Politics*, P. Simon et al. (Hg.), Cham: Springer, 1-14 ⟨https://doi.org/10.1007/978-3-319-20095-8_1⟩.

Singh, P. und M. Vom Hau 2016. »Ethnicity in time: Politics, history, and the relationship between ethnic diversity and public goods provision«, *Comparative Political Studies* 49(10): 1303-1340 ⟨https://doi.org/10.1177/0010414016633231⟩.

Siziba, G. und L. Hill 2018. »Language and the geopolitics of (dis)location: A study of Zimbabwean Shona and Ndebele speakers in Johannesburg«, *Language in Society* 47(1): 115-139 ⟨https://doi.org/10.1017/s0047404517000793⟩.

Smelser, N.J. 1998. »Social transformations and social change«, *International Social Science Journal* 156, 173-178 ⟨https://doi.org/10.1111/1468-2451.00121⟩.

Smith, L. 2016. »›He was killed for speaking Polish‹: Brother's claim as man murdered in UK street in suspected race-hate attack«, *The Mirror*, 31. August.

Smith, M. E. (Hg.) 2011. *The Comparative Archeology of Complex Societies*, Cambridge: Cambridge University Press ⟨https://doi.org/10.1017/cbo9781139022712⟩.

Smith, M. G. 1965. *The Plural Society in the British West Indies*, Berkeley: University of California Press.

Smith, M.L. 2021. »The process of complex societies: Dynamic models beyond site-size hierarchies«, *World Archaeology* 53(1):122-136 ⟨https://doi.org/10.1080/00438243.2021.1965015⟩.

Smith, Z. 2018. »I have a very messy and chaotic mind«, *The Guardian*, 21. Januar.

Snel E., G. Engbersen und A. Leekres 2006. »Transnational involvement and social integration«, *Global Networks* 6(3): 285-308.

Sobolewska, M. und R. Ford 2020. *Brexitland: Identity, Diversity and the Reshap-*

ing of British Politics, Cambridge: Cambridge University Press ⟨https://doi.org/10.1017/9781108562485⟩.

Söderström, O., S. Randeria, D. Ruedin, G. D'Amato und F. Panese 2013. »Of mobilities and moorings: Critical perspectives«, in *Critical Mobilities*, O. Söderström, S. Randeria, D. Ruedin, G. D'Amato und F. Panese (Hg.), Lausanne: EPFL Press, v-xxv.

Solovei, A. und B. van den Putte 2020. »The effects of five public information campaigns: The role of interpersonal communication«, *Communications* 45(s1): 586-602 ⟨https://doi.org/10.1515/commun-2020-2089⟩.

Song, M. 2009. »Is intermarriage a good indicator of integration?«, *Journal of Ethnic and Migration Studies* 35(2): 331-348 ⟨https://doi.org/10.1080/13691830802586476⟩.

Song, M. 2017. »Generational change and how we conceptualize and measure multiracial people and ›mixture‹«, *Ethnic and Racial Studies* 40(13): 2333-2339 ⟨https://doi.org/10.1080/01419870.2017.1344273⟩.

Song, M. 2021. »Who counts as multiracial?«, *Ethnic and Racial Studies* 44(8): 1296-1323 ⟨https://doi.org/10.1080/01419870.2020.1856905⟩.

Spellman, K. 2004. *Religion and Nation: Iranian Local and Transnational Networks in Britain*, Oxford: Berghahn.

Spencer-Rodgers, J. und T. McGovern 2002. »Attitudes toward the culturally different: The role of intercultural communication barriers, affective responses, consensual stereotypes, and perceived threat«, *International Journal of Intercultural Relations* 26, 609-631 ⟨https://doi.org/10.1016/s0147-1767(02)00038-x⟩.

Spivak, G. 1996. »Subaltern Studies: Deconstructing historiography?«, In *The Spivak Reader*, D. Landry und G. MacLean (Hg.), London: Routledge, 203-237.

Srinivas, A. 2018. »Hindi's migrating footprint: How India's linguistic landscape is changing«, *Hindustan Times*, 14. Oktober.

Sriskadarajah, D. 2004. *Labour Migration to the UK: An ippr factfile*, London: Institute for Public Policy Research.

Stæhr, A. 2014. »The appropriation of transcultural flows among Copenhagen youth – The case of Illuminati«, *Discourse, Context and Media* 4-5: 101-115 ⟨https://doi.org/10.1016/j.dcm.2014.03.001⟩.

Stark, R. 2007. *Sociology*, Belmont: Wadsworth.

Statt, D. 1995. *Foreigners and Englishmen: The Controversy over Immigration and Population, 1660-1760*, Newark: University of Delaware Press.

Stichnoth, H. und K. Van der Straeten 2013. »Ethnic diversity, public spending, and individual support of the welfare state: A review of the empirical literature«, *Journal of Economic Surveys* 27(2): 364-389 ⟨https://doi.org/10.1111/j.1467-6419.2011.00711.x⟩.

Stirling, A. 2010. »Keep it complex«, *Nature* 468(7327): 1029-1031 ⟨https://doi.org/10.1038/4681029a⟩.

Stirling, A. 2016. »Knowing doing governing: Realizing heterodyne democracies«, in *Knowing Governance*, J.P. Voß und R. Freeman (Hg.), London: Palgrave Macmillan, 259-289.

Stolcke, V. 1995. »Talking culture: New boundaries, new rhetorics of exclusion in Europe«, *Current Anthropology* 36(1): 1-24 ⟨https://doi.org/10.1086/204339⟩.

Storey, D. 2011. »Football, place and migration: Foreign footballers in the FA Premier League«, *Geography* 96(2): 86-94.

Strabac, Z. 2011. »It is the eyes and not the size that matter: The real and the perceived size of immigrant populations and anti-immigrant prejudice in Western Europe«, *European Societies*, 13(4): 559-582 ⟨https://doi.org/10.1080/14616696.2010.550631⟩.

Stroud, C. 2004. »Rinkeby Swedish and semilingualism in language ideological debates: A Bourdieuean perspective«, *Journal of Sociolinguistics* 8: 163-230 ⟨https://doi.org/10.1111/j.1467-9841.2004.00258⟩.

Stubbs, S. 2008. »In place of drums and samosas: In a ›super diverse‹ Britain, the key to social cohesion is not a new British ›identity‹ but tackling poverty and inequality«, *The Guardian*, 13. Mai.

Sturgis, P., I. Brunton-Smith, S. Read und N. Allum 2011. »Does ethnic diversity erode trust? Putnam's ›hunkering down‹ thesis reconsidered«, *British Journal of Political Science* 41(1): 57-82 ⟨https://doi.org/10.1017/s0007123410000281⟩.

Sümeghy, D. 2021. »Halo effect of diversification and polarization, and the role of relative deprivation based on the 2018 Swedish parliamentary elections results«, *Regional Statistics* 12(1) ⟨https://doi.org/10.15196/RS120106⟩.

Svenberg, K., C. Skott und M. Lepp 2011. »Ambiguous expectations and reduced confidence: Experience of Somali refugees encountering Swedish health care«, *Journal of Refugee Studies* 24(4): 690-705 ⟨https://doi.org/10.1093/jrs/fer026⟩.

Syrett, S. und L. Sepulveda 2012. »Urban governance and economic development in the diverse city«, *European Urban and Regional Studies* 19: 238-253 ⟨https://doi.org/10.1177/0969776411430287⟩.

Syrett, S. und M. Lyons 2008. »Migration, new arrivals and local economies«, *Local Economy* 22(4): 325-334 ⟨https://doi.org/10.1080/02690940701736710⟩.

Tach, L., B. Lee, M. Martin und L. Hannscott 2019. »Fragmentation or diversification? Ethnoracial change and the social and economic heterogeneity of places«, *Demography* 56 (6): 2193-2227 ⟨https://doi.org/10.1007/s13524-019-00835-w⟩.

Taguieff, P.-A. 2001. *The Force of Prejudice: On Racism and Its Doubles*, Minneapolis, MN: University of Minnesota Press.

Tajfel, H. und J.C. Turner 1979. »An integrative theory of intergroup conflict«, in *The Social Psychology of Intergroup Relations*, W.G. Austin und S. Worchel (Hg.), Monterey: Brooks / Cole Publishing Co., 33-47.

Talbot, C.V., A. Talbot, D.J. Roe und P. Briggs 2020. »The management of LGBTQ+ identities on social media: A student perspective«, *New Media & Society* ⟨https://doi.org/10.1177/1461444820981009⟩.

Tamir, C. 2021. »The growing diversity of Black America« ⟨www.pewresearch.org⟩.

Taşan-Kok, T., G. Bolt, L. Plüss, und W. Schenkel 2017. *A Handbook for Governing Hyper-diverse Cities*, Utrecht: Utrecht University, Faculty of Geosciences.

Tavernise, S. und R. Gebeloff 2021. »Census Shows Sharply Growing Numbers of Hispanic, Asian and Multiracial Americans«, *New York Times*, 12. August.

Tavernise, S., T. Mzezewa und G. Heyward 2021. »Behind the surprising jump in multiracial Americans, several theories«, *New York Times*, 15. August.

Taylor, C. 2007. *Modern Social Imaginaries*, Durham, NC: Duke University Press.

Taylor-Gooby, P. und E. Waite 2014. »Toward a more pragmatic multiculturalism? How the UK policy community sees the future of ethnic diversity«, *Governance* 27(2): 267-289 ⟨https://doi.org/10.1111/gove.12030⟩.

Tebble, A.J. 2002. »What is the politics of difference?«, *Political Theory* 30(2): 259-281 ⟨https://doi.org/10.1177/0090591702030002004⟩.

Telles, E. und T. Paschel 2014. »Who is black, white, or mixed race? How skin color, status, and nation shape racial classification in Latin America«, *American Journal of Sociology* 120(3): 864-907 ⟨https://doi.org/10.1086/679252⟩.

Tempest, M. 2006. »New EU migrants may put pressure on public services, says report«, *The Guardian*, 31. Juli.

Thomas, C. 2015. »Disability and Diversity«, in *Routledge International Handbook of Diversity Studies*, S. Vertovec (Hg.), London: Routledge, 43-51 ⟨https://doi.org/10.4324/9781315747224⟩.

Thomas, D.A. und K.M. Clarke 2006. »Introduction: Globalization and the transformations of race«, in *Globalization and Race*, K.M. Clarke und D.A. Thomas (Hg.), Durham, NC: Duke University Press, 1-34 ⟨https://doi.org/10.1515/9780822387596-002⟩.

Thorbjørnsrud, K. 2015. »Framing irregular immigration in Western media«, *American Behavioral Science* 59(7): 771-782 ⟨https://doi.org/10.1177/0002764215573255⟩.

Thrift, N. 1999. »The place of complexity«, *Theory, Culture & Society* 16(3): 31-69 ⟨https://doi.org/10.1177/02632769922050610⟩.

Tilly, C. 1998. *Durable Inequality*, Berkeley, CA: University of California Press.

Tilly, C. 2005. *Identities, Boundaries and Social Ties*, Boulder: Paradigm.

Tirtosudarmo, R. und A. Hadi 2018. »Jakarta, on the brink of being a divided city? Ethnicity, media and social transformation«, in *The Routledge Handbook of the Governance of Migration and Diversity in Cities*, T. Caponio et al. (Hg.), London: Routledge, 301-312 ⟨https://doi.org/10.4324/9781351108478-30⟩.

Toivanen, R. und J. Saarikivi (Hg.) 2016. *Linguistic Genocide or Superdiversity? New and Old Language Diversities*, Bristol: Multilingual Matters ⟨https://doi.org/10.21832/9781783096060⟩.

Tokita, C.K., A.M. Guess und C.E. Tarnita 2021. »Polarized information ecosystems can reorganize social networks via information cascades«, *Proceedings of the National Academy of Sciences* 118(50): 1-9 ⟨https://doi.org/10.1073/pnas.2102147118⟩.

Tremlett, A. 2014. »Making a difference without creating a difference: Super-diversity as a new direction for research on Roma minorities«, *Ethnicities* 14(6): 830-848 ⟨https://doi.org/10.1177/1468796814542183⟩.

Turner, R. N., R. J. Crisp und E. Lambert 2007. »Imagining intergroup contact can improve intergroup attitudes«, *Group Processes & Intergroup Relations*, 10(4): 427-441 ⟨https://doi.org/10.1177/1368430207081533⟩.

Tuval, R. 2017. »In defense of transracialism«, *Hypatia* 32(2): 26-78 ⟨https://doi.org/10.1111/hypa.12327⟩.

UN-DESA (United Nations Department of Economics and Social Affairs) 2009. *International Migration Report 2009: A Global Assessment*, New York: UN-DESA.

UN-DESA (United Nations Department of Economics and Social Affairs) 2012. *World Urbanization Prospects: The 2011 Revision*, New York: UN-DESA.

UNHCR (United Nations High Commissioner for Refugees) 2005. *2004 Global Refugee Trends*, Genf: UNHCR.

Urry, J. 2003. *Global Complexity*. Cambridge: Polity.

Urry, J. 2005. »The complexity turn«, *Theory, Culture & Society* 22(5): 1-14 ⟨https://doi.org/10.1177/0263276405057188⟩.

van Breugel, I. und P. Scholten 2017. »Mainstreaming in response to superdiversity? The governance of migration-related diversity in France, the UK and the Netherlands«, *Policy & Politics* 45(4): 511-526 ⟨https://doi.org/10.1332/030557317x14849132401769⟩.

van de Laar, P. und A. van der Schoor 2019. »Rotterdam's superdiversity from a historical perspective (1600-1980)«, in *Coming to Terms with Superdiversity*, P. Scholten et al. (Hg.), Cham: Springer, S. 21-55 ⟨https://doi.org/10.1007/978-3-319-96041-8_2⟩.

van der Meer, T. und J. Tolsma 2014. »Ethnic diversity and its effects on social cohesion«, *Annual Review of Sociology* 40, 459-478 ⟨https://doi.org/10.1146/annurev-soc-071913-043309⟩.

van der Veer, P. 2021. »Minority rights and Hindu nationalism in India«, *Asian Journal of Law and Society* 8(1): 44-55 ⟨https://doi.org/10.1017/als.2020.51⟩.

van Ewijk, A. R. 2011. »Diversity within Police Forces in Europe: A Case for the Comprehensive View«, *Policing* 6(1): 76-92 ⟨https://doi.org/10.1093/police/par048⟩.

van Ewijk, H. 2018. *Complexity and Social Work*, London: Routledge ⟨https://doi.org/10.4324/9781315109275⟩.

van Ham, M., T. Tammaru und J. J. Janssen 2018. »A multi-level model of vicious circles of socio-economic segregation«, in *Divided Cities*, Paris: Organization for Economic Cooperation and Development (OECD), 135-53 ⟨https://doi.org/10.1787/9789264300385-8-en⟩.

Van Hear, N., F. Pieke und S. Vertovec 2004. *The Contribution of UK-based Diasporas to Development and Poverty Reduction*, Oxford: ESRC Centre on Migration, Policy and Society (COMPAS). Bericht für das Department for International Development.

Van Hear, N., R. Brubaker und T. Bessa 2009. »Managing mobility for human development: The growing salience of mixed migration«, United Nations Development Program Human Development Research Paper 2009/20, Nairobi.

Van Hootegem, A. und B. Meuleman 2019. »Asylum seekers and immigrant threat: Is there a link? *The Conversation* 15. Oktober.

Varis, P. und X. Wang 2011. »Superdiversity on the internet: A case from China«, *Diversities* 13(2): 71–83.

Varro, G. 2022. »The overriding value of mixedness«, in *Mixed Families in a Transnational World*, J. Le Gall et al. (Hg.), London: Routledge, xv–xxix.

Verkuyten, M. 2004. *The Social Psychology of Ethnic Identity*, London: Psychology Press ⟨https://doi.org/10.4324/9780203338704⟩.

Verkuyten, M. 2014. *Identity and Cultural Diversity: What Social Psychology Can Teach Us*, London: Routledge ⟨https://doi.org/10.4324/9780203710142⟩.

Vershinina, N., R. Barrett und M. Meyer 2009. »Polish immigrants in Leicester: Forms of capital underpinning entrepreneurial activity«, *Leicester Business School Occasional Papers* 86.

Vertovec, S. 1996a. »Berlin Multikulti: Germany, ›foreigners‹ and ›world-openness‹«, *Journal of Ethnic and Migration Studies* 22(3): 381–99 ⟨https://doi.org/10.1080/1369183x.1996.9976546⟩.

Vertovec, S. 1996b. »Multiculturalism, culturalism and public incorporation«, *Ethnic and Racial Studies* 19(1): 49–69 ⟨https://doi.org/10.1080/01419870.1996.9993898⟩.

Vertovec, S. 1998. »Multi-multiculturalisms«, in *Multicultural Policies and the State*, M. Martiniello (Hg.), Utrecht: ERCOMER, 25–38.

Vertovec, S. 1999. »Three meanings of ›diaspora‹, exemplified by South Asian religions«, *Diaspora* 6(3): 277–300 ⟨https://doi.org/10.1353/dsp.1997.0010⟩.

Vertovec, S. 2004a. »Migrant transnationalism and modes of transformation«, *International Migration Review* 38(3): 970–1001 ⟨https://doi.org/10.1111/j.1747-7379.2004.tb00226.x⟩.

Vertovec, S. 2004b. »Cheap Calls: the social glue of migrant transnationalism«, *Global Networks* 4(2): 219–24 ⟨https://doi.org/10.1111/j.1471-0374.2004.00088.x⟩.

Vertovec, S. 2005. »Religion and diaspora«, in *New Approaches to the Study of Religion*, P. Antes, A. W. Geertz und R. Warne (Hg.), Berlin und New York: de Gruyter, 275–304.

Vertovec, S. 2006. »The emergence of super-diversity in Britain«, ESRC Centre on Migration, Policy and Society Working Paper WP–06–25.

Vertovec, S. 2007a. »Super-diversity and its implications«, *Ethnic and Racial Studies* 30(6): 1024-54 ⟨https://doi.org/10.1080/01419870701599465⟩.

Vertovec, S. 2007b. »New complexities of cohesion in Britain«, Denkschrift für die Kommission für Integration und Zusammenhalt, London: Communities and Local Government Publications.

Vertovec, S. 2009. *Transnationalism*. London: Routledge ⟨https://doi.org/10.4324/9780203927083⟩.

Vertovec, S. 2011. »The cultural politics of nation and migration«, *Annual Review of Anthropology* 40, 241-56 https://doi.org/10.1146/annurev-anthro-081309-145837⟩.

Vertovec, S. 2012. »›Diversity‹ and the social imaginary«, *Archives Européennes de Sociologie / European Journal of Sociology* 53(3): 287-312 ⟨https://doi.org/10.1017/s000397561200015x⟩.

Vertovec, S. 2015a. »Introduction: Formulating Diversity Studies«, in *Routledge International Handbook of Diversity Studies* (Steven Vertovec, Hg.), London / New York: Routledge, 1-20 ⟨https://doi.org/10.4324/9781315747224⟩.

Vertovec, S. (Hg.) 2015b. *Diversities Old and New: Migration and Socio-Spatial Patterns in New York, Singapore and Johannesburg*, Basingstoke: Palgrave ⟨https://doi.org/10.1057/9781137495488⟩.

Vertovec, S. 2015c. »Introduction: Migration, cities, diversities ›old‹ and ›new‹«, in *Diversities Old and New*, S. Vertovec (Hg.), Basingstoke: Palgrave Macmillan, 1-20 ⟨https://doi.org/10.1057/9781137495488_1⟩.

Vertovec, S. 2015d. »Conclusion«, in *Diversities Old and New*, S. Vertovec (Hg.), Basingstoke: Palgrave, 247-58 ⟨https://doi.org/10.1057/9781137495488_14⟩.

Vertovec, S. 2018. »What's the Matter with Rotterdam?«, in *Coming to Terms with Superdiversity*, S. Scholten and M. Crul (Hg.), Cham: Springer, 337-344 ⟨https://doi.org/10.1007/978-3-319-96041-8_13⟩.

Vertovec, S. 2017. »Mooring, migration milieus and complex explanation«, *Ethnic and Racial Studies* 40(9): 1574-1581 ⟨https://doi.org/10.1080/01419870.2017.1308534⟩.

Vertovec, S. 2019. »Talking around super-diversity«, *Ethnic and Racial Studies* 42, 125-139 ⟨https://doi.org/10.1080/01419870.2017.1406128⟩.

Vertovec, S. 2020a. »Considering the work of ›integration‹«, Göttingen: Max-Planck-Institut Working Paper 20-04.

Vertovec, S. 2020b. »Low-skilled migrants after COVID-19, Singapore futures?«, COMPAS Coronavirus and Mobility Forum blog ⟨https://www.compas.ox.ac.uk/2020/low-skilled-migrants-after-covid-19-singapore-futures⟩.

Vertovec, S. 2020c. »Afterword: »The work of ›integration‹«, in *Digesting Difference*, K. McKowen und J. Borneman (Hg.), Cham: Palgrave Macmillan, 251-66 ⟨https://doi.org/10.1007/978-3-030-49598-5_12⟩.

Vertovec, S. 2021. »The social organization of difference«, *Ethnic and Racial Studies* 44(8): 1273-1295 ⟨https://doi.org/10.1080/01419870.2021.1884733⟩.

Vertovec, S. und A. Rogers 1995. »Introduction«, in *Muslim European Youth*, S. Vertovec und A. Rogers (Hg.), Aldershot: Ashgate, 1-24.

Vertovec, S. und R. Cohen 2002. »Introduction: Conceiving cosmopolitanism«, in *Conceiving Cosmopolitanism*, S. Vertovec und R. Cohen (Hg.), Oxford: Oxford University Press, 1-22.

Vieru, M. 2017. »Integration in host societies and development: Adapting policy approaches to the new mobility«, Washington, D.C.: World Bank, *KNOMAD Policy Brief* 7.

Wacquant, L. 2022. »Resolving the trouble with ›race‹«, *New Left Review* 133/134, 67-88.

Wagner, U., O. Christ, T.F. Pettigrew, J. Stellmacher und C. Wolf 2006. »Prejudice and minority proportion: Contact instead of threat effects«, *Social Psychology Quarterly* 69, 380-390.

Walby, S. 2007. »Complexity theory, systems theory, and multiple intersecting social inequalities«, *Philosophy of the Social Sciences* 37(4): 449-70 ⟨https://doi.org/10.1177/0048393107307663⟩.

Walby, S. 2009. *Globalization & Inequalities: Complexity and Contested Modernities*, London: Sage ⟨https://doi.org/10.4135/9781446269145⟩.

Walby, S., J. Armstrong und S. Strid 2012. »Intersectionality: Multiple inequalities in social theory«, *Sociology* 46(2): 224-240 ⟨https://doi.org/10.1177/0038038511416164⟩.

Waldinger, R. und M. Bozorgmehr 1996. »The making of a multicultural metropolis«, in *Ethnic Los Angeles*, R. Waldinger und M. Bozorgmehr (Hg.), New York: Russell Sage Foundation, 3-37.

Walters, G. 2015. »The challenges of superdiversity for social housing«, Birmingham: Institute for Research into Superdiversity (IRiS) Working Paper, Serie 5.

Walton-Roberts, M.W. 2011. »Immigration, the university and the welcoming second tier city«, *Journal of International Migration and Integration* 12(4): 453-473.

Wareham, J. 2020. »New report shows where it's illegal to be transgender in 2020«, *Forbes* 30. September.

Warner, M. 2002. »Publics and counterpublics«, *Public Culture* 14(1): 49-90 ⟨https://doi.org/10.1177/019027250606900406⟩.

Waters, M.C. 1990. *Ethnic Options: Choosing Identities in America*, Berkeley: University of California Press.

Waters, M.C. und P. Kasinitz 2021. »Race, legal status, and social mobility«, *Daedalus* 150(2): 120-134 ⟨https://doi.org/10.1162/daed_a_01850⟩.

Waters, M.C. und T.R. Jiménez 2005. »Assessing immigrant assimilation: New empirical and theoretical challenges«, *Annual Review of Sociology* 31, 105-125 ⟨https://doi.org/10.1146/annurev.soc.29.010202.100026⟩.

Watson, L. (Hg.) 1997. *Between Two Cultures: Migrants and Minorities in Britain*, Oxford: Blackwell.

Watson, S. 2014. »Spaces of difference: Challenging urban divisions from the north to the south«, in *The Routledge Handbook on Cities of the Global South*, S. Parnell and S. Oldfield (Hg.), London: Routledge, 407-417 ⟨https://doi.org/10.4324/9780203387832-46⟩.

Weiss, J.A. und M. Tschirhart 1994. »Public information campaigns as policy instruments«, *Journal of Policy Analysis and Management* 13(1): 82-119 ⟨https://doi.org/10.2307/3325092⟩.

Wekker, F. 2019. »›We have to teach them diversity‹: On demographic transformations and lived reality in an Amsterdam working-class neighbourhood«, *Ethnic and Racial Studies* 42(1): 89-104 ⟨https://doi.org/10.1080/01419870.2017.1406968⟩.

Werbner, P. und T. Modood (Hg.) 1997. *Debating Cultural Hybridity: Multi-Cultural Identities and the Politics of Anti-Racism*, London: Zed.

Wessendorf, S. 2014. *Commonplace Diversity: Social Relations in a Super-Diverse Context*, Basingstoke: Palgrave ⟨https://doi.org/10.1057/9781137033314⟩.

Wessendorf, S. 2020. »Ethnic minorities' reactions to newcomers in East London: Symbolic boundaries and convivial labor«, *British Journal of Sociology* 71(2): 208-220 ⟨https://doi.org/10.1111/1468-4446.12729⟩.

West, C. und S. Fenstermaker 1995. »Doing difference«, *Gender & Society* 9(1): 8-37 ⟨https://doi.org/10.1177/089124395009001002⟩.

Williams, C. und M.R.D. Johnson 2010. *Race and Ethnicity in a Welfare Society*, Maidenhead: Open University Press.

Williams, R. 1976. *Keywords: A Vocabulary of Culture and Society*, London: Fontana.

Williams, T.C. 2020. »We need to stop measuring Black lives by their Whiteness«, *New York Times Magazine*. 18. Juni.

Wiltshire, K. 2001. »Management of social transformations: Introduction«, *International Political Science Review* 22(1): 5-11 ⟨https://doi.org/10.1177/0192512101221001⟩.

Wimmer, A. 2008. »The making and unmaking of ethnic boundaries: A multilevel process theory«, *American Journal of Sociology* 113(4): 970-1022 ⟨https://doi.org/10.1086/522803⟩.

Wimmer, A. 2009. »Herder's heritage and the boundary-making approach: Studying ethnicity in immigrant societies«, *Sociological Theory* 27(3): 244-270 ⟨https://doi.org/10.1111/j.1467-9558.2009.01347.x⟩.

Wimmer, A. und N. Glick Schiller 2002. »Methodological nationalism and beyond: Nation-state building, migration and the social sciences«, *Global Networks* 2(4): 301-334 ⟨https://doi.org/10.1111/1471-0374.00043⟩.

Winder, R. 2004. *Bloody Foreigners: The Story of Immigration to Britain*, London: Abacus.

Witt, C. 1995. »Anti-essentialism in feminist theory«, *Philosophical Topics* 23(2): 321-344 ⟨https://doi.org/10.5840/philtopics19952327⟩.

Wohlrab-Sahr, M. und M. Burchardt 2012. »Multiple secularities: Toward a cultural sociology of secular modernities«, *Comparative Sociology* 11(6): 875-909 ⟨https://doi.org/10.1163/15691330-12341249⟩.

Woodward, K. (Hg.) 1997. *Identity and Difference*, London: Sage.

Wright, D. und G. Brookes 2019. »›This is England, speak English!‹: A corpus-assisted critical study of language ideologies in the right-leaning British press«, *Critical Discourse Studies* 16(1): 56-83 ⟨https://doi.org/10.1080/17405904.2018.1511439⟩.

Wuthnow, R. 1998. *After Heaven: Spirituality in America since the 1950s*, Berkeley: University of California Press ⟨https://doi.org/10.1525/9780520924444⟩.

Yamada, A.M. und T.M. Singelis 1999. »Biculturalism and self-construal«, *International Journal of Intercultural Relations* 23(5): 697-709 ⟨https://doi.org/10.1016/s0147-1767(99)00016-4⟩.

Yildiz, C. und A. Bartlett 2011. »Language, foreign nationality and ethnicity in an English prison: Implications for the quality of health and social research«, *Journal of Medical Ethics* 37(10): 637-640 ⟨https://doi.org/10.1136/jme.2010.040931⟩.

Yoffee, N. 2005. *Myths of the Archaic State: Evolution of the Earliest Cities, States, and Civilizations*, Cambridge: Cambridge University Press ⟨https://doi.org/10.1017/cbo9780511489662⟩.

Young, I.M. 1990. *Justice and the Politics of Difference*, Princeton: Princeton University Press.

Young, I.M. 2000. *Inclusion and Democracy*, Oxford: Oxford University Press.

Younge, G. 2005. »We can choose our identity, but sometimes it also chooses us«, *The Guardian*, 21. Januar.

Younge, G. 2010. »Tiger Woods: Black, white, other«, *The Guardian*, 29. Mai.

Zapata-Barrero, R. 2017. »Interculturalism in the post-multicultural debate: A defence«, *Comparative Migration Studies* 5(1): 1-23 ⟨https://doi.org/10.1186/s40878-017-0057-z⟩.

Zetter, R. 2007. »More labels, fewer refugees: Remaking the refugee label in an era of globalization«, *Journal of Refugee Studies* 20(2): 172-192 ⟨https://doi.org/10.1093/jrs/fem011⟩.

Zetter, R. 2015. »Protection in crisis: Forced migration and protection in a global era«, Washington, D.C.: Migration Policy Institute.

Zetter, R., D. Griffiths, N. Sigona, D. Flynn, T. Pasha und R. Beynon 2005. »Immigration, social cohesion and social capital: What are the links?«, Konzeptpapier, York: Joseph Rowntree Foundation.

Zhang, W. und J.R. Logan 2016. »Global neighborhoods: Beyond the multi-ethnic metropolis«, *Demography* 53: 193-153 ⟨https://doi.org/10.1007/s13524-016-0516-4⟩.

Zlotnik, H. 1998. »International migration 1965-96, An overview«, *Population and Development Review* 24(3): 429-468 ⟨https://doi.org/10.2307/2808151⟩.

Zolo, D. 1992. *Democracy and Complexity: A Realist Approach*, Pittsburgh: Penn State Press.

Zontini, E. 2004. »Italian families and social capital: Rituals and the provision of care in British-Italian transnational families«, London: ESRC Research Group on Families and Social Capital. Working Paper 6.

ABBILDUNGS- UND TABELLENVERZEICHNIS

NAMENREGISTER